高等院校经济管理核心课程精品教材

金融学

（第三版）

魏文静　牛淑珍　主编

上海财经大学出版社

图书在版编目(CIP)数据

金融学/魏文静,牛淑珍主编．—3版．—上海:上海财经大学出版社,2015.7

(高等院校经济管理核心课程精品教材)

ISBN 978-7-5642-2195-9/F·2195

Ⅰ.①金…　Ⅱ.①魏…　②牛…　Ⅲ.①金融学-高等学校-教材

Ⅳ.①F830

中国版本图书馆CIP数据核字(2015)第156043号

□ 责任编辑　张美芳

□ 封面设计　钱宇辰

□ 责任校对　胡　芸　林佳依

JINRONG XUE

金　融　学

(第三版)

魏文静　牛淑珍　主编

上海财经大学出版社出版发行

(上海市中山北一路369号　邮编200083)

网　　址:http://www.sufep.com

电子邮箱:webmaster@sufep.com

全国新华书店经销

上海叶大印务发展有限公司印刷装订

2015年7月第3版　2019年12月第7次印刷

787mm×1092mm　1/16　18印张　460千字

印数:39 001—42 000　　定价:36.00元

第三版前言

随着全球金融业的迅速发展和我国金融改革与开放的深入，金融理论与实务正在发生深刻的变化，原有的教材已经越来越难以覆盖不断出现的新问题和新的研究范畴，因此，如何及时更新教材的内容和不断补充新案例，是需要认真思考和研究的问题。本教材自 2011 年出版以来，受到国内许多高校金融学专业和经济、管理类各专业广大师生的欢迎和支持，热心的读者对教材的逻辑框架和内容安排给予了充分的肯定，也提出了一些建设性的修改意见，让我们深受感动和鼓舞。这对作者是巨大的鞭策，也更加激发我们做好再版修订工作。

本次修订过程中贯彻了以下几个原则：

一是突出逻辑性。随着金融改革的不断深入，人们对金融理论和金融知识的需求也在逐步增加。需要进一步了解金融机构、银行及评价其经营水平的指标体系，了解金融监管的意义，也要进一步了解国际收支的构成，了解宏观调控的新观点、防范金融风险的新举措。本次修订对第一版的有关内容进行了补充和完善，并增加了不少新内容，以适应金融学教学和学生了解新知识的需要。

二是突出新内容。本书修订注重增加新的金融知识与热点问题讨论，特别是针对美国次贷危机后的金融形势与面临的问题，增加了量化宽松货币政策、系统性与非系统性风险等方面的热点问题和案例讨论，以激发学生关注金融时势和学习探究问题的兴趣。

三是突出原理性。本书修订与时俱进，尽量关注我国金融体制改革的新进展，包括金融发展的新动态。为了保持教材理论逻辑的完整性，大量的新事件、新事物主要安排在每章与之配套的案例中。同时各章的数据资料都更新至 2014 年年底，目的是使教材的内容更为鲜活并贴近现实。

本书初稿的作者是：上海第二工业大学魏文静教授（第一章、第二章、第三章、第四章、第六章、第七章），上海杉达大学牛淑珍教授（第五章、第八章、第九章），上海第二工业大学郑秀君副教授（第十章）、汤继平讲师（修改第六章）。魏文静教授负责大纲的拟定和全书的统稿。本次修订者是：郑秀君副教授（第一章、第二章、第十章），上海第二工业大学李志军副教授（第三章、第四章、第六章、第七章），牛淑珍教授（第五章、第八章、第九章）。由魏文静教授统稿，并最终定稿。

本书修订过程中，吸收了许多学者的最新研究成果，在此对他们表示敬意和谢意。同时，再次对上海财经大学出版社和给予作者支持的编辑们表示衷心的感谢！

希望本书对读者有帮助，也衷心希望读者对书中疏漏或不当之处给予批评指正。

魏文静
2015 年 4 月

前 言

金融学作为一门具有吸引力和挑战性的学科，得益于金融在现代经济中的地位的提高。经济决定金融，经济的发展水平决定金融的发展水平。但是，金融在服务于经济的过程中，又反作用于经济，金融的发展和信贷结构影响经济发展的速度和结构。因此，大到一个国家和地区，小到一个家庭和个人，其在金融活动中的行为选择，都影响着国民经济整体的运行状况；而政府对金融政策的选择，在很大程度上是各种利益关系博弈的结果。可以毫不夸张地说，谁掌握了金融运动的规律，谁就掌握了经济的主动权。

近年来，笔者在从事"金融学"教学的过程中，明显感觉到，无论是作为金融学专业的专业课，还是作为经济、管理类专业的核心基础课，甚至作为理工类专业开设的公共选修课，学生们对该课程普遍表现出极大的学习热情。如何在有限的时间内，最大限度地使学生掌握金融的基本理论和基本规律，便成了笔者编写本教材的初衷。该设想得到了上海财经大学出版社黄磊先生的大力支持。在此，对上海财经大学出版社和给予作者支持的编辑们表示感谢！

本教材着重加强对金融基本理论和基本规律的分析，努力做到理论阐述准确、系统、深入浅出；内容具有现实性和适用性；中心思想明确，重点突出；把介绍金融学的基础知识和原理与研究中国金融体制的改革结合起来。一方面，考虑到学生对于金融学的历史、现状以及运行规律了解较少的实际，用较大的篇幅介绍现代金融的基础知识和原理，同时又注重学生能够学以致用，加强了应用型知识的介绍和练习；另一方面，考虑到我国金融改革的市场化趋势，尽可能突出我国金融体制改革的相关内容，并提供了相关的案例讨论。这样做的目的，是试图在有限的时间里，培养学生分析问题、解决问题的能力，使学生能够从书本中走出来，较快地适应现代经济发展的需要，不断提高对金融知识和业务的理解能力。

由于金融的国际化和全球化的迅速发展，国内金融与国际金融的联系日益紧密。本书的内容是在开放经济的框架下展开的，金融的国际性贯穿于全书，也就未单独设国际金融理论的篇章。

本书由上海第二工业大学魏文静教授（第一章、第二章、第三章、第四章、第六章、第七章）和上海杉达大学牛淑珍教授主编（第五章、第八章、第九章），参加编写工作的还有上海第二工业大学郑秀君副教授（第十章）、汤继平讲师（修改第六章）。魏文静教授负责大纲的拟定和全书的统稿。

在本书的编写过程中，作者吸收了许多学者的最新研究成果，为了表示对他们的敬意和谢意，在书后列出了主要参考书目。

由于作者的水平有限，加之教学任务繁重，编写过程中难免有疏漏或不当之处，恳请读者批评赐教。

编　者

2011年8月

目　录

第三版前言 ······ 1

前言 ······ 1

第一章　货币与货币制度 ······ 1
第一节　货币 ······ 1
第二节　货币制度 ······ 11
第三节　国际货币体系 ······ 17
本章小结 ······ 22
基本概念 ······ 22
课后习题 ······ 23
案例讨论 ······ 23

第二章　信用与资金融通 ······ 25
第一节　信用 ······ 25
第二节　利息与利息率 ······ 36
第三节　资金融通 ······ 46
本章小结 ······ 48
基本概念 ······ 49
课后习题 ······ 49
案例讨论 ······ 49

第三章　金融机构与体系 ······ 52
第一节　金融机构概述 ······ 52
第二节　金融机构的分类 ······ 56
第三节　我国的金融机构体系 ······ 69
第四节　国际金融机构体系 ······ 79
本章小结 ······ 83
基本概念 ······ 84

课后习题 …… 84
案例讨论 …… 84

第四章　商业银行 …… 86
第一节　商业银行及其组织形式 …… 86
第二节　商业银行的业务 …… 90
第三节　商业银行的经营管理 …… 98
第四节　商业银行的信用扩张与收缩 …… 105
本章小结 …… 108
基本概念 …… 108
课后习题 …… 108
案例讨论 …… 108

第五章　中央银行与金融监管 …… 111
第一节　中央银行的产生及类型 …… 111
第二节　中央银行的职能及主要业务 …… 120
第三节　金融监管 …… 125
本章小结 …… 134
基本概念 …… 134
课后习题 …… 134
案例讨论 …… 135

第六章　金融市场 …… 137
第一节　金融市场概述 …… 137
第二节　货币市场 …… 141
第三节　资本市场 …… 150
第四节　其他金融市场 …… 163
本章小结 …… 171
基本概念 …… 172
课后习题 …… 172
案例讨论 …… 172

第七章　货币供求与均衡 …… 176
第一节　货币需求 …… 176
第二节　货币供给 …… 184
第三节　货币均衡 …… 193
本章小结 …… 197
基本概念 …… 198
课后习题 …… 198
案例讨论 …… 198

第八章 通货膨胀与通货紧缩…… 201
第一节 通货膨胀…… 201
第二节 通货紧缩…… 218
本章小结…… 224
基本概念…… 225
课后习题…… 225
案例讨论…… 225

第九章 货币政策…… 228
第一节 货币政策目标…… 228
第二节 货币政策工具…… 232
第三节 货币政策的传导机制与效果…… 241
第四节 货币政策与财政政策的配合…… 247
本章小结…… 249
基本概念…… 249
课后习题…… 249
案例讨论…… 250

第十章 金融危机…… 253
第一节 金融危机概述…… 253
第二节 金融危机理论的演进与发展…… 261
第三节 金融危机的预警与防范…… 268
本章小结…… 273
基本概念…… 274
课后习题…… 275
案例讨论…… 275

参考文献…… 277

第一章
货币与货币制度

引言

货币是人们既熟悉又感到困惑的东西。熟悉它，是因为在经济生活中，绝大多数人的收入都表现为货币收入，人们的消费也离不开货币。对它感到困惑，是因为货币的本质并不容易把握。生活中无处不在的货币给人以具备能量无边和主宰命运的权势。从古到今，无数的经济学家、银行家和政治家倾注了大量的智慧和花费了极大的气力去研究它、探索它，但货币的神秘色彩还是不会轻易地褪去。如何透过货币的表面现象把握其本质，这是我们首先要解决的问题。本章主要介绍货币、货币制度和国际货币体系等问题。

第一节 货 币

一、货币的产生

货币是在长期的商品生产和商品交换的过程中，逐渐地从商品世界中分离出来的、固定充当一般等价物的特殊商品，是价值形式发展的结果。目前公认的观点是，货币的出现是和商品交换联系在一起的。交换的发展经历了两个阶段，即物物交换和有媒介的交换。如在古埃及的壁画中可以看到用瓦罐换鱼、用一束葱换一把扇子的情形，中国古书记载神农氏时"日中为市，致天下之民，聚天下之货，交易而退，各得其所"等，这都是直接的物物交换。随着交换的不断发展，逐渐出现了通过媒介进行的交换，即先把自己的物品换成媒介物，再用媒介物交换自己需要的物品，这些媒介物就是货币的雏形。在中国，最早的、比较定型的媒介是"贝"，这也是中国最早的货币。

关于货币的起源，有不同的学说。在中国古代就有两种学说：一种是先王制币说，认为货币是先王造出来的，即先王为了进行统治而选定某些难得的、贵重的物品作为货币；另一种观点是司马迁的交换说，认为货币是用来沟通产品交换的手段，货币产生于交换的发展中。

在马克思之前，西方关于货币起源的学说有三种：一是创造发明说，认为货币是由国家或先哲发明出来的。如早期的古罗马法学家J. 鲍鲁斯认为，由于你所有的物品正是我所愿意要的、我所有的物品正是你所要的这种情况不能经常出现，导致物物交换存在困难，于是一种由国家赋予永久价值的事物被选择出来，作为统一的尺度，这种事物经铸造为某种公共形式后，可以代表有用性和有效性，而不必考虑其内在价值对数量的关系。法国经济学家N. 奥雷司姆也认为由于物物交换经常发生纠纷，聪明人便发明了货币，因此货币就是被发明出来用于使交换更方便的工具。第二种是便于交换说，认为货币是为解决直接物物交换困难而产生的。如英国经济学家亚当·斯密认为货币是随着商品交换发展逐渐从诸货物中分离出来的，是为解决直接物物交换不便而产生的。第三种观点是保存财富说，认为货币是为保存财富而产生的。如法国经济学家J. 西斯蒙第认为货币本身不是财富，但随着财富的增加，人们要保存财富、交换财富、计算财富的量，便产生了对货币的需要，货币因而成为保存财富的一种工具。

马克思用最完整的劳动价值论科学地阐明了货币产生的客观必然性，揭开了货币之谜。他认为货币是与商品生产和交换的发展直接联系在一起的，是商品经济内在矛盾发展的必然结果，是价值形式发展的必然产物。

可见，对于货币的起源，古今中外很多思想家、经济学家都看到了货币与商品交换发展的联系，并沿着这条思路进行论证。所以，为了弄明白货币产生的历史过程和本质，需要结合商品交换发展的历史进程，分析价值形式的发展。商品的价值形式即交换价值经历了四个阶段，表现为四种形式，即简单的（或偶然的）价值形式、扩大的价值形式、一般价值形式和货币形式。

（一）简单的价值形式

在原始社会末期，由于生产力水平低下，人们的劳动产品除了满足自己的需要外，很少有剩余产品进行交换。商品交换的行为只是个别的、偶然的。在这种交换过程中，一种商品的价值偶然地表现在另一种商品上，即表现为简单的物物交换，并且交换的概率极低，表现为偶然的交换。因此，这种形式就称为简单的或偶然的价值形式。此时，商品价值的表现是不完善的，也是不充分的。

随着社会生产力的进一步发展，剩余产品开始增多，交换的场所和领域也在不断扩大，商品交换也不再是偶然，于是出现了扩大的价值形式。

（二）扩大的价值形式

在扩大的价值形式中，一种商品的价值已经不是偶然地表现在某一商品上，而是表现在一系列商品上。这时，各种商品交换的比例关系和它们所包含的社会必要劳动时间的比例关系更加接近，商品价值的表现也比在简单的价值形式中的价值表现更完整、更充分。但是，扩大的价值形式也有其弱点：第一，商品的价值表现是不完整的，因为作为等价物的商品的系列是无止境的，任何一种新的产品都可以加入交换；第二，商品的价值表现也不统一，作为等价物的每一种商品都可表现处于相对价值形态地位的商品的价值；第三，商品的价值表现也很复杂。由于处在等价物地位的不同商品之间是相互排斥的关系，商品价值要想获得表现，其实际交换过程可能十分复杂。由于这些内在矛盾的存在，价值形式得以进一步发展。

(三)一般价值形式

在一般价值形式中,一切商品的价值都只能统一地表现在某一种商品上,这种商品充当的是一般等价物的角色。一般等价物具有排他性,它拒绝与任何其他商品并列。它拥有特殊的地位,任何一种商品只要与作为一般等价物的商品交换成功,该商品的使用价值便转化为价值;具体劳动便转化为抽象劳动;私人劳动便成为社会劳动的一部分。一般价值形式的出现,是商品价值形式演变过程的质的飞跃,作为一般等价物的商品实际上起着货币的作用,只是在一般价值形式中,作为一般等价物的商品还没有固定下来。

(四)货币形式

随着商品生产和商品交换的不断发展,从充当一般等价物的众多商品中逐渐分离出一种固定充当一般等价物的特殊商品,这种商品就是货币,它成为表现、衡量和实现价值的工具。从货币产生过程看,货币是商品生产和商品交换发展到一定阶段的必然产物,同时也是商品经济内在矛盾发展的必然结果。它解决了物物交换的诸多困难,但又使商品经济的内在矛盾进一步发展,使商品的价值和使用价值的内在对立表现为商品和货币的外在对立。

二、货币的本质

从货币的产生过程可以看出货币的本质:货币是商品,但货币不是普通的商品,而是固定地充当一般等价物的特殊商品,并体现一定的社会生产关系。

首先,货币是一种商品。它具有商品的共性,也是用于交换的劳动产品,具有使用价值和价值。如果货币没有商品的属性,那么它就失去了与其他商品相交换的基础,也就不可能在交换过程中被分离出来充当一般等价物。

其次,货币是一般等价物。作为等价物,它具有两个基本特征:第一,货币是表现一切商品价值的材料。普通商品直接表现出使用价值,其价值必须在交换中由另一商品来体现。而货币是以价值的体现物出现的,在商品交换中直接体现被交换商品的价值。一种商品只要能交换到货币,商品的价值就得到了体现。因而,货币就成为商品世界唯一核算社会劳动的工具。第二,货币具有直接同所有商品相交换的能力。普通商品只能以其特定的使用价值去满足人们的某种需要,不可能同其他一切商品直接交换。货币是人们普遍接受的一种商品,是财富的代表,拥有它就意味着能够去换取各种使用价值。因此,货币成为每个商品生产者所追求的对象,货币也就具有了直接同一切商品交换的能力。

再次,货币体现一定的社会生产关系。货币作为一般等价物,无论是表现在金银上还是表现在某种价值符号上,都只是一种表面现象。货币是商品交换的媒介和手段,体现的是商品生产者之间的社会关系。商品交换是在特定的历史条件下,人们互相交换劳动的形式。因此,货币作为一般等价物反映了商品生产者之间的交换关系,体现着产品归不同所有者占有,并通过等价交换来实现它们之间的社会联系。可见,货币以特殊的身份体现着商品生产者之间的社会关系。

最后,货币作为财富的象征具有非常广泛的影响力和支配性。就直接职能来说,货币的作用仅存在于商品交换领域,但实际情况并不仅限于此。在现代市场经济下,整个社会经济都成为一种"货币经济",货币的影响力渗透于社会经济活动的各个领域,甚至支配一切,成为现代经济的血液。这种神圣地位并非产生于货币的本身，而是来自它代表的社会经济关系。因为在社会还没有完全消灭占有关系的情况下，货币作为财富的象征，自然地具有了某种特殊的地位。货币作用的深化，是经济发展的必然，也给社会发展带来某些消极作用。

三、货币形式的演变

(一)实物货币

实物货币是人类历史上最古老的货币，据史料记载，有许多商品如牲畜、贝壳、布帛、皮革、农具等，都曾经充当过货币。古希腊曾以牛、羊等为货币，非洲和印度等地曾以象牙为货币，美洲土著人和墨西哥人曾以可可豆作为货币。在我国古代，龟壳、海贝、蚌珠、皮革、米粟、布帛、农具等都曾充当过货币。据古籍的记载、青铜器的铭文和考古的挖掘，中国最早的货币是贝，其上限大约在公元前2000年。这些实物货币在当时除了作为交换媒体以外，还用于直接消费，所以其特点表现为既是货币商品，又是普通商品。由于大多数实物货币不易计量与分割、不便携带、不易保存，所以随着商品交换的发展，实物货币便逐渐被金属货币所取代。

(二)金属货币

金属货币就是以金、银、铜等贵金属为币材的货币。由于金属的自然属性使其比一般商品更适宜于充当货币材料，如价值稳定、易于计量、便于储藏和携带，并且人类的金属开采冶炼技术水平也在不断提高，从而使货币供应具有一定的弹性。铜是中国最早的货币金属。

金属货币也有一个由粗到精的发展过程：一是称量货币时期，二是铸币时期。称量货币是指货币直接表现为没有固定形状的金属块，每一块货币的价值取决于该金属块的重量。最早的金属货币采用金属条块的形式，这从货币单位名称中就可看出，如英镑的货币单位是“镑”，中国古代货币白银的单位是“两”，铜钱的单位是“文”，这都是重量单位。在金属称量货币时期，每次交换都必须经过称量重量、鉴定成色、进行分割的过程，非常麻烦，使商品交易的时间延长、成本增加、风险增加，越来越难以适应商品交换的发展。因此，一些经常参加交易的商人开始在自己称量过重量、鉴定过成色的金属块上打上印记，以方便交换，从而出现了最初的铸币。当商品交换的地域范围越来越大时，单凭商人的信用并不能让异地的交易者相信金属块上的标记，于是要求更具权威的标记；而权威最大的莫过于国家，于是国家开始充当货币的管理者，对金属货币的铸造进行管理，金属货币的条块形式发展为铸币形式。铸币是由国家把金属铸成一定的形状，规定一定的成色、分量和面额价值，打上一定印记的金属货币。铜铸币是中国最古老的金属铸币。早期的铸币面值与其实际价值是基本一致的，铸币在长期的交易过程中存在着磨损，加之有些政府试图通过铸造不足值的铸币增加财政收入，于是出现了重量减轻、成色降低的劣质铸币。当不等值的劣质铸币进入流通市场后，人们往往将足值货币储存起来，于是形成了“劣币驱逐良币”的现象。

(三)纸币

纸币产生的原因在于人们对货币流通规律认识的不断深入，金属货币在不断流通的过程中不可避免地会有磨损，导致金属铸币的实际重量和铸币的标明重量产生不一致，而这种实际价值已经下降的货币却仍然可以按标明价值进行交换，于是人们认识到货币在进行交换时更关键的是标明的值，而不是其实际价值。正是对这一现象的接受，只有标明价值而几乎没有实际价值的纸币才能广泛流通起来。

纸币是指国家发行并强制流通的货币符号。所谓货币符号，是指本身不足值或没有内在价值，而代替足值金属货币执行货币职能的货币。纸币是金属货币的代表，相对它代表的价值来说，它本身只是一个价值符号，因而纸币的流通有着特殊的规律。一个国家无论发行多少纸币，只能代表商品流通中所需要的金属货币量，纸币发行量应按合理的比率与金属货币量保持一致。否则，会引起纸币贬值、物价上涨。目前世界各国普遍流通的货币也是纸币，但不再是由政府发行的，而是由中央银行发行的，被称为银行券的纸币。

银行券最早出现于17世纪的欧洲，分为可兑现的银行券和不可兑现的银行券。最初，银行券只是兑换金银铸币的凭证，当银行没有足够的金属货币向借款人发放贷款时，银行就开出由自己信用作担保的银行券，任何人拿着银行券都可以随时到银行提取金属货币，在银行的保证下，银行券被普遍接受。这种最初的可以随时提取金属货币的银行券属于可兑现银行券，实际就是代表一定数量金属货币的债权凭证。直到第一次世界大战之前的银行券都是可兑现的。在第一次世界大战期间，世界各国的银行券普遍停止了兑现。战后曾有一些国家想恢复银行券的兑现，但随着资本主义经济制度带来的巨额社会财富的增加，金属货币的数量已远远不能满足商品交换的需要，银行券的完全可兑现不再可能。于是到20世纪20年代末30年代初，世界主要国家的银行券都成了不可兑现的银行券。

银行券的发行经历了两个时期。早期的银行券是分散发行的，任何银行都有权发行以自己为债务人的银行券。由于一些小银行信誉不佳，发行的银行券不能保证兑现，尤其是在危机时期不能兑现的情况更加普遍，容易使货币流通陷入混乱；而且小银行规模小、活动领域小，其发行的银行券只能在很小的范围内流通，导致流通领域内货币不唯一。银行券分散发行的缺陷要求由一家大银行统一发行，中央银行出现以后，就独自承担了发行银行券的权利，这属于银行券集中发行的时期。

（四）信用货币

信用货币从形式上看，也是一种纸制货币，如银行券、商业票据、银票等。它们无内在价值，但能够节省流通费用，方便携带与结算，这是广义上的信用货币。随着商品、货币关系进一步发展，信用形式发生了重大变化，特别是银行信用变得十分活跃，由银行信用产生的各种信用凭证如支票、汇票、信用卡等，在现代经济中发挥着十分重要的作用。尤其是银行信用创造的存款货币，被社会广泛作为流通手段与支付手段，执行货币的基本职能，称为狭义的信用货币。在现代经济生活中，这种信用货币已经成为主要的货币形式，它的发行主体是国家授权的银行，发行程序是银行信贷程序，特别是存款货币形式，在货币乘数效应的作用下，通过商业银行体系派生创造，成为货币供应的重要组成部分。

（五）电子货币

电子货币是指用计算机系统储存和处理的电子存款和信用支付工具，它较之传统货币更为方便和准确。自20世纪70年代以来，在新技术革命的推动下，出现了电子货币。电子货币是信用货币与计算机、现代通信技术相结合的最新货币形态，其利用电磁信号对信用货币实施贮存、转账、支付。因为它以电子计算机、现代通信以及金融与商业专用机具等现代技术成果为基础，以各种金融交易卡（如磁卡和智能卡）为载体，通过电子信息转账系统贮存和转移货币资金，因此称为电子货币。典型的电子货币是网上银行账户，账户所有者可以在电脑上，利用公共网络直接进行转账和对外支付；其次是借记卡和信用卡，可以在ATM机上，利用银行网络进行转账，还可以利用商家的POS机进行支付。电子货币属于金融创新的一项重要成就，也是货币作为流通手段不断进化的表现。一种货币形态被另一种货币形态所取代，这是商品经济发展的必然结果。信用货币、电子货币的出现不是货币形态发展的终点，在不久的将来，现钞和支票的使用会逐渐减少甚至可能消失，但这并不意味着货币会消亡，而是以新的形式存在。

在中国，1986年中国银行率先在国内发行了长城卡，其后中国工商银行的牡丹卡、中国建设银行的龙卡、中国农业银行的金穗卡也相继问世，现在各中小商业银行、城市商业银行、邮政储蓄等也都有自己的银行卡。近年来，我国银行卡产业获得很大发展。据中国人民银行统计数据显示，截至2014年第三季度末，我国金融IC卡累计发卡量突破10亿张，其中全国性商业银行累计发卡量超过9亿张，区域性商业银行累计发卡量超过1亿张。2014年前三季度新增金融IC卡发卡量4.5亿张，占新增银行卡发卡量的比例超过80%，前三季度新增发卡量分别为1.3亿张、1.5亿张和1.7亿张，发卡进度明显加快，金融IC卡已成为我国新发银行卡主流产品。①

四、货币层次的划分

(一)划分的依据

由于货币在现代经济中扮演着极其重要的角色，如何定义货币，不仅具有理论意义，更具有现实意义。目前，大多数经济学家认为应根据金融资产的流动性来定义货币、划分货币，从而确定货币供应量的范围。金融资产的流动性也称货币性，它是指一种金融资产能迅速转换成现金而对持有人不发生损失的能力，也就是变为现实的流通手段和支付手段的能力，即变现力。它取决于买卖的便利程度和买卖时的交易成本。流动性程度不同的货币在流通中转手的次数不同，形成的购买力不同，从而对商品流通和其他经济活动的影响程度也就不同。比如现金和活期存款，作为流通手段和支付手段使用，直接引起商品供求变化，因而具有完全的流动性，其货币性最强。而定期存款和储蓄存款则流动性较低，虽然也会形成一定的购买力，但因需要转化为现金才能变为现实的购买手段，提前支取要受一定程度的损失，所以其流通次数较少，对市场的影响力就不如现金。一般来说，流动性越强，货币转化为现金或活期存款所需的成本越低，时间也越短。

(二)划分的方法

各国中央银行以及国际货币基金组织都以金融资产的流动性来划分不同层次的货币供应量。

1. 国际货币基金组织的货币层次划分

按照流动性的强弱，国际货币基金组织把货币划分为三个层次：

---

① http://www.pbc.gov.cn/publish/goutongjiaoliu/524/2014/20141020145327206702601/20141020145327206702601_.html

(1)M0(现钞)。不包括商业银行的库存现金,而是指流通于银行体系之外的现钞,即居民和企业手中持有的现金。因为这部分货币可以随时作为流通手段和支付手段,所以流动性最强,放在第一层次。

(2)M1(狭义货币)。包括M0和银行活期存款,因为银行活期存款可以签发支票进行转账结算而直接成为支付手段,所以也具备极强的流动性。人们平时在各种统计资料上见到的"货币",指的就是M1。M1作为现实的货币购买力对社会经济生活有广泛而直接的影响,所以各国都把控制货币供给量的主要措施放在这一层面上,使之成为货币政策调控的主要对象。

(3)M2(广义货币)。广义货币包括M1和准货币。准货币一般是指银行的定期存款、储蓄存款、外币存款,以及各种短期信用工具,如银行承兑汇票、国库券等。准货币本身虽然不像货币,但由于在经过一定手续后能比较容易地转化为现实购买力,加大流通中的货币量,所以也称为近似货币。广义货币层次的确立,对研究货币流通总体状况有重要意义,特别是对金融制度发达国家的货币计量,及对未来货币流通走势的预测都有重要作用。

2. 美国的货币层次划分

不同国家会有不同的货币层次划分,同一国家货币层次的划分也不是一成不变的,而是随着金融业的发展不断进行调整。美国对货币层次划分的调整甚为频繁,仅1971年4月至1986年3月就做了8次调整。1998年4月的联邦储备公报显示,美国联邦储备系统有四个货币供应层次:

M1=流通中的现金+旅行支票+活期存款+其他支票存款(如NOW账户、ATS账户等)

M2=M1+储蓄存款(含货币市场存款账户)+小额(10万美元以下)定期存款(含零售回购协议)+零售货币市场共同基金余额(最低初始投资5万美元以下)+调整项(为避免重复计算)

M3=M2+大额(10万美元以上)定期存款+机构持有的货币市场共同基金余额(最低初始投资5万美元以上)+所有存款机构发行的回购负债(隔夜的和定期的)+调整项

L=M3+其他短期流动资产(如储蓄债券、商业票据、银行承兑汇票、短期政府债券等)

3. 日本的货币层次划分

M1=现金+活期存款(包括企业活期存款、活期储蓄存款、通知存款、特别存款和通知纳税存款)

M2+CD=M1+准货币(活期存款以外的一切公私存款)+可转让存单

M3+CD=M2+CD+邮政、农协、渔协、信用组合和劳动金库存款+货币信托和贷放信托存款

L(广义流动性)=M3+CD+回购协议债券、金融债券、国家债券、投资信托和外国债券

4. 英国英格兰银行的货币层次划分

英格兰银行也会频繁调整货币供给口径。1992年2月,英格兰银行不再公布M2,只公布M0和M4(以及便于同欧盟通用的货币指数相比较的M3H,与M4类似)。1999年,M3H被欧洲中央银行使用的M3所代替。随着货币市场的改革,英格兰银行在2006年4月停止发布M0数据,取而代之的是流通中纸币和铸币以及各银行在英格兰银行的储备存款余额这两组相对独立的数据。下面是英格兰银行1992年2月之前货币供给采用的口径(1991年所采用的口径就没有M1):

M0,是狭义货币,包括流通在英格兰银行之外的纸币和硬币、各银行在英格兰银行的储备

存款余额。

M2,包括公众手中的纸币和硬币、私人部门在英国银行和建房互助协会的小额英镑存款。

M4,包括公众持有的流通中的纸币和硬币、私人部门在英国银行和建房互助协会的所有英镑存款(包括存单)。

5. 我国的货币层次划分

中国人民银行结合我国的实际情况、参照国际通行的原则将我国货币供应总量划分为以下四个层次:

M0＝流通中的现金

M1＝M0＋企业活期存款＋机关团体部队存款＋农村存款＋个人持有的信用卡类存款

M2＝M1＋城乡居民储蓄存款＋企业存款中具有定期性质的存款＋外币存款＋信托类存款

M3＝M2＋金融债券＋商业票据＋大额可转让存单

在上述四个层次中,M1 是通常所说的狭义货币,流动性较强;M2 是广义货币;M2 与 M1 的差额是准货币,流动性较弱;M3 是为适应金融创新的要求而设立的,流动性最弱。

总之,以上各货币层次不同的划分方法,除了 M0 与 M1 各国较统一外,其余各个层次,包括使用的符号、各个符号包括的内容、货币层次的称谓等都是不相同的。

五、货币的职能

古今不同学派的经济学者,对货币职能的划分实质上没有太大的分歧,划分标准也大体一致。见图 1－1。

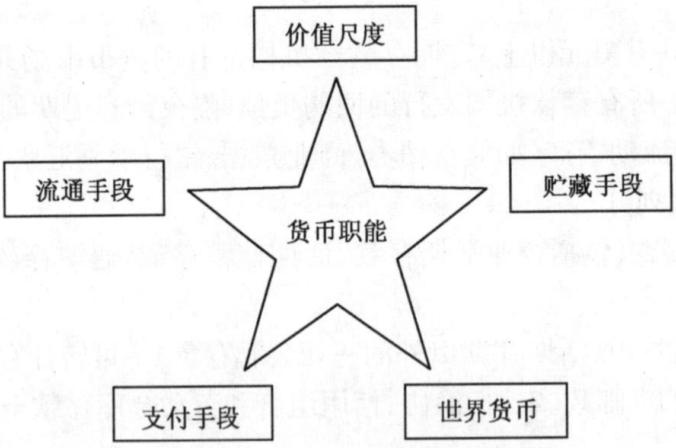

图 1－1　货币的职能

(一)价值尺度

货币在表现和衡量商品价值时,执行着价值尺度的职能。货币执行价值尺度时,可以是抽象的或观念上的货币,并不需要现实货币的存在。当商品的价值用货币表现时就是商品的价格。由于各种商品的价值大小不同,用货币表现的价格也不同。为了便于比较,就需要规定一个货币的计量单位,称为价格标准。价格标准最初是以金属重量单位的名称命名的,如中国的"两"。后来,由于国家以较贱金属代替贵金属作币材,使货币单位的名称和金属重量单位名称脱离。例如，英国以"镑"为货币单位，等分为先令、便士；我国人民币则以"元"为货币单位，等分为角、分等。

价值尺度与价格标准是两个完全不同的概念。首先，货币作为价值尺度，以其代表的一定量的社会劳动衡量各种不同商品的价值；而货币作为价格标准，以其代表的一定的金属量衡量货币金属本身的量。其次，货币作为价值尺度是在商品交换中自发形成的，不依赖人的主观意志，是客观的；而价格标准是人为的，通常由国家法律加以规定。再次，货币作为价值尺度，它的价值随着劳动生产率的变动而变动；而价格标准是货币单位本身金属的含量，不随劳动生产率的变动而变动。价值尺度与价格标准有着密切的关系，货币的价值尺度依靠价格标准发挥作用。因此，价格标准是为价值尺度职能服务的。

（二）流通手段

货币在商品交换过程中发挥媒介作用时，执行着流通手段职能。货币作为流通手段必须是现实的货币，即要求一手交钱一手交货，这与货币作为价值尺度是不同的。作为价值尺度的货币，由于其衡量的是商品的价值，所以必须是足值的货币，否则商品的价值就可能被错误地扩大或缩小。而货币发挥交换媒介作用时并不需要足值，因为在买卖商品的瞬间，人们关心的是它的购买力，即能否买到等值的商品，并不关心货币本身有无价值，所以就产生了不足值的铸币以及仅是货币符号的纸币代替贵金属执行流通手段职能的可能性。

在货币出现以前，商品交换采取物物交换的形式，即 W-W；货币出现后，商品交换分为卖和买两个环节，即 W-G 和 G-W。货币这个媒介的出现，使原来物物交换的许多局限性，如交换双方对使用价值的需求一致，交换的时间、地点一致等都被冲破了，从而促进了商品交换的发展。但另一方面，货币发挥流通手段职能，也使商品生产者之间的社会关系和商品经济的内在矛盾更加复杂化了。因为商品交换分为卖和买两个环节，如果有些人卖了商品不马上买，则另一些人的商品可能就卖不出去，引起买卖相脱节，使得社会分工形成的生产者相互依赖的链条有中断的可能，从而孕育经济危机。

货币流通是指货币作为购买手段，不断地离开起点，从一个商品所有者手里转到另一个商品所有者手里的运动。它是由商品流通引起的，并为商品流通服务。商品流通与货币流通之间存在着密切的关系，商品流通是货币流通的基础，货币流通是商品流通的表现形式。一般而言，流通中所需的货币量取决于三个因素：一是待流通的商品数量，二是商品价格，三是货币流通速度。

$$\text{流通中所需要的货币量}=\frac{\text{商品价格总额}}{\text{货币流通速度}}=\frac{\text{商品价格}\times\text{待流通的商品数量}}{\text{货币流通速度}}$$

流通中所需要的货币量取决于待流通的商品数量、商品价格和货币流通速度这一规律，是不以人们的意志为转移的。只要有商品货币交换的地方，这一规律就必然存在并起作用。

（三）贮藏手段

货币作为社会财富的一般代表，当它退出流通、贮藏起来，就执行贮藏手段的职能。作为贮藏手段的货币既不能是观念上的货币，也不能是不足值的货币，或只是一种价值符号的纸币。它必须是一种足值的金属货币或是作为货币材料的贵金属。

货币是一般等价物，它可以购买任何一种商品。因此，货币就成为社会财富的一般代表。货币的保存价值引起了人们贮藏货币的欲望。同时，在商品经济条件下，由于市场调节具有一定的自发性，商品能否顺利卖出带有某种偶然性，因此有些商品生产者把卖出的部分货币贮藏起来，以备不能卖出时仍能买到需要的商品，使再生产顺利进行。当货币从流通中退出而处于静止状态时，就执行贮藏手段的职能。

在足值的金属货币流通条件下，货币作为贮藏手段，具有自发调节货币流通量的作用。当流通中的货币量大于商品流通所需要的货币量时，多余的货币会退出流通领域；当流通中所需要的货币量不足时，贮藏货币会重新加入流通。贮藏货币就像蓄水池一样自发地调节着流通中的货币量，使它与商品流通量相适应。因此，在足值的金属货币流通条件下，不会发生通货膨胀现象。货币的贮藏手段是以金属货币为前提的，即只有在金属货币流通的条件下，货币才能自发地进出流通领域，发挥蓄水池的作用。当今世界，大多数国家已经废除了金属货币的流通，普遍采用了信用货币。如果通货膨胀水平较低，并且预期通货膨胀水平也很低，信用货币是可以被“贮藏”起来的，但这种暂歇在居民手中的货币不是贮藏货币，它仍是计算在市场流通量之中的。这样，信用货币也就不能自发地调节流通量中的货币量，贮藏手段职能实际上也就不存在了。

（四）支付手段

当货币用来清偿债务、支付赋税、租金、工资时，就执行着支付手段的职能。货币作为支付手段起因于赊账的商品交易，这是商品经济发展到一定阶段的必然产物。在较发达的商品经济条件下，在商品的生产循环和周转中，某些商品生产者会产生资金周转的多余或不足，为使再生产得以顺利进行，商品赊销、延期付款等信用方式就相应产生。此外，商品的供求状况也影响着商品的信用方式。当赊购者偿还欠款时，货币就执行支付手段职能。

货币执行支付手段的职能，最初主要是为商品流通服务，用于商品生产者之间清偿债务。随着商品生产的发展，货币的支付手段职能已超出了商品流通领域，扩展到其他领域，如工资、佣金、房租以及其他领域。随着信用制度和科学技术的发展，货币支付手段职能虽然不断扩大，但其扩展的广度和深度仍受商品流通发展的程度所制约。

货币作为流通手段克服了物物交换的局限性；货币作为支付手段，又进一步克服了货币作为流通手段要求一手交钱一手交货的局限性，极大地促进了商品交换的发展。但同时，它也使商品经济的内在矛盾进一步复杂化。在商业信用盛行时，商品生产者之间的债权债务关系普遍存在。一个商品生产者偿还债务的能力，往往受到其他商品生产者能否按期偿还的影响。在债务债权的链条中，如果有一部分生产者不能按期偿还债务，就有可能引起整个支付链条的中断，给商品生产和流通带来严重的后果。

在货币执行支付手段职能的条件下，由于赊销商品的部分当时不需支付货币，加上债权债务关系相互抵消等因素，都影响了一定时期内市场对货币流通的需要量。这样，货币流通规律的公式即为：

$$\text{货币流通必要量}=\frac{\text{商品价格总额}-\text{赊销商品价格总额}+\text{到期支付总额}-\text{相互抵消的支付总额}}{\text{货币流通速度}}$$

（五）世界货币

当货币超越国界，在世界市场上发挥一般等价物作用时，便执行世界货币的职能。世界货币只能是以重量直接计算的贵金属。而铸币和纸币是国家依靠法律强制发行、只能在国内流通的货币，不能真实地反映货币的内在价值。货币执行世界货币的职能主要表现为三个方面：第一，作为国际间一般的支付手段，用以平衡国际收支差额。这是世界货币的主要职能。第二，作为国际间一般的购买手段，用以购买外国商品。作为购买手段的货币在此时当作货币商品与普通商品相交换。第三，作为国际间财富转移的一种手段，比如战争赔款、输出货币资本等。

世界货币的职能也是以贵金属为条件的。从理论上来讲，信用货币由于没有内在价值或其价值可以忽略，是不能够执行世界货币职能的。但当代，一些西方发达国家的信用货币，成为世界上普遍接受的硬通货，实际上发挥着世界货币的职能。世界各国都把这些硬通货作为本国储备的一部分，并用来作为国际间的支付手段和购买手段。这一方面是因为发行这些硬通货的国家经济发达、国力强大，国际政治经济地位相对较高，因此其货币也较坚挺、有保障；另一方面，国际金融业的发展也促进了这些信用货币的全球化。

货币的五种职能并不是各自孤立的，而是具有内在联系的。其中，货币的价值尺度和流通手段职能是两个基本职能，其他职能是在这两个职能的基础上产生的。从历史和逻辑上讲，货币的各个职能都是按顺序随着商品流通及其内在矛盾的发展而逐渐形成的，从而反映了商品生产和商品流通的历史发展进程。

第二节　货币制度

一、货币制度的形成

货币制度是人们在充分认识商品货币关系的基础上，由国家制定并主要通过法律强制保障实施的一种管理制度。货币制度产生之前，货币的发行权分散，各种货币的适用区域狭小，充当货币的材料种类繁多，铸币的成色、重量下降，货币流通十分混乱。这种分散、混乱的货币体系，不利于正确计算成本、价格和利润，不利于广泛而稳定的信用关系的建立，也不利于商品流通的扩展以及大市场的形成，成为商品经济顺利发展的一大阻碍。为创造有序、稳定的货币流通体系，以适应商品经济发展的需要，各个国家先后颁布法令和条例，对货币流通作出种种规定，形成统一、稳定的货币制度。

二、货币制度的基本内容

货币制度简称币制，是指一个国家以法律形式规定的货币流通的组织形式，其基本内容如下：

（一）货币金属与货币单位

确定用什么金属作为货币材料是建立货币制度的首要步骤，货币金属是建立货币制度的基础。金属货币材料的选择受客观经济条件的制约。历史上，先以白银为货币金属，后来随着黄金的大量开采，才过渡到金银并用，并最终使黄金在币材中占了统治地位。选择什么样的金属作为本位币的币材，就会构成什么样的货币本位制度。这是由国家法律确立的，但要受客观经济发展需要的制约。货币材料的不同也是区别不同货币制度的主要标志：如果法律规定用白银作币材，就是银本位货币制度；如果白银和黄金同时为币材，则称为金银复本位货币制度；如果单以黄金为币材，就是金本位货币制度。

确定货币金属后，就要规定货币单位，包括规定货币单位的名称和每一货币单位所包含的货币金属量。例如，美国的货币单位为"美元"，根据 1934 年 1 月的法令规定，1 美元含纯金0.888 671克；中国北洋政府在 1914 年颁布的《国币条例》中规定，货币单位定名为"圆"，1 圆含纯银23.977克。规定了货币单位及其等分，就有了统一的价格标准，货币可以更准确地发挥计价流通的作用。当黄金在世界范围内非货币化之后，流通中只有不可兑换的信用货币，确定货币单位的值则转变为如何维持本国货币与外国货币的比价。

(二)货币的发行与流通

货币的发行与流通在金属货币制度下表现为金属货币的铸造与管理。金属货币的铸造是指本位币与辅币的铸造。本位币是按照国家规定的货币单位所铸成的铸币，也称为主币。本位币是足值货币，其面值与实际金属价值是一致的。本位币具有无限法偿能力，并且可以自由铸造、自行熔化。流通中磨损超过重量公差的本位币，不准投入并且流通使用，可向政府指定的单位兑换新币，即超差兑换。本位币的这种自由铸造、自行熔化和超差兑换，能使铸币价值与铸币所包含的金属价值保持一致，保证流通中的铸币量自发地适应流通对于铸币的客观需要量。辅币是主币以下的小额通货，供日常零星交易与找零之用。辅币一般用较贱金属铸造，其所包含的实际价值低于其名义价值，但国家以法令形式规定在一定限额内，辅币可与主币自由兑换，这就是辅币的有限法偿性。辅币不能自由铸造，只准国家铸造，而铸币收入为国家所有，是财政收入的重要来源。为防止辅币充斥市场，国家除规定辅币为有限法偿货币外，还规定用辅币向国家纳税不受数量限制，用辅币向政府兑换主币不受数量限制。

随着商品经济的迅速发展，金属货币已不能满足商品流通对流通手段和支付手段日益增长的需要，于是就出现了不兑现信用货币即银行券和纸币的流通。银行券是在商业信用的基础上，由银行发行的信用货币。当商品经济发展到一定阶段后，由于信用交易产生了商业票据，一些持票人因急需现金而到银行要求贴现，银行就付给他们银行券。这样，银行券就通过银行放款的程序投入了流通。同时，银行券的发行应有信用保证(票据保证)和黄金保证。持券人可随时向发行银行兑换金属货币。但自 1929～1933 年世界经济危机后，各国中央银行发行的银行券都不能兑现金属货币，它的流通已不再依靠银行信用，而是单纯靠国家政权的强制力量，从而使银行券纸币化了。纸币是银行和政府发行并依靠其信誉和国家权力强制流通的价值符号。现在的纸币，其前身就是可兑换的银行券。但纸币并不需要黄金准备，因此可以用来弥补财政赤字，因而就可能导致通货膨胀。

(三)货币的支付能力

关于货币支付能力的规定是现代货币制度的重要内容，只要国家干预货币流通，就必然会有这方面的规定，比如国家铸造的不足值货币或者纸币都要通过法律规定来保证它的使用。不过，明确规定有限法偿与无限法偿区分的制度则是在资本主义制度建立过程中形成的。

无限法偿是指货币有无限制的支付能力，法律保护取得这种能力的货币，不管每次支付金额如何大，也不管是什么性质的支付，支付对方都不能拒绝接受。金属货币时期的本位币、信用货币制度中的中央银行发行的不兑现的银行券都具有无限法偿的能力，活期存款虽然在经济生活中也是被普遍接受的，但不具有无限法偿能力。

有限法偿是有限的偿付能力，即一次支付超出一定限额，对方有权拒绝接受，但在法定限额内拒绝不受法律保护。金属货币流通中的辅币就是有限法偿的货币，因为辅币是不足值的，如果允许辅币和本位币一样无限制流通，那么人们在支付中就都用辅币而贮藏本位币了。

（四）黄金储备

黄金储备也叫金准备，是指国家所拥有的金块和金币的总额。它是货币制度的一项重要内容，也是一国货币稳定的基础。大多数国家的黄金储备都集中由中央银行或国家财政部管理。在金属货币流通条件下，国家利用金准备，一是作为国际支付手段，二是扩大或收缩金属货币的流通，三是作为支付存款和兑换银行券。在当前世界各国已无金属货币流通的情况下，纸币已不再兑换黄金，金准备的后两项用途已经消失，但黄金作为国际支付的准备金这一作用仍继续存在，各国也都储备一定量的黄金作为准备。

三、货币制度的发展与演变

货币制度的发展和演变，经历了银本位制、金银复本位制、金本位制和不兑现的信用货币本位制四个阶段，如图 1—2 所示。

- 货币制度
  - 金属货币制度
    - 银本位制
    - 金银复本位制
    - 金本位制
      - 金币本位制
      - 金块本位制
      - 金汇兑本位制
  - 信用货币制度
    - 银行券
    - 纸币

图 1—2　货币制度发展

（一）银本位制

银本位制是指以白银为本位货币的一种货币制度。在货币本位制的演变过程中，银本位制是最早出现的。在银本位制下，以白银作为本位币币材，银币是无限法偿货币，其名义价值与实际含有的白银价值是一致的。银本位分为银两本位与银币本位。在银本位制盛行的时代，大多数国家实行银币本位，只有少数国家实行银两本位。例如，中国于 1910 年宣布实行银本位制，但实质上是银圆与银两混用。直到 1933 年废两改圆，才实行了银圆流通。

银本位制作为一种独立的货币制度，在一些国家存在的时间并不长，实行的范围也较小，其原因主要在于白银产量增加、价格不稳定、银贱金贵。自 19 世纪中期以后，黄金需求大幅度增加，而供给不足，白银的需求减少，而产量增加，使金银比价差距越来越大。而此时，在美洲发现了丰富的金矿，黄金开采量也随之增加，由美洲流入欧洲。为适应经济发展的需要，黄金进入了流通领域，和白银一起充当交换媒介，于是进入了金银复本位制。许多国家纷纷放弃银本位制。我国于 1935 年才废止银本位制。

（二）金银复本位制

金银复本位制是指以金和银同时作为币材的货币制度。在这种制度下，金银两种铸币都是本位币，均可自由铸造，两种货币可以自由兑换，并且两种货币都是无限法偿货币。金银复本位制于1663年首先在英国实行，盛行于资本主义原始积累时期(16～18世纪)。在这一历史阶段，商品生产和流通进一步扩大，对银和金的需求量都大幅增加。由于银价值含量小，所以适合小额交易；金的价值含量大，适合大额交易。这大大便利了商品流通，同时也促进了商品经济的发展。但是，由于货币自身的独占性和排他性，两种本位币同时流通，必然会造成混乱。最初金币和银币按其自身包含的价值流通，称为"平行本位制"。由于金银两种铸币所含的价值不同，流通中商品的价格要以金银分别标价，而且这两种价格会随着金银市场比价的变化而变化，造成流通中的混乱状态。于是，国家用法律规定金币与银币的比价，实行"双本位制"，试图稳定商品价格。但是，由于金币和银币的法定比价与黄金和白银的市场比价经常不一致，市场价格高于法定价格的货币必然会从流通中退出，被熔化成金属块或输出国外，市场价格低于法定价格的货币则继续留在流通中。这就是"劣币驱逐良币"的现象，就是说，两种实际价值不同而法定价格相同的货币同时流通时，市场价格偏高的货币称为良币，市场价格较低的货币称为劣币，在价值规律的作用下，市场上良币消失、劣币充斥，历史上也称为"格雷欣法则"。因此，从19世纪起，英国及各主要资本主义国家都先后放弃了金银复本位制。在跛行本位制下，两种货币虽然都是本位货币，并有固定比价，但政府同时规定金币可自由铸造而银币不能自由铸造。这种制度事实上大大降低了银币的地位，它是由金银复本位向金本位过渡的一种货币制度。

(三)金本位制

金本位制是指以黄金作为本位币的货币制度，其主要形式有金币本位制、金块本位制和金汇兑本位制三种。

1. 金币本位制

金币本位制是指以黄金为货币金属的一种典型的金本位货币制度。也是通常所说的真正的金本位制，主要特点有三个。第一，金币可以自由铸造、自由熔化。这样可以自发调节流通中的货币量，使金币的自身价值与面额价值保持一致，从而保证商品流通的顺利进行和经济的平稳运行。第二，流通中的辅币和价值符号可以自由兑换金币。这样，流通中的价值符号，如纸币、银行券等，就有了充足的黄金保证，能够代表一定量的黄金进行流通，从而保证了辅币与价值符号的稳定，不会导致通货膨胀，同时也节约了黄金。第三，黄金可以自由输出输入。在实行金本位制的国家之间，其汇率是根据两国货币的黄金含量计算出来的，称为金平价；当由于供求关系等因素导致市场汇率偏离金平价，在达到黄金输出输入点时，黄金就会在外汇市场不均衡引起的利益驱动下自由流动，从而稳定外汇汇率，有利于国际贸易的顺利开展。

金币本位制最早在1816年由英国率先推行，之后欧洲其他国家纷纷效仿，美国到1900年才实行金币本位制。在20世纪初，西方主要资本主义国家大多实行了金币本位制。从历史上看，金币本位制对于各国商品经济的发展、世界市场的统一都起到了重大的推动作用，其稳定的货币自动调节机制无疑是高效率的。但随着资本主义社会固有矛盾的加深和世界市场的进一步形成，金币本位制的基础受到了严重的威胁，并最终导致了金币本位制的终结。代之而起的是金块本位制和金汇兑本位制。

2. 金块本位制

金块本位制是指没有金币的铸造和流通，而由中央银行发行以金块为准备的纸币流通的货币制度。它与金币本位制的区别在于：首先，金块本位制以纸币或银行券作为流通货币，不再铸造、流通金币，但纸币或银行券仍是金单位，规定含金量；其次，金块本位制不再像金币本位制那样，实行辅币和价值符号同黄金的自由兑换，规定黄金由政府集中储存，居民可按本位币的含金量在达到一定数额后兑换金块，但兑换限额起点较高。例如，英国 1925 年规定银行券一次至少兑换 400 盎司的金块，这样高的限额大多数人是达不到的。

3. 金汇兑本位制

金汇兑本位制是指以银行券作为流通货币，通过外汇间接兑换黄金的货币制度。它与金块本位制有相同点：货币单位规定含金量，国内流通银行券，没有铸币流通。但它规定银行券不能兑换黄金，可换取外汇。本国中央银行将黄金与外汇存于另一个实行金本位制的国家，允许以外汇间接兑换黄金，并规定本国货币与该国货币的法定比率，通过固定价买卖外汇以稳定币值和汇率。实行金汇兑本位制的国家实际上使本国货币依附在一些经济实力雄厚的外国货币上，处于附庸地位，从而使货币政策和经济发展被这些实力强大的国家所左右。

无论是金块本位制还是金汇兑本位制，都没有金币的流通，从而失去了货币自动调节流通需要量的作用，币值自动保持相对稳定的机制也不复存在。这种脆弱的金币本位制经过 1929～1933 年的世界性经济危机后，就被不兑现的信用货币制度所代替，从而为国家干预、调节经济提供了一个非常有效的机制。

(四)信用货币制度

信用货币制度是指以不兑换黄金的纸币或银行券为本位币的货币制度。银行券开始是有黄金和信用双重保证的，可以兑换黄金、白银。但在金本位制全面崩溃以后，流通中的银行券不再兑换金银，这时，银行券已完全纸币化了。不兑现的纸币一般由中央银行发行，国家法律赋予无限法偿能力。流通中全部是不兑现的纸币，黄金已经不用于国内流通。由于纸币与黄金毫无联系，货币的发行一般根据国内的经济需要由中央银行控制。信用货币是银行对货币持有人的负债，通过银行放款程序投入到流通领域中去。如果银行放松银根，信用货币投放过多，就可能出现通货膨胀，物价上涨；如果紧缩银根，就可能出现通货紧缩，物价下跌。可见信用货币流通量的多少能够影响经济的发展，国家因此应对信用货币加以调控，实现政策目的，保证货币流通量适应经济发展的需要。

纸币作为不兑现的信用货币，代替黄金成为本位币，黄金完全退出货币流通，这种现象叫作黄金的非货币化。这在社会经济生活中具有非常重要的意义，表明了政府不再只是经济运行的守夜人、旁观者，而是可以利用纸币发行、流通量来调节、干预经济，成为经济的参与者、操纵者。第二次世界大战后，资本主义世界只靠亚当·斯密的“看不见的手”来引导经济运行的国家几乎没有，而是普遍利用货币手段对经济进行宏观调控。但不兑现的信用货币制度是一把双刃剑，在国家干预经济的同时，也使得通货膨胀成为可能，并且不时困扰着世界经济的运行。

四、我国的货币制度

(一)人民币

人民币是指由中国人民银行依法发行具有无限法偿力的货币。人民币制度是一种不兑现的纸币流通制度。它既不与金银挂钩，也不依附于任何一种外国的货币。人民币于 1948 年 12 月 1 日开始发行。1955 年 3 月 1 日起发行新版人民币，规定以新币 1 元兑换旧币 1 万元，并建立起相应的辅币制度，提高了人民币单位“元”所代表的价值量。人民币是信用货币，包括现金和存款货币。

(二)中国的人民币发行制度

人民币的发行由中国人民银行的发行基金保管库(简称发行库)来具体办理。发行库在中国人民银行总行设总库，下属分支行设分库和支库，发行库中保管的是已印制好而未进入流通的人民币票券，称为发行基金。发行基金是人民银行为国家保管的待发行的货币，由设发行库的各级人民银行保管，总行统一掌握。

人民币的具体发行过程是通过现钞在发行库和业务库的划转实现的，业务库是商业银行对外营业的基层行处设立的，业务库中的人民币是作为商业银行办理日常收付的备用金，处于流通过程中。为了避免业务库现金过多或不足带来的浪费和支付困难，通常由上级行和同级中国人民银行为业务库核定库存限额。当收入的现金超过库存限额时，超过的部分必须上存人民银行发行库，这就是人民币的回笼，意味着这部分现金退出流通领域；当业务库不足支付时，可以凭商业银行在人民银行账户上的资金从发行库调入，这就是人民币的发行，意味着这部分现金进入流通领域。目前，通过外汇市场买卖外汇实现人民币的发行和回笼已经是我国货币发行的主要渠道。

(三)人民币制度的基本内容

(1)人民币是我国的法定货币，人民币的单位为“元”，辅币的名称为“角”和“分”，人民币以“¥”为符号。

(2)人民币采用不兑换银行券的形式，没有含金量的规定，也不与任何外币正式联系，是一种信用货币。

(3)人民币是我国唯一的合法通货，严格禁止外币在中国境内计价流通，严禁金银流通，严禁妨害人民币及其信誉。

(4)国家指定中国人民银行为唯一的货币发行机关，并对人民币流通进行管理。

(5)人民币不允许自由出入国境。

(6)禁止仿造、变造人民币，禁止出售、购买仿造、变造的人民币，禁止运输、持有、使用伪造、变造的人民币，禁止故意毁损人民币，禁止在宣传品、出版物或者其他商品上非法使用人民币图样。

随着市场经济的建立和发展，我国的人民币制度迫切需要进行改革。目前较为迫切的是辅币，特别是分币在交易中的尴尬境地，急需要币值的改革来纠正。

(四)一国两制下的地区货币制度

1997 年和 1999 年，我国香港和澳门相继回归祖国后，出现了人民币、港币、澳元“一国三币”的特有历史现象。

根据《中华人民共和国香港特别行政区基本法》和《中华人民共和国澳门特别行政区基本法》，港币和澳元分别是香港特别行政区和澳门特别行政区的法定货币。中国人民银行不在两地设立派出机构，而由香港特别行政区和澳门特别行政区政府及其有关机构制定和执行其货币政策。人民币和港币、澳元的关系，是在一个国家的不同社会经济制度区域内流通的三种货币，它们所隶属的货币管理当局各按自己的货币管理方法发行和管理货币。当然，一旦人民币实现了在资本项目下的完全自由兑换,"一国三币"的特殊历史现象就会逐步消失。

1. 香港地区货币制度

香港地区货币制度可以追溯到1866年前后,当时市面流通的有1元、半元等银元港币。1872年,当时的香港政府为防止银元外流,授权汇丰银行印发纸币,代替银元在市面上的流通,最先发行的纸币是1元面额的港元,并规定1港元纸币可随时兑换1枚银元。1935年,港英当局对货币体制进行了较大的改革。一方面跟随中国放弃银本位制;另一面修正各银行发行纸币条例,设立外汇基金制,作为发行纸币最有力的保证。根据1935年颁布的《1元券货币条例》,港英当局又发行了1元面额纸币及辅币,辅币为铜镍合金的硬币。后来还发行了5元、2元、1元、5角、1角的硬币和1分的纸币。当时香港发行的港元可分为两类:一类是由汇丰银行和渣打银行发行的纸币,一类是由港英当局发行的纸币、硬币。1994年5月1日,根据1985年中英双方达成的协议,中国银行在香港首次发行30亿港元,占香港现钞流通总量的4%,并逐步增到60亿港元,1996年达100亿港元。中国银行发行一套纸币共5种面额,未发行硬币。

2. 澳门地区货币制度

1553年,葡萄牙殖民者侵占澳门,当时澳门使用的货币是中国的银元和铜钱。1906年1月27日,大西洋银行代表澳门政府首次在澳门发行纸币,1982年1月1日成为正式发行机构;1994年8月23日,中国银行澳门分行宣布参与澳门钞票发行工作;1995年10月16日,中国银行在澳门正式发钞。1999年12月20日,在澳门回归日当天,中国银行再次发行新版澳门钞票,一套5种面额纸币,图案未变,仅对发行时间做了改动。

3. 台湾地区货币制度

台湾是中国的一个省,1949年国民党政权失败后逃到台湾,并继续发行国民党货币,后称新台币,60多年来曾多次更替版别,仅在台湾地区流通。

第三节　国际货币体系

一、国际货币体系及类型

国际货币体系是指各国政府对货币在国际间发挥其职能以及有关国际货币金融问题所确定的原则、协议采取的措施,建立的组织形式以及所进行的制度安排。在国际货币体系发展史中,国际货币体系的建立一般有两种方式:一是经过体制和习惯缓慢发展,如国际金本位制;二是在短时期内经过官方国际性会议建立起来,如布雷顿森林体系。国际货币体系产生的主要原因是,各参加国在政治上是独立的,而在经济和信贷方面却是相互依赖的,这就需要一种货币体系来协调各个独立国家的经济活动。国际货币体系主要包括四个方面的内容:一是国际收支的调节,即有效地帮助和促进国际收支出现失衡的国家恢复外部均衡。二是汇率制度的安排,由于汇率变动直接影响各国之间经济利益的再分配,一国货币与其他国家货币之间的汇率决定等问题就成了国际货币体系的主要内容。三是国际货币或储备资产的供应,即规定使用何种货币作为国际间支付货币,以及如何满足储备资产供应的需要。四是国际货币事务的管理与协调,即协调各国与国际货币活动有关的经济政策,通过国际货币机构和组织制定若干为各成员所认同和遵守的规则和制度。

对于国际货币体系的类型，一般是以货币本位和汇率制度作为两个重要标准来划分。据此，可将历史上的国际货币体系的演变划分为三个时期：一是国际金本位制，它是19世纪初20世纪上半期资本主义各国普遍实行的货币体系。二是布雷顿森林体系，它是第二次世界大战后的1944年联合国货币金融会议所确立的国际货币体系，终止于1973年。三是牙买加协议及以后的国际货币制度，1976年国际货币基金理事会通过了基金协定修改草案，1978年经成员国批准生效，牙买加协定形成，但它尚不能算作一个系统的国际货币体系。

二、国际金本位制

国际金本位制度就是以黄金作为本位货币的国际货币制度。它有以下三个特点：

（一）货币含金量决定各国货币之间的汇率

在金本位制下，各国货币之间的汇率是由铸币平价（货币含金量的比例）决定的。由于各国货币的含金量一般不轻易改变，因而货币的汇率自然也是严格固定的。在外汇市场上，汇率即使出现波动，但波动的幅度要受到黄金输送点的限制。所谓黄金输送点，又称“黄金点”，就是在金本位制下，汇率波动引起黄金输出和输入的界限。黄金的自由输出入、金币的自由兑换和自由铸造使外汇市场的汇率波动得以维持在黄金输送点界限以内。国际金本位制下的汇率制度，是一种较为严格的固定汇率制。

（二）黄金充当国际货币

在国际金本位制下，黄金是货币体系的基础，是各国间最后的清偿手段。其典型的特征是：金币可以自由铸造、自由兑换和自由输出入。自由铸造，保证金币面值与黄金价值保持一致，金币数量可自发满足流通对货币的需求；自由兑换，保证各种货币符号（银行券、辅币等）能稳定地代表一定数量的黄金进行流通，可维护币值的稳定；自由输出入，保证各国货币之间的比价即外汇行市相对稳定，国际收支可以自由调节。所以，国际金本位制是一种比较稳定的货币制度。

（三）国际收支的自动调节机制

在国际间普遍实行金本位制的条件下，通过物价涨落和黄金输出入的调节，一国的国际收支可以自动取得平衡。这种自动调节机制必须具备三个条件：一是要把本国货币与一定数量的黄金固定下来，并随时可以兑换黄金；二是黄金可以自由输出和输入，各国金融当局应随时按官方价格无限制地买卖黄金和外汇；三是中央银行或其他机构发行货币必须要有相应的黄金准备。只有具备上述条件，才能达到自动调节的目的，即一旦国际收支失衡，便调整黄金流出入，扩张或收缩货币供应量，变动物价，相应增减进出口，最终实现国际收支平衡。

三、布雷顿森林体系

1944年7月1日在美国的新罕布什尔州布雷顿森林召开了由44国参加的联合国国际货币金融会议，会议通过了《国际货币基金组织协定》和《国际复兴开发银行协定》，从而确立了布雷顿森林体系。

(一)布雷顿森林体系的主要内容

1. 实行美元与黄金本位制

在布雷顿森林体系中,最重要的国际储备资产是黄金和美元。根据《国际货币基金组织协定》,基金组织各成员国均须确认1934年1月美国规定的1美元的含金量为0.888 671克纯金、35美元兑换1盎司黄金的黄金官价。美国承担向各国政府或中央银行按官价兑换美元的义务。

2. 在汇率制度上,实行以黄金—美元为基础的可调整的固定汇率制

在该体系下,美元与黄金挂钩,各国货币与美元挂钩,即各国货币与美元保持可调整的固定比价,可调率的幅度为固定比价上下各1%,各国当局有义务在外汇市场上进行干预以保持汇率的稳定。

3. 在国际收支的调整问题上,取消外汇管制

《国际货币基金组织协定》明确规定:成员国必须取消对经常项目支付的限制,不得采取歧视性的货币措施,在可兑换的基础上实行多边支付。但允许成员国对国际资金流动进行限制。

4. 在国际货币事务的管理与协调上,建立国际金融机构——国际货币基金组织

建立国际金融机构能为国际间政策协调提供适当的场所,对各成员国的汇率政策进行监督,为成员国提供短期资金融通。由此可见,布雷顿森林体系是以美元为中心的国际货币体系。美元与黄金、各国货币与美元的双挂钩和可调整固定汇率,是布雷顿森林体系的两大支柱。因而可以说,布雷顿森林体系实际上是以美元—黄金为基础的国际金汇兑本位制。说它是金汇兑本位制,是因为美元可以直接兑换黄金,其他货币通过兑换美元可间接地兑换黄金;说它是以美元—黄金为基础,是因为美元代替黄金甚至等同于黄金,发挥着国际货币的职能与作用,或者说,美元与黄金共同充当国际货币,并支撑着布雷顿森林体系的运转。

(二)布雷顿森林体系的地位和作用

布雷顿森林体系的建立与运转对第二次世界大战后国际贸易和世界经济的发展起到了一定的积极作用。它结束了第二次世界大战前国际金融领域的动荡混乱局面,使国际金融关系进入了相对稳定时期;这一体系的双挂钩安排使货币汇率保持相对稳定,从而有利于国际贸易和国际投资的发展;美元成为国际储备货币,弥补了国际清偿力的不足,在一定程度上解决了黄金供应不足的问题,促进了世界经济的发展;国际货币基金组织对一些国家提供贷款,在一定程度上有利于它们调整国际收支。

在布雷顿森林体系下,美国的外部均衡目标是保证美元与黄金之间的固定比价和可兑换,这要求美国控制美元向境外输出;其他国家的外部均衡目标是尽可能地积累美元储备,这就要求大量美元向境外输出。这两种外部均衡目标之间产生了尖锐的矛盾。在布雷顿森林体系下,世界各国经济的不断发展,需要美元供应的不断增加,以防出现国际清偿力不足;而美元供应的不断增加,就会使美元同黄金的固定兑换关系难以维持。这就是通常所称的“特里芬两难”。“特里芬两难”说明了布雷顿森林体系的根本缺陷。

在第二次世界大战后的初期,各国的经济恢复迫切需要美元,当时美国因国际收支逆差,输出的美元有限,出现了“美元荒”。随着以美元为中心的布雷顿森林体系建立,美国国际收支持续逆差,美元输出数量激增,“美元荒”变为了“美元灾”。外流的美元不断增长,一直诱发着美元危机。当人们对美元与黄金之间的可兑换性存在信心危机时,人们就会抛售美元、抢购黄

金和其他硬通货，于是美元危机就爆发了。大规模的美元危机早在1960年就爆发过，并在1968年、1971年、1973年多次爆发。每次美元危机爆发后，美国与其他国家都采取了一系列挽救措施，这些措施只能起到暂时的效果，在一定程度上延缓布雷顿森林体系崩溃的进程，但却不能从根本上解决布雷顿森林体系的缺陷。最终当1973年2月再度爆发美元危机时，布雷顿森林体系彻底崩溃了。

四、《牙买加协议》

布雷顿森林体系崩溃以后，国际金融秩序又一次处于混乱状态，重建新的国际货币体系的任务又摆在了各国的面前。国际货币基金组织于1976年1月在牙买加的首都金斯顿签署了《牙买加协议》，1976年4月，国际货币基金组织理事会通过了《国际货币基金组织协定》的第二次修订案，从此国际货币制度改革进入了一个新的阶段。

《牙买加协议》的主要内容包括：第一，增加国际货币基金组织的份额。成员国的基金份额从原有的292亿特别提款权扩大到390亿特别提款权。第二，规定以特别提款权作为主要的国际储备资产。特别提款权可以作为各国货币定值的标准，也可以供有关国家用来清偿对基金组织的债务，还可以用作成员国之间的借贷。第三，黄金非货币化。黄金与货币彻底脱钩，不再作为各国货币定值的标准；废除黄金官价，会员国之间可以自由地在市场上买卖黄金。第四，扩大对发展中国家的资金融通。第五，承认汇率浮动合法化。成员国可根据自己的情况选择汇率制度，但必须事先取得基金组织的同意。基金组织有权对成员国的汇率进行监督以确保有秩序的汇率安排。

牙买加体系是继布雷顿森林体系以后，国际储备资产多元化和浮动汇率制的国际货币体系。但牙买加协议并未从根本上改革国际货币制度，它在很大程度上只是对事实的一种追认，许多问题在这个协议中并没有得到反映和解决。

五、欧洲货币体系

如果说牙买加体系是一个世界性的货币体系，那么欧洲货币体系就是当今世界上最为完善、影响也最大的地区性货币体系。1978年12月，欧共体在布鲁塞尔举行首脑会议，决定建立欧洲货币体系(EMS)，主要包括创建欧洲货币单位、稳定汇率机制、建立欧洲货币合作基金三方面的内容。

欧洲货币单位(ECU)是一种由欧共体成员国货币组成的复合货币，其价值是各成员国货币的加权平均值，各国货币在ECU中所占权数按该国在欧共体内部贸易中所占的比重和该国国民生产总值规模进行确定。在ECU的组成货币中，德国马克、法国法郎和英镑是三种最重要的货币。

稳定汇率机制是欧洲货币体系的重要组成部分。其内容主要有：各成员国确定本国货币对欧洲货币单位的固定比价；在欧共体内部实行可调整的中心汇率值；各成员国货币汇率的最大波动幅度为2.25%；如果汇率达到波动幅度的上限或下限时，各国货币当局必须对外汇市场进行干预，以保证汇率机制的稳定。

欧洲货币合作基金是由各成员国缴出其20%的黄金储备和美元储备，以此作为发行欧洲货币单位的准备。其主要作用在于加强干预外汇市场的能力，以及向成员国贷款以帮助其调节国际收支失衡。

1991年12月，欧共体12国首脑在荷兰的马斯特里赫特举行会议，签署了《马斯特里赫特条约》(简称《马约》)，提出最终要在欧盟内建立一个欧洲中央银行，发行统一的欧洲货币，并为欧洲经济联盟和货币联盟的实现设定了时间表。1993年11月1日起，欧共体更名为欧盟。1994年1月1日，欧盟在法兰克福成立了欧洲货币局。1995年12月15日，欧盟首脑在西班牙马德里举行会议，通过了单一货币绿皮书，将未来的单一货币定名为欧元，并确定了向单一货币过渡的时间表。1997年6月，欧盟首脑在阿姆斯特丹举行会议，批准了《稳定公约》《欧元的法律地位》和《新的货币汇率机制》，为欧元的按期启动做好了技术准备和法律保障。1998年3月，欧盟委员会根据各国经济趋同情况确定了11个首批流通欧洲统一货币的国家，即法国、德国、意大利、西班牙、比利时、荷兰、卢森堡、葡萄牙、奥地利、芬兰和爱尔兰。其中，希腊因未能全面达标而落选，英国、丹麦和瑞典出于国内政治考虑，暂时不打算首批流通欧元，欧元以支票、信用卡、股票、债券等形式进行流通。1999年1月1日，欧元按时出炉，2002年7月1日，欧元区11国的货币也完全被欧元所取代。欧洲货币联盟的创建和欧元的成功运行，使国际货币体系格局朝着多极化的方向发展。

六、国际货币体系的改革

(一)关于建立国际货币机构问题，有经济学家提出建立世界中央银行

这一方案主张，通过一个新的集权的货币机构来管理世界的货币供给，各参与国将他们的国际储备存入这一机构，该机构通过在国际金融市场上购买或出售政府债券来增加或减少货币供给。这种构想的实现形式是，成立世界中央银行，发行世界统一货币。但反对这一方案的经济学家认为，让所有的国家都完全放弃货币政策的自主权是不现实的。

(二)关于国际货币本位问题，有经济学家提出重回金本位制

这一方案并不是对历史上的金本位制的简单回归，而是主张在结合市场的多样性、保持各国国别性货币的前提下，要求各国将货币的发行建立在黄金的价值基础之上，通过对市场上黄金的调节，使国别性货币与黄金保持相对稳定的关系。

(三)关于国际资本的流动问题，有经济学家提出控制国际短期资本的流动

这一方案认为，国际短期资本的自由流动是造成汇率不稳定的主要原因。国际短期资本往往与经济的基础条件无关，由于"羊群效应"和从众本能的存在，货币投机容易导致汇率的大幅波动。因此，为了维持汇率的稳定，需要对国际短期资本的流动进行控制，如征收一种国际税、采取双重汇率或复汇率等。

(四)关于国际汇率制度问题，有经济学家提出设立汇率目标区

威廉姆森和克鲁格曼是这一理论的主要倡议者。威廉姆森的汇率目标区理论提出主要工业国先协商一组符合相互利益的实际有效汇率目标，各国都允许它的实际有效汇率在目标汇率上下的一定区间内变化，而汇率目标区的上下限是软边界而非硬边界。克鲁格曼的汇率目标区是对名义有效汇率而非实际汇率设定上限值和下限值，且上下限都是硬边界而非软边界。

克鲁格曼认为，存在着一种自动调节机制能保持汇率在目标区内变化，而且可能不需任何实际货币供给的变化。

(五)关于国际货币体系唯一核心货币问题，目前争论较多，但未形成共识

由于次贷危机(2007年)动摇了美元作为国际货币体系唯一核心货币的基础，因此国际货币体系未来发展的关键就在于谁将从美元手中接过接力棒。市场对未来核心货币的选择问题并没有形成共识，有观点提倡回归金本位，有观点提倡让欧元取代美元，有观点提倡美元、欧元和亚元“三足鼎立”，有的观点提出国际货币体系的未来发展将是循序渐进的，短期内，美元将继续作为唯一核心货币支撑起单极体系；中期内，欧元等主流货币将日益分担世界货币的责任，国际货币体系将向简单的多级缓慢发展；长期内，伴随着各个货币区建设的长远进步和国际性机构的强化，具有内在约束力和外部协调性的多层次“多元”国际货币体系将逐渐建立起来。

本章小结

货币是商品生产和商品交换发展到一定阶段的必然产物，同时也是商品经济内在矛盾进一步发展的必然结果。它是从商品世界中分离出来的固定地充当一般等价物的特殊商品，并体现一定的社会生产关系。货币形态的变化经历着一个由低级向高级不断演变的过程，主要有实物货币、金属货币、纸币、信用货币、电子货币等。货币有价值尺度、流通手段、贮藏手段、支付手段和世界货币五种职能。其中，货币的价值尺度和流通手段职能是两个基本职能，其他职能是在这两个职能的基础上产生的。货币层次主要是根据金融资产的流动性来划分的。除了M0与M1各国较统一外，其余各个层次，包括使用的符号、各个符号包括的内容、货币层次的称谓等都是不同的。

货币制度简称币制，是指一个国家以法律形式规定的货币流通的组织形式。它的基本内容包括：货币金属与货币单位、货币的发行与流通、货币的支付能力、黄金储备等。货币制度的发展和演变，经历了银本位制、金银复本位制、金本位制和不兑现的信用货币本位制四个阶段。我国目前采用的是人民币制度。

国际货币体系是指各国政府对货币在国际间发挥其职能以及有关国际货币金融问题所确定的原则、协议，采取的措施，建立的组织形式以及所进行的制度安排。国际货币体系的演变有三个时期：一是国际金本位制，二是布雷顿森林体系，三是牙买加协议及以后的国际货币制度。

基本概念

货币　实物货币　金属货币　纸币　信用货币　电子货币　货币制度
金本位制　银本位制　金银复本位制　不兑现的信用货币本位制　人民币制度
国际货币体系　布雷顿森林体系　牙买加协议

课后习题

1. 货币的本质是什么?

2. 货币的形态有哪些?

3. 货币层次划分的依据和意义是什么?

4. 货币制度包括哪些内容?

5. 不兑现的信用货币制度有哪些特点?

6. 钱、货币、通货、现金是一回事吗? 银行卡是货币吗?

7. 就你在生活中的体验,说明货币的各种职能以及它们之间的相互关系。如果进行高度的概括,你认为货币职能最少不能少于几个?

案例讨论

案例一 电子货币——中外银行卡的产生及作用

信用卡作为电子货币的主要形式,20 世纪初起源于美国。它最早是由商家发行的。商家们为了推销商品的需要,刺激购买,有选择地向一些讲信誉的客户发放了一种信用筹码,客户可以凭借这种筹码,先赊购商品,然后再用现金或是银行存款转账等来支付款项。后来,这种筹码演变成了小小的塑料卡片,也就有了现代信用卡的雏形。由此看来,信用卡不过是一种赊购商品的许可证,最后完成交易,还是需要用支付现金或是银行存款转账等实质付款形式。

1950 年,美国商人弗兰·麦克纳马拉与其好友施奈德合作投资 1 万美元,在纽约创立了"大莱俱乐部",这家俱乐部后来成为了著名的大莱信用卡公司。俱乐部向会员发放一种能够证明身份的特殊卡片,会员可以凭卡片记账,一定时期后再统一结账。这时的信用卡就已经有了清楚的现代形式。由于信用卡使用方便,一经发明,就广受社会关注。1952 年,美国加州的富兰克林国民银行率先发行了银行信用卡。随后,许多银行纷纷仿效,信用卡迅速在美国乃至在世界流行开来。1985 年,中国银行珠江分行发行了第一张"中行卡",开创了中国信用卡发行的先河。

由于受我国商业信用发展的限制,同时受社会信用体系不健全的影响,除了几家银行发行的国际卡之外,在国内使用的完全赊账性质的信用卡直到 20 世纪 90 年代末才开始发行,大量的信用卡是不具有"信用特色的"。我国最先发行的信用卡称为"借记卡"。它的特点是在银行发卡给你之前,你必须先存足一笔钱,记录在卡中,你消费支付时,不得超过这笔钱的数额。这种卡相当于"存款卡"或者是"储蓄卡",目前,我国这种卡的数量还不少,有的就直接取名为"储蓄卡",随后发行的有"准贷记卡"。准贷记卡的特点是,在银行发卡给你之前,你同样必须存一笔钱,但你在消费时,可以有限制地透支一些额度。假如你存入3 000元,当你消费时,可以达到4 500元,这样你就可以有1 500元的透支额度。不过,透支通常必须支付相当高的利息,许多持卡者在透支之后,一般是尽快到银行将透支的钱补上,免得负担太重。

现在我们有了真正能够赊账用的、以人民币记账的、在国内使用的信用卡,它被称为"贷记卡"。你不需要存入任何钱,银行凭据你的信誉而发给你卡。当然,你的卡是有级别的,在一定时间内,并不是你花多少钱,就可以透支多少钱,你有一个花钱的限制线。而且,在一定时期内,你花了钱是不用支付利息的,只有超过期限之后,你才负担正常的利息。

商家实际上收到钱,并不是从信用卡里收到的,而是从银行收到的。这就告诉我们,你使用信用卡消费,在没有最后结算之前,你其实没有真正地花钱,但却真正地享受了商品。你完全可以享受而最后不付钱。那么,银行为什么会发卡给你呢? 这就是你的信用了。信用卡的最根本之处就在这里。银行根据你的信用向你发卡,信用越好,你就能够得到级别越高的信用卡,如所谓的"金卡"等,你可以在没有付钱之前,消费很大数额的钱。但如果你有一次赖账不付，以后你就会有不良记录，就再也别想申请到信用卡了。在现代经济社会，银行尤其是大银行的信誉通常是很高的，它所发行的信用卡是商家可以放心“刷”的，因为银行不会赖账。这样，你持有那种信誉很好的大银行发行的信用卡，就可以走遍天下。

（资料来源：http://jpkc.yzu.edu.cn）

☞**讨论题：**

1. 什么是电子货币？电子货币是怎样产生和发展的？
2. 如何正确地认识电子货币即信用卡存在的利弊？

案例二　希腊债务危机暴露欧元的缺陷

希腊债务危机发展至今，已经不再单纯是希腊一国的危机，而是演变成了欧洲债务危机。导致这一可怕后果的是，欧盟救助计划的久拖不决。当投资者信心濒临崩溃之时，欧盟令人震惊地抛出了高达7 500亿欧元的救助计划，保卫欧元之战打响。不过，这场战役注定是场持久战。

2010年5月4日的一周，是世界股票历史上黑暗的一星期，全球股市暴跌至3个月低点。最富有戏剧性的是美国股市，2010年5月6日，道指盘中一度跌去了近千点。先不论是交易员的“乌龙指”还是电脑程式交易导致这次暴跌，极度恐慌应该才是最贴切的注脚。

股市暴跌让人立刻回想起2008年的崩盘惨剧，投资人恐慌了，政府也恐慌了。10多个小时的长谈后，久拖不决的希腊债务危机解决方案令人震惊地出台了升级版——7 500亿欧元，覆盖所有可能出现问题的欧盟成员国。

虽然希腊债务危机的恶化是希腊的过错，但在处理希腊债务危机方面，欧盟一开始并没有尽力解决，同美国处理贝尔斯登破产事件一样，只认为是个案，对欧洲其他国家没有太大的影响，也是造成危机扩大的原因。只有到希腊融资成本在金融市场中快速上升，评级机构的落井下石令市场担心希腊可能出现破产局面的时候，欧盟才不得不出手搭救希腊。事实上，作为一个货币同盟，欧元区始终缺乏处理类似危机的机构。原则上，欧盟也有像《马城条约》中规定的，欧盟成员国预算赤字不得超过GDP 3%的限制。但不少成员国始终没有达到这种要求。更别说希腊被发现在其加入欧盟时，通过高盛对国家债务进行造假的情况。当缺乏财政政策与货币政策相协调的欧盟在遇到希腊危机时，欧元的缺陷终于暴露了。

欧元区国家运用了同一种货币，但各国政府在财政政策上有独立的行使权，更重要的是，这些国家在政治上也是独立的。各个国家政府、政客除了要满足欧盟的要求，还得向各自的人民交代。像希腊政府这样胡乱花钱，和人民一起借债度日，且不思进取，造成财政赤字激增，欧盟能怎么办？不救它，那是不可能的。欧盟国家之间的经济已经融合，德国、法国的金融机构就持有相当数量的希腊债券。任由希腊破产，债券持有人的损失可想而知。而且，欧元区国家怎么说都是被金融市场看作整体，希腊有难，成员国内部不救它，市场很容易联想到西班牙等国家可能步希腊后尘，市场对欧元的信心自然受挫。

如果希腊要退出欧元区，那更是欧元的灾难。欧元区国家无法解决此次问题，不仅会被内部成员国怀疑其合作能力和领导能力，还会挫伤金融市场对其作为潜在储备货币的信心，进而推升欧元区利率，不利于欧洲经济的复苏。而且，欧洲这些国家以单一国家来说，与当前美国、中国的经济实力和影响力已经拉开距离。欧洲国家如果不能拧成一股绳来发出共同声音，它的发展可能会越来越被边缘化。即使欧元体系存在致命弊端，欧盟也必须维持欧元的地位。

（资料来源：http://wenku.baidu.com/link? url=9jh_j9VVG3CUQkKdOw－7pye4－wNNshMjo8UUEc_YLoT0QVIX6DDmdiovPdZtFqPB6t6jqQO6VZLAjG0H1qTrD98D2wTadrAR2UyrqK5kPcy）

☞**讨论题：**

分析欧元困境及其对我国的启示。

第二章
信用与资金融通

引言

金融的核心内容是资金融通机制，如何高效率地合理配置资金对一国的经济发展具有重要意义。各经济主体每一次的经济活动最终都会反映为货币的收支运动，在经历一系列货币收支过程之后，各经济主体的收支状况不外乎三种情况：收支相抵、收大于支、收不抵支。收大于支和收不抵支这两部分的经济主体称为资金盈余单位和资金赤字单位。如果资金盈余单位无法从盈余资金中获利，而资金赤字单位没有资金运转，将会阻碍经济发展，导致资源浪费。所以社会需要将资金盈余单位的资金通过信用的方式调剂给资金赤字单位(进行资金融通)。由于商品或货币的所有者暂时转让出其对商品或货币的使用权，使用者因此要付给一定利息作为补偿。利息是伴随着信用关系的形成而产生的经济范畴，只要存在信用关系，利息就必然存在。同时，信用关系也加速了资金的融通，促使了融资活动的迅速发展。可见，在现代经济生活中，信用关系已成为最主要的经济关系之一。本章主要介绍信用、利息和资金融通等问题。

第一节　信　用

一、信用的概念与特征

(一)信用的概念

信用是指以偿还和付息为条件所形成的商品或货币的借贷关系，或债权债务关系。它是商品经济发展到一定阶段的必然产物。现代经济就是以多种信用形式、信用工具为纽带联结起来的信用经济。作为经济范畴的信用，从形式上看，是一种特殊的价值运动：首先，信用不是无条件的价值转移，而是有条件的借贷行为，即需要还本付息。其次，信用是价值的单方面转移，商品或货币的所有者在贷出商品或货币时，并没有立即取得货币，而是仅获得一种承诺，即到期时借者才将当初借入的货币偿还给贷者，并支付利息作为补偿。

信用存在的条件是偿还和付息。偿还是信用活动的基本条件。因为贷者保留所有权，让渡的只是使用权，这就必然要求借者在一定时期内要归还所借的本金。付息是信用活动的重要条件，是与让渡使用权相伴随的必要回报，体现着等价交换的原则。贷者之所以贷出，是因为有权取得利息；借者之所以能借入，是因为承担了付息的义务。所以，应从三个方面理解信用的概念：

1. 信用是以偿还和付息为条件的借贷行为

偿还和付息是信用最基本的特征。这一特征使它区别于财政分配。财政分配基本上是无偿的，财政收进来、支出去都不需要偿还，没有直接的返还关系。货币支出以后，分配过程就算结束，不需要偿还，也不需要支付利息。信用分配则是有偿的，它作为一种借贷行为必须有借有还，无论是存款还是贷款，都有直接的返还关系；贷款要归还，在偿还时，还要按规定支付一定的利息。

2. 信用关系是债权债务关系

信用是商品经济中的一种借贷行为，在这种借贷行为中，商品和货币的所有者由于让渡商品和货币的使用权而取得了债权人的地位，商品和货币需要者则成为债务人，借贷双方具有各自对应的权利和义务。这种债权债务关系最初是由于商品的赊销和货币预付而产生的，但随着融资行为和信用制度的广泛建立和发展，债权债务关系渗透到了经济生活的各个角落。无论是企业生产经营活动，还是个人的消费行为或政府的社会、经济管理活动，都依赖债权债务关系。对债权债务的管理和使用成为各种不同经济主体经常性的工作。所以，从本质上说，信用关系就是债权债务关系，信用行为就是放债和承债行为。

3. 信用是价值运动的特殊形式

在单纯商品交换中，价值运动是通过一系列买卖过程实现的。在买卖过程中，卖者让渡商品取得货币，买者付出货币取得商品。这里发生了所有权的转移，卖者放弃了商品的所有权，而取得了货币的所有权，买者则相反。同时，交换过程是一种等价交换，卖者虽然放弃了商品的所有权，但没有放弃商品的价值，只是改变了价值形态，即从商品形态变成了货币形态；而买者虽然放弃了货币，但取得了与货币等价的商品。但在信用活动中，一定数量商品或货币从贷者手中转移到借者手中，并没有同等价值的对立运动，只是商品或货币的使用权让渡，没有改变所有权。所以，信用是价值单方面的转移，是价值运动的特殊形式。在现实经济社会中存在的无息借贷活动，严格意义上不属于信用范畴。

(二)信用的构成要素

1. 债权债务

债权债务是构成信用的基本要素。信用关系一经确立，必然存在授信者和受信者双方。授信者是信用的提供者，即债权人，拥有到期要求债务人归还本金和获得利息的权利；而受信者是信用的接受者，即债务人，应承担到期履约还款和付息的义务。

2. 信用工具

信用工具是债权债务关系的载体。早期信用多用口头约定的形式确定债权债务关系，往往因口说无凭引起争执。后来发展为账簿信用，由双方当事人记账为凭。这种方式简便易行，比口头约定可靠，但没有任何证件往来，一旦出现错记、漏记或债务人的赖账，便无从查考。现代信用以授受信用的双方通过书面文件来确定债权债务关系，这种用于证明债权债务关系并具有法律效力的书面文件，我们称之为信用工具。信用工具是证明信用关系存在的载体，在未到期前还可转让，适应性强，是信用的必备要素。

3. 时间间隔，即借贷期限

借贷期限是构成货币单方面让渡与还本付息的基本条件。无论何种信用形式都有一定的时间间隔，至于期限长短主要取决于借贷双方的需要与可能。在现代信用中，借者要利用这段时间使用所借资本保值增值，以保证还本付息，并满足自身的经济目的。对贷者来说，期限越长，机会成本越大，风险也越大，因此要求得到的回报即利息也越多。

（三）信用的特征

1. 暂时性

在信用关系中，商品或货币的所有者让渡其使用权是暂时的，有一定的期限。

2. 偿还性

商品或货币的使用权暂时让渡是以偿还为先决条件的，即债务人必须按期归还全部本金和利息。

3. 收益性

债权人在让渡商品或货币的使用权时，要求偿还，并且是有偿的，即债务人到期时必须向债权人还本付息。

4. 风险性

债务人得到的是商品或货币本身，而债权人仅持有所有权或债权凭证，到期能否得到偿还和付息，在很大程度上取决于债务人的信誉和能力。

二、信用的作用

信用是商品经济发展到一定阶段的产物，信用的产生和发展又推动了商品经济的迅速发展。经济越发展，信用就越重要，经济对信用的依赖就越多，信用对经济的影响也就越大。信用的功能主要是融通资金、调节社会资金和创造信用货币。

（一）融通资金的功能

在社会再生产过程中，信用是调剂资金余缺的纽带。将社会各方面的闲散货币资金集中起来，再贷给需要补充资金的部门，是信用最基本的功能，即融通资金的功能。信用的融通资金功能包括筹集资金和供给资金两个方面：一方面，通过信用形式将社会各方面的闲散资金集中起来，表现为筹集资金，由此形成信用活动的主要资金来源；另一方面，将筹集到的资金贷放给需要资金的部门，即供给资金。到期收回之后可以再贷放出去，让一笔资金多次周转使用。

（二）调节社会资金的功能

信用在融通和再分配社会资金的过程中，必然会对资金的数量和结构进行调节，以影响社会经济生活，这便是调节社会资金的功能。信用对资金的数量和结构的调节，表现在三个方面：一是对社会总需求的调节，主要通过对信贷规模的调节来进行；二是对国民经济重大比例关系的调节，主要通过对信贷结构的调节来体现；三是对企业生产经营过程的调节，主要体现在具体信贷业务过程中的贷款管理方面。

(三)创造信用货币的功能

在商品经济社会中，由于信用关系的存在，以货币作为支付手段的职能产生了各种信用形式，并在分配或转移闲置资金时相应地创造出了具有某种形式的流通工具。如商业信用中的商业期票和汇票、银行信用中的支票、银行本票和银行汇票以及银行承兑汇票等。这些金融工具经过背书能流通转让，具有较大的流动性，从而大大节约了金属货币和现钞的使用，促进了货币形式的发展，也极大地方便了商品流通。

三、信用的形式

信用形式是信用活动的具体表现形式。由于借贷当事人不同，借贷的目的和用途不同，信用的具体形式也不同。随着商品经济的发展，信用形式日趋多样化和复杂化。按不同的标准，信用形式有不同的种类划分：按受信者的用途可分为固定资产投资信用、流动资金信用、消费信用、财政信用和投机信用；按偿还期限可分为短期信用、中期信用和长期信用；按受信者的性质可分为公共信用和私人信用；按信用主体可分为高利贷信用、商业信用、银行信用、国家信用、消费信用、国际信用、合作信用和民间信用等。下面就以信用主体为标准，介绍几种主要的信用形式。

(一)高利贷信用

1. 高利贷信用的产生和发展

高利贷信用是高利贷资本的运动形式，其最突出的特征是贷款利息率特别高。它产生于原始社会末期，是人类历史上最早出现的信用形式。第一次社会大分工促进了生产力水平的迅速提高和商品经济的发展，并使原始公社内部出现了私有制和贫富之分。穷人缺乏必要的生产资料和生活资料，不得不向富人借贷，并被迫接受支付高额利息的要求，这样就产生了高利贷。高利贷最初是以实物形式出现的，随着商品货币关系的发展，货币借贷才逐渐成为高利贷的主要形式，并出现了专门从事货币借贷的高利贷者。

高利贷在奴隶社会和封建社会得到了广泛的发展。因为高利贷资本作为生息资本的特殊形式，是同小生产者即自耕农和小手工业者占优势的情况相适应的。小生产者拥有少量的财产作为借款的保证，同时他们的经济基础又十分薄弱，极不稳定，遇到天灾人祸就无法维持生计。为了获取必需的生产资料，他们不得不求助于高利贷。除此之外，高利贷的需求者还包括一些奴隶主和封建主。他们借贷是为了满足其奢侈的生活需要，如购买昂贵的装饰品、建造豪华的宫殿等。有时，还出于政治上的需要而借贷，如军备、进行战争等。这些大量的货币支出往往无法通过租税收入得到满足，不得不通过高利贷来获得，这也促进了前资本主义社会高利贷信用的发展。

2. 高利贷信用的本质

高利贷者大多是商人，特别是掌握着大量货币的货币经营者；还有各种宗教机构，如寺院、庙宇、教堂和修道院等，往往也积聚着大量的货币资财，其主要来源是善男信女们的布施和富有者委托保管的财产;此外,一部分封建地主也向贫苦农民发放高利贷。高利贷的年利息率一般在30%以上,100%~200%的年利息率也是常见的。高利贷的利息率之所以这样高,其原因有两个:一是借款人的借款大多不是用于追加资本、获取利润,而是为了取得一般的、必需的购买手段和支付手段;二是在自然经济占统治地位、商品经济不发达的情况下,人们不容易获得货币,而人们对货币的需求又大,这就为高利贷的形成创造了条件。

高利贷者获取的高额利息来源于农民和其他小生产者的剩余劳动,甚至包括一部分必要劳动。在现代市场经济中存在的高利贷信用同样反映了高利贷者剥削小生产者的剩余劳动或反映了高利贷者和其他资本所有者共同瓜分雇佣劳动提供的剩余价值的剥削关系。

3. 高利贷信用的作用

高利贷信用在前资本主义社会有以下两个方面的作用:第一,在前资本主义社会中,高利贷信用是促使自然经济解体和商品经济发展的因素之一。小生产者借高利贷往往以破产而告终,从而使小农经济受到极大的破坏,加速了自然经济的解体。由于高利贷主要采取货币借贷形式,无论是奴隶主、封建主还是小生产者,为了近期支付利息和清偿债务,都不得不努力发展商品生产,并通过出售商品换回货币,这样又促进了商品经济的发展。第二,高利贷信用的高利盘剥破坏和阻碍了生产力的发展。自然经济中的小生产者,本来就只能勉强维持简单再生产,高利贷使小生产者的生产条件日益恶化、生产规模逐渐萎缩。

在封建社会瓦解并向资本主义社会过渡时期,高利贷也具有双重作用。高利贷对资本主义生产方式产生的前提条件形成起了一定的促进作用。但与此同时,高利贷者又不愿小生产占优势的前资本主义生产方式覆灭,所以高利贷又具有保守的反作用。

4. 现代高利贷的特点

受信主体是中小企业,而不是家庭,在经济发展到较高水平时,普通家庭收入较高,抵抗风险能力强,不至于出现必须依靠借贷来维持基本生活的地步。

高利贷往往伴随着严格的金融管制,具体来说,就是利率管制以及与之相伴的信贷配给,会导致金融市场的弱势企业即使能承担远远高于管制利率的贷款,也无法从正规金融获得贷款,只能借助高利贷。

(二)商业信用

1. 商业信用的概念

商业信用是指企业之间在买卖商品时采取赊销方式相互提供的信用。其交易就是商品从卖者手中转移到买者手中,但卖者并没有相应地从买者手中得到商品的货款。于是,双方的买卖关系便演变成为债务人和债权人的关系。赊销商品的价格又往往高于以现金支付的商品价格,这两者之间的差额就类似于债务人对债权人所支付的利息。所以,商业信用的实质就是商品生产者之间以某种契约形式表现的债权债务关系,它是现代信用制度的基础。

2. 商业信用的特点

(1)商业信用是买卖和借贷两种不同经济行为的统一。

除预付资金外,典型的商业信用是赊销方式。这种赊销方式同时包含着两种不同的经济行为:买卖行为和借贷行为。当一个企业把商品赊销给另一个企业时,商品的所有权发生了转移,即由卖者手中转移到买者手中。从这个意义上说,商品买卖行为完成了,但由于商品的货款并没有立即支付,买者成了债务人,而卖者成了债权人,买卖双方又形成了债权债务关系。可见,商业信用本身就包含着两种不同的经济行为,即买卖和借贷,在借贷的同时实现了商品的买卖。这样,商业信用促成了产品销售,又调剂了余缺,加速了商品资金向货币资金的转化。

(2)商业信用是一种直接信用。

商业信用的债权人和债务人都是企业,只要企业双方同意即可签订延期付款或预付货款的合同或协议。它方式灵活、手续简便,无需信用中介机构的介入就可以自发地实现商品形态向货币形态的转化,因而是一种直接信用。商业信用可以使相关的生产者和经营者相互联系,建立比较固定的经济联系网络,并且有利于相互协作、相互监督、相互制约。对贷者来说,商业信用促进了销售,但要关心借者的生产经营情况,以便保证按时收回货款;对借者来说,商业信用可以使其不需要间接融资而直接获得所需商品,因此,要关心贷者生产或经营适合自己所需要的商品,同时也要诚实守信,保证自身信誉。

(3)商业信用与产业资本的变动是一致的。

商业信用行为总是和处于再生产过程中的商品资金的运动结合在一起的,所以在生产周期的各个阶段上是与产业资本的动态一致的。也就是说,在经济复苏、繁荣时期,生产增长,产业资本扩大,商业信用的规模也就扩大;相反,在经济危机、萧条时期,商业信用又会随生产和流通的缩小、产业资本的缩小而萎缩。

3. 商业信用的局限性

商业信用本身的特点,决定了它的存在和发展有一定的局限性。首先,商业信用的规模受到企业闲置资本量的限制。由于商业信用属于直接信用,其授信的规模要受提供信用的企业所拥有的资金数额的限制,企业能赊销的商品只能是商品资金的一部分。其次,商业信用具有严格的方向性,使企业只能向需要该种商品的企业提供信用,而不能任意提供,因而在方向上受到限制。再次,商业信用的范围受到限制。因为商业信用是直接信用,借贷双方只有在互相了解对方的信誉和偿债能力的基础上才可能确立商业信用关系。最后,商业信用具有时间性。由于商业信用是以商品形态提供的信用,所以它要受到生产周期的限制。

商业信用是市场经济固有的信用形式,是企业融通资金、促进销售、加速资金周转、提高经济效益的有效形式。但商业信用也可能使企业不了解市场供求情况而盲目扩张生产或经营,使再生产不顾需求的数量与结构而盲目扩张,并形成债权债务链条。由于商业信用钱货脱节,即商品转移和货款支付的时间不同,容易掩盖企业经营管理上的问题。一旦债务企业因资金周转不畅,发生偿债困难,会对债权企业产生连锁影响,甚至可能使一系列企业陷入债务危机之中,引起信用危机,造成再生产不能顺利进行。因此,商业信用需要同银行信用结合,才能适应经济运行的要求。

(三)银行信用

1. 银行信用的概念

银行信用是银行或其他金融机构以货币形式提供的信用。银行信用是在商业信用发展到一定阶段的基础上,在弥补商业信用局限性的基础上产生并发展起来的。它包括两个方面:一是通过吸收存款,集中社会各方面的闲置资金;二是通过发放贷款,对集中起来的闲置资金加以运用。

2. 银行信用的特点

(1)银行信用是一种间接信用。

在银行信用的借贷双方中,必定有一方为银行或其他金融机构。银行一方面以债务人的身份从社会上广泛吸收暂时闲置的货币资金，另一方面又以债权人的身份向企业或个人提供货币资金，成为社会的信用中介。

(2)银行信用可以提供数量巨大、不受使用方向和使用范围限制的货币资金。

银行信用是以货币形态集中在再生产循环过程中游离出来的暂时闲置的货币资金，以及社会各阶层的货币收入，并加以配置。它来源广、数量大，不受个别企业资金规模的限制，也不受商品流向的限制，能向任何生产部门提供，因而克服了商业信用的局限性。

(3)银行信用具有信用创造的功能。

任何经济单位必须先获得货币才能提供信用，唯有银行不仅是信用中介，而且还可以派生存款，以满足社会需要。

3. 银行信用与商业信用的关系

由于银行信用克服了商业信用的局限性，大大扩充了信用的范围、数量和期限，并与商业信用相互补充，共同推动信用事业的发展，在更大程度上满足经济发展的需要，所以银行信用成为现代信用的主要形式。尽管银行信用在信用规模、信用方向和范围等方面优越于商业信用，更能适应社会化大生产的需要，但却不能取代商业信用。因为商业信用能直接服务于产业资本周转，服务于商品从生产领域到消费领域的运动，因此，凡是在商业信用能够解决问题的范围内，企业往往首先利用商业信用。随着现代经济的发展，商业信用和银行信用相互交织，一方面，商业信用越来越依赖于银行信用，假如没有银行信用，一个企业能否提供商业信用，必然决定于企业自身的资金周转状况；有了银行信用，企业就能够在赊销商品之后，通过向银行融资(票据贴现)而提前收回未到期货款。另一方面，银行信用也越来越以商业信用为基础，因为，银行通过为企业办理大量的票据贴现和票据抵押，可以在激烈的竞争中拓展自身的业务领域。目前商业信用的作用还有进一步发展的趋势，许多跨国公司内部资本的运作都是以商品供应和放款两种形式进行的。不少国际垄断机构还通过发行相互推销的商业证券来动员它们所需借入的资本，用来对其分支机构提供借款，而银行则在这一过程中为跨国公司提供经济信息、咨询等服务，使商业信用和银行信用相互补充、相互利用。因此，商业信用是信用制度的基础，而银行信用是信用制度的主导。

(四)国家信用

1. 国家信用的概念

国家信用是以国家或政府为主体进行的一种借贷活动。国家按照信用原则以发行债券等方式，从国内外货币持有者手中借入货币基金。因此，国家信用是一种国家负债。

2. 国家信用的形式

按信用资金来源分，国家信用包括国内信用和国际信用两种。国内信用是指国家通过发行公债向国内居民和企业取得信用、筹集资金的一种信用形式，它形成国家的公债。国际信用是指国家向外国政府或国际金融机构借款以及在国外金融市场上发行国外公债，向国外居民和企业取得信用以筹集资金的一种信用形式，它形成国家的外债。从信用融资的期限长短来看，又可分为公债券和国库券，这也是两种典型的国家信用形式。其中国库券是政府为了解决短期预算支出的不足而发出的期限在一年以下的债券。公债券则是为弥补长期的财政赤字而发行的期限在一年以上的长期债券。国家信用的债务人是政府，债权人是国内外的银行、企业和居民。

3. 国家信用的作用

（1）国家信用是动员国民收入弥补财政赤字的重要工具。

由于种种原因，当今许多国家都会在财政预算安排时支出大于收入，出现不同程度的财政赤字。弥补财政赤字的方法有三个：增加税收、发行货币和发行债券。世界各国几乎都采用发行国债筹措资金以弥补赤字的做法。因为采用国家信用的方式可以避免因增发货币而导致的通货膨胀，或因增加税收而引起经济增长速度的减缓。同时，对于购买者来说，它较安全，收益也较高，被誉为“金边债券”，很受投资者的欢迎，所以操作起来比增加税收更隐蔽、更易于为公众所接受。事实上，国家发行债券的主要购买者是银行和其他金融机构，这样不仅使社会公众有更多的金融工具可供选择，也使银行信用筹集的资金可以通过国家信用投资到期限长、风险大的基础性设施和重点建设项目中去，使社会资金使用更趋合理、有效。

（2）国家信用是商业银行调节资产结构的工具。

商业银行和其他金融机构持有国库券等国家债券，既可以有收益，又可以作为流动性较强的准备资产，调节自身的资产负债比例结构。

（3）国家信用是调节货币供应量、实施宏观调控的重要杠杆。

国家信用发行的国库券、公债券等，信誉和流动性都远高于其他信用工具，中央银行可以通过金融市场买卖国家债券，实施对货币供应量的调节，使财政政策和货币政策密切配合，实现宏观经济目标。

（五）消费信用

1. 消费信用的概念

消费信用是指工商企业、银行或其他金融机构，以商品、货币或劳务的形式，向消费者个人提供的信用。实行消费信用，可以先取得商品、劳务或货币，然后按约定的期限支付本金和利息。这是一种暂不付款，凭信用获得商品的信用形式。

2. 消费信用的形式

（1）赊销。赊销是指零售商向消费者提供的一种延期付款的短期信用，发达国家的赊账一般利用信用卡方式进行。

（2）分期付款。分期付款是一种消费者购买消费品或取得劳务时只支付部分货款，然后按合同分期支付剩下的货款并加付利息的信用形式。这种消费信用多用于购买住房和高档耐用消费品，如汽车、家具等。

（3）消费贷款。消费贷款是一种由银行或其他金融机构采用信用放款或抵押放款等方式对消费者发放贷款的信用形式。它属于中长期消费信用，又可分为抵押贷款和信用贷款，后者无需任何抵押品。

（4）信用卡。信用卡是一种由信用卡公司或银行对信用合格的消费者发行的信用证明，持有该卡的消费者可以到有关的商业服务部门购买商品，再由银行定期同消费者和商店进行结算的信用形式。消费者持信用卡还可以在规定的额度内透支。

3. 消费信用的作用

首先，消费信用对社会再生产具有一定的促进作用。随着社会生产力的发展，一方面商品的数量和品种不断增多，需要不断扩大商品的销售市场；另一方面在生产发展的基础上，整个社会消费水平也在提高，要求更多、更高档次的物质消费。但是现有的购买力与现有生活资料的提供往往在时间、数量、空间上存在着矛盾。为缓和这一矛盾，通常采用消费信用的形式增大社会公众的购买力，把未来的社会购买力提前实现，借以扩大消费市场，加速商品资金向货币资金的转化。同时，消费信用还可以促进新技术的应用、新产品的推销以及产品的更新换代，带动相关产业和产品的发展，促进经济的增长。

其次，消费信用在一定情况下也会对经济发展产生消极作用。虽然消费信用促进了现代商品经济的发展，但由于它使消费者提前动用了他们的购买力，实际上是以未来消费需求的萎缩来获得现在消费需求的扩大，消费者在未来一段时期里不得不负担起还本付息的重担，造成生产和消费的脱节。而且，作为当今信用经济主要组成部分的消费信用，其过度膨胀必然推动通货膨胀。可见，对消费信用发放的对象、额度及用途都应加以严密控制，以保证其对经济发展的积极作用。

（六）国际信用

1. 国际信用的概念

国际信用是各国银行、企业、政府之间相互提供的信用及国际金融机构向各国政府、银行、企业提供的信用形式，它反映的是国际间的借贷关系。随着世界贸易和世界市场的发展，原在国内存在的信用形式范围逐渐扩大，扩展到世界范围就形成了国际信用。

2. 国际信用的主要形式

（1）出口信贷。出口信贷是指出口国银行对出口贸易所提供的贷款，以促进本国商品的出口。可分为卖方信贷和买方信贷。卖方信贷由出口国银行向出口厂商提供贷款，出口商用来向进口商提供分期付款。买方信贷是出口方银行直接向进口商或进口方银行提供的信用。进口商获得该贷款后用来向出口商付清贷款，然后按固定的还款期限归还出口方银行的贷款本息。

（2）银行信贷。银行信贷是进口商为从国外引进先进技术设备而从外国银行（或银团）取得的贷款。银行信贷要签订协议，贷款可以自由运用，不一定同特定的进口项目相联系。在国际贸易实务中，进口企业往往通过进口方银行出面取得贷款。

（3）政府信贷。政府信贷是国际间一主权国家政府对另一主权国家政府提供的信用。这种信用一般是非生产性的，如用于解决财政赤字或国际收支逆差，必要时还用来应付货币信用危机等。

（4）国际金融机构信贷。国际金融机构信贷是国际货币基金组织、世界银行、国际金融公司等国际金融机构所提供的信用。这种信用一般有特定的用途，贷款期限较长，并且贷款条件优惠。

（七）其他信用方式

1. 合作信用

合作信用严格来讲是一个封闭组织内的信用，所有成员以资金入股建立合作组织，后者向需要资金的成员贷款，利率较低，因此带有互助性质。我国的信用合作社其实是面向公众吸收存款和发放贷款的银行。

2. 民间信用

这里的“民间”有特定的含义，一是指没有金融机构作中介，二是指不是向政府机构提供信用，即指企业、个人之间的信用，具体来说是指个人之间、个人与企业（或其他法人、组织）之间的借贷。这里没有包括企业之间的借贷，因为我国不允许企业之间相互借贷。当然企业之间基于真实商品交易关系的信用，即商业信用是允许的。

四、信用工具

(一)信用工具的概念

信用工具是用来证明债权债务关系的书面凭证,它是各种信用关系的具体反映和体现。

(二)几种传统的主要信用工具

1. 商业票据

商业票据是指商业信用进行交易时,所开出的一种证明债权债务关系的书面凭证。传统的商业票据有本票和汇票两种。商业票据可以流通转让。为了保障持票人的利益,票据流通转让时要经过背书手续,背书就是转让人在票据背面作转让签字。背书人一经背书即为票据的债务人,背书人与出票人同样要对票据的支付负责。若票据的出票人或承兑人不能按期支付款项,票据持有人有权向背书人要求付款,因此,背书人又称第二债务人。

2. 支票

支票是以银行为付款人的即期汇票。支票的出票人必须在付款银行拥有存款,并且签有支票协议。因此,支票是由银行的支票存款储户根据协议向银行开立的付款命令。支票按支付方式可分为现金支票和转账支票。现金支票可以从银行提取现金,转账支票只能用于对存款户进行转账结算。支票经过一定的手续,如背书可以流通转让,从而代替货币发挥流通手段和支付手段职能。

3. 银行票据

银行票据是在银行信用的基础上产生的、由银行承担付款义务的信用流通工具。

4. 股票

股票是股份公司发放给投资者,证明其所投入的股份金额并取得股息收入的凭证。

5. 债券

债券是由债务人签发的,证明债权人有按约定的条件取得固定利息和收回本金的权利凭证。债券是现代经济中一种重要的融资工具,主要分为公司债券、政府债券和金融债券。

随着信用活动在现代经济生活中不断深化和扩展,信用工具的种类越来越多,信用工具的种类可以从不同角度来划分。从发行者的地位来划分,信用工具可分为:直接信用工具和间接信用工具。按融资的时间划分,可分为长期信用工具和短期信用工具。按发行的地理范围划分,信用工具又有地方性、全国性和世界性之分。

(三)信用工具的特征

1. 偿还性

偿还性是指信用工具的发行者或债务人按期归还全部本金和利息的特性。信用工具一般都注明期限,债务人到期必须偿还信用凭证上所记载的应偿付的债务。如一张标明 3 个月后支付的汇票,其偿还期为 3 个月;5 年到期的公司债券,偿还期为 5 年;等等。就偿还期而言,对持有人来说,更有实际意义的是从持有之日起到到期日止的时间。如一张 1985 年发行、2000 年到期的长期公债,投资者于 1990 年购入,对于他来说,偿还期限大约是 10 年,而不是 15 年。虽然信用工具一般都有偿还期,但也存在着特例,如股票只支付股息,不偿还本金,因此是没有偿还期的。但实际上，由于有价证券可以买卖转让，对持有者来说，就可以把无期化为有期、长期化为短期。所以，作为所有权证书的股票也可视同为长期信用工具。

2. 流动性

流动性是指信用工具可以迅速变现而不致遭受损失的能力。信用工具一般都可以在金融市场流通转让。信用工具的流动性大小包含着两个方面的含义：一是能不能方便地随时自由变现，二是变现过程中损失的程度和所耗费的交易成本的大小。凡能随时变现且不受损失的信用工具，其流动性大；凡不易随时变现，或变现中蒙受价格波动的损失，或在交易中要耗费较多的交易成本的信用工具，其流动性小。这样看来，中央银行发行的纸币和商业银行活期存款具有最充分的流动性，政府发行的国库券也具有较强的流动性。而其他信用工具，或者短期内不易脱手，或者再变现时受市场波动影响要蒙受损失，或者是交易过程中要耗费相当多的交易成本。一般来说，流动性与偿还期成反比，偿还期越短，流动性越大；偿还期越长，流动性越小。而与债务人的信用能力成正比，债务人信誉越高，流动性越大；反之，则越小。

3. 收益性

收益性是指信用工具能定期或不定期地为其持有人带来一定的收入。收益的大小是通过收益率来反映的。收益率是净收益对本金的比率。收益率一般有三种表示方法：

一是名义收益率，即信用工具的票面收益与票面金额的比率。例如，某种债券面值为100元，10年还本，每年利息为6元，则该债券的名义收益率就是6%。

二是即期收益率，即信用工具的票面收益与其市场价格的比率。上例中，假如该债券可以在市场上自由转让买卖，某日的转让价格为95元，则即期收益率就是6.316%(6÷95×100%)。

三是实际收益率，即将即期收益和本金损益共同计算在内的收益率。例如，一个人以95元买入该债券并持有到期，那么，他每年除了得到利息6元(60÷10)外，还获得资本盈利0.5元[(100－95)÷10]。这样他每年的实际收益就是6.5元，其实际收益率为6.84%[(6＋0.5)÷95×100%]。用公式表示如下：

$$
\begin{aligned}
\text{实际收益率} &= \frac{\text{净收益}}{\text{市场价格}} \times 100\% \\
&= \frac{\text{年票面利息}+\text{年均资本损益}}{\text{市场价格}} \times 100\% \\
&= \frac{6+0.5}{95} \times 100\% \\
&= 6.84\%
\end{aligned}
$$

其中：

$$
\text{年均资本损益} = \frac{\text{面值}-\text{行市}}{\text{偿还期}} = \frac{100-95}{10} = 0.5
$$

4. 风险性

风险性是指购买金融工具的本金有否遭受损失的风险。本金受损的风险有信用风险和市场风险两种。信用风险是债务人不履行合约、不按期归还本金的风险。这类风险与债务人的信誉、经营状况有关。就这方面来说，风险有大有小，但很难保证绝无风险。市场风险是指由于金融工具市场价格下跌所带来的风险。一般情况下，信用工具期限越长，风险越大，收益越高；流动性越大的信用工具，收益越低。

第二节 利息与利息率

一、利息

(一)利息的概念

利息是指借款者为取得货币资金的使用权,支付给贷款者超过借贷货币额的那一部分代价。或者说,是贷款者因暂时让渡货币资金使用权,从借款者那里取得的超过借贷货币额的那一部分报酬。由于利息产生于货币的借贷,所以借贷货币额被称为“母金”或“本金”,利息则称为“子金”或“利金”。利息是从属于信用的一个经济范畴。只要有信用关系存在,就必然存在利息。

决定利息额的基本因素有借贷货币额的多少、借贷时间的长短和利息率的高低。因此,计算利息的公式可以表示如下:

$$利息额=借贷货币额(本金)\times 借贷时间\times 利率$$

(二)利息的实质

利息的性质决定于利息的来源,而利息的来源又是由信用关系的性质决定的。因此,利息的实质体现在三个方面:

1. 利息是剩余价值的转化形式

从表面上看,利息产生于货币借贷,但货币本身不会增值,只有当货币转化为资本时,才具有增值的能力。在借贷活动中,货币所有者贷出货币,仅仅是转让货币的使用权;而借款者将借入的货币转化为资本投入到生产和流通中,经过劳动者的价值创造过程,使投入的货币资本增值,形成利润。可见,利息虽然产生于借贷关系,但实质上是利润的一部分。而利润是劳动者为社会创造的剩余价值的表现形式,所以利息是剩余价值的转化形式。

2. 利息是财富的分配形式

利息是财富的一部分,从而是社会总产品的组成部分,是社会财富在一定时期的增加额。借者凭借货币资本的使用权增加了财富,贷者凭借货币资本的所有权要求对财富加以分配,从而使利息成为社会财富的分配形式。

3. 利息是借贷资本的价格

在现代经济生活中,多种融资方式并存使得融资成为市场行为,金融工具成为商品,资金需求者通过出售金融商品筹集资金,资金供给者通过购买金融商品投资,资金供求关系转化为金融商品的买卖关系,利息成为金融商品买卖的价格。但实际上,多样化的金融商品都是特殊商品——借贷资本的外在反映,因而利息实际上是借贷资本的价格,利息的高低随着借贷资本供求关系的变动而变动。

(三)利息的作用

1. 利息是银行吸收存款和聚集资金的重要手段

从企业方面来看,由于存款有息,可以促使企业减少不合理的资金占用,主动把闲置的货币资金存入银行,以增加利息收入。从城乡居民看,增加储蓄存款,并按照存期长短获取利息收入，可在经济上得到实惠。所以，对存款客户支付一定的利息，是银行聚集货币资金不可缺少的重要手段。

2. 利息是促进企业加强经济核算、提高资金使用效益的手段

在税收一定的情况下，借款多少、期限长短以及利息负担的轻重，对企业净利润的大小有直接影响。特别在企业净利润大小同企业和职工的物质利益相联系时，企业必然要关心利息的支出。企业为了减少利息支出、增加净利润，就要争取少借款、借短款，并按期归还贷款，以避免罚息。利息的存在对促进企业精打细算、合理使用资金、加速资金周转、减少资金占用具有不可估量的作用。

3. 利息是调整国家、银行和企业以及个人诸方面分配关系的工具

利息既然是银行参与分配产业利润的一种经济形式，就必然在调整国家、银行、企业和个人诸方面的经济利益关系方面起重要的作用。例如，正确规定居民储蓄利率，不仅可以把闲置的货币资金动员到信贷系统中来，为国家积累更多的建设资金，还可以使储户在工资收入之外得到一份补充收入。正确规定企业贷款的利率，一方面使企业通过运用借入资金，扩大生产和流通，增加企业利润；另一方面通过支付贷款利息，使银行参与企业利润分配的要求得到实现。再如，银行保持适当水平的利差，既可使企业利息支出的负担尽可能合理，又可保证银行有正常的收益，以调动银行经营的积极性。

4. 利息是调节资金供求、调节经济的一种重要手段

由于利率的变化直接影响着利益分配关系，所以银行可以利用利率杠杆对经济生活进行一定程度的调节和引导，使国家计划和产业政策得以落实，宏观和微观经济活动在目标、方向上趋于一致。此外，中央银行根据宏观经济调节的需要，通过调整对商业银行再贷款的利率来影响商业银行货币创造能力，从而达到调节和控制资金供应量的目的。

5. 利息是银行实行经济核算和企业化经营的基础

我国的银行，除主要行使中央银行职能的中国人民银行外，各商业银行及其他金融机构，都是办理货币信用业务的经济实体，都要实行经济核算，即以自己的业务收入抵付各项业务支出，并取得盈利。银行贷款的利息收入多于支付存款利息的部分，再扣除银行的业务费用后，便是银行利润。银行利润的一部分以税收形式上缴财政，成为国家预算收入的来源之一，另一部分用作扩大信贷资金和建立银行的发展基金等。所以，合理的存贷利差是促进商业银行改善经营管理、实行企业化经营的一个重要条件。

二、利息率

(一)利息率的表示

利息水平的高低是由利息率来表示的。利息率简称利率，是指一定时期内利息额同借贷货币额(本金)之间的比率。用公式表示为：

$$利息率=\frac{一定时期取得的利息额}{一定时期借贷的货币额}\times 100\%$$

利息率通常以年利率、月利率和日利率来表示。年利率是以年为单位计算利息；月利率是以月为单位计算利息；日利率又称拆息，是以日为单位计算利息。

$$月利率=年利率\div 12$$

$$日利率=年利率\div 360$$

在我国，习惯上不论年息、月息和拆息都用“厘”作单位，但实际差别却很大。例如，年息5厘，是指5%；月息5厘，是指0.5%；日息5厘，是指0.05%。国外一般习惯用年利率，我国习惯用月利率。

(二)利息的计算

1. 单利

单利是指不论时间长短，仅按本金计算利息，所生的利息不再加入本金重复计算利息的一种计息方法。单利通常多用于中短期的资金借贷，其计算公式是：

$$R=P\cdot r\cdot N$$

$$S=P+R=P+P\cdot r\cdot N=P(1+r\,N)$$

式中：S 表示本金利息之和，P 表示本金，R 表示利息，r 表示利率，N 表示期数。

例如，一笔整存整取定期3年的储蓄，本金为1 000元，年息5厘，到期时银行应支付利息为：$R=P\cdot r\cdot N-1\,000\times 5\%\times 3=150$(元)，到期时银行应支付本利和为：$S=P+R=1\,000+150=1\,150$(元)。

2. 复利

复利俗称“利上滚利”。它是指将经过一定时间所生的利息并入本金再次计算利息的一种计息方法。按复利计息，不仅本金要计算利息，应计利息也要作为继续计算利息的依据。长期投资一般采用复利计算利息，其计算公式是：

$$S=P(1+r)^n$$

$$R=S-P=P(1+r)^n-P=P[(1+r)^n-1]$$

例如，一笔5年期的贷款，本金10 000元，年利率6%。

到期本利和为：$S=P(1+r)^n=10\,000\times(1+6\%)^5=13\,382.256$(元)

到期利息为：$R=S-P=13\,382.256-10\,000=3\,382.256$(元)

复利反映利息的本质特征。利息是信用关系赖以生存的条件。它既是债权人的一项收入来源，也是债权人放弃资金流动性，暂时放弃其他赚钱机会的补偿。经济社会中既然产生了并长期存在着利息这一经济范畴，就表明了资金可以只依其所有权取得一部分社会产品的分配权力，其存在的合理性使得复利的存在也具有了合理性。因为按期结出的利息属于贷出者所有，贷出者有权对这部分利息的使用者收取利息。因此，只有复利才能真正反映利息的本质特征。

3. 我国的利息计算

根据我国现行利率政策，活期存款是按复利计息，每年6月30日作为结息日，所结利息计入本金计息，其余类型存款均按单利计息。我国各项贷款均按单利按季结息，每季度末月第20日为结息日，若结息日不能支付利息，欠息部分就并入本金，计收复利。

我国一直执行单利政策，但始终没有忘记复利因素。这一点从我国的利率表中就可以反映出来。我国的利率表一直遵循着这样的原则：对同样的金额来讲，在一定期限内，按单利方法计算的定期存款利息必须大于按复利方法计算出来的活期储蓄利息；按单利方法计算的长期定期存款利息必须大于按复利方法计算出来的期限较短的定期存款利息。如果单利计算的长期定期存款利息低于按复利计算的期限较短的定期存款利息，那人们只会存短期定期存款，而不会存期限长的定期存款。

以工商银行 2015 年 3 月 1 日定期存款为例，1 年、2 年、3 年、5 年的年利率分别为 2.75％、3.25％、3.75％、4％。一单位存款按复利方法计算的定期 2 年的利息为$(1+2.75)^2-1=0.0558$，而按单利法利息为 $3.25\%\times2=0.065$。按复利方法计算的 5 年期定期存款利息为$(1+2.75)^5-1=0.1453$，而按单利法计算的 5 年定期存款利息为 $4\%\times5=0.2$。

但有时也会违背复利原则。例如，1985 年 4 月 1 日的储蓄存款利率表就违背了复利原则。该表中 3 年期定期存款利率为 7.92％，5 年期为 8.28％，8 年期为 9.00％。有这样的计算：

将 100 元钱先存 3 年，3 年后本息和为：$100\times7.92\%\times3+100=123.76$(元)

再将 123.76 元存 5 年，5 年后的本息和为：$123.76+123.76\times8.28\%\times5=175$(元)

而将 100 元直接存 8 年，8 年后的本息和为：$100+100\times9\%\times8=172$(元)

很显然，存款者在做过计算和分析之后，会选择期限较短的存款，而不会直接选择长期的定期存款。这说明，我国的政策制定者在制定当时的利率政策时，或是失误，或是意欲达到鼓励短期融资的目的。

4. 现值与终值

货币或资金的价值可以从两个侧面来反映，即通过它的终值和现值得到体现。所谓终值(亦称未来值)，是指一笔货币金额在未来某一时点上的数值，这个金额也就是本利和。终值的计算方法也就是本利和的计算方法。所谓现值，是指在未来某一时点上的一定金额的货币，按一定的利率水平，折算出的现在的本金数值。从现值的计算方法看，正好是终值计算方法的逆运算。终值是以现在的数值，按一定的利率、时间来测算未来预定期的数值，现值则是以将来某一时点的数值为基础，按一定的利率、时间来测算现在的数值。

单利现值的计算公式：

$$P=\frac{A}{1+rn}$$

复利现值的计算公式：

$$P=A\times\frac{1}{(1+r)^n}$$

式中：P 为单利现值(本金)或复利现值(本金)，A 为终值(未来值)，r 为利率，n 为期限。

例如，某人三年后需要一笔 10 000 元资金，现在的年利率为 6％，则该人现在需要到银行存入多少钱才能使他三年后能取得 10 000 元？

根据现值计算公式：

$$P=A\times\frac{1}{(1+r)^n}=\frac{10\ 000}{(1+6\%)^3}=8\ 396.19(\text{元})$$

现值与终值在选择投资方案时是非常有用的工具。例如，某一建设项目建设期为三年，投资有两种方案：一是第一年年初投资 500 万元，第二年与第三年年初各投资 200 万元。二是第一年年初投资 100 万元，第二年年初投资 300 万元，第三年年初投资 600 万元。从静态的角度，第一种方案投资共 900 万元，第二种方案为 1 000 万元，看上去应该采用第一种方案。但是按现值或终值法会得出与前面不同的结论。如果市场投资收益率为 15％，则第一种方案的投资现值为：

$$I_1=500+\frac{200}{1+15\%}+\frac{200}{(1+15\%)^2}=825(\text{万元})$$

第二种方案的现值为：

$$I_2=100+\frac{300}{1+15\%}+\frac{600}{(1+15\%)^2}=815(\text{万元})$$

结果是方案二优于方案一。在现代企业投资决策中，现值法成为重要的决策依据。

(三)利率的种类

1. 市场利率、法定利率与公定利率

市场利率是指按市场供求自由变动的利率，亦即在借贷市场上由借贷双方通过竞争而形成的利率。法定利率又称官定利率，是一国政府通过中央银行确定公布，各金融机构都必须执行的利率。市场利率既要受法定利率的影响，又要受资金供求状况等因素的影响，因此市场利率并不一定与法定利率的变化相一致，而法定利率则反映了非市场的强制力量对利率形成的干预。公定利率是指由金融机构或行业公会、协会(如银行公会等)按协商的办法所确定的利率。公定利率只对参加该公会或协会的金融机构有约束作用，而对其他金融机构则没有约束作用。

我国目前以官定利率为主，绝大多数利率仍由中国人民银行制定，报经国务院批准后方可执行。市场利率范围非常有限，目前只是在同业拆借等领域内实施。随着我国金融国际化步伐的加快，中央银行的利率管制将逐步放开，最终走向利率市场化。

2. 固定利率和浮动利率

固定利率是指在整个借贷时间内，不随货币资金供求状况而变动的利率。固定利率具有简便易行、借款成本稳定的优点，适宜于短期借贷。浮动利率又称可变利率，是一种在借贷期内可定期调整的利率。浮动利率一般适用于市场利率多变且时期较长的借贷业务。

3. 名义利率和实际利率

由于通货膨胀的原因，纸币有名义价值和实际价值之分，从而利率也有名义利率和实际利率之别。名义利率是指银行挂牌执行的存、贷款的利率，是以货币为标准计算出来的利率。而实际利率则是名义利率剔除通货膨胀因素后的真实利率，它是以实物为标准计算的利率。其计算公式为：

$$\text{实际利率}=\text{名义利率}-\text{通货膨胀率}$$

即：

$$i=r+P$$

式中：i 为名义利率，r 为实际利率，P 为通货膨胀率。

但是通货膨胀对于利息部分也有使其贬值的影响。考虑到这一点，名义利率还应作向上的调整。这样，名义利率的计算公式可以写成：

$$i=(1+r)(1+P)-1$$

从公式 $i=(1+r)(1+P)-1$ 中可以推出实际利率计算公式为：

$$r=(1+i)\div(1+P)-1$$

这是目前国际上通用的计算实际利率的公式。

4. 短期利率与长期利率

短期利率一般是指借贷时间在一年以内的利率，而长期利率则一般是指借贷时间在一年以上的利率。一般情况下，短期利率总是低于长期利率。

(四)决定和影响利率变动的因素

1. 平均利润率

利息来自于利润，是利润的一部分，因此平均利润率就成了决定利息率的基本因素。在现代经济社会中，借款人借入货币的最终目的是追求高额利润。利润被分割为两部分：一部分作为企业经营报酬的企业收入，另一部分作为企业支付给货币所有者报酬的利息收入。借款人支付的利息额越多，利息率越高；当利息率高于平均利润率时，借款人会因为无利可图而不愿借用货币资金，所以利息率只能低于平均利润率。平均利润率反映的是整个社会的平均利润水平。另一方面，货币所有者也不会无偿让渡货币资金的使用权，他们贷出货币的目的是为了充分利用这些暂时闲置的货币资金，获取一定的投资利润，因此利息率也不可能等于零。所以，利息率只能在平均利润率和零之间波动。

2. 资本的供求状况

在商品经济条件下，借贷资本是一种特殊商品，利息是转让这种特殊商品的报酬，或者说是借贷资本的价格。借贷资本作为一种特殊商品，它同普通商品一样要受价值规律的支配，其价格也一样要受供求状况的影响。当借贷资本供不应求时，利率会提高，贷者可以得到较多的收益；反之，当借贷资本供大于求时，利率则会下跌，借者可支付较少的利息，获得更多的利润。所以，资本供求状况是影响利率变动的一个重要因素，它决定着某一具体时刻利息率的高低。

3. 物价水平

虽然利息率与物价水平没有直接的必然联系，但是货币资金体现着与物价水平直接联系的货币购买力。就借者来说，由于物价上涨、货币贬值，如果名义利率不变，等于实际利率下降了，归还时相当于减少了实际归还的货币量，从中得到了好处，贷者受到了相应的损失。因此，物价水平在一定程度上影响着实际利率的水平，也是制定利率时要考虑的一个因素。

4. 经济政策

由于利率变动对经济的影响很大，因此各国政府已把利率作为对经济活动进行宏观调控的重要工具。各国政府根据本国经济发展的状况和货币政策的目标，通过中央银行制定的利息率影响市场利率、调节资金供求、调整经济结构和经济发展速度。

5. 其他影响因素

除上述因素以外，国际市场的利率水平、银行的经营成本、传统习惯、法律规定和国际协定等都是影响利率变动的因素，它们交错在一起影响着利率的变化。

(五)利率的决定理论

1. 马克思的利率决定理论

马克思的利率决定论是以剩余价值在不同资本家之间的分割作为起点的。马克思认为利息是借贷资本家从借入资本的资本家那里分割来的一部分剩余价值。剩余价值表现为利润，因此利息量的多少取决于利润总额。利息率取决于平均利润率。利息也不可以为零，否则借贷资本家就不会把资本贷出。因此，利息率的变化范围在零与平均利润率之间。当然，并不排除利息率超出平均利润率或事实上成为负数的特殊情况。

2. 古典学派的利率决定理论

古典学派认为，利率决定于储蓄与投资的均衡点。投资是利率的递减函数，即利率提高，投资额下降；利率降低，投资额上升；储蓄是利率的递增函数，即储蓄额与利率成正相关关系。

古典学派的利率理论可用图 2－1 来表示。

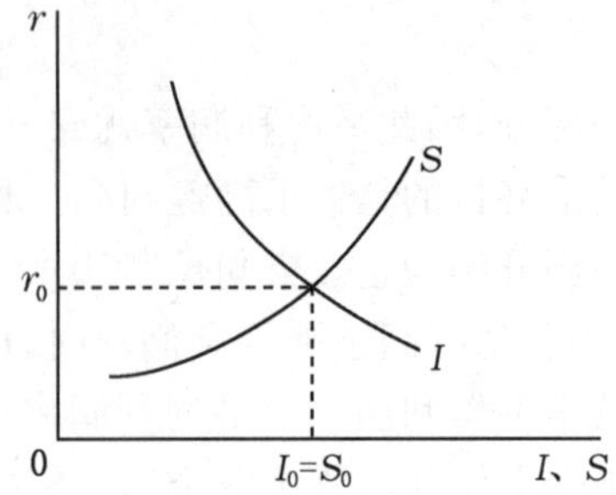

图 2－1　利率的决定

图 2－1 中，I 是投资曲线，即投资与利率的线性关系。古典利率理论认为，当投资的边际收益率发生变动时，投资曲线会发生移动。S 是储蓄曲线，即储蓄与利率的线性关系。古典的利率理论认为，当边际储蓄倾向发生变动时，储蓄曲线会发生移动。市场的均衡利率是由投资与储蓄两条曲线的相交点决定的，即图中的 I 与 S 的相交点，在这一点上储蓄与投资相等，即 $S_0=I_0$，并决定了均衡利率 r_0。

3. 凯恩斯流动偏好利率理论

与古典利率理论相反，凯恩斯完全抛弃了实际因素对利率水平的影响，其利率决定理论基本上是货币理论。凯恩斯认为，利率决定于货币供给与货币需求的数量，而货币需求又基本取决于人们的流动性偏好。因此提出了关于货币需求的流动偏好理论。他认为，人们对收入有两个抉择：一是在总收入中确定消费与储蓄的比例，即现期消费还是未来消费的选择；二是在储蓄总量确定后，具体储蓄形式的选择，即流动偏好的选择。假定人们的收入支出只有两种资产的选择，即人们或者用其收入购买债券，从而获得利息；或者手持现金，从而满足其交易的需求、预防的需求和投机的需求。凯恩斯认为，由于人们无法准确预测未来，人们宁愿放弃债券投资可能带来的利息收入，也不愿意放弃对流动性强的资产（即现金）的持有，即人们对货币具有流动性偏好。人们进行债券投资可能带来的利息收入是放弃流动性强的现金资产的报酬，因此由于流动性偏好所形成的货币需求是利息的递减函数。

凯恩斯认为，人们持有现金从而满足其交易和预防货币需求的量与利率无关，而与收入正相关。用 L_1 代表交易和预防货币需求，Y 代表总收入，则：

$$L_1=L_1(Y)$$

满足投机需要的投机性货币需求是利率的递减函数，而与收入无关。用 L_2 代表投机性货币需求，r 代表利率，则：

$$L_2=L_2(r)$$

因此，货币总需求为：

$$L=L_1+L_2=L_1(Y)+L_2(r)$$

货币供给量为 M，其中 M_1 满足 L_1，M_2 满足 L_2。利率决定于货币的供求关系，是人们保持货币的欲望与现有货币数量间的均衡价格，即：

$$M=M_1+M_2=L_1(Y)+L_2(r)$$

这样，利率就由流动性偏好曲线与货币供给曲线共同决定。货币供给量 M 由货币当局决定，一定时期内是不变的，因此货币供给曲线是一条垂线；货币需求曲线 $L=L_1+L_2$ 是一条向右下方倾斜的曲线，越向右，越与横轴平行。当利率降低到一定程度之后，人们预计有价证券的价格不可能继续上升，因而会持有货币，以免在证券价格下跌时遭受损失。这时，人们对货币的需求趋向于无穷大，这便是凯恩斯利率理论中著名的"流动性陷阱"说。

4. 新古典学派的可贷资金理论

可贷资金理论是在综合古典利率理论和凯恩斯流动偏好理论的基础上建立起来的。新古典学派认为，市场利率不是简单的由投资与储蓄决定的，也不是仅仅是由人们的流动性偏好形成的货币需求与中央银行货币供给决定的，而是由可贷资金的供给和需求来决定的。可贷资金的需求包括两个部分：一是投资需求，二是货币贮藏的需求。这里影响市场利率的货币贮藏需求不是货币贮藏的总额，而是当年货币贮藏的增加额。

可贷资金理论从流量的角度研究借贷资金的供求和利率的决定，可以直接用于金融市场的利率分析。特别是资金流量分析方法和资金流量统计建立之后，用可贷资金理论对利率决定作实证研究有实用价值。

5. *IS-LM* 模型的利率决定

可贷资金理论批判地继承了前人的研究成果，使利率决定理论研究取得了较大的发展。但是该理论存在着一个明显的缺陷，那就是没有考虑收入因素对利率的影响。而在实际工作中，收入因素对利率的决定具有重要作用，这种作用是通过对储蓄和货币需求的影响来实现的。由英国经济学家希克斯首先提出、美国经济学家汉森加以发展而形成的 *IS-LM* 模型，充分考虑了收入在利率决定中的作用，从而促进了利率决定理论的发展。

IS-LM 模型是从整个市场全面均衡来讨论利率的决定机制的。该模型的理论基础是：首先，整个社会经济活动可分为两个领域，产品市场领域和货币市场领域。在产品市场中要研究的主要对象是投资 I 和储蓄 S，在货币市场中要研究的主要对象是货币需求 L 和货币供给 M。其次，产品市场均衡的条件是投资 I＝储蓄 S，货币市场均衡的条件是货币需求 L＝货币供给 M，整个社会经济均衡必须在产品市场和货币市场同时达到均衡时才能实现。最后，投资是利率 i 的反函数，即 $I(i)$；储蓄是收入 Y 的增函数，即 $S(Y)$。货币需求可按不同的需求动机分为两个组成部分 L_1 和 L_2，其中，L_1 是满足交易与预防动机的货币需求，又是收入的增函数，即 $L_1(Y)$；而 L_2 是满足投机动机的货币需求，它是利率的反函数，即 $L_2(i)$。货币需求 $L=L_1+L_2$；货币供给 M 在一定时期由货币当局确定，因而是经济的外生变量。

根据以上条件，必须在产品市场找出 I 和 S 相等的均衡点的轨迹，即 *IS* 曲线；在货币市场找到 L 和 M 相等的均衡点的轨迹，即 *LM* 曲线。然后由这两条曲线所代表的两个市场同时达到均衡的点来决定利率和收入水平，即由 *IS* 曲线与 *LM* 曲线相交点 E 决定，图 2－2 即 *IS-LM* 模型。

在图 2－2 中，*IS* 曲线的右上方，是产品市场中投资小于储蓄的情况，即 $I<S$。因为任意一点 A 在 *IS* 曲线上方，由 A 向横轴作垂直线，与 *IS* 相交于 B 点，在 B 点 $I=S$，而 A 点对应的收入 YA 与 B 点对应的收入 Y_B 相等，但 A 点对应的利率却高于 B 点对应的利率，因此 A 点的投资将小于 B 点的投资，因此 $I<S$。同理，在 *IS* 曲线左下方，$I>S$。

在 *LM* 右下方的任意一点，货币需求大于货币供给，即 $L>M$。原因是有任意一点 C，从 C 点向纵轴划一条垂直线，与 *LM* 交于 D 点，由于 C 与 D 的利率相等，故两者的 L_2 相等，但由于 $Y_C>Y_D$，因此 $L_C>L_D$，而在 D 点 $L=M$，故在 C 点的货币需求 L_c 大于此时的货币供给 M。同理，在 *LM* 左上方的任意一点，都有 $L<M$。

从 *IS-LM* 模型可得出以下结论：均衡利率的大小取决于投资需求函数、储蓄函数、流动

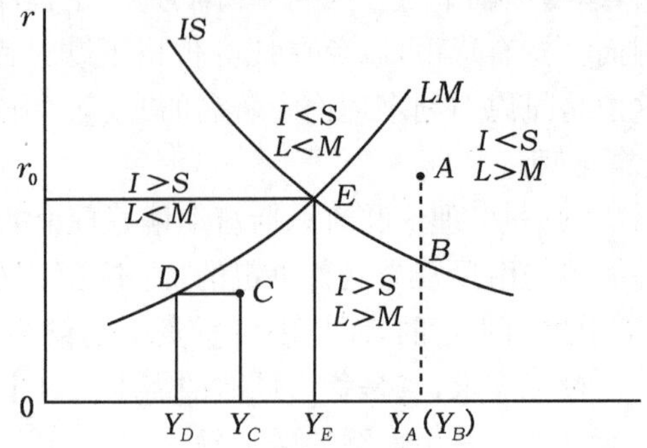

图 2—2 *IS-LM* 模型中收入与利率的对应关系

偏好(即货币需求函数)、货币供给量。当资本投资的边际效率提高,*IS* 曲线将向右上方移动,利率将上升;当边际储蓄倾向提高,*IS* 曲线将向左下方移动,利率将下降;当交易与谨慎的货币需求增强,即流动偏好增强时,*LM* 曲线将向上移动,因此利率将提高;当货币供给增加时,*LM* 曲线将向下移动,利率将降低。

IS-LM 模型是揭示利率决定的比较系统的理论,该模型成为分析利率变动趋势一个较好的工具。

6. 利率的期限结构理论

目前解释不同期限债券利率之间关系的期限结构理论主要有预期理论、市场分割理论以及流动性偏好理论。

预期理论的基本观点是,利率曲线的形状是由人们对未来利率的预期所决定的,因此,对未来利率的预期是决定现有利率结构的主要因素;长期利率是预期未来短期利率的函数,长期利率等于当期短期利率与预期的未来短期利率之和的平均数。其假说条件有:持有债券和从事债券交易时没有税收和成本的影响;没有违约风险;具有完善的货币市场,资金的借贷双方能够正确合理地预期短期利率的未来值;所有投资者都是利润最大化的追求者,他们购入具有较高预期收益率的债券,也不持有预期收益率低于其他具有不同到期期限的债券;不同期限的债券可以完全替代,即不同期限的债券的预期回报率必须相等。在这些假说条件下,它认为任何证券的利率都同短期利率的预期有关,即长期债券的利率等于长期债券到期之前人们对短期利率预期的平均值。

市场分割理论是在经济学家认为预期理论的假定不完全符合现实的情况下出现的。该理论首先假设不同类型的投资者具有与投资到期期限相关的偏好。这些偏好与他们的债务结构、风险厌恶有关,或者是两者兼有。由于投资者的偏好,只喜欢这种债券,而不喜欢另一种债券;故只关心偏好的期限债券的预期回报率,从而导致不同期限的债券不能完全替代。可见,该理论将不同期限的债券市场视为完全独立和分割的市场。市场分割理论虽然考虑到某些投资者或借贷者偏好长期证券投资的事实,因而在一定程度上补充了预期理论的不足,但其最大缺陷是忽略了长、短期证券市场之间的重要联系。

流动性偏好理论是对预期理论进行修正而提出的。在接受了预期理论认为预期收益率对收益率曲线有影响这一观点的基础上,流动性偏好理论还考虑了不同期限证券的收益和相对风险程度对收益率曲线的影响。这一理论认为短期债券的流动性比长期债券要高。由于短期债券的期限较短,导致其价格波动风险比长期债券要小,易于定价。风险回避者对高流动性的短期债券的偏好，使得其利率低于长期债券。这就是说，确定远期利率除包括预期信息之外，还应该考虑风险因素而引起的流动性偏好。

在描述长期利率和短期利率的关系中，除了即期短期利率和以后若干期的预期短期利率的平均数之外，还应加上一项流动性溢价，才形成流动性偏好理论下的长期利率。这一理论不仅解释了预期理论所能解释的收益率曲线趋势特征，还揭示了收益率曲线一般都是向上倾斜的原因。因为根据这一理论，大多数投资者偏好持有短期证券，为了鼓励人们投资长期债券，必须支付流动性补偿。长期利率应该是预期的短期利率与补偿流动性偏好的利率之和。实际上，流动性偏好理论在解释收益率曲线的形状方面也比预期理论更好、更一致。

（六）利率的作用

1. 利率对宏观经济具有调节作用

首先，调节信贷规模。当经济出现衰退时，中央银行可以采用降低再贷款、再贴现率的政策，通过商业银行的配合，使信用规模扩张，刺激社会经济增长；当经济出现过热时，中央银行利用提高利率的政策，收缩信用规模，抑制经济的快速增长。

其次，抑制通货膨胀。存款利率的高低直接影响着银行的存款规模，对实现社会购买力与商品供给量的平衡起着调节作用。贷款利率的高低直接影响着商业银行的贷款规模、调节着货币供应量，对币值稳定有着重要作用。当通货膨胀发生或预期通货膨胀发生时，通过提高贷款利率，可以调节货币需求量，使货币需求下降，物价趋于稳定。当由商品供求结构失衡引起通货膨胀时，可对那些供不应求的产品的生产企业降低贷款利率，促使其扩大再生产、增加有效供给。

再次，促进国际收支平衡。当一国发生严重的国际收支逆差时，中央银行可将本国利率调到高于其他国家利率的水平。这不仅可以阻止本国资金的外流，还可以吸引国外的短期资金流入本国，从而减少外汇支出、增加外汇收入，使国际收支趋于平衡。当然，如果出现国际收支逆差和经济衰退并存的问题，则不能简单采用提高利率水平的单一措施，而要实施综合解决的方案。

2. 利率对微观经济运行的调节作用

(1)利率对企业投资活动的影响。一方面，利率影响企业的投资规模。自有资金和借入资金是企业投资资金的重要来源。利率不仅影响企业自有资金的机会成本，而且直接决定着借入资金的使用成本。当一项投资的预期边际收益大于利率时，扩大投资规模就是一种合理的选择；反之，借入资金的利率成本比预期收益高，则会抑制企业的投资。另一方面，利率影响投资资金在企业之间的流向。由于利率是企业资金成本的一种，因而能约束和激励企业提高资金的使用效率。通过利率杠杆，可以将资金吸引到使用效率更高的企业，从而促进资金资源的合理配置和有效利用。

(2)利率对居民经济行为的影响。一方面，利率的变化会影响收入中储蓄和消费所占的比例。利息收入是人们储蓄的动机之一，是对人们推迟消费的一种补偿。利率越高，人们储蓄越多；利率过低，难免引起储蓄的流失。当然，选择降息政策，可以起到储蓄分流、刺激消费的作用。另一方面，利率的变动会影响居民持有金融资产的结构。通过调整利息，可以引导人们改变对金融资产的选择，如降低银行存款利率能够促使人们减少在银行的存款，转而增持债券或股票。

(七)我国利率管理体制的改革

长期以来,我国实行的是高度集中统一的利率管理体制,不重视利率对经济的调节作用。实行改革开放后,对利率管理体制进行了一系列的重大改革:

1978～1989 年,主要是调整利率水平,允许银行存贷款利率在一定范围内自由浮动。

1990～1993 年,主要是调整利率结构,包括制定存贷款利率的上下限,理顺存贷款利率和有价证券利率的关系;各类利率尽可能在期限、成本、风险上体现出差别等。

1994 年以后,主要是进行利率机制的改革,使利率成为资源配置和宏观调控的工具。目前部分利率已经或基本接近市场化。

利率市场化是指原先实行利率管制较严的国家,为适应宏观经济环境的变化,更好地发挥利率作为资金的价格引导和调节资金配置的作用,通过建立市场化的利率体系等措施,逐步或完全放弃对利率的直接管制,转向由市场决定利率水平的改革过程。利率市场化是我国利率管理体制进一步改革的大方向,当然,利率市场化要有一个逐步演进的过程,不可能一步到位。

第三节　资金融通

一、资金融通的概念

资金融通即金融,它是通过资金有偿让渡促使价值增值的运动,或称为资金余缺调剂的信贷活动。

在现代经济中,由于资金盈余者和资金不足者的存在,产生了融通资金的需要。信用提供了较好的融通资金的方式,就是资金供给者保留所有权、让渡使用权,满足资金需求者的要求,在一定时期后收回本金并获取利息。随着经济的不断发展,参与融资的盈余资金日益巨大,但各种经济主体的资金盈余在期限、承担风险、收益率等方面的要求并不相同,需要补充资金不足的情况也日趋复杂,有的要求作为资本金长期使用,有的风险较大但利润丰厚,有的融资数额巨大。单纯的信用方式融资已不能适应需要,于是产生了许多融资方式。一方面为社会提供货币供应量,满足商品经济需要;另一方面又创造多种工具,调剂资金余缺、加速资金周转,推动经济社会的发展。我们把这种通过货币有偿让渡使价值增值的运动称为金融。

金融简单地讲是资金融通,广义的金融是指货币流通与信用活动的总和,凡是货币发行、流通与回笼、货币资金的借贷、票据的承兑与贴现、债券和股票等证券的发行和转让、保险基金的筹集与运用以及外汇的买卖等,都属于金融活动的范畴。

二、资金融通的方式

资金供给者与资金需求者相互之间融通资金可以借助金融市场直接进行,也可以通过中介机构间接进行,从而使融资活动区分为直接融资与间接融资,如图 2－3 所示。

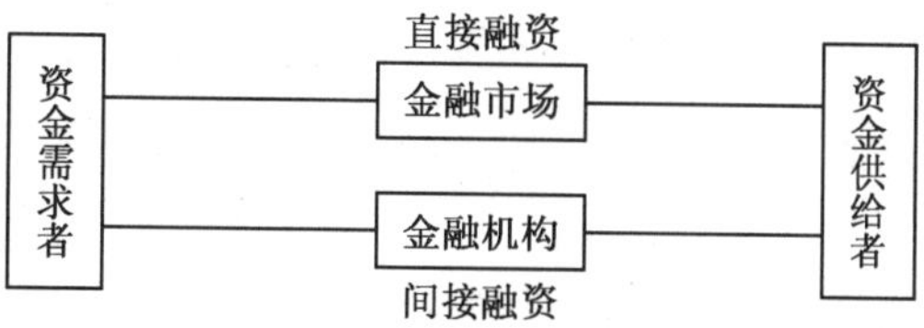

图 2—3　资金融资方式

(一)直接融资

1. 直接融资的含义

直接融资是指资金供给者与需求者在金融市场上直接进行的融资活动。其方式是资金需求者在金融市场上发行股票或债券,从资金供给者手中直接融通货币资金。

2. 直接融资的特点

直接融资的特点是融资主体自主性大、融资过程公开性强、融资风险相对分散。在金融市场上,直接融资使得融资主体,包括需求者和供应者,在数量、期限和工具等方面自由选择,比较灵活。资金需求者可以根据自身的需要设计各种类型的金融工具向市场出售,资金供应者则可以按照自身的要求任意选择,而且可以在交易市场上随时转换。

3. 直接融资的局限性

直接融资双方要受融资时间、期限和金额的限制,由于投资者对于融资者的信用状况难作深入的了解,又缺乏信用中介的缓冲,故风险相对间接融资要大一些。

(二)间接融资

1. 间接融资的含义

间接融资是指资金供给者与资金需求者通过金融机构进行的融资活动。在这里,资金供给者与需求者不构成直接的债权债务关系,而是分别与金融机构发生信用关系,成为金融机构的债权人或债务人。典型的间接融资形式便是银行信用形式,资金供给者将资金存入银行,然后再由银行向资金需求者发放贷款。在信用活动中,存款人是银行的债权人,借款人是银行的债务人,银行对于资金供求双方来说则是信用中介。

2. 间接融资的特点

间接融资的特点是融资成本低、风险小,融资工具具有较强的流动性和信用度。通过金融机构融资,可以降低交易成本和信息成本。由于金融机构实行专业化经营,规模大、范围广,有专业人士运用现代化设备收集、分析各种信息,决策过程规范、完整,这都使得融资成本大大降低。正是因为金融机构集中庞大的资金,依据对市场的充分了解,将资金投放到不同期限、不同收益、不同风险程度的金融工具上,选择合理的资产组合,并保持良好的清偿能力,对众多的中小投资者来说,所承担的风险就可以降低到最低限度。

3. 间接融资的局限性

间接融资依赖于金融机构的融资行为。金融机构的服务意识、风险意识和管理水平会直接影响融资活动的活跃程度;而且由于金融机构本身也要获利,故对投资者来说收益相对要少。

正是由于直接融资与间接融资各有其优点又各有其局限性,可以满足融资者的不同需求,才使融资活动日趋活跃、日益多样化。

(三)间接金融相比直接金融所具有的优势

(1)间接金融更容易达成交易,传统直接金融要在金额、期限、价格等方面达成一致并不容易。

(2)间接金融具有规模经济,专门进行各类贷款和投资,可以建立专业团队进行信息搜集、整理、评估,以及贷后的跟踪和监督,可以有效降低平均成本。

(3)专业化经营,降低由信息不对称带来的风险。金融中介拥有大量的专业人员和广泛的业务和经验(普通人雇不起专业人员,也不可能经常接触金融活动以积累足够的经验),从而能大大改善资金盈余单位同资金亏缺单位的信息不对称状况(由金融中介代表盈余单位),减少由此带来的逆向选择和道德风险。

(4)分散化经营,降低风险。金融中介的分散化经营使其所承担的风险低于直接金融下风险的总和。

(5)风险承担能力强,金融中介承担主要风险,而金融中介实力雄厚,能够承担较大风险。

(6)期限转化,解决资金供求双重重合的矛盾,大大扩大金融交易量。金融中介可以将短期资金转化为长期资金:集中盈余单位的短期资金,其中总有一定比例的资金留在金融中介手中,这就是可作长期使用的资金。

需要注意的是:现代资本市场的发展,尤其是直接金融市场二级市场的发展,以及大量直接金融机构的支持,大大弱化了上述间接金融的相对优势,使得直接金融的重要性不断上升。但到目前为止,间接金融仍占主导地位。

本章小结

信用是以偿还和付息为条件所形成的商品或货币的借贷关系或债权债务关系。信用关系由债权债务、信用工具和时间间隔三个基本要素构成。信用形式是信用活动的具体表现,最主要的形式有商业信用、银行信用、国家信用、消费信用和国际信用等。

利息是与信用相伴随的一个经济范畴,只要有信用关系存在,就必然存在利息,利息是剩余价值的转化形式,是财富的分配形式,是借贷资本的价格。利息的大小是由利息率决定的,利息率是指一定时期内利息额与借贷货币额(本金)之间的比率。在实际生活中,利率是经常变动的,决定和影响利率的因素主要有平均利润率、资本的供求状况、物价水平和经济政策等。利率对国民经济具有非常重要的调节作用。因利率在经济中的重要地位,经济学家对此进行了深入的研究,其理论主要有马克思的利率理论、古典学派的利率理论、流动性偏好利率理论、可贷资金理论、*IS-LM* 模型中的利率理论。我国将进一步推进利率市场化改革。

在信用融资方式上,经济社会创造出更为广泛的资金融通方式。资金融通就是通过货币有偿让渡促使价值增值的运动,其融资活动分为直接融通资金和间接融通资金两种方式。前者是利用金融市场进行融资活动,后者是通过金融机构进行融资活动。这两种融资方式各有其优点和局限性。

基本概念

信用　商业信用　银行信用　国家信用　消费信用　国际信用　利息
利息率　直接融资　间接融资

课后习题

1. 信用的形式有哪些？
2. 影响利率的因素有哪些？
3. 简述几种利率决定的理论。
4. 什么是资金融通？它有哪些形式？

案例讨论

案例一　发展中国家利率市场化案例剖析

所谓利率市场化，是指货币管理当局通过放松和消除直接信贷配给计划和利率上限等措施，逐步纠正市场机制在利率形成和传导、利率管理和利率结构等方面被抑制和扭曲的状态，使利率水平由市场资金供求自主决定，其核心是利率形成机制市场化，除此之外还包括利率传导机制、利率结构和利率管理的市场化。从20世纪70年代起，东南亚和拉丁美洲众多发展中国家先后进行了利率市场化改革，它们的经历既有成功的经验，也有失败的教训，在很多方面都发人深省。从改革历时长短、各国改革的初始条件和制度基础等因素出发，可将发展中国家的利率市场化大致分为激进和渐进两种类型。

一、激进的利率市场化——南锥体国家的案例分析

南锥体国家包括智利、阿根廷和乌拉圭等国。始于20世纪70年代的利率市场化，是南锥体国家一揽子金融自由化改革措施的核心内容。其利率市场化有两个共同特点：一是速度快，其中，智利和阿根廷都是在短短一年多时间里几乎放开了全部存贷款利率；二是都没有成功，且对经济造成了比较严重的负面影响，成为利率市场化的反面案例。

1. 智利的利率市场化

智利的利率市场化从1974年5月开始，到1975年10月完成。1974年，智利首先放开了商业银行以外的短期资本市场利率，一年以后，1975年10月，由商业银行和国家储贷机构收取的利率也被市场化，从而利率几乎完全由市场资金供求自主决定。在智利这样一个20多年来一直实行金融抑制政策的国家，利率市场化在短短一年多时间里就完成了，改革的激进程度可见一斑。

但智利利率市场化的效果却不尽如人意。虽然改革开始后智利的实际利率水平迅速由负值变为正值，从而给整个社会经济带来了一些积极的变化，如使货币和金融资产对国内生产总值的比率大幅度上升、通货对存款的比率稳步下降，但随后利率大幅飙升到令企业和居民难以忍受的水平，并和汇率高估一起，引起了众多企业倒闭，并伴随着对主要银行的挤兑，进而导致从20世纪80年代初开始智利陷入金融危机之中。

2. 阿根廷的利率市场化

与智利类似，阿根廷也采取了一步到位的利率市场化。1976年，阿根廷放开了大额可转让存单利率，到1977年就放开了所有存贷款利率，从而在一年多时间里就完成了利率市场化。

但到20世纪80年代初，阿根廷就爆发了严重的金融危机。1980年3月，阿根廷的一家大银行倒闭；1980年5月，政府被迫干预其他3家金融机构；到1981年5月，政府共清理了62家金融机构。在此期间，由

于银行存款不断流向比较安全的银行，为加强流动性，某些银行已开始提供非常高的存款利率，道德风险问题已经变得非常严重。

3. 乌拉圭的利率市场化

与智利和阿根廷类似，乌拉圭也采取了迅速的利率市场化措施。1974 年 9 月，改革一开始，乌拉圭就立刻提高了其对存款和贷款施加的法定利率上限。到 1977 年，这一上限就高到没有任何约束作用，直至 1979 年 6 月它被完全取消；对美元存款利率市场化的速度甚至更快。

乌拉圭激进的利率市场化最终也带来了诸如金融业不良资产问题严重和企业破产倒闭等问题，对整个经济造成了严重的负面影响。

二、渐进的利率市场化——马来西亚和韩国的案例分析

马来西亚和韩国的利率市场化的共同特点是：历时较长，且改革措施的推进是有计划、分步骤的。

1. 马来西亚的利率市场化

1971 年，马来西亚将商业银行四年期以上的定期存款利率市场化；1973 年，将所有金融公司的存款利率和商业银行一年期以上的定期存款利率市场化；自 1978 年 10 月 23 日起，商业银行获准自由决定其 12 个月或更短期的存款利率及最优贷款利率，但马来西亚中央银行并没有让利率放任自流，而是通过制定利率上限和“道义规劝”等手段影响主要银行的利率决定，并仍为一些优先发展部门提供优惠利率。

2. 韩国的利率市场化

韩国的利率市场化开始于 20 世纪 80 年代初，并一直持续到 1997 年亚洲金融危机前。1982 年，韩国降低了一般贷款与优惠贷款之间的利差，并取消了对政策性贷款的优惠利率；1984 年，允许银行对信贷风险进行分类，用利率的波动幅度代替贷款的利率上限；1988 年，放开对大多数银行、非银行金融机构的贷款利率控制，并取消对两年期以上的存款利率的控制；1991 年 8 月，政府出台了利率市场化四阶段计划，分步骤推进利率市场化，四个阶段的目标分别为：(1)1991 年实现大多数银行和非银行金融机构短期贷款利率、三年期以上存款利率和货币市场及资本市场上各种各样的金融工具（包括两年期以上的公司债券）利率市场化；(2)1993 年实现除政府融资贷款和韩国再贴现银行贷款以外的所有银行和非银行金融机构贷款利率市场化及两年期或以上的长期存款利率和所有债券发行利率市场化；(3)1994 年，缩短大额存单、大额回购协议和商业票据的最短期限，并实现一年期以上的存款利率和由韩国银行再融资的贷款利率市场化；1995 年，实现由中央银行再贴现支持的贷款利率市场化，并且实现除活期存款外所有存款利率的市场化；(4)1997 年，实现所有贷款利率和除活期存款外的几乎所有存款利率的市场化。

（资料来源：http://wenku. baidu. com/link）

☞**讨论题：**

发展中国家利率市场化的成败得失对我国的启示。

案例二　抓住自贸区机遇推进利率市场化

在自由贸易试验区内探索推行利率市场化，是要通过自贸区这一平台，加快我国银行业转型、金融市场发展、企业经营方式转变，加快建立市场化的金融管理制度和风险防范制度。因此，要抓住这一机遇，应着力推进以下几项工作：

第一，积极推进银行业转型。一要加快商业银行转变经营方式，切实改变过于依赖利差收入的局面，在稳定存贷业务的同时，积极拓展中间业务，逐步提高中间业务收入在收入结构中的比重。二要稳步推进银行综合经营，以信贷业务为依托、以庞大的客户资源为基础，稳步推进其他金融领域业务发展，充分发挥协同效应，打造金融综合控股集团。加快利率相关金融创新，积极推进利率衍生品研发，着力提高利率管理水平，有效防止利率市场化带来的风险。

第二，加快企业融资结构调整。一要主动改变国有企业融资结构中信贷比重较高的现状，积极发展债券、股权、票据等直接融资，稳步提高直接融资比重。二要鼓励中小企业抓住利率市场化机遇提高信贷融资比重。三要鼓励银行加大对中小企业信贷融资业务创新，运用差异化定价发展中小企业信贷。特别是中小银行要切

实防范利率市场化带来的冲击，大力发展中小微企业信贷，保持业务稳定。

第三，加快债券市场改革创新。一要大力推进债券市场发展，不断提高债券市场规模，鼓励更多市场主体参与债券市场交易，提高债券融资在直接融资中的比重。二要围绕利率市场化，加快推进债券市场业务品种创新，为各类市场主体提供合适的交易品种和风险规避手段。三要积极推进国际债券市场发展，探索在自贸区内建设国际债券交易平台，鼓励区内企业、境外企业发行人民币国际债券，提高债券市场国际化水平。

第四，加快建立存款保险制度。发达国家经验证明，存款保险制度的建立可以有效防范利率市场化对银行带来的冲击，对银行日常运营也起到稳定作用。要加快研究推出市场化的存款保险制度，降低政府信用对银行存款风险的隐形担保，保护存款人利益，提高金融体系稳定性。同时，也要切实防止部分银行运用这一制度主动寻求高风险业务，诱发道德风险；防止部分存款人主动选择高回报的存款渠道，产生逆向选择问题。

（资料来源：http://epaper.dfdaily.com/dfzb/html/2013－09/10/content_814668.htm）

☞**讨论题：**

分析自贸区对我国利率市场化的影响。

第三章
金融机构与体系

引言

现代信用经济的发展离不开金融机构及体系。无论是信用资金的筹集和运用、信用的扩张和收缩还是信用形式在经济中的运用，都必须借助于金融机构及体系。金融机构是金融体系的核心，金融体系是一个相互联系、相互影响的庞大的组织系统。在这个系统中，中央银行是核心，商业银行是主体，各类银行和非银行金融机构同时并存。它们统一构成了现代市场经济的金融体系。本章主要介绍金融机构及体系的一般构成，重点分析各金融机构的构成与特点。

第一节　金融机构概述

一、金融机构的概念

金融机构是指专门从事各种金融活动，实现资金融通服务的经济实体。由于融资活动分为直接融资与间接融资两类，与此相联系，金融机构也分为直接金融机构与间接金融机构（狭义的金融中介）两类。前者是为筹资者和投资者牵线搭桥或提供某种服务的组织，如证券公司、证券经纪人、交易商及证券交易所等；后者是介于债权人与债务人之间发挥融资媒介作用的机构，主要是各种类型的商业银行，以及某些作为金融中介的非银行金融机构。两者的区别在于：前者主要是促成贷款人与借款人之间发生直接的交易关系，而并非主要在借贷双方之间进行资产负债的业务活动；后者主要通过各种负债业务活动集聚资金，然后再通过各种资产业务活动分配这些资金。

金融机构，特别是金融中介机构的出现，使融资方式得到了发展和创新。首先，它作为金融中介，克服了直接融资的局限性。一般来说，直接融资要受融资双方资产数量的限制，要受融资双方资信特别是信息不对称的限制，要受融通资金的时间、地点、范围的限制，等等。也就是说，在资金融通过程中，由于存在着上述种种限制，往往使借贷关系难以直接形成。而金融机构以信用中介人的身份出现，可以有效地解决这个矛盾。其次，可以降低融资的成本。由于银行等金融机构是一种高度社会化的融资服务机构，有经营规模大、专业化程度高、融资工具种类齐全等特点，所以融资成本也就低得多。再次，金融机构还具有资金雄厚、信誉好、稳定性强的优势，起到减少和分散借贷双方风险的作用，大大提高了资金运用的安全性。

二、金融机构的功能

(一)信用中介功能

信用中介功能是金融中介最基本的功能。这一功能主要是通过金融机构的负债业务，把社会上的各种闲置货币资金集中起来，再通过资产业务把它投向各个部门。金融机构是通过作为货币资金的贷出者和借入者的中介人，来实现资金的融通，并从发放贷款和投资业务中获取利息收入和投资收益，这些收入与筹集资金的利息支出形成利差收入，构成金融机构自身的利润。

(二)支付中介功能

金融机构在为客户办理货币收支及其他与货币收支有关的技术性业务时发挥支付中介的功能。如通过存款在账户之间的转移，代理客户兑付现款等成为企业、团体和个人的货币保管者、出纳者和支付代理人。支付中介职能的发挥大大减少了现金的使用，节约了社会流通费用，加速了结算过程和货币资金的周转，促进了再生产的扩大。

支付中介除了传统的商业银行外，还有第三方支付公司。第三方支付公司是纯粹的支付中介，其兴起是因为传统的银行支付不能满足电子商务对在线、主动、实时支付的需求，而且早期的第三方支付还有担保交易的功能。目前，银行网银的完善使得双方功能趋同。

支付中介功能具有显著的规模经济和范围经济。

(三)信用创造功能

信用创造功能是在信用中介和支付中介的基础上产生的，是商业银行这种金融机构的特殊职能。它主要是通过贷款和投资活动创造存款货币，扩大信用的规模。其过程表现为金融机构利用其所吸收的存款发放贷款，在支票流通和转账结算的基础上，贷款又转换为存款。在这种存款不提取现金或不完全提取现金的情况下，就增加了银行资金的来源，最后在整个银行体系形成数倍于基础货币的派生存款。信用创造功能的发挥，使银行可以超出自有资本和吸收资金的总量而扩大信用业务，当然，这种扩大不是无限的，它要受银行现金准备状况和经济发展对信用的客观需要的限制。

(四)金融服务功能

金融服务职能是在社会分工越来越细、现代服务业迅速发展的基础上产生的，也是现代社会从各个方面向金融业提出的更高的服务要求。如企业要求银行代发工资，代理支付各种费用，提供投资咨询服务、征信调查服务等。金融服务功能就是银行通过开展广泛的金融服务来扩展自己的资产负债业务，为客户提供多方面的服务。

(五)调节经济功能

调节经济职能是指金融中介通过其信用中介活动，调剂社会各部门的资金余缺，同时在中央银行货币政策指导下，在国家其他宏观政策的影响下，调节经济结构，调节投资与消费比例关系，引导资金流向，调整产业结构，发挥消费对生产的引导作用。

三、金融机构的发展趋势

(一)业务发展趋于综合化

20 世纪 60 年代以后，特别是进入 70 年代以来，西方发达国家不断推出新机构、新业务种类、新金融工具和新服务项目，以满足顾客的需要；同时，商业银行业务与投资银行业务相结合，使银行发展成为全能性商业银行，为客户提供了更全面的服务，非银行金融机构通过业务创新也开始涉足银行业务，各类金融机构的业务发展都有综合化趋势。

20 世纪 80 年代，不断出现的金融创新模糊了不同金融机构的业务界限，银行、证券、保险三个行业的产品日益趋同。随着新的竞争者崛起，商业银行面临着前所未有的生存危机，过去追随美国实行分业经营的国家逐步放弃分业经营，转向混业经营。英国在 1986 年完成了金融"大爆炸"的改革，允许银行兼并证券公司，形成经营多种金融业务的企业集团。日本于 1998 年实施金融体系改革一揽子法，放宽了银行、证券、保险等行业的业务限制，废除了银行不能直接经营证券、保险业务的禁令，旨在推进日本商业银行向全能银行过渡。绝大部分东欧转型国家在转型之时就实行了混业经营。美国在废除《格拉斯—斯蒂格尔法》之前，各金融机构通过金融创新来规避金融法律约束，使分业管制在美国就已名存实亡。1999 年 11 月 4 日，美国《格拉斯—斯蒂格尔法》的废除和《金融服务现代法案》的通过，标志着世界金融业的发展潮流已基本完成从发展阶段的分业经营向较发达阶段的混业经营的转变。目前，金融业的混业经营已经成为一大发展趋势。

(二)兼并成为全能银行发展的一个有效手段

20 世纪 90 年代以来，国际银行业出现重组浪潮，收购和兼并活动频繁。在国际银行业竞争日趋激烈的情况下，追求规模效益几乎成为所有西方国家银行业关注的焦点。同时，各个国家金融管制的普遍放松，为大规模的银行兼并提供了可能。1995 年以来，银行业兼并事例层出不穷，1997 年后更是愈演愈烈，并且相当数量的合并都是强强联合，金额均在百亿、数百亿美元以上，成为典型的"巨无霸"式银行。继 1995 年著名的化学银行与大通曼哈顿银行合并之后，1997 年初，著名的摩根·斯坦利银行又与迪安威特银行合并。仅在 1998 年 4 月，美国就有银行业巨头花旗银行与旅行者集团、国民银行公司和美洲银行公司、第一银行公司和芝加哥第一公司等宣布合并。中小银行间的合并收购则更多。此外，日本、德国等发达国家，甚至拉美许多发展中国家都出现了大合并的浪潮。

在全球范围内，兼并的一个直接结果是银行数目普遍减少，比如，到 1995 年底，美国的银行数只有12 087家，与 1980 年最高峰时期相比下降了 36%；同期，德国的银行数为3 487家，比最高峰时下降了 31%；而法国、瑞典的银行分别为 593 家和 112 家，与其高峰时相比分别下降了43%和81%。兼并后的另一个结果是大多数国家的少数几家银行垄断了各自银行业的主要市场份额，保持和加强了在全球竞争中的实力和地位。在1997年全球1 000家大银行排名中约有2/3是欧美的银行，其中美国有148家、德国有83家、意大利有65家、英国有31家、瑞士有28家。在最大的前10家中，美国占3家，欧洲占5家。目前，银行兼并浪潮也正在亚洲、拉美、非洲乃至全球蔓延，而且兼并之风不仅局限于一国国内，也扩及跨国兼并。特别是2007年美国次贷危机引起的全球金融危机，使各国银行业之间的兼并重组整合趋势更加明显。

(三)金融机构国际化和网络化

金融机构国际化和网络化的途径主要有：一是在海外设立分支机构，作为总行的一个组成部分，代表总行在海外经营各种国际业务；二是通过间接投资，控制当地机构作为附属机构；三是通过参股方式，控制当地原有的银行或金融公司，使之成为总行的分支机构；四是在没有条件设立分行的地方，设立代表办事处。办事处不经营业务，作为搜集信息、联系各项筹划事宜的据点。此外，各国大银行还与外国银行建立代理往来关系，相互接受汇票、承兑信用证、托收和代理买卖有价证券等业务，通过以上途径形成银行业的国际网络。

金融机构国际化的发展是推动金融业务国际化的重要力量，也大大便利了国际资本的流动，形成了灵敏的国际信息网络，有力地推动了国际贸易和世界经济一体化的发展。

(四)银行电子化和信息化

近半个世纪来，电子技术突飞猛进的发展，对全球银行业，进而对人们的生活方式产生了极其深刻而深远的影响。以计算机和数据通信为核心的电子技术不断渗透、融合于银行的各个业务领域和业务过程。电子技术已成为现代银行业变革和创新的最重要的基础和推动力，现代银行业已进入了一个电子时代。计算机在银行业的运用，最初仅用于银行系统记录和编制报表。到目前，经济发达国家几乎在所有银行采用计算机处理业务和进行管理。规模大、实力雄厚的银行，都建立规模庞大的计算机中心，配有专职技术人员，自行开发银行应用软件。在这些银行里往往集中了世界上最先进的软硬件资源。

发达国家商业银行目前主要呈现了三个层面的信息化：一是银行内部，包括银行内部电算化业务处理，以及银行信息管理系统网络；二是银行之间统一的、标准化的资金清算体系(如SWIFT)，使资金清算快速、安全，并能降低交易成本；三是银行与客户之间，银行通过各类终端向客户提供便利的自动客户服务，并构成系统网络。这不仅大大提高了银行的工作效率，同时也提高了银行管理决策的科学水平。

展望未来电子时代和网络时代，银行信息化将得到更大的发展。特别是互联网的普及，将使银行业转向全方位的电子化服务和开放式的经营模式，网络、电子技术的发展将完善智能卡技术，使银行服务走向真正的无纸化。增设营业网点的传统方法将逐步退为次要的位置，取而代之的将是能够直接进行银行服务的自助银行、网络银行。未来的银行将能够在任何时间、任何地点以电子化、信息化的方式为顾客服务。可以说，商业银行的竞争力将越来越多地取决于银行业务与信息技术的结合。

近年来，我国银行业也开始了网络银行的发展尝试。1998年3月，中国银行开设第一家网络银行。目前，中国招商银行也在网上建立网址，设置招商银行天地、招商动态、公告版等栏目，同时，继2008年10月8日招商银行纽约分行正式开业之后，2009年7月17日招商银行伦敦代表处在英国伦敦正式成立，标志着招商银行在国际化进程中迈出了重要一步。中国建设银行在网上建立了以客户为中心的信贷管理系统。中国工商银行也在网上进行宣传，开展多种网上服务。但是，就我国的实际情况而言，网络银行的发展还面临着一些困难，包括网络银行普及程度低、缺乏信用消费习惯、缺少建设网络银行的经验以及缺乏关于银行网上服务和在线支付的必要法律规范。但总体趋势是，网络银行服务必将得到更大、更快的发展，这为我国银行业在新技术的基础上，迅速缩短同国际先进银行服务水平的差距，提供了发展契机和物质条件。

第二节　金融机构的分类

一、性质分类

金融机构中，间接金融机构相对复杂。按照不同的资金来源和资金运用，间接金融机构可以分为存款型金融机构、契约型储蓄机构和投资型金融机构。

(一)存款型金融机构

即我国常说的银行类金融机构，包括商业银行、储蓄银行、信用合作社。其主要资金来源是存款，而资金运用是各种贷款。

根据持有存款的动机可以将存款分为交易性存款和非交易性存款。前者是指活期存款，通过支票或借记卡直接用于交易；后者包括储蓄存款和投资性存款，不能直接用于交易，但利率更高，是为保值增值(也有教材进一步区分，储蓄存款的动机是保值，而投资性存款是定存，其持有动机为增值)。

(二)契约型储蓄机构

包括各种保险公司(人寿和财险)和养老基金，共同特征是以合约方式定期定量从持约人手中收取资金，然后按合约规定向持约人提供保险服务或养老金。由于能通过概率计算出每年需要支付的赔偿额和退休金，所以可以把其余的资金投资于较长期的证券。

相比存款型金融机构，在资金来源和资产运用上都有明显差异。资金来源方面，契约型储蓄机构以合约募集资金，是非标准化的，并且持约人只有在一定条件下(发生保险事故，或者达到领取养老金的条件)才能提取资金。资金运用方面，契约型储蓄机构主要投资各类证券而不是发放贷款，同样要确保低风险，但还要确保流动性。

(三)投资型金融机构

这类金融机构以发行股权募集资金，代表投资人进行投资。包括各类基金(我国可细分为证券投资基金和股权投资基金，后者包括创业投资基金和一般产业投资基金)和信托计划(信托公司管理)。

从本质来看，投资人本身有较为明确的投资取向，但是单个投资者直接进行相关投资会面临前面提到的传统直接金融的问题。而借助投资型金融机构，将这些投资取向大致相同的投资人的资金，进行集中投资，可有效规避直接金融的局限，具有规模经济、专业经营、组合投资以分散风险等优势。因此，投资型金融中介和直接金融机构一起促进了现代直接金融的发展；

其发展壮大了资本市场的机构投资者力量，而机构投资者相比个人投资者能很好地克服传统直接金融的缺陷。

另外，投资型金融机构是主动承担较高风险以获取较高收益，其核心竞争力是风险管理能力。

存款型金融机构和契约性机构偏重资金来源，资金来源是其核心竞争力；投资型金融机构则偏重投资，投资和风险管理能力是其核心竞争力。

二、银行

我国一般把金融机构分为银行和非银行金融机构两大类。

银行是社会资金融通的枢纽，是金融机构的主体，是专门经营货币信用业务的经济实体，是主要经营存款、贷款和结算等业务，充当信用中介的金融机构。在现代经济生活中，以中央银行为中心，商业银行为主体，各种专业银行和政策性银行为补充构成了现代经济的银行体系。

（一）中央银行

中央银行是在商业银行发展的过程中独立出来的一种银行。中央银行是各国金融体系的中心和金融管理机构，它代表国家对金融机构实行监管，管理金融市场，维护金融体系的安全运行，并制定与执行国家的金融政策，进行宏观金融调控。它不对企业单位和个人办理各种金融业务，其特殊职能是银行的银行、发行的银行和政府的银行（详细内容参见第五章）。

（二）商业银行

商业银行是以经营工商企业存、放款为主要业务，以营利为主要目标的金融机构。它利用吸收社会公众存款与发放贷款为客户提供多种服务，通过办理转账结算实现国民经济中绝大部分的资金周转，同时还起着创造存款货币的作用。因而，商业银行在一国金融机构体系中居于主体地位（详细内容参见第四章）。

（三）专业银行

专业银行是指从事特定经营范围和提供专门性金融服务的银行，具有特定的服务对象，在资金运用上具有一定的倾向性。它主要包括投资银行、开发银行、储蓄银行、抵押银行、进出口银行和农业银行。

1. 投资银行

投资银行是专门对工商企业办理投资和提供长期信贷业务的专业银行。这类机构的称谓目前尚不统一。美国及欧洲大陆等工业化国家称为投资银行，英国、东盟国家及澳大利亚等国家称为商人银行，德国称私人承兑公司，法国称实业银行，日本则称证券公司。

投资银行的主要业务有：对工商企业的股票和债券进行直接投资，为工商企业代办发行或包销股票与债券，参与企业的创建和改组活动，包销本国政府和外国政府的公债券，提供投资及合并的财务咨询服务等。有的投资银行也兼营黄金、外汇买卖及资本设备或耐用商品的租赁业务等。投资银行与商业银行不同，其资金来源主要依靠发行股票和债券来筹集，即使有些国家的投资银行被允许接受存款，也一定是定期存款。此外，投资银行也从其他银行取得贷款，但都不构成其资金来源的主要部分。近年来，投资银行的业务日益多样化，它与一般商业银行的差别正在缩小。

中国投资银行于1981年建立。最初，它是为统一办理世界银行对中国中小工业项目贷款而由政府成立的金融中介机构。1986年，政府指定该行为中国9个对外筹资窗口之一，中国投资银行进入一个新的发展阶段。其业务已不限于转贷世界银行对中国的贷款。与各国投资银行的性质职能不尽相同，中国投资银行的主要业务职能是：在国外通过发行债券等形式筹集中长期外汇资金，对国内企业的中小型基本建设项目或中外合资企业发放外汇及人民币贷款（主要是中长期项目贷款）或参与投资，对借款企业单位提供咨询服务，办理外汇买卖及担保业务。近年来，投资银行业务正向综合化方向发展。

2. 开发银行

开发银行是专门为经济开发提供长期投资贷款的专业银行。这类银行在投资上具有投资量大、时间长、见效慢、风险大等特点，在业务经营上不以营利为目的，但在财政上又自负盈亏，因此一般都由国家组织建立，执行国家产业政策，服从政府意志，实际上属于获得政府资助和支持的政策性银行。设立开发银行，是世界许多国家特别是发展中国家的通行做法。目前世界各类开发银行有400多家。

3. 储蓄银行

储蓄银行是专门吸收居民储蓄存款并为居民个人提供金融服务的专业性银行。这类银行的服务对象主要是居民，资金来源主要是居民储蓄，资金运用主要是投资政府债券、公司股票及债券、发放抵押贷款、提供消费信贷和住宅贷款等，剩余资金转存商业银行生息。将社会上分散、小额的货币集中起来，转化成巨额的社会资本，推动社会经济的发展，这是储蓄银行的特有功能和作用，也正是因为这一点，使得储蓄银行在许多国家的银行体系中占有重要的地位。世界许多国家和地区都设立专门的、独立的储蓄银行等金融机构。这类机构的名称在各国不尽相同，如储蓄银行、互助储蓄银行、国民储蓄银行、信托储蓄银行、邮政储蓄银行、储蓄贷款协会等。按照组织形式划分，包括互助合作性质的储蓄银行、股份制储蓄银行以及公营储蓄银行。

在美国，储蓄银行机构包括储蓄贷款协会和相互储蓄银行。其中储蓄贷款协会在金融中介机构的排列中位居第二。20世纪50～60年代，储蓄贷款协会成长速度大大超过商业银行，但在60年代后期和70年代利率急剧上升时，这种机构陷入困境。因为抵押贷款是长期贷款，最常见的期限是29年，当利率升高时，储蓄贷款协会常常发现它们从抵押贷款获得的收入远远低于取得资金的成本，于是造成亏损或停业。1980年前，储蓄贷款协会只能发放抵押贷款，不能设立支票账户。它们遭到的困境促使国会在1980年的存款机构放松管制和货币控制法的规定中允许储蓄贷款协会发行支票账户、发放消费者贷款以及从事以前只允许商业银行进行的许多业务活动。此外，现在储蓄贷款协会的存款和商业银行一样受联邦储备体系的准备金约束。两方面合起来，使储蓄贷款协会与商业银行的界限日益模糊，与商业银行等金融中介机构的竞争日趋激烈。

美国的另一类储蓄机构——相互储蓄银行，类似于上述储蓄贷款协会。但它的企业结构与储蓄贷款协会稍有不同，因为它们是“相互”构成，即它们是存款人拥有的银行组织。1980年前，它与储蓄贷款协会一样，被限于发放抵押贷款，60年代后期和70年代利率高走时，它也遇到了同样的难题。1980年新的银行法同样给它带来影响，现在，相互储蓄银行可以发行支票存款并可以发放抵押贷款之外的其他贷款。

英国的信托储蓄银行是根据1817年《储蓄银行法》设立的，经过百年来的发展演变，目前全英有信托储蓄银行70余家，分支机构1 600多个。20世纪70年代后，政府允许信托储蓄银行按照1976年《信托储蓄银行法》的规定，向公众提供全套银行服务；成立信托储蓄银行的银行——中央信托储蓄银行有限公司(1973)；中央银行将特别账户中的"储蓄银行基金"存款归还信托储蓄银行(1979)。此后，信托储蓄银行的业务发展很快，该行的业务包括三部分：(1)一般业务即传统的普通储蓄账户业务；(2)特别投资账户业务；(3)其他业务——支票、信用担保、外汇兑换、保险、房屋抵押贷款、保管箱以及作为代理机构通过证券商买卖各种政府债券等业务。

日本的邮政局实际上相当于日本的储蓄银行。它除了办理传统的邮政储蓄业务外，还经营生命保险及邮政年金业务。1973年后，开始办理储蓄担保贷款。

德国的储蓄银行是公营金融机构，一般是由市政府或其他级别的地方政府创立。它的中央机构是"德意志票据交换中心"或"汇划中心"。它是德国银行体系中最重要的一类。储蓄银行初期业务主要是吸收个人存款，发放房地产贷款。现在，已被允许从事多种金融业务，特别是近年在长期资金市场表现活跃，占有长期贷款市场的很大比重，并逐步涉足国际长期资金市场。

储蓄银行机构也是我国早期金融体系的组成部分，解放前有上海商业储蓄银行、新华信托储蓄银行、联合商业储蓄信托银行以及储蓄会等。改革开放后我国成立了一些储蓄银行机构，如邮政储蓄、烟台住房储蓄银行、蚌埠住房储蓄银行、中德住房储蓄银行等。

(1)邮政储蓄

1986年3月，为了回笼民间资金、降低通货膨胀的压力，在国务院的支持下，当时的邮电部与中国人民银行决定在北京、天津等12个城市试办邮政储蓄业务，并于当年4月1日正式在全国铺开。邮政储蓄吸收大量居民个人存款，只存不贷，直接放到人民银行，人民银行给邮政储蓄较高的转存款利率，邮政储蓄坐吃利差。

2003年7月31日起，邮政储蓄的新增存款不再放在人民银行享受转存款的高利率，邮政储蓄须自主运用新增存款。

2005年7月，国务院原则通过《邮政体制改革方案》，确定成立邮政储蓄银行。邮政储蓄银行于2007年3月20日正式挂牌成立，银监会批准其在全国筹建36家一级分行(31家省级分行和5家计划单列市)，允许其经营《商业银行法》规定的各项业务。

(2)烟台住房储蓄银行

1987年10月成立，2003年改组成股份制商业银行，即恒丰银行。

(3)蚌埠住房储蓄银行

20世纪80年代末成立，2000年与当地城市信用社合并，后来成立了蚌埠市商业银行，现在重组成为徽商银行的一个分行。

(4)中德住房储蓄银行

2004年2月15日在天津正式开业，中国建设银行持股75.1%，德国施威比豪尔住房储蓄银行持股24.9%。

"先存后贷、低存低贷、利率固定"，是一种全新的购房融资模式，服务于有计划的、理性的购房消费模式。但由于同期我国房价飞涨，我国居民习惯于非计划的购房消费，甚至存在大量的超前消费和恐慌性消费。

2008年底，经中国银监会批准，中德住房储蓄银行将业务范围扩大到房地产金融、公众存款等商业银行业务领域，陆续推出个人住房按揭贷款、房地产开发贷款等新产品，由单一从事住房储蓄业务的银行转型为具有全面住房金融服务功能、专业经营住房信贷业务的商业银行。

由上述可见，这些储蓄机构均在向商业银行转变，实际上我国银行体系的特征是：不普遍设立专门、独立的储蓄银行机构，所有商业银行、城乡信用合作社及全国邮政机构均可经营居民储蓄业务。

4. 抵押银行

抵押银行又称不动产抵押银行，是以经营土地、房屋及其他不动产为抵押的长期贷款的专业银行。它们的资金来源，主要是通过发行不动产抵押债券筹集到的长期性资金，其发放的贷款主要以房屋、土地作为抵押物，但也接受股票、债券、黄金等作为贷款的抵押品。

世界许多国家设有独立的抵押银行机构，如德国的土地抵押信贷协会、农业抵押银行、抵押汇兑银行等，意大利的动产信用银行，英国的农业抵押公司，法国的房地产信贷银行等。抵押银行的资金除通过发行不动产抵押证券筹集，同时也吸收存款，但存款占全部资金来源的比重不大。贷款业务大体可分为两类：一类是以土地为抵押品的贷款，贷款对象主要是土地所有者或购买土地的农场主；另一类是以城市房屋等不动产为抵押品的贷款，贷款对象主要是城市房屋所有者或经营建筑业的企业。此外，抵押银行也接受有价证券及黄金作为贷款之抵押品。当借款人不能如期偿还贷款时，抵押银行将对抵押品予以处理，借以收回贷款本息。近年来，金融业竞争激烈，许多国家的商业银行已大量涉足不动产抵押贷款业务。而抵押银行也开始经营一般商业信贷业务，两类金融机构渐呈融合发展之势。

5. 进出口银行

进出口银行是指专门提供对外贸易及非贸易结算、信贷等国际金融服务的专业银行。创建进出口银行的目的是为促进本国进出口业务的发展，加强国际间金融合作，广泛吸引国际资本，搜集国际信息。这类银行一般是政府的金融机构，如美国的进出口银行、日本的输出入银行等；也有半官方性质的，如法国的对外贸易银行，就是由法兰西银行与一些商业银行共同出资组建的。进出口银行的主要业务是提供出口信贷和各种有利于刺激出口的贷款；提供贷款担保、保险等，为融资提供便利；提供诸如咨询服务等的其他服务；经办对外援助，以服务于政府的对外政策。

美国的进出口银行初创于1934年，1945年后成为隶属于美国政府的独立国营金融机构。创建该行的目的是执行美国政府的对外信贷政策，为外国与美国的进出口贸易提供资金和便利，向国内金融机构和国内出口商提供担保，承担私人出口商和金融机构不愿或无力承担的风险。资金来源包括政府拨款、借入财政资金、借入联邦筹资银行(FFB)资金及发行债券。该行的贷款利率要比商业银行及其他私人金融机构低且灵活，但不与私人资本竞争。作为一个政府金融机构，它的活动须与美国外交及经济政策协调一致。

日本的输出入银行(1950)在行政上隶属于大藏省，业务上与通产省、外务省和经济企划厅密切联系。该行资本全部由政府拨付，收支预算必须得到国会的批准才能实施。其宗旨是提供金融援助，促进本国与外国之间以贸易为主的经济交流，补充或奖励一般金融机构办理进出口和海外投资业务，并规定“不得与民间银行和其他金融机构竞争”。该行的业务包括向制造大型成套设备和重型机器的公司及造船业、外贸业等提供长期低息出口信贷，开展海外投资贷款及开发事业的金融业务，开办与日元贷款有关的保证业务等。

此外，韩国的输出入银行(1976)、德国的复兴信贷银行(1948)、法国对外贸易银行(1947)及英国的出口信贷担保局、加拿大的出口开发公司等也都是与美国进出口银行、日本输出入银行类似的政策性专业金融机构。

6. 农业银行

农业银行是专门向农业部门或农场主提供优惠信贷及其他相关金融服务的专业性银行。这是许多以农业为基础的国家普遍设立的一类专业金融机构。农业银行的资金主要依靠政府拨款，也可通过发行金融证券来筹措。其资金运用几乎全部面向农业生产，从土地购买、建造建筑物到农业机械设备、化肥、农药、种子的购买等。农业银行的贷款因有政府的资金支持以及各种政策优惠而使贷款利息较低，或者说农业银行的贷款具有一定的政策倾向。许多国家专设了以支持农业发展为主要职责的农业银行，如美国的联邦土地银行、法国的农业信贷银行、德国的农业抵押银行等。

美国的政府农业信贷机构大多不称银行，如办理商业银行不愿承办的农民家计、农村建设、农村社区发展和农村工商业贷款的农民家计局(1946)，控制生产、保障农民利益的商品信贷公司(1933)，以及小企业贷款局和农村电气化管理局等。

英国农业金融机构体系中，农业抵押公司(1928)与农业信贷公司(1928)虽系私营机构，但政府对前者进行业务督导，并提供无息贷款，作为该公司的资金来源；对后者则承担部分贷款不能收回时的经济责任。

日本的国家农业银行是1953年成立的农林渔业金融公库。公库由国家财政投资创建，宗旨是：在农林渔业者向其他一般金融机构筹资困难时，提供低息、长期资本贷款，以提高农林渔业的生产力；对农业者提供维持自耕地、防止分工过细所需的资金贷款。其业务活动体现着政府支持农村经济发展的金融政策。此外，法国的农业信贷银行(1926)，德国的土地改良银行(1861)、农业地租银行(1949)及德意志土地垦殖银行(1966)等也属于农业金融机构。

(四)政策性银行

1. 建立政策性银行的必要性

政策性银行是由政府组建、参股或保证，专门在某一领域从事政策性金融业务的国家银行。政策性银行在西方国家属于官方或半官方的专业信用机构，一般有三种类型：一是支持国家重点产业发展和新兴产业开发方面的金融机构，如开发银行；二是农业信贷方面的金融机构，如美国的联邦土地银行；三是外贸信贷方面的金融机构，如进出口银行。这类金融机构是政府为了加强对经济的干预能力，保证国民经济的相对平衡，由政府出面建立的。

世界各国的政策性金融机构多数冠以“银行”字样，如开发银行、农业发展(信贷)银行、进出口信贷银行等。有些则以“公库”“公司”“局”等相称，如日本的各类金融公库，美国的联邦存款保险公司、商品信贷公司等，英国的出口信贷担保局等。在经营上，这类金融机构一般不与商业性金融机构竞争，也不像商业性金融机构那样以利润为基本的经营目标，它所致力实现的是社会经济的宏观效益尤其是中长期效益目标。

政策性银行的产生和发展是在第二次世界大战以后，它在西方国家恢复经济过程中起了十分积极的作用。各国政府有意识地创办政府的金融机构、发展政府金融，运用政策性金融手段促进经济发展。目前，世界上大多数国家都有政策性银行。其主要任务是执行国家的产业政策，对某些行业和企业发放低息优惠贷款，支持重点产业部门、基础产业部门和支柱产业部门的发展。

2. 政策性银行的性质

政策性银行依据国家的经济政策和经济计划，按照产业政策的要求安排贷款，具有一定的政府职能性质；同时又经营金融业务，以金融方式融通资金，具有金融企业的性质。总体说来，政策性银行属政府创办并领导的具有独立法人地位的经营实体，既不同于一般的政府机关，也不同于中央银行、商业银行等金融机构。

首先，政策性银行不同于政府机关。

政策性银行虽然是由政府设立的金融机构，按政府的意图行事，但它具有一般政府机关所不具备的资产、负债等金融业务，是以开展政策性金融业务为主要内容的经营实体，而绝非一般政府职能部门。

其次，政策性银行不同于中央银行。

政策性银行行使政府对经济的调节职能，不以营利为目的，不经办普通商业性金融业务，不与商业银行争利，这些特征类似于中央银行。但中央银行是全国金融体系的领导和管理机构，是负责全国金融宏观调控的国家机关。而政策性银行是按政府意图对某一领域、某一行业实施扶持性融资调节的经营实体，绝非全国性的金融宏观调控机构。

再次，政策性银行不同于商业银行。

政策性银行不经营商业银行的一般性金融业务，不吸收企业和个人活期存款，不办理商业贷款，没有信用创造能力。它不以营利为目的，不与商业银行争利，而且与商业银行经营中的政策性要求也不一样。

3. 政策性银行的职能

政策性银行具有一般金融机构的职能，即信用中介职能。政策性银行通过其负债业务吸收资金，再通过其资产业务把资金投入到某一领域。从这点来看，它与普通金融机构一样，作为货币资金的贷出者和借入者充当了信用中介，实现了资金的融通。但政策性银行不具备商业银行的派生存款和信用创造职能。

政策性银行除上述一般职能外，还具有三项基本职能：第一，补充职能。政策性银行是社会融资活动的补充形式，是商业性金融机构的补充机构。在社会融资活动中，应以商业银行等金融机构的融资为主，政策性银行不能替代其业务，而是在其难以顾及的某些领域进行融资，以体现政府的宏观经济政策和产业政策。第二，选择职能。政策性银行对其融资的领域或部门必须有所选择。对那些市场能够选择的、依靠市场机制作用能得到合理的资源配置的领域或部门，政策性银行一般不介入；而那些市场不予选择并且关系到国计民生的领域或部门，则是政策性银行选择的领域。第三，政策性银行还有倡导或传导政策意图、提供某些特殊金融服务的职能。

4. 政策性银行的业务

政策性银行作为政府的金融机构，其业务既有别于中央银行，又有别于商业银行。其资产业务和负债业务具有特殊性。

(1)负债业务。政策性银行的负债业务，作为政策性金融的一部分，具有低费用甚至无需偿还的特征，而且资金规模较大、期限较长。这种特征基本决定了政策性银行资金来源的渠道和方式。政策性银行的负债业务主要有以下几种：

①资本金。政策性银行是由政府建立的，其资本金的主要来源是政府供给。有的政策性银行的资本金是由政府全额拨付的；有的虽然是部分拨付，但也占相当比重。这些都充分显示了政府对政策性银行所具有的出资人地位。政府供给资金的方式主要有无偿拨付和有偿借入两种。此外，还包括一些专项资金划拨和对政策性经营亏损的补贴或贴息。

政府提供给政策性银行的资金，来源于直接的财政预算或财政设立的各项专项资金，以及政府设立的特别基金等。政府对政策性银行提供资金的数量多少，主要取决于该国市场经济的发达程度和政府对经济、金融的干预程度。如果市场机制不健全，金融市场也不完善，则政府对经济、金融的干预程度较强，政策性银行资金来源中政府供给资金的比重就较大；反之，此项比重就较低，而且无偿性供给的资金更小。我国的政策性银行成立于国有专业银行商业化改革之时，目前主要依靠中国人民银行贷款单线维持，财政支持不到位。这种状况需要改变，以促进政策性银行的发展。

②借款。向社会保障体系及邮政储蓄系统借款也是政策性银行的重要资金来源，主要包括向社会保险系统、养老基金或退休基金、医疗基金、就业基金、住房公积金及邮政储蓄系统的借款。上述这类资金吸收费用较低，而且量大集中，非常适宜作为政策性银行的资金来源。社会保障系统及各类基金大都是在政府的倡导和推进下形成的，它们在保证本身正常运用的前提下，其沉淀的余额部分最适合作为政策性银行的负债。邮政储蓄营运费用较低，所以邮政储蓄中长期稳定的余额，在收取吸储利息和核定的费用后，应交由政策性银行使用，作为其重要的资金来源。因此，在社会保障体系健全、有大量社会保障基金以及能够吸收较多邮政储蓄的情况下，该项资金来源成为政策性银行最主要的负债。如在金融体系比较发达的日本，该项负债达到政策性银行整个资金来源的70%～80%。

在我国，目前由于社会保障体系不发达，邮政储蓄一直作为中央银行的负债并加以运用，政策性银行暂时并没有把向社会保障体系和邮政储蓄借款作为主要资金来源。随着我国市场经济的不断发育和完善，各种社会保障机构及基金会也会相继发展和建立起来。在这方面资金中，可用于政策性银行资金来源的数量将会逐渐增加。在我国政策性银行资金来源中，可将一定比例的邮政储蓄存款划归政策性银行使用，还可向日益增强的保险系统借款。

③国内融资。政策性银行在金融市场筹集资金，主要是在国内金融市场发行债券和向商业银行及非银行金融机构借款。在国内金融市场发行债券，是政策性银行在金融市场筹资的主要方式，既可以采取向社会公众募集的方式，也可以采取定向募集的方式，即向商业银行和其他融资机构发行金融债券。我国政策性银行主要采取这种方式，这也是政策性银行向商业银行及其他金融机构借款的主要方式。我国政策性银行自成立以来，发行金融债券几乎是除政府供应资金以外筹资的唯一手段。国家开发银行和进出口银行除资本金以外，资金来源全部由发行债券解决。

政策性银行向金融市场融资，同样要按市场价格筹入资金。不同之处在于政策性银行向金融市场筹资一般都取得政府担保，甚至直接作为或视为政府借款或政府债券，因而信誉较好、风险较小，在取得借款和发行债券上具有明显的优势。然而，金融市场融资与向社会保障体系及邮政储蓄借款相比，成本较高，与政府供给资金更无法相比，原则上应在政策性银行负债中居于次要地位。由于各国经济、金融体制的差异，市场发达程度不同，因而无法绝对地确定各项负债在总资产中的主次轻重。我国由于财政比较困难、社会保障体系不健全等原因，把向金融市场发行债券的筹资方式作为政策性银行的主要资金来源。

④国际融资。国际融资也是政策性银行的负债之一。政策性银行从国际上融资包括在国际金融市场发行金融债券和从国际金融机构取得借款。国际金融机构借款中既包括从全球性国际金融机构如世界银行借款，也包括从区域性国际金融机构如亚洲开发银行借款，还可以向外国政府借款。

我国目前对外借款及发行国际债券的规模和数量还受一定的限制。如按现行规定进入国际市场发行债券，必须经过中国人民银行和国家外汇管理局核准。按国际惯例要提供债券发行人近3～5年的资产、负债、信用、资格审查文件,并得到国际承认的评审机构的认可,取得债券发行所在国有关部门批准,才能进入其市场进行发行、交易。因此,我国政策性银行应有选择地使用国际融资方式。

(2)资产业务。政策性银行的资产业务主要有贷款业务、投资业务及担保业务等。

①贷款业务。贷款是政策性银行资产业务的主要形式,与一般商业银行贷款相比,有如下特点:首先是社会效益第一。衡量与评价信贷活动的效益,一般从社会效益与自身财务效益两个方面着手。商业性贷款以自身财务效益为经营目标,而政策性贷款以社会效益最大化为首要目标,当社会效益与银行自身效益发生矛盾时,银行自身效益要服从于社会效益。其次是利率优惠。政策性贷款的利率水平比同类型、同期限的商业银行正常的贷款利率低,甚至无息贷款。这是国家支持急需发展产业所采取的措施。再次是风险大、期限长。风险大,主要表现在贷款以社会效益为主,存在着无法收回的风险。期限长,指的是贷款项目的投资回收期较长,如基础设施投资回收期往往在5年以上。正是由于政策性贷款具有这两个特点,所以商业银行从自身财务效益考虑,往往不会选择政策性贷款项目。这也是专门设置政策性贷款的主要原因。最后是贷款使用的指令性。政策性贷款的规模和投向是由国家指令性计划安排的,各政策性银行无权自行规定贷款投向。政策性贷款在体现国家经济政策上是强制性的,它要按照国家对贷款所要求的各种具体要素(投向、利率、期限)发放。政策性贷款支持的项目具有必保和优先性质,其放款主体形式上是政策性银行,实质上是国家。政策性银行对此类业务不能有任何随意性。

②投资业务。投资是政策性银行资产业务中的一种基本业务方式,包括股权投资和证券投资两种。股权投资是为贯彻政府社会经济发展意图,而对有必要进行控制的行业或企业进行的直接投资,并拥有企业的控股权,对企业的决策及发展起到一定的操纵作用。证券投资是政策性银行认购那些符合政府的产业和地区政策的企业所发行的中长期债券。

政策性银行投资业务的目的是,使某些需要优先和重点发展的行业和部门得到更多的发展资金。这些部门和行业,如社会公益事业、基础产业、农业及高新技术产业开发等,与国民经济其他行业相比,无直接经济利益,或低效益、高风险,并且所需资金规模大,因而较难得到较多的社会资金和其他金融机构的资金投入。如果政策性银行不投资,就难以使其得到相应发展。这些部门和行业自然成为政策性银行投资的对象。

③担保业务。政策性银行与其他金融机构相比,在担保业务上更有其独特的优势。政策性银行本身属于政府或由政府支持的,几乎不存在信誉风险问题,它的一切债务都是由政府保证的。这种地位和实力决定了它更适合从事担保业务,而且它的担保业务更易被融资者(债权人)接受,效益也更高。

政策性银行的担保业务较多,主要分为筹资担保、对外工程担保和进出口担保等。

筹资担保是政策性银行应其所支持的行业或部门筹资人的要求,向贷款人或出资人出具书面保证,保证在借款人无力偿还贷款或持券本息时,无条件履行付款责任。筹资担保的实质是为政策性银行所支持的行业或部门提供融资的便利条件。

对外工程担保是指政策性银行为对外工程的投标、履约及在外国银行账户透支等活动提供的担保,具体可分投标担保、承包担保和透支担保。投标担保是指在对外工程投标或招商招标中,为招标人提供的防止投标人得标后,不签合同或提出其他变更要求的担保。承包工程担保是指在对外工程承包中,应承包人的要求为国外项目业主提供的承包人按质、按量履行合同的保证。透支担保是指为对外工程承包公司和在外派出机构在当地开立银行透支账户而进行的担保。

进出口担保是指政策性银行为进出口领域的付款、延期付款、补偿贸易、加工贸易等各项活动提供的担保，具体可分付款担保、延期付款担保、补偿贸易担保和加工装配进口担保等。

由于政策性银行在开展担保业务方面具有较大的优势，因而担保业务在政策性银行的资金营运中占有一定比重。

5. 政策性银行的类型

政策性银行主要有开发性政策银行、农业政策性银行、进出口政策性银行以及其他政策性银行等类型。

开发性政策银行是专门为政府经济开发和发展提供中长期投资贷款的政策性金融机构。开发性政策银行对于发展中国家的经济发展尤为重要。首先，开发银行可以配合政府相关产业政策的实施，加快基础设施和重点项目的建设。其次，开发银行可以扶持企业技术改造和科技开发项目，通过为其提供低息优惠贷款和投资支持企业科技进步，并通过从长远的政策性角度审查投资、贷款项目，加强开发项目的社会效果。

农业政策性银行是专门为支持农业的稳定发展、促进农业开发提供资金的政策性金融机构。农业是国民经济的基础，而且农业本身积累资金的速度较慢，对外部资金的投入又缺乏有效的吸引力。因此，要发展农业就必须依靠政府增加对农业的资金投放量。农业政策性银行可以使财政支援农业的支出得到更好的利用，同时可较好地实现政府调节农业资金、促进农业发展的意图，还可以从其他渠道融通资金，补充政府对农业投入资金的不足。

进出口政策性银行是指为支持进出口，尤其支持本国资本货物出口的发展而承担风险大、期限长、金额大、条件优惠的进出口政策性信贷业务的金融机构。进出口信贷与一般信贷不同，需要优惠的资金支持来增强本国商品的竞争力，及时进口所需的设备和技术。所以，仅靠普通金融机构的融资支持是不够的。发达国家及其他国家的进出口政策性银行大部分是政府全资或部分出资建立的，它可以融通外贸资金、提供融资便利条件以及咨询服务，并可为政府的对外政策服务。

其他政策性银行，如住房政策性银行是专门为住房的建设和消费提供政策性融资的金融机构。中小企业政策性银行是为了提高中小企业竞争能力、开辟就业渠道而对中小企业提供发展资金的政策性金融机构。科技开发银行是为满足科技进步的需要而对科技研究与开发、科技成果转化提供高风险投资的政策性金融机构。

三、非银行金融机构

非银行金融机构是指那些经营各种金融业务，但又不称为银行的金融中介机构。这类金融机构包括保险公司、信用合作社、证券公司、财务公司、信托公司、租赁、养老或退休基金管理机构等。非银行金融机构在整个金融机构体系中居于重要的位置，它的发展状况是衡量一国金融体系是否成熟的重要标志之一。能否与银行金融机构构成一个平衡而又竞争有序的金融体系，使其在经济发展中更有活力，是非银行金融机构发展中的重要内容。非银行金融机构主要有以下几类：

（一）保险公司

保险公司是专门经营保险业务的金融机构。设立保险公司旨在分散风险，通过保险合同建立经济关系，在被保险人遇损或遭受人身伤亡时给予资金补偿。保险公司将投保人缴纳的保险费集中起来建立保险基金。这类保险基金在未做赔款使用前，比银行存款稳定且数额可观，往往被运用到有价证券的投资方面。可见，保险公司在现代经济中还具有投融资的功能。在许多国家，它都被列为最大的非银行金融机构。

保险公司的组织形式因各国的社会制度、经济制度、经济状况不同而有所区别，一般有下列形式：

(1)国有(营)保险公司。这类公司由国家投资经营，通常是办理国家强制保险或某种特殊保险，以实现社会保障目标。

(2)股份制保险公司。这是多数国家保险经营机构的主要组织形式，具体可分为两种情况：一是公众股份制保险公司，这是主要形式，美国90%以上的人寿保险公司是以公众股份公司形式组织起来的；二是公私合股保险公司，即由国家和公众共同投资经营。

(3)互助合作制保险公司。也称互济公司，是指保险需要者采取互助合作形式满足全体成员对保险保障的需求。美国最大的保险公司如谨慎保险公司和城市人寿保险公司是以互济形式组织而成的。

(4)自保险公司。这是某些大企业集团为节省保费、减少或免除税负而设立的旨在为本系统内提供保险服务的保险公司。

由于保险业是专业性极强的行业，因此以保险标的划分的公司类别多种多样。如财产保险公司、人寿保险公司、火灾和事故保险公司、老年和伤残保险公司、信贷保险公司、存款保险公司等。在西方国家，普遍以人寿保险公司规模最大。如在美国的各类保险公司中，人寿保险公司发展最快，其资产约占保险公司总资产的3/4，是目前美国最大的一种契约储蓄机构。人寿保险公司的部分保费实为储蓄金。人寿保险单的种类包括终生保险单、定期险保单、万能险保单、可转换险保单和单一保险费保单等。其中定期险是最便宜的一种纯保险，其保单只是对风险防护的支付，保费中不含储蓄累积成分。其他保单的保费中均含有储蓄的成分。因此，人寿保险公司兼有储蓄银行的性质，是一种特殊形式的储蓄机构。美国的另一类保险公司——财产和灾害保险公司，在赔偿的数量和时间上相对人寿保险公司难以预料，所以其投资倾向于流动资产，如国库券、商业票据和银行大额存单等。人寿保险公司则持有公司债券、抵押贷款和政府长期债券等流动性较低而盈利性较高的资产。近年来，人寿保险公司把大量资金投入大型办公楼、购物中心及公寓建筑的抵押贷款，而把零星的住宅抵押贷款业务让给当地储蓄机构和银行。此外，英国和日本也都是寿险公司制度发达、寿险普及率高的国家，其中日本的寿险普及率高达90%以上。

(二)信用合作社

信用合作社是一种集体所有的信用机构，也是许多国家普遍存在的一种互助合作性金融组织。这类金融机构一般规模不大，其资金来源于合作社成员缴纳的股金和吸收的存款，贷款主要用于解决其成员的资金需要。信用合作社通常分为城市信用社和农村信用社两种，信用合作社在一些国家金融体系中具有相当重要的地位，如日本的农村信用社是农村的唯一信用机构，入社者占全国农户的90%左右，其资金除向农民社员贷款外，还用于购买政府债券或转存到其他信用机构。

最早的信用合作社创建于德国。1849年，莱茵河畔出现了世界上第一个农村信用合作社。此后，信用合作社经历了自由发展、国家干预、调整变革三个阶段。目前，这类机构的规模一般不大，但数量众多、分布广泛、种类多样。综合世界各国情况，信用合作社的种类大致包括农村信用合作社、农业生产信用合作社、渔林牧业生产信用合作社、土地信用合作社、小工商业者信用合作社、住宅信用合作社、储蓄信用合作社、劳动者信用合作社、城市信用合作社等。在世界主要国家中，日本的信用合作社尤其发达，美国的信用合作社则是规模最小但发展最快的金融机构。

世界各国现行信用合作社的信用合作准则是从国际合作联盟 1966 年第 23 届大会制定的合作原则中引申而来的。主要内容是：入社与退社自愿；每个社员都应提供一定限额的股金并承担相应的责任；实行民主管理，权力平等，一人一票；信用合作社股票不上市；信用合作社盈利主要用于增进社员福利。以上准则，使信用社与股份制银行区别开来，也有效地避免了信用社成为少数人控制、谋利的企业。

信用合作社的宗旨是促进社员储蓄，并以简便的手续和较低的利率向社员提供优惠贷款。主要资金来源是社员存款，存款的性质是社员拥有合作社的股份，合作社支付给社员的是股利而不是利息；主要资金运用是对社员提供短期贷款、消费信贷等。目前，一些资金充裕的信用合作社已开始为解决生产设备更新、改进技术等提供以不动产或有价证券为担保、抵押的中长期贷款。美国的信用合作社已获准投资州政府等地方政府债券。虽然存款贷款没有限制，但客户有限制，是服务特定客户的存款型机构。

理论上，合作金融机构主要服务于会员，与商业银行并不相同。但由于金融竞争和金融创新的发展，合作金融机构的服务群体从以会员为主逐渐转向客户群体多元化，业务也有拓宽的趋势。

我国的合作金融机构，无论是传统的农村信用合作社和城市信用合作社（目前基本上已改组成城市商业银行），还是新成立的农村合作银行，从一开始就没有限定服务于会员，业务也较少受到限制，更像小型商业银行。

（三）证券公司

证券公司是指专门从事各种有价证券经营及相关业务的金融机构。其主要业务有：(1)为公司股票、债券的发行提供咨询和担保服务，并代理发行或包销；(2)从事有价证券的自营买卖、委托买卖业务；(3)是以购买股票、债券以及提供贷款等方式向公司进行融资；(4)是参与公司的创建、改建，为公司的收购、兼并、资金重组等提供服务。在许多国家，证券公司与投资银行是同一类机构，经营的业务大体相同。

（四）财务公司

财务公司是经营部分银行业务的金融机构。它依靠银行信贷、发行债券、卖出公开市场票据等手段筹集资金。这类公司多数专营耐用品的租购或分期付款销货业务。规模较大的财务公司兼营外汇、联合贷款、包销证券、不动产抵押、财务及投资咨询等服务。

财务公司起源于 18 世纪的法国，后来在英美等国相继出现。目前，包括我国在内的世界许多国家均设有此类机构。财务公司资金的主要来源是银行贷款、发行债券筹资、卖出公开市场票据（商业本票）筹资、发行公司本身的股票及定期大额存款证筹资等。在资金运用上，或专营抵押放款业务，或依靠吸收的大额定期存款进行贷款或投资，或专营耐用品的租购及分期付款销货业务，或兼而营之。规模较大的财务公司还兼营外汇、证券包销、财务及投资咨询业务等。在西方国家，财务公司与投资银行的差别已经不大。财务公司与商业银行在贷款上的区别在于：商业银行是小额、分散借入，大额贷出；财务公司则是大额借入，小额贷出。由于财务公司同商业银行相比，实际的管制较松，因而业务范围仍在继续扩大，同商业银行的区别逐渐缩小。

根据依附机构或投资主体的不同，财务公司可分为公司（或集团）附属型和银行附属型，前者主要由大的制造业公司拥有，如美国通用电气、通用汽车、德国奔驰、大众汽车等大公司设立的财务公司，后者多是商业银行的全资子公司，除提供消费信贷外，其目的更多的是为逃避金融监管当局对银行的限制（如许多国家法律规定银行不能从事证券业务，但对财务公司没有此类限制）。

根据是否吸收存款，财务公司可分为接受存款公司和非存款类公司，前者主要是欧亚模式，后者主要表现为北美模式。

我国财务公司是集团财务公司，资金来源以吸收集团各下属企业的存款为主。从性质来看，集团财务公司类似集团成员企业的信用合作社。

由于财务公司不能吸收普通居民存款，也不能向居民发放贷款，其服务对象是企业，尤其是集团成员企业，因此和其他存款型金融机构差异较大。

（五）信托与租赁公司

信托公司是接受委托、代为管理和经营委托人指定财产的金融机构。信托公司在开展信托业务过程中，实际上充当了委托人的代理人，而不是一般意义上的信用中介，其业务具有特殊性。

现代信托业务源于英国，但历史上最早办理信托业务的经营机构却产生于美国。在西方国家中，美、英、日、加拿大等国信托业比较发达，在这些国家，除专营信托公司外，各商业银行的信托部也经营着大量的信托业务。当今，信托公司的业务活动范围相当广泛，几乎涉足所有金融领域的业务。就其信托业务而言，主要包括两大类：第一类是货币信托，包括信托存款、信托贷款、委托存款、委托贷款、养老金信托、投资信托、养老金投资基金信托等；第二类是非货币信托，包括有价证券信托、债权信托、动产与不动产信托、事业信托、私人事务信托等。除信托业务外，一些国家的信托公司还兼营银行业务，大多数国家的信托公司兼营信托之外的服务性业务即其他业务，如财产保管（遗嘱的财产保护、为父母双亡的未成年子女的财产保护、罪犯的财产保护等），不动产买卖及货币借贷之媒介，公债、公司债及股票的募集，债款、息款及税款的代收代付，股票过户及债务清算等。信托公司在经营信托业务的过程中，表现出来的突出特征在于其投资性，而且信托投资、委托投资等属于信托公司的传统业务，所以一般的信托公司又都称为信托投资公司。信托公司的投资对象一般是国家及地方政府公债、不动产抵押贷款、公司债及股票等。

租赁公司是通过融物的形式融通资金的金融机构。当承租人需添置机器设备时，租赁公司代用户购入机器设备租给承租人，并收取相应的租赁费，而不是直接向其放款。承租期内，机器设备的修理、保养、管理都由承租人承担。对承租人而言，租赁实质是变相取得了设备贷款；对出租人来说，租赁能较快收回资金，而且比直接贷款安全性高。

世界各国作为金融机构的租赁公司，其组织形式主要有两种类型：第一种是银行或与银行有关的金融机构所属的租赁公司。第二种是独立经营的租赁公司。租赁公司的业务范围相当广泛，几乎涉及从单机设备到成套工程设备、从生产资料到工业产权、从工商业设施到办公设备各个领域，而且许多公司还大量经营国际租赁业务。

现代租赁机构起源于美国。1952年5月，第一家专业租赁公司——美国金融贴现公司在旧金山设立，这就是现在的美国国际租赁公司。不久，美国又相继设立许多租赁公司。20世纪60年代后，英、日等国家都先后设立了专门化的租赁公司，租赁业务得到迅速发展。金融租赁业务迅速发展的原因在于：第一，企业不必追加大量投资即可通过租赁获得新技术设备的使用权，减少因科技迅猛发展而产生的无形损耗。第二，各国政府对租赁业的政策优惠与支持，如各国政府对租赁公司施以投资减税和加速折旧的优惠。

（六）养老或退休基金

养老或退休基金是雇主和雇员根据法律规定按期缴纳薪金的一定百分比累积而成的，这些资金既不还本付息，也无按股分红的意义。雇员退休后，养老金的支付可以精确地进行预测，对流动性要求不高。因此。在保证正常支付的前提下，其资金主要投资于股票和债券。一般来讲，养老基金组织是向参加养老基金计划的公司雇员以年金形式提供退休收入的金融机构，其基金来源是政府部门、雇主的缴款及雇员个人自愿缴纳的款项和运用基金投资的收益。由于养老基金是按事先商定的数额提取的，其支付完全可以预测，需要的流动性很低，所以，与人寿保险公司一样，养老基金组织多投资于股票、债券及不动产等高收益资产项目。

（七）投资基金

投资基金是把众多分散的投资者的资金集中起来，组成共同基金，并根据与投资者商定的最佳投资收益目标和最小风险，把资金再分散投资于各种证券和其他金融商品的一种金融机构。投资基金起源于英国，盛行于美国。1926年在波士顿设立的马萨诸塞州投资信托公司，是美国第一个现代意义的共同基金。在此后几年中，投资基金经历了第一个辉煌时期。到20世纪20年代末期，所有封闭式基金总资产达28亿美元。1929年的股市崩溃沉重打击了新兴的美国基金业。危机过后，美国政府为保护投资者利益，制定了《证券法》(1933年)、《证券交易法》(1934年)、《投资公司法》和《投资顾问法》(1940年)。其中，《投资公司法》详细规范了投资基金组成及管理的法律要件，通过完整的法律保护，为投资基金的快速发展奠定了良好基础。第二次世界大战后，美国经济强劲增长，投资者信心恢复迅速。时至今日，投资基金得到了包括银行信托部、保险公司、养老基金等诸多机构投资者的青睐。美国已成为世界上基金业最发达的国家，基金资产在规模上已超过银行资产。投资基金在美国一般被称为“共同基金”，在英国和我国香港地区被称为“单位信托基金”，在日本、韩国和我国台湾地区被称为“证券投资信托”。尽管各国和地区对投资基金的叫法各有差异，但其本质相同。

第三节　我国的金融机构体系

一、我国现行的金融机构体系

我国(除港、澳、台地区)现行的金融机构体系是以中央银行为核心，以大型商业银行、股份制商业银行和政策性银行为主体，其他非银行金融机构同时并存、分工协作的金融组织体系。以银行业金融机构为主，基本统计如表3—1和表3—2所示。

表 3—1　　　　　　　　　　　银行业金融机构统计(2013 年末)

机构类型	法人机构数	总资产(亿元)
银行		
政策性银行及国家开发银行	3	125 278
大型商业银行	5	656 005
股份制商业银行	12	269 361
城市商业银行	145	151 778
农村商业银行	468	85 218
农村合作银行	122	12 322
农村信用社	1 803	85 951
非银行金融机构	293	39 681
企业集团财务公司	176	
信托公司	68	
金融租赁公司	23	
汽车金融公司	17	
货币经纪公司	5	
消费金融公司	4	
外资金融机构	42	25 628
新型农村金融机构和邮政储蓄银行	1 051	62 110
合　计	3 944	1 513 332

注:新型农村金融机构包括村镇银行、贷款公司和农村资金互助社。

数据来源:《中国金融年鉴》(2014)。

表 3—2　　　　　　　　　　　外资金融机构统计(2013 年末)

项　目	外国银行	独资银行	合资银行	独资财务公司	合　计
法人机构总行		39	2	1	42
法人机构分行		282	3		285
外国银行分行	92				92
支行	9	509	10		528

数据来源:《中国金融年鉴》(2014)。

(一)中国人民银行

1. 中国人民银行的性质

中国人民银行是我国的中央银行,是在国务院领导下,制定和实施货币政策,对金融业实施监管的国家机关。1984 年以前,中国人民银行既办理个人企事业单位的存款、发放工商企业贷款等商业银行业务,又制定和执行金融货币政策、办理发行货币、资金清算、经理国库等中央银行业务,同时又是国务院管理全国金融业的主管机关。国务院决定,1984 年 1 月起中国人民银行专门行使中央银行职能,不再对企业和个人办理信贷业务,集中力量研究和做好全国金融的宏观决策,加强信贷资金管理,保持货币稳定,管理全国的金融业。

中国人民银行履行下列职责：依法制定和执行货币政策；发行人民币，管理人民币流通；按照规定审批、监督管理金融机构；按照规定监督管理金融市场；发布有关金融监督管理和业务的命令和规章；持有、管理、经营国家外汇储备、黄金储备；管理国库；维护支付清算系统的正常运行，负责金融业的统计、调查、分析和预测；代表国家从事有关的国际金融活动和履行国务院规定的其他职责。

2. 中国人民银行的职能

（1）作为发行的银行，中国人民银行垄断货币发行权。

人民币作为我国唯一的法定货币，由中国人民银行集中统一发行。人民币的发行有严格的法定程序，整个发行工作是通过中国人民银行专设的发行库与各商业银行业务库之间的调拨来进行的。中国人民银行垄断货币发行具有重要意义：有利于国家对货币流通的管理，使货币流通量与国民经济发展保持适当的比例，以保证通货的稳定；有利于中央银行增强自身的经济实力，控制社会资金供应量，调节金融机构的信用活动；有利于国家货币金融政策的推行，实现国家宏观调控的目标。

（2）作为政府的银行，中国人民银行肩负着维护金融体系安全的重任。

中国人民银行的主要职能是：代理国库，为政府开立各种账户，经办政府财政预算收支的划拨与清算业务，履行国库出纳职能；代理国债发行及还本付息事宜；作为政府的国际金融活动代表；作为政府的经济、金融顾问和参谋，参与国家宏观经济的决策；根据政府的授权，监督管理全国的金融业，维护国家金融体系的安全、稳定和正常运行。

（3）作为银行的银行，中国人民银行对商业银行的业务起着领导作用。

中国人民银行的主要职能，一是为商业银行和其他金融机构开立存款账户，接受它们的存款，包括法定准备金存款与超额准备金存款。二是为商业银行和其他金融机构办理融通资金业务，成为它们“最后贷款人”。当商业银行等金融机构出现资金不足或周转困难时，可向中国人民银行申请短期贷款和再贴现。三是主持全国的清算事宜，各家银行及有关金融机构相互间应收应付的票据通过中国人民银行的票据交换所进行清算。

中国人民银行的机构分为总行、分行、中心支行。目前，全国有 9 家人民银行分行、2 家营业管理部。中国人民银行在北京和重庆成立了营业管理部，在天津、沈阳、上海、南京、济南、武汉、广州、成都、西安等地设立了分行。

（二）商业银行

商业银行是我国金融体系的主体，现正朝着多样化的业务方向发展。我国的商业银行有四种类型：一是大型商业银行，二是按股份制模式组建的商业银行，三是合作性质的商业银行，四是外资或合资银行。

1. 大型商业银行

1995 年 5 月，我国颁布了《商业银行法》，原来的中国银行、中国人民建设银行、中国农业银行和中国工商银行这四大专业银行逐步改制成国有商业银行，1987 年 4 月，我国又重新组建了交通银行。这些大型商业银行实行企业化经营，并且打破了原来业务分工的界限，可以经营多种金融业务。

（1）中国银行。中国银行成立于 1912 年 2 月，原为国民党政府时期四大银行之一，1949 年由人民政府接管，没收了其中的官僚资本。此后，中国银行虽然一直保持独立的形式，实际上只经办由中国人民银行所划出的范围及其确定的对外业务，有一段时间直接成为中国人民银行办理国际金融业务的一个部门。1979 年 3 月，专营外汇业务的中国银行从中国人民银行中分立出来，完全独立经营。目前股份制改造已经完成，是上市的国有股份制银行。

(2)中国人民建设银行。中国人民建设银行成立于 1954 年，其任务是在财政部领导下专门对基本建设的财政拨款进行管理和监督。虽然它也组织结算和发放一些有关基建方面的贷款，但就其执行财政拨款的主要任务来说，不能算作真正的金融机构。1979 年，中国人民建设银行从财政部分立出来，同年下半年开始进行基本建设投资拨款改贷款的试点。1983 年进一步明确建设银行是经济实体，是全国性金融机构，除仍执行拨款任务外，还开展了一般银行业务。1985 年，建设银行的信贷收支计划全部纳入国家综合信贷计划。为了彻底消除传统计划经济的影响，1996 年 3 月，中国人民建设银行正式更名为中国建设银行。目前股份制改造已经完成，是上市的国有股份制银行。

(3)中国农业银行。1955 年和 1963 年我国曾两度成立中国农业银行，但很快被并入中国人民银行。1979 年恢复了中国农业银行，主要经营农村金融业务。目前股份制改造已经完成，是上市的国有股份制银行。

(4)中国工商银行。中国工商银行成立于 1984 年 1 月，主要办理原来由中国人民银行承担的工商信贷业务，现已成为我国最大的商业银行。目前股份制改造已经完成，是上市的国有股份制银行。

(5)交通银行。1987 年 4 月，国务院重新组建了创建于 1908 年的交通银行，使交通银行成为我国第一家股份制的全国性商业银行。交通银行是公有制为主的股份制银行，在经济发达的中心城市跨行政区域设立分支机构，经营本、外币各种银行和非银行金融业务。目前也已上市。

另外，改制后的国家开发银行和中国邮政储蓄银行从资产总规模来看，属于大型银行。

2. 股份制商业银行

1987 年 4 月成立的中信实业银行，是我国第一家企业集团银行。1992 年 12 月 22 日开业的华夏银行是我国第一家由工业企业开办的全国性商业银行。中国民生银行是我国第一家民营银行。

截至 2013 年有 12 家股份制商业银行，分别是中信银行、光大银行、华夏银行、民生银行、广发银行、平安银行、招商银行、兴业银行、浦发银行、恒丰银行、浙商银行、渤海银行。

这些银行在筹建之初，绝大多数是由中央政府、地方政府、国有企业(集团)、集体或合作组织出资创建，先后实行了股份制改造；从活动地域看，初建时明确有全国性、区域性商业银行之分，随着金融改革的深化，其中一些区域性银行的经营地界向其他城市或地域扩展。

这些银行按照商业银行的机制运作，服务比较灵活，业务发展很快，利润大幅增长，逐步成为我国商业银行体系中的有生力量。

3. 城市商业银行

城市商业银行实际上也属于股份制商业银行，它是在对城市信用社清产核资的基础上，通过吸收地方财政、企业入股组建而成，是地方性股份制商业银行。我国原有5 000多家城市信用社。1995 年，中国政府决定在一些经济发达城市，在合并重组城市信用社的基础上，组建城市商业银行。同年 2 月，中国第一家城市商业银行——深圳城市商业银行成立。

最初设计的方案是组建城市合作银行，想采取某些国家农村合作金融组织体系的模式，由信用社投资入股成为真正意义上的合作银行。但实际上，在合作银行组建之前，中国的许多城市信用合作社已经是股份制的金融组织，将这些信用社按合作制的要求重新规范是不可能的，因而1995年9月发布的《国务院关于组建城市商业银行的通知》将城市合作银行的性质确定为股份制。在成立之初，这些银行的名称是“××市城市合作银行”，后又改称为“××市城市合作商业银行”，1998年3月，鉴于已有的“城市合作银行”并不具备“合作”性质，中国人民银行发文要求其改名为“××市商业银行”。

2009年4月，银监会下发《关于中小商业银行分支机构市场准入政策的调整意见（试行）》，允许符合条件的中小商业银行在相关地域设立分支机构，将不再受数量指标控制，同时放松对分支机构运营资金的要求。分支机构地域限制的开禁为城市商业银行的发展注入了活力，有助于增强城商行服务的辐射功能。该意见为国内城市商业银行跨区域经营、走区域银行甚至全国性银行之路提供了一次历史性的机遇。

银监会数据显示，2010年全年城市商业银行资产增速接近四成。银行业内人士表示，城市商业银行资产扩张速度快，是因为本来城市商业银行的基数比较低，只要开设一个网点就能带来非常大的收益，规模的扩张确实可以使银行盈利能力提升。城市商业银行规模迅速扩张的同时，风险逐渐暴露。2011年初以来，城市商业银行被曝多起案件。风险增加的根本原因是城市商业银行原来的业务在当地，对客户企业及管理层熟悉，对当地经济环境也很适应，异地拓展则失去了这些优势，风控制度不严，技术不足的缺陷就凸显出来了。

2011年全国“两会”期间，国务院副总理王岐山提出警告，目前我国银行的布局不均衡，要警惕同质化。他认为，小银行跨区域经营从城镇化角度讲是好事，但银行跨度成本也会增加，不应盲目求大。随后，在4月1日召开的城市商业银行联席会议上，时任银监会主席助理阎庆民明确表示，今后将审慎推进城市商业银行跨区域经营，把城市商业银行内控机制作为重点检查项目，对于内控不健全的城市商业银行的新设网点申请“暂停审批”。

4. 外资或合资商业银行

随着金融机构的对外开放和我国加入WTO，我国开始引进外资金融机构。我国对外资金融机构的引进主要采取了三种形式：一是允许其在我国设立代表处；二是允许其设立业务机构（分行或分公司）；三是允许其与我国金融机构设立中外合资金融机构。目前，在我国的外资银行主要业务包括外币存款、外币贷款、外币投资及国际结算等业务。1996年底，我国批准设在上海浦东并符合条件的外资银行试点经营人民币业务。

随着外资银行的陆续进入，一方面有利于引进外国银行的资本和先进的管理经验，另一方面也加剧了金融业的竞争。这既给国内金融业的发展提供了机遇，也提出了挑战。国内金融机构只有转换经营机制、提高管理水平，才能适应市场、接受挑战。

（三）政策性银行

在我国建立政策性银行，实行政策性业务和商业性业务分离，是金融体制改革的重要内容，它是我国金融体系的重要组成部分，对我国市场经济体制的完善具有重要的意义。

1994年，我国组建了三家政策性银行，即国家开发银行、中国进出口银行和中国农业发展银行。它们都是国务院直属的政策性金融机构，也是具有独立法人地位的经济实体，分别承担着对基础产业及设施投融资、扶植农业发展、鼓励和扩大进出口等政策性任务。设立这三家政策性银行的目的在于：一是实现政策性金融和商业性金融分离，以解决专业银行身兼二职的问题；二是割断政策性贷款和基础货币的直接联系，确保中国人民银行调控基础货币的主动权；三是在市场经济条件下，保证对投资时间长、收益低甚至无效益的国家基础项目和重点企业，在资金上予以支持。政策性银行是由政府投资创办的，以贯彻国家产业政策、区域发展政策为目的,不以营利为目的的金融机构。政策性银行与商业银行的区别在于,不以营利为目的。与专业银行的区别在于,受政府的扶持和控制,不像专业银行那样完全出自某一方面的需要独立开展业务而不必秉承政府意图。

国家开发银行的主要任务一方面是集中资金,支持国家扶植的基础设施、基础产业的政策性基本建设项目和技术改造项目,以及达不到社会平均利润的其他政策性项目、国务院决策的重大建设项目。另一方面是经营和管理政策性资金、经营性建设基金以及各类自筹资金。同时还开展重点建设项目贷款及投资业务,办理建设项目有关的评估、咨询和担保业务等。

中国农业发展银行的经营方式是在规定的职责范围内独立核算、自主经营。其任务是多方筹集支持农业生产和农村市场经济发展的资金,承担国家粮、棉、油等重要农产品的储备、农产品的合同收购、农业经济开发以及扶持贫困等农业政策性贷款,管理财政部门提供的支农资金。

中国进出口银行的主要任务是为大型成套设备的进出口提供买方信贷和卖方信贷,为中国银行的成套机电产品出口信贷贴息及提供出口信用担保。其中,卖方信贷是为国内出口商提供出口大型成套设备所需要的资金而发放的贷款。这是国际上通行的一种信贷方式。具体操作过程是:进出口银行将款项贷给本国出口商,使出口商能够在出口商品时及时得到融资,保持生产的继续进行;出口商向进口商提供延期付款的便利,进口商以远期付款或分期付款的方式支付货款。其目的是支持本国产品打开销路,开拓和占领国际市场。买方信贷是出口方银行为外国进口商或进口方银行购买本国商品而发放的贷款,其主要特点是:贷款指定用途,直接联系进出口项目;贷款利率低于市场利率,利差由政府补贴;贷款风险由买方政府信贷机构担保。

(四)非银行金融机构

非银行金融机构是我国金融体系的有机组成部分。目前主要的非银行金融机构有:

1. 保险公司

这是经营保险和再保险业务的金融机构。主要任务是:组织和集聚保险基金,建立社会经济补偿制度,保持生产和人民生活的稳定,增进社会福利;经营国内外保险和再保险业务以及与保险业务有关的投资活动,促进社会生产、商品流通和对外贸易的发展。

我国目前的保险公司包括中国人民保险公司(1949),中国交通银行全资附属的中国太平洋保险公司,中国人民保险公司所辖的中国人寿保险(股份)有限公司(1933)、中国保险(股份)有限公司(1931)、太平保险(股份)有限公司(1929)以及中国再保险有限公司等。其中,中国人民保险公司是我国最大的国有保险企业,它在中国保险业尤其是国内保险业中,处于无可替代的统治地位。后几家保险公司经营涉外保险业务,在新加坡、澳门、香港、纽约等地设有分支机构。中国人民保险公司的基本职能是组织社会保险基金,对意外事故所致的财产损失和人身伤亡进行补偿和给付,以保障国民经济的发展和人民生活的安定。该公司总部设在北京,在各省、自治区、计划单列城市及经济特区设立分公司,地市设中心支公司,县(区)设支公司或办事处。在海外设有保险分公司、管理处及联络处等。该公司经营的业务包括:各种财产险、人身险、责任险、信用险及农业保险等业务,各种再保险业务,代理外国保险公司办理对损失的鉴定和索赔等业务,购置、租赁、交换与本公司业务有关的动产、不动产业务以及受国家委托和经国家批准的其他业务。根据国家《保险企业管理暂行条例》(1985)规定,下列业务只能由中国人民保险公司经营:法定保险业务,外币保险业务,国营、外贸、中外合资、中外合作企业的各种保险业务以及国际再保险业务。近年来,我国保险业正在向国家办保险、地方办保险、社会办保险、行业办保险、部门办保险的格局发展。随着保险经营体制的改革,保险业务范围,特别是保险资金的运用范围和方式也正在不断扩大。

2. 信托投资公司

信托投资公司是经营信托投资业务的金融机构。中国最早的信托投资公司是1921年在上海成立的上海通商信托公司。1951年6月,天津公私合营的信托投资公司设立。1955年3月,广东省华侨信托投资公司在广州设立。此外,北京、武汉、昆明等地也先后成立过信托投资机构。20世纪50年代中期以后,与高度集中的计划经济体制相适应,各地信托投资机构纷纷解体,业务基本停办。1980年以后,与新的经济体制相适应的信托投资机构得到迅速发展。中国信托投资机构体系由两类机构组成:第一类是银行系统的信托投资公司,包括中国工商银行、中国农业银行、中国银行及中国建设银行等系统的信托投资公司。第二类是政府部门主办的信托投资公司,具体包括中央政府主办的信托投资公司以及地方政府主办的信托投资公司等。中国国际信托投资公司和爱建金融信托公司等就属于全国性的信托投资公司。1994年后,随着金融体制的改革和完善,信托投资公司逐渐与母体脱钩,成为独立经营的市场主体。

我国信托业发展较为曲折。1979年,中国国际信托投资公司的成立标志着中国恢复信托业。但1979～1999年,由于信托业的市场定位不清,在某种程度上充当了银行的角色,再加上信托监管框架及法律、法规的缺陷,信托业的发展出现多次失控,国家先后对信托业进行过五次整顿。前四次分别始于1982年4月、1985年初、1988年8月、1993年6月,这四次整顿都与当时的经济环境有关,整体经济过热,而信托公司大量进行信托投资和放贷,对经济过热起到推波助澜的作用。第五次是从1999年3月开始,这是最严厉的一次整顿。历次整顿无效,再加上受1997年亚洲金融危机及随后俄罗斯等国金融危机触动,国务院下定决心彻底清理整顿,使信托业回归本业,同时完善相关法规。

3. 证券公司

证券公司是专门从事有价证券买卖及相关业务的金融机构。其主要业务有:代理证券发行业务,自营、代理证券买卖业务,代理证券还本付息和红利的支付,证券的代保管和签证,接受委托证券利息和红利的支付,接受委托办理证券的登记和过户,证券抵押贷款,证券投资咨询等。

我国证券公司是在20世纪80年代伴随经济改革和证券市场的发展而诞生的。初设时多是由某一家金融机构全资设立的独资公司,或是由几家金融机构、非金融机构以入股的形式组建的股份制公司。近年来,随着分业经营、分业管理原则的贯彻及规范证券公司发展工作的落实,银行、城市信用合作社、企业集团财务公司、融资租赁公司、典当行以及原各地融资中心下设的证券公司或营业机构,陆续予以撤销或转让。在要求证券机构彻底与其他种类金融机构脱钩的同时,鼓励经营状况良好、实力雄厚的证券公司收购、兼并业务量不足的证券公司。

我国证券公司历经四个发展阶段:

(1)起步阶段(1987～1995年)。1987年9月,我国第一家证券公司深圳特区证券公司成立。这一阶段证券经营机构多是银行或信托投资公司下设的证券业务部门,资产规模相对较小。1992年南方、华夏、国泰三大中央级证券公司成立,标志着中国证券业以证券公司为主导的态势开始逐步形成。

(2)兼并重组期(1995～2000年)。银证分离推动了证券行业第一次重组与扩张热潮。通过新设、增资扩股以及兼并重组,证券公司的资本实力和资产规模都迅速扩张,申银万国、国泰君安、银河证券等一批实力雄厚的大型综合类券商纷纷崛起。

(3)治理整顿阶段(2001～2006年)。这一时期证券公司投资业务过度膨胀,加上我国证券市场经历了长达4年的熊市，市场成交量大幅萎缩，导致全行业大面积亏损；部分证券公司因严重违规经营或资不抵债陷入经营困境。从2003年开始，国家对证券公司进行综合治理，以净资本进行业务约束。

(4)规范发展阶段(2007年至今)。证券公司综合治理工作结束，证券行业监管日趋严格，"规范发展"和"创新发展"成为国内证券公司发展的主题。

目前，我国的证券公司已有100多家。其中，申银万国、国泰君安、海通等证券公司，无论在分支机构设置、业务量占比等方面均处于前列。随着我国现代企业制度的建立和完善，尤其是随着国有企业股份制改造及更多公司上市的需要，证券公司将迎来蓬勃发展的新时期。

4. 财务公司

财务公司是企业集团投资兴办的、专门从事企业集团内部资金融通业务的金融机构。其宗旨和任务是：为本企业集团内部集资或融通资金，一般不得在企业集团外部吸收存款。财务公司在业务上受中国人民银行领导和管理，在行政上则隶属于各企业集团。如中国东风汽车工业公司财务公司、中国有色金属工业总公司财务公司、华能集团财务公司、中国化工进出口财务公司等。企业集团财务公司是产业和金融业相结合的经济实体，是实行独立核算、自负盈亏的独立企业法人。服务对象限于企业集团内部的成员单位，业务范围较窄。公司隶属于对其投资的企业集团，但作为实际的金融机构，业务活动则必须接受金融监管，公司可以同银行及其他金融机构建立同业往来关系。其业务范围主要包括：(1)企业集团内部各成员的人民币业务，如企业存款、贷款，集团内转账结算，职工储蓄，信托存款、贷款和投资，融资性租赁，房地产开发，票据贴现和有价证券抵押贷款，由企业集团有关主管部门签证的债务担保与见证，代理发行、保管及咨询等。(2)企业集团内部各成员单位的外汇业务，如外汇存款、贷款与投资，国际融资租赁，外汇信托存款、贷款与投资，外汇担保与见证等。(3)经管理部门批准向社会发行金融债券。(4)代表企业集团统一向金融机构借款，再向成员单位转贷。(5)财务公司发生临时性资金困难时，可以进行同业拆借，或向人民银行申请短期借款，但拆入资金不得发放固定资产贷款。

5. 金融租赁公司

金融租赁公司是指专门经营融资租赁业务的机构。中国的金融租赁业起始于20世纪80年代。1981年4月，中国第一家租赁公司——东方租赁有限公司成立。该公司由中国国际信托投资公司、北京市机电设备和日本东方租赁有限公司合资创办。1981年8月，中国第一家国营现代租赁公司——中国租赁有限公司正式成立。投资者为中国国际信托投资公司、国家物资总局、中国工商银行、中国农业银行、中国建设银行、中国人民保险公司、水电部、轻工部、电子工业部等。此后，中国租赁业得到迅速发展，形成了业务齐全、机构遍布全国的融资租赁网络。

中国租赁机构的业务经营方式同其他国家大致相同。以经营方式为标准，分为自营租赁、合办租赁与代理租赁。

(1)自营租赁：租赁公司以出租人身份，根据承租人的要求，自行出资购买承租人选定的设备，然后以租赁方式出租给承租人使用。

(2)合办租赁：租赁公司与物资、生产部门合办租赁业务。承租人根据需要，在与制造厂商订立购货契约后，向租赁公司提出申请，租赁公司同物资、生产部门联合以出租人身份向承租人出租设备。合办租赁中，一般是租赁公司负责提供资金，物资、生产部门负责提供设备，租金按各方出资比例分成。

(3)代理租赁:租赁公司接受企业单位或其他租赁公司等出租人的委托,对其多余、闲置或愿意提供出租的设备代为联系和寻找承租人。租金归出租人所有,由租赁公司代收,租赁公司获取佣金。

以租赁业务的具体方法为标准,可分为直接租赁、转租赁与售后回租。

(1)直接租赁:租赁公司以出租人身份,根据承租人的需要,出资向设备生产厂商订货,然后由供货人直接将货物发送承租人使用。出租期间,租赁公司对租赁设备的维护和保养不负责任。这是一种典型的融资性租赁。

(2)转租赁:租赁公司首先作为承租人,向其他租赁机构租进最终承租人所需设备,然后作为出租人将设备转租给最终承租人使用。租金由租赁公司收取,然后将其中一部分转付给原始出租人。这种方式较多运用于引进先进设备和技术。

(3)售后回租:租赁公司将承租人所有的设备按账面价格或重估价格买进后,再以出租方式返还承租人使用。即承租人将其设备出售给租赁公司后再租回使用。这种方式可解决企业的临时资金需求,有利于改善企业财务状况。

中国租赁机构的业务范围包括:一是用于生产、科研、文教、医疗卫生、旅游、交通运输等方面的设备及货物的租赁、转租赁业务;二是前述租赁业务所涉及标的物的购买业务;三是前述租赁业务中出租物资残值的销售处理业务;四是与租赁有关的商务、金融、技术等咨询业务;五是经国家外汇管理局批准,经营进出口租赁业务的融资租赁机构的境内外外币信托存款、境外外币借款、境外发行外币有价证券、外汇担保等业务;六是经管理部门批准的人民币债券发行业务;七是与租赁项目有关的人民币担保业务等。

6. 信用合作社

信用合作社是由社员自愿集资结合而成的互助合作性金融机构。我国现行的信用合作社有两大类——农村信用合作社和城市信用合作社。前者主要为农村广大农民及乡镇企业的生活、生产提供金融服务,后者主要为城市集体企业、个体工商户、城镇居民提供相关的金融服务。两类信用社均属于互助合作性质的金融机构,遵循自主经营、独立核算、自负盈亏的经营原则。在经营管理上的主要特征是组织上的群众性、管理上的民主性和业务经营上的灵活性。1994 年后,随着金融改革与发展,一些信用合作社陆续改组为地方性商业银行。

(五)中国银行业协会

中国银行业协会成立于 2000 年,是由中华人民共和国境内注册的各商业银行、政策性银行自愿结成的非营利性社会团体,经中国人民银行批准并在民政部门登记注册,是我国银行业的自律组织。中国银行业协会及其业务接受中国人民银行的指导、监督和民政部的管理。中国银行业协会的成立解决了银行同业之间的约束和自律问题,进一步完善了我国金融监管体制和银行业的运行环境,标志着中国银行业自我约束、自我管理的进一步成熟,以及有序竞争的金融市场环境的进一步完善。

二、我国香港地区的金融机构体系

(一)香港金融管理局

香港没有中央银行,中央银行的一些基本职能由香港金融管理局承担。香港金融管理局是 1993 年由外汇基金管理局和银行监理处合并而成的政府金融管理机构。其主要职责是：制定及执行金融政策；监管货币及外汇市场的运作，并在需要时调节货币市场运作，以维持市场稳定；管理外汇基金的资产，发展香港的金融市场；管理公债市场，监督银行业条例下认可的机构。

(二)香港三家发钞银行

香港金融管理局的上述职能与一般中央银行的职能大致相符，但与一般中央银行不同的是其不发行货币。香港货币即港元，是由特区政府通过法律授权商业银行发行的。目前发行港元的三家银行是汇丰银行、渣打银行和中国银行，其发钞量占市场流通量的比例分别为 80%、15%和 5%。

(三)香港银行公会

香港银行公会是由香港特区政府专门立法成立的组织。香港特区政府的许多政策意图都是通过银行公会组织向社会披露，并将若干事务交由银行公会处理，利用银行公会加强银行业自身调节和自律，从而达到协助监管的目的。

(四)银行三级制

1981 年，香港对金融体制进行改革，对《银行业条例》和《接受存款公司条例》进行了修改，确立了持牌银行、持牌接受存款公司和注册接受存款公司三级制的构架，并对三级机构分别制定了明确的标准、限制和业务的划分，从而建立起三级银行体制。

持牌银行是全面经营银行业务的商业银行，它由两类银行组成：一类是外资银行和由外国银行持股达 25%以上的本地银行，另一类是本地华资银行和中国银行集团。持牌银行是香港唯一可以经营企业往来账户和储蓄账户业务的正规银行。

有限制持牌银行具有商业银行的性质，主要从事投资银行及资本市场业务，并可接受任何期限的公众存款，但存款额不得少于 50 万港元，至于所定的利率，则不受任何限制。

接受存款公司多是银行的附属机构，且很多公司规模都不大。接受存款公司可办理 10 万港元以上的期限超过 3 个月的存款，利率不受限制，不办理活期储蓄和短期(少于 3 个月)存款业务。基于资金规模考虑，这些公司主要从事消费融资和提供住房贷款。

1990 年香港对上述体制进行了改革，把持牌接受存款公司改为有限制持牌银行，把注册接受存款改为接受存款公司，并提高了对三级机构的最低实收资本金的要求。持牌银行的最低实收资本为 1.5 亿港元；有限制持牌银行的最低实收资本为 1 亿港元；接受存款公司最低实收资本为2 500万港元。根据最低资本金的规定，使接受存款公司中实力较强者升格为有限制持牌银行，较弱者遭淘汰。经过这次改革，使得各类存款机构的分类更合理，有利于对银行业的统一监管和银行体系的稳定。

此外，香港还有众多的非银行金融机构，主要是保险公司，包括人寿保险公司、财产及灾害保险公司、政府保险公司等，以及证券公司、期货交易所会员公司、单位信托、养老基金和信用合作社等。

(五)货币发行制度

由于香港以国际贸易和服务业为主导成分，且是著名的国际金融中心，使港币的稳定性在很大程度上取决于它与国际间主要可兑换货币，特别是与主要结算货币美元之间的汇率的稳定程度。因此港币和美元之间实行联系汇率制，维持港币和美元间的固定汇率。但在外汇市场上，汇率的稳定要靠市场规律来调节。香港货币当局要求承担货币发行权的银行必须以100%的美元作为发行保证，当发钞银行根据业务的需要发行现钞时，需按照7.7～7.8港元兑1美元的汇率，将与所发现钞等值的美元上缴外汇基金管理局，外汇基金管理局出具“负债证明书”，写明外汇管理局对发钞银行有多少金额美元负债，以此可发行多少港元。当外汇管理局要求收回“负债证明书”时，向相应发钞银行支付与“负债证明书”中所载金额相同的美元，则该银行须将等值港元回笼。

第四节　国际金融机构体系

一、国际金融机构的建立

国际金融机构是指由联合国或多国共同建立的，从事国际金融业务和协调国际货币及信用体系正常运行的超国家金融组织。其名称不尽统一，有称作银行的，也有称作基金、协会的。国际金融机构的资本由一国或多国出资组成，它是国际金融体系的重要组成部分。

国际金融机构的产生与发展是同世界政治经济情况及其变化密切相关的。第一次世界大战爆发后，各主要国家政治经济发展的不平衡使各国间的矛盾尖锐化，利用国际经济组织控制或影响他国成为必要。同时，战争、通货膨胀及国际收支恶化又造成诸多工业国家面临国际金融的困境，也希望借助国际经济力量。这样，建立国际性金融机构便成为多数工业国家的共同愿望。第二次世界大战后，随着生产和资本的国际化，国际经济关系得到空前发展，国际货币信用关系进一步加强，国际金融机构也迅速增加。

目前的国际金融机构可分为两大类型：一是全球性的金融机构，如国际货币基金组织、国际复兴开发银行（世界银行）等；二是区域性的金融机构，如国际清算银行、亚洲开发银行、泛美开发银行等。

国际金融机构在世界经济发展中的主要作用，一是提供短期资金，调节国际收支逆差，缓解国际支付危机；二是提供中长期发展资金，促进发展中国家的经济发展；三是稳定汇率，促进国际贸易的发展；四是创造出新的结算手段，解决发展中国家国际结算手段匮乏的矛盾。总之，国际金融机构在加强国际经济合作、稳定国际金融、发展世界经济方面起到了重要作用。

二、主要的国际金融机构

（一）国际货币基金组织

1. 国际货币基金组织的建立与组成

国际货币基金组织（IMF）是根据联合国国际货币金融会议通过的《国际货币基金协定》建立的。1945年12月正式成立，总部设在美国首都华盛顿。1947年3月开始工作。国际货币基金组织由理事会、执行董事会、总裁和若干业务机构组成。此外，为适应业务发展需要，在理事会和执行董事会下还设立了两个决策咨询机构，即发展委员会和临时委员会。

会员国在基金组织内的投票权即票数的多少，决定于他们缴纳基金份额的大小；各理事和执行董事权力的大小，则由他们所代表的国家拥有票数的多少来决定。理事会和执行董事会作出的大多数决定一般由简单多数票通过即可，但是对于重大问题，如修改基金组织协定的条款、调整成员国基金份额等，必须获得占总投票权 85％以上的多数才能通过。基金份额的性质相当于股东向股份公司认购的股本。每个会员国所缴纳份额的大小，是根据会员国的国民收入、黄金和外汇储备、平均进出口额变化率及出口额占国民收入的比重等变量决定的。基金份额的计算单位原为美元，1969 年后改为特别提款权（SDR）。基金组织的一切活动几乎都同基金份额有关。美国在基金组织中是缴纳份额最大的国家。它拥有 20％左右的投票权，而最小的会员国只有不到 1％的投票权。所以美国在基金组织的活动中，始终起着决定性的作用。对于特别重大的问题，如果美国一家反对，就可能无法通过了。目前投票权数在前的其他国家依次是英国、德国、日本、法国、沙特阿拉伯、意大利、中国等。

2. 国际货币基金组织的宗旨

一是建立一个永久性的国际货币机构，就国际货币问题进行磋商，促进国际货币合作；二是促进国际贸易的扩大和均衡发展，并以此提高成员国的就业率和实际收入水平，开发成员国的生产资源；三是促进汇率稳定，保持成员国之间有秩序的汇兑安排，避免竞争性的通货贬值；四是协助建立成员国之间经常交易的多边支付体系，消除阻碍国际贸易发展的外汇管制；五是协助成员国改善国际收支状况，通过贷款解决国际支付困难，避免其采取有损于他国利益和国际繁荣的措施；六是争取缩短成员国国际收支失衡的时间，减轻失衡的程度。

3. 国际货币基金组织的业务活动

国际货币基金组织的业务活动主要有三项：汇率监督与政策协调、储备资产的创造与管理、对国际收支困难的国家提供短期资金融通。

汇率监督与政策协调的做法是：首先，只要基金组织提出要求，会员国就应向它提供必要的资料，就汇率政策问题进行磋商。其次，对个别会员国，主要是检查其汇率是否与《国际货币基金协定》所规定的义务相一致。基金组织要求所有会员国将其汇率安排的变化通知它，以便及时地进行监督与协调。再次，对主要西方发达国家的多边监督，由执行董事会和理事会进行。

储备资产的创造是国际货币基金组织为补充国际储备资产的不足，于 1969 年 9 月创设了一种新的国际储备资产和记账单位，即特别提款权（SDR）。因为它是基金组织在原会员国普通提款权以外的补充性储备资产，故称为“特别提款权”。SDR 作为基金组织会员国使用货币资金的一种权利，同其他储备资产相比，有明显区别：一是它不具有内在价值，是基金组织人为创造的纯账面资产。二是 SDR 由基金组织按会员国缴纳的基金份额进行分配，分配后即成为会员国的储备资产，而不像黄金、外汇等，通过贸易或非贸易交易取得。三是 SDR 只能在基金组织及各成员国政府间发挥作用。四是 SDR 具有严格限定的用途，不能直接用于贸易或非贸易的支付，而主要用于偿付国际收支逆差，或用于偿还基金组织的贷款。

贷款业务是国际货币基金组织，在会员国国际收支发生暂时性不平衡时，向其提供短期信贷的活动。贷款的主要类型有普通贷款、中期贷款、信托基金贷款、石油贷款、补充贷款、扩大贷款等。贷款对象仅限于会员国的财政部、中央银行、外汇平准基金等政府机构。贷款提供由会员国用本国货币向基金组织申请换购外汇，即采取“购买”的方式，还款时则采用“回购”的方式，即以黄金、外汇或 SDR 购回本国货币。贷款用国际货币提供，对币种并无限制，但一律以 SDR 计算，利息也用 SDR 缴付。

(二)世界银行集团

1. 国际复兴开发银行

国际复兴开发银行又称世界银行,是 1944 年布雷顿森林会议后,与 IMF 同时产生的两个国际金融机构之一。世界银行成立于 1945 年 12 月,1946 年 6 月正式开始营业,总部设在华盛顿。世界银行的主要宗旨是:通过组织和发放中长期贷款,协助会员国的资源开发;促进国际贸易长期平衡发展,维持国际收支平衡;鼓励和辅助私人对外投资,以促进会员国的经济复兴与发展。

世界银行最主要的业务活动是向成员国提供贷款,此外还开展技术援助(通常与贷款结合在一起进行)等业务。世界银行在成立初期,贷款的重点在欧洲,以帮助西欧国家战后的经济复兴。自 20 世纪 50 年代起,贷款重点逐步转向亚非拉的发展中国家。世界银行贷款的投向主要是各种基础措施,如公路、铁路、港口、电信和动力设备等,之后又增加了能源开发、农业、公用事业、环境保护和文教卫生等福利事业的项目贷款。近年来,世界银行向经济转轨和受金融危机重创的国家提供了大量中长期的贷款。世界银行办理贷款业务的主要特点是:贷款对象广泛,除会员国的政府、政府机构外,会员国的国营、私营企业也可以向世界银行借款;世界银行原则上只是对会员国的特定建设项目发放贷款。在特殊情况下,才发放非项目贷款;贷款期限较长,一般在 5 年以上,最长可达 30 年,并有 5 年宽限期,在宽限期内只付息不还本;贷款利率实行浮动利率,但一般低于市场利率。对贷款收取的杂费很少,只对签约后未使用的贷款收取 0.75%的承诺费,贷款及日后还本付息均以美元计值,借款国要承担所贷货币与美元之间因汇价变动产生的风险。

另外,世界银行的贷款条件是非常严格的,申请贷款必须遵循严格的程序,并接受严格的审查和监督。

2. 国际开发协会

国际开发协会(IDA)是世界银行的一个附属机构,专门向低收入发展中国家提供优惠长期贷款。它于 1960 年 9 月正式成立,同年 12 月开始营业,总部设在华盛顿。其宗旨是帮助世界上欠发达地区会员国加快经济发展、提高生产力和生活水平,以补充世界银行的活动,有助于世界银行目标的实现。IDA 在法律上和会计上是独立的国际金融机构,但在人事与管理上却完全依附于世界银行。国际开发协会各会员国在理事会的投票权与其认缴的股本成正比。目前,协会总资本额超过 100 亿美元,与世界银行一样,美国在国际开发协会认缴的股本最大,投票权也最大。我国认缴的股金近4 000万美元,其投票权约占总票数的 2%。

3. 国际金融公司

为了促进对私人企业的国际贷款,世界银行于 1956 年 7 月建立了国际金融公司(IFC),总部设在华盛顿。宗旨是:对发展中国家会员国私人企业的新建、改建和扩建提供贷款资金,促进这些国家私营经济的增长和国内资本市场的发展,从而拓展世界银行的功能和活动领域。IFC 在法律和财务上是独立的经营实体,但也是世界银行的附属机构。目前,IFC 资本总额约有 20 亿美元,由于美国认缴股本最多,其投票权约占 30%。中国认缴股金 415.4 万美元,其投票权约占总数的 0.77%。IFC 提供的贷款有以下特点:贷款对象主要是亚非拉不发达地区会员国的生产性私营企业,并且不要求会员国政府为贷款偿还提供担保;一般只对中小型私营企业提供贷款,贷款金额一般在 200 万~400 万美元,最高也不超过2 000万美元;贷款资助的部门主要是制造业、加工业、采掘业,以及旅游和非金融服务业;在提供资金时,往往采取贷款与投资项目结合的方式，即除发放贷款外，还出资购买借款方公司的股权。但不参与投资企业的经营管理活动。

IFC 贷款期限较长，一般为 7～15 年，还款时须用原借入的货币。贷款的利率不统一，视借款人或投资项目的风险和预期收益而定，一般要高于世界银行贷款的利率。

(三)区域性的国际金融机构

1. 国际清算银行

国际清算银行是世界上历史最悠久的国际金融组织，是由西方主要发达国家的中央银行和私营商业银行合办的。1930 年 5 月成立，总行设在瑞士的巴塞尔，是国际上唯一办理中央银行业务的机构。它的主要任务是：促进各国中央银行的合作，并为国际金融的运营提供便利。该行的管理机构是股东大会、董事会及经营管理当局。

国际清算银行刚建立时只有 7 个成员国，目前已有 40 多个国家的中央银行参加。国际清算银行的宗旨是促进各国中央银行的合作，为国际金融活动提供更多的便利，在国际金融清算中充当受托人和代理人。20 世纪 70 年代以来，国际清算银行除了履行中央银行的清算职能之外，还在某种程度上履行着世界范围中央银行的监督管理职能。目前，国际清算银行 85% 以上的股份掌握在各国中央银行手中，私人持有的股份虽然在利润分享上与中央银行股份享有同等权利，但私人股份没有代表权和投票权。1996 年 9 月 9 日，该行董事会通过决议，决定接纳中国、巴西、印度、韩国、墨西哥、俄罗斯、沙特阿拉伯、新加坡及中国香港的中央银行及货币当局为成员。

国际清算银行的专门委员会——巴塞尔银行监管委员会，于 1974 年 9 月由国际清算银行发起，十国集团(英国、美国、法国、联邦德国、意大利、日本、荷兰、加拿大、比利时、瑞典)和瑞士的中央银行行长在瑞士的巴塞尔开会，首次讨论跨国银行的国际监督与管理问题，1975 年 2 月成立了常设机构——银行管理和监督行动委员会，简称巴塞尔委员会。1975 年 9 月 26 日，委员会第一个契约型文件——《对银行的外国机构的监督》，简称《巴塞尔协议》出台，标志着国际银行业协调监管的开始。其后，委员会又陆续出台了《关于统一国际银行的资本计算和标准的报告》(1988)、《银行业有效监管核心原则》(1997)、《新资本协议》(1999)等重要协议文件，使国际银行业监管思想、理论、原则及方法有了全面的、实质性的发展，影响范围也由原来的“十国集团”扩大到世界各个国家。以国际银行业监管为核心的巴塞尔体系，正在促成国际银行业统一监管框架的形成。

2. 亚洲开发银行

亚洲开发银行简称亚行，是由亚洲太平洋国家(地区)及部分西方国家政府出资开办的多边官方金融机构。1966 年 12 月正式开业，总行设在菲律宾的马尼拉。宗旨是鼓励政府和私人在亚洲太平洋地区投资，通过提供项目贷款和技术援助促进和加强亚太地区发展中国家的经济发展。主要任务是利用亚洲开发银行的资金为本地区发展中国家的开发项目和计划提供贷款和必要的技术援助。亚行的最高权力和决策机构是理事会，理事一般由各成员国的财政部长或中央银行行长担任。理事会下设执行董事会，负责日常业务。亚洲开发银行的最高行政负责人是行长，行长的职责与权利、银行的表决制度与国际货币基金组织、世界银行类似。

3. 非洲开发银行

非洲开发银行是非洲国家创办的区域性国际金融机构，成立于 1964 年 9 月，1966 年 7 月正式营业，总行设在科特迪瓦首都阿比让。成立初期有 23 个成员国，都是非洲国家。1978 年后允许区外国家参加。中国于1985年5月10日正式加入非洲开发银行。宗旨是为成员国的经济和社会发展提供资金，协助非洲大陆制定总体发展战略，协调各国的发展计划，以便逐步实现“非洲经济一体化”。为实现这一宗旨，该行的主要任务是利用本行的各种资金为本地区成员国提供各种开发性贷款和技术援助。该行的最高权力机构为理事会，由各成员国委派理事和副理事各1名，其人选一般由各国财政部长或负责经济事务的部长充任。理事会下设执行董事会，负责银行日常业务。行长由董事会选举产生，任期5年，并兼任董事会主席。

4. 泛美开发银行

泛美开发银行是由拉美国家、一些西方国家、日本及前南斯拉夫合办的区域性国际金融机构，成立于1959年12月，1960年10月正式营业，总部设在华盛顿。宗旨是为成员国及其附属或代理机构的经济和社会发展提供项目贷款，同时也为成员国私人企业提供无需政府担保的贷款，或为它们的贷款提供担保以及技术援助，以推动成员国的自身发展和共同发展，协助实现泛美体系的最终发展目标。该银行的组织机构设置、投票权分配、表决制度与世界银行类似。目前成员国主要来自拉丁美洲、欧洲和亚洲。

本章小结

金融机构是指专门从事各种金融活动，为实现资金融通服务的经济实体。金融机构分为银行和非银行金融机构。按银行在各自经济活动中的功能划分，有商业银行、中央银行、专业银行三种类型；非银行金融机构包括保险公司、证券公司、信用合作社、财务公司、信托公司、租赁公司、养老或退休基金、投资基金等。银行和非银行金融机构都是一国金融机构体系的重要组成部分，共同为社会提供全面、完善的金融服务。

中央银行是现代金融体系的核心。商业银行是以经营存、放款，办理转账结算为主要业务，以营利为主要经营目标的金融机构，是一种特殊的金融企业。政策性银行是由政府组建、参股或保证，专门在某一领域从事政策性金融业务的国家银行。政策性银行依据国家的经济政策和经济计划，按照产业政策的要求安排贷款，具有一定的政府机关的性质；同时又经营金融业务，以金融方式融通资金，具有金融企业的性质。总体说来，政策性银行属政府创办并领导的具有独立法人地位的经营实体，既不同于一般的政府机关，又不同于中央银行、商业银行等金融机构。

我国的金融机构体系是以中国人民银行为核心，以大型商业银行、股份制商业银行、政策性银行为主体，其他非银行性金融机构并存、分工协作的金融组织体系。香港特别行政区没有真正完整意义上的中央银行，港币的发行任务由香港汇丰银行、渣打银行和中国银行三家商业银行来执行。

国际金融机构是指由联合国或多国共同建立的，从事国际金融业务、协调国际货币及信用体系正常运行的超国家金融组织。其名称不尽统一，有称作银行的，也有称作基金、协会的。国际金融机构的资本由一国或多国出资组成，它是国际金融体系的重要组成部分。目前的国际金融机构可分为两大类型：一是全球性的金融机构，如国际货币基金组织、国际复兴开发银行（世界银行）等；二是区域性的金融机构，如国际清算银行、亚洲开发银行、非洲开发银行、泛美开发银行等。

基本概念

金融机构　　商业银行　　中央银行　　专业银行　　政策性银行　　非银行金融机构
我国的金融机构体系　　国际货币基金组织　　国际复兴开发银行(世界银行)
国际清算银行　　亚洲开发银行　　泛美开发银行

课后习题

1. 什么是金融机构？它有哪些功能？
2. 简述金融机构的发展趋势。
3. 建立政策性银行有哪些重要性？
4. 简述金融机构的分类。
5. 我国的金融体系包括哪些内容？
6. 简述主要的国际金融机构。

案例讨论

案例一　世界一流投资银行——美林证券

美林证券成立于1885年，是最大的全球性综合投资银行。其资本额高达235亿美元，在《财富》杂志全球500家大公司排名中，曾位列证券业第一。

美林是一个领导性的国际金融管理及咨询公司，总体客户资产超过1万亿美元，在为个人与小型企业提供金融咨询与管理服务中处于领导地位。自1988年起，美林连续10年成为全球最大的债券及股票承销商，其在纽约交易所、伦敦交易所和其他许多股票交易市场的股票交易额均名列首位；它也是企业、政府、机关、个人的战略性咨询者。通过美林资产管理，公司运作着世界上最大的共同基金集团之一。

美林的经营原则是："我们作为领导、同事、雇员和居民的行为基础。我们承诺在经营原则的规范下进行我们个人及组织行为。这一承诺帮助我们成为世界上一流的公司。随着美林越来越多元化、全球化，经营原则帮助我们更加确定我们是什么样的公司，我们相信什么，我们期待我们能为自己、客户和股东提供哪些服务。"

美林的主要业务如下：

(1)投资银行。美林是为企业、机关、政府提供全球咨询与金融服务的市场主导者。

(2)并购业务。1997年11月24日，美林集团以53亿美元收购英国水星资产管理公司，使美林资产管理公司成为全球最大的资产管理机构之一，兼并后所管理的资产已超过5 000亿美元。1998年2月，它收购了日本山一证券公司在日本的大部分业务，并据此建立了美林日本证券公司。至1998年底，美林受委托管理的客户资产已逾14 000亿美元，并以平均每天接近4亿美元的速度在增加。通过并购集团，美林成为并购交易中的领导性咨询公司，是在美国和全球完成并购的西方顶尖级顾问公司之一。自1995年以来，美林已为1 100桩交易提供咨询服务，交易值超过1.2万亿美元。美林为客户提供各种不同类型的战略性服务，其中包括预先反并购策略、销售、收购和剥离财产、使母公司收回子公司全部股本使之脱离，以及合资企业的服务。美林的并购专家可根据客户的战略性需要提供不同的专家建议。他们与美林的其他行业专家密切合作以满足客户的需求。

(3)金融期货与选择权。美林金融期货与选择权部通过运用利率、股票和金融衍生品帮助机构客户进行风险管理与投资决策。他们不断完善公司在世界范围的资本市场资源，以便为客户提供综合策略。

(4)企业销售。美林通过850多种行业组成的国际化销售力量，提供给机构投资人广泛的产品与服务。

机构客户部门负责美林与机构投资人的业务关系，其中包括最大的企业、养老基金、金融机构、政府机关以及在国际上持有主要投资资产的商人。

2008年，受次贷危机影响，亏损严重，被美国银行收购。

（资料来源：http://baike.baidu.com/view/247337.htm）

☞讨论题：

查阅相关资料，找出我国投资银行与美林证券在业务上的差距。

案例二　美国共同基金

美国现代的共同基金已经经历了70多年的发展历程，1996年末以35 390亿美元的资产总额雄踞全美第二大金融资产，占全世界共同基金资产总额的55%。

截至1996年末，美国有超过6 200个共同基金，代表着多种类型的投资目标，从保守型到进攻型，投资于包罗万象的证券中。美国投资公司研究会根据基金的基本投资目标将共同基金大致分成三大类：

一、股票基金

(1)进攻成长型基金，寻求最大的资本成长，现实的收入不是重要的因素，而未来的资本所得才是主要目标。这种基金投资于非主流股票、非热门股票，运用投资技术卷入巨大的风险，以期获得巨大的利润。(2)成长型基金，投资在发展前景非常好的公众公司的股票，但风险性比进攻成长型要小。(3)成长和收入型基金，寻求长期资本成长和现在的收入相结合，这种基金投资于股票的标准是价值增长的和展示出良好的、连续的支付红利的记录。(4)贵金属/黄金基金，主要投资于与黄金和其他贵金属发生联系的股票。(5)国际基金，主要投资于美国以外的公司的股票。(6)全球性综合基金，主要投资于全世界的股票，包括美国的公司。(7)收入股票基金，寻求收入的高等级，主要投资于有良好红利支付记录的公司股票。

二、债券和收入基金

(1)灵活组合基金，允许基金管理者预先处理或对市场条件的变化作出相应的反应，去决定投资于股票、债券或货币市场；(2)余额基金，通常在寻求保值投资者的资本、支付现在的红利收入的基础上实现资本的长期增值，其组合由债券、优先股和公众股混合而成；(3)收入混合基金，寻求收入的高等级，主要投资于能产生现实收入的证券，包括股票和债券；(4)收入债券基金，寻求高等级的现实收入，投资于混合的企业和政府债券；(5)美国政府收入债券基金，投资于多样的政府债券，包括美国国库券、联邦政府担保抵押证券和其他政府票据；(6)全国政府抵押协会基金，主要投资于全国政府抵押协会担保的抵押证券；(7)全球性债券基金，主要投资于全世界的国家和企业债券，包括美国在内；(8)企业债券基金，主要投资于企业债券，部分投资于国库券或联邦政府机构发行的债券；(9)高回报债券基金，寻求非常高的回报，但是相对于企业债券基金会承担很大的风险，主要投资于低信用等级的企业债券；(10)国家、市政债券长期基金，寻求收入免缴税金，其投资的债券发行者是州和市政府，为学校、高速公路、医院、桥梁和其他市政建设筹集资金；(11)州市政债券长期基金，寻求收入免缴联邦税和州税，但只限于本州的居民，其投资的债券发行者只是单个州。

三、货币市场基金

(1)应纳税的货币市场基金，寻求持续、坚固的净资产价值，投资于货币市场中短期的、高等级的证券，如美国国库券、大银行的存款证明书和短期商业债券，这种组合的平均期限是90天或更短；(2)免税的国家货币市场基金，寻求收入免缴税金和最小的风险，投资于短期的市政债券；(3)免税的州货币市场基金，寻求收入免缴联邦税和州税，但限于本州居民，其投资于单一州的短期市政债券。

此外，还有特定的或部门的基金，特定的基金包括生物工程基金、小公司成长基金、指数基金和社会准则基金等。部门基金主要投资于特定的证券市场的部门，基金也投资于其他的共同基金。广泛的、可供选择的基金适应了不同客户的要求，以帮助客户达到多样的财务目标。

（资料来源：http://www.pyrtvu.cn/kejian2009/huobiyh/alfx/07.doc）

☞讨论题：

什么是共同基金？它在我国的发展状况怎样？

第四章
商业银行

引言

商业银行是商品经济发展到一定阶段的必然产物，在整个金融体系中是数量最多、分布最广的金融机构。经历了几百年的发展和完善，现代商业银行已成为各国经济活动中最主要的资金集散机构，并成为各国金融体系中最重要的组成部分。随着商品经济的发展，商业银行的业务经营范围、组织体制及其任务也都发生了显著的变化。本章主要介绍商业银行的性质及组织制度、商业银行经营的主要业务、商业银行经营管理原则、商业银行的信用扩张与收缩等问题。

第一节　商业银行及其组织形式

一、商业银行的性质和地位

（一）商业银行的产生与发展

商业银行经过长期的发展演变，已经成为组织严密、产权清晰、管理科学、富有活力的现代金融企业，在金融体系中具有主体地位。

商业银行的产生与货币兑换、保管、借贷是分不开的。在14、15世纪的欧洲，社会生产力有了巨大的发展，各国、各地区之间的商业往来和商业活动也日益增多。但由于当时社会的封建割据，货币制度混乱，各国商人所携带的铸币形状、成色、重量各不相同，商人们为了完成支付行为，必须进行货币兑换，于是从商人中分离出来一部分人专门从事货币兑换业务。随着商品经济的发展，货币兑换的规模也日益扩大，各地商人为了避免长途携带大量金属货币带来的不便和危险，便将用不完的货币委托货币兑换商保管，并委托他们代理支付和汇兑，从而货币兑换商就成为商人之间的支付中介。当货币兑换商渐渐地发现这些长期大量集存的货币余额相当稳定，可用来放贷，获取高额利息收入时，便从原来被动地接受客户委托保管货币而转变为积极主动揽取货币保管业务，并通过降低或不收保管费，到后来还给委托保管货币的客户一定好处来增加货币余额，这时货币保管业务便演变成存款业务了。此时货币兑换商就演变成了集存贷款、汇兑支付、结算业务于一身的早期银行家了。

最早的银行产生于意大利，以后发展到欧洲其他国家。1580 年，在当时的世界贸易中心意大利出现了近代第一家以银行命名的金融机构——威尼斯银行。此后相继出现的有米兰银行(1593)、阿姆斯特丹银行(1609)、汉堡银行(1619)、纽伦堡银行(1621)和鹿特丹银行(1635)等。这些银行最初只是接受商人存款并为他们办理转账结算，后来开始办理贷款业务，但贷款对象主要是政府，且利率过高。1694 年，英国政府为了同高利贷作斗争，以维护其发展工商企业的需要，成立了一家股份制银行——英格兰银行，并规定以 5%～6%的低利率向工商企业发放贷款，而当时那些高利贷性质的银行利率一般都在 20%～30%。英格兰银行以高达 120 万英镑股份资本的雄厚实力，很快就动摇了高利贷银行在信用领域内的垄断地位，成为现代商业银行的典范，并很快被推广到世界。但是各国对商业银行的称谓都不尽一致，英国称之为“存款银行”“清算银行”，美国称之为“国民银行”“州银行”，日本称之为“城市银行”“地方银行”，等等。英格兰银行的成立，标志着现代商业银行的诞生。

世界商业银行经过几个世纪的发展，无论是业务种类，还是处理业务的手段、经营管理理念、体制等方面都有了很大的变化。20 世纪 30 年代，以美国为首的西方国家吸取危机中的教训，普遍推行了较为严格的金融分业经营管制，并一直持续了三四十年。20 世纪 70 年代以后，在各国金融法规比较健全、商业银行经营较为规范的前提下，发达国家的法律放松了对商业银行的监管，相继放松了商业银行的业务范围，不仅允许商业银行经营投资银行、商人银行业务，还允许其开办信托、保险、租赁、保管、代理咨询等多种业务，银行金融服务职能不断扩大。在一些实行分业经营的国家，银行业现在已出现明显的综合化特征，尤其表现在传统商业银行业务与证券业务的结合上，如美国和日本的商业银行。20 世纪 80 年代中期以来，西方发达国家商业银行的业务经营出现了证券化的趋势。表现在两个方面：第一，传统的银行信贷融资越来越多地被各种各样的证券融资所取代。第二，商业银行越来越多地通过把贷款资产转换为证券出售给投资者的方式来扩大资金的业务经营规模。20 世纪 90 年代以来，各国银行业的经营风险日益加大。为争取竞争的主动权和增强抗风险的能力，商业银行开始出现了合并的浪潮。近几年来，商业银行集团化有进一步加强的趋势。不仅中小银行纷纷合并组成银行集团与大银行抗衡，即便是大银行也主动合并，组成超级大行，称霸国内国际金融市场。如日本东京与三菱银行的合并，美国大通银行与化学银行的合并，日本富士银行、第一劝业银行与兴业银行的合并等。目前，银行兼并浪潮也正在亚洲、拉美、非洲乃至全球蔓延，而且兼并之风不局限于一国国内，有很多涉及跨国兼并。特别是由 2007 年美国次贷危机引起的全球金融危机，使各国银行业之间的兼并重组整合趋势更加明显。

(二)商业银行的性质和地位

商业银行是以追求最大利润为目标、以多种金融负债筹集资金、以多种金融资产为其经营对象，并向客户提供多功能、综合性服务的金融企业。

1. 商业银行是企业

商业银行具备现代企业的全部基本特征，无论是经营目标还是经营原则，都与现代企业一样。商业银行一方面吸收社会闲置货币资金;另一方面又以贷款或投资形式将货币资金投放于社会再生产,并从中取得利息和收益。

2. 商业银行是金融企业

商业银行在经营对象上不同于一般工商企业,是以金融资产和金融负债为经营对象的,也就是说,商业银行经营的是特殊的商品,即货币和货币资本,而不是以使用价值形态存在的商品。商业银行对社会经济的影响远远大于一般的工商企业,商业银行受社会经济的影响也较任何一个工商企业更为明显。国家对商业银行的管理要比对一般工商企业的管理更严格,管理范围更广泛。

3. 商业银行是一种特殊的金融企业

商业银行既有别于中央银行,又有别于专业银行和非银行金融机构。与中央银行相比,商业银行是面向工商企业、公众及政府经营的金融机构,以营利为主要目的;而中央银行是只向政府和金融机构提供服务的具有银行特征的政府机关,它不对客户办理具体的信贷业务,不以营利为目的。商业银行与其他各种专业银行及非银行金融机构相比,业务更综合、功能更齐全,为客户提供几乎所有的金融服务,被称为"金融百货公司"。

在金融体系中,商业银行的经济实力占绝对地位。而且,商业银行是唯一可以经营活期存款的金融企业,具有信用创造能力,强烈地影响货币供应量。因而商业银行成为中央银行监管的主要对象。

二、商业银行的类型和组织形式

(一)商业银行的类型

尽管各国商业银行产生的条件不同,称谓也不一致,但综观世界商业银行几个世纪的发展过程,大致可归纳为以下两种主流模式:

1. 职能分工型商业银行

职能分工型商业银行又称分离型商业银行,是主要从事短期性金融业务的商业银行。这类商业银行以经营工商企业短期存放款和提供结算服务为基本业务,与其他金融机构有着明确的分工。这种贷款与商业活动、企业产销相结合,期限短,流动性高,商业银行可以在保证安全性的前提下获得较稳定的利润。但这种模式使商业银行的业务局限在十分狭窄的范围内,不利于银行的发展和分散风险。在历史上,英国、美国、日本等国曾长期采用此模式。但自20世纪70年代以来,伴随着金融自由化和金融创新的浪潮,商业银行传统的分工界限已被突破,开始趋向全能化、综合化经营。

2. 综合型商业银行

综合型商业银行又称全能型商业银行,是可以经营长短期资金融通以及其他所有金融业务的商业银行。德国、瑞士、奥地利等国长期采用这种模式,其中德国尤为典型。美国、日本等国的商业银行也开始向这种综合银行发展。采用这一模式的主要优点有:一是能向客户提供全面的、综合的服务;二是可以调剂银行各项业务盈亏,通过业务多元化分散风险,从而有利于银行的经营稳定;三是可以增强与客户的全面联系;四是有利于提高商业银行的综合竞争力。但是,这种模式会加大银行的经营风险,对银行经营管理提出了更高的要求。

(二)商业银行的组织形式

一个国家商业银行的组织形式,受该国社会经济环境、经济发展程度及政治、法律制度的影响。目前,各国商业银行制度有以下几种:

1. 单元制

单元制又称单一银行制,是指银行业务完全由一个独立的银行机构经营,而不设立或不允许设立任何分支机构的银行组织制度。这种制度以美国为代表。单元制的优点在于不易产生垄断,从而能提高银行的服务质量;独家银行经营成本相对较低;独家银行与当地经济关系密切,主观上和客观上都能促进当地经济的发展。单元制的缺陷在于银行业务限制在某一地区、某个行业,使银行易受该地区、该行业经济发展状况的影响,风险难以分散;商业银行不设分支机构,与现代经济的横向发展存在着矛盾,同时,在电子计算机等高新技术大量应用的条件下,其业务发展和金融创新受到限制;银行规模较小,经营成本高,不易取得规模经济效益。随着经济发展和地区经济联系的加强、金融业竞争的加剧,以单元制为特征的美国银行的组织制度也变化巨大,其发展趋势是银行分支机构增多、银行分支网络化。

2. 分支行制

分支行制又称多元制。这是法律上允许商业银行在国内外设立分支机构的一种组织制度。目前世界上大多数国家的商业银行都采用这种制度,比较典型的是英国。实行分支行制的商业银行总行一般设在大城市,在市内、国内及国外普遍设立分支行。其优点是银行规模可按业务发展而扩充,便于实现规模经济效益;各分支行之间能相互调度资金,提高资金使用效率;投资和放款分散于各地,符合风险分散的经营原则,银行安全性大大提高;商业银行数额相对较少,为中央银行实现货币政策目标、调控金融提供了有利条件。分支行制的缺点在于容易造成大银行对小银行的吞并,形成金融垄断,使小银行处于不平等的竞争地位;银行规模过大,内部层次结构较多,加大了银行内部的控制难度。尽管分支行制有利有弊,但总的来看,分支行制更能适应现代经济发展的需要,因而成为大多数国家普遍采用的一种银行制度。

3. 控股银行制

控股银行制又称集团银行制。这是指由某集团成立股权公司,再由该公司收购或控制两家以上银行的银行组织制度。这种股权公司既可以由非银行的大型企业组建,也可由大银行组建。被控制和收购的银行在法律上完全独立,但业务经营权受股权公司控制。这种形式在美国最为流行。由于美国许多州通过立法禁止或限制银行开设分支行,实行银行持股公司制可以回避对设立分支行的种种限制。其优点是比小银行更有效率,可以降低成本;持股公司可为银行更有效地集中资金;持股公司下属企业集中经营非银行业务产品和服务,多种经营增加了银行的盈利。但实行控股银行制容易形成银行业的集中与垄断,不利于银行之间开展竞争,阻碍银行业的发展。

4. 连锁银行制

这是一种联合制,它不需要成立股权公司,而是由某一个人或集团购买两家或两家以上的独立银行的多数股份,取得对这些银行控制权的一种银行组织制度。这些银行在法律上保持独立性,但其经营决策权却由某人或集团控制和操纵。连锁银行制流行于美国中西部。银行持股公司制和连锁银行制的共同之处是通过控股方式实现对银行的控制,所不同的是连锁银行制在形式上并不存在控制集团。

5. 代理银行制

代理银行制也称往来银行制，是指银行间签订代理协议，委托对方银行代办指定业务的一种组织形式。被委托的银行为委托代理行，相互间的关系则为委托代理关系。代理银行制在国际上非常普遍，国内代理制最为发达的是美国。

三、建立商业银行制度的原则

由于各国经济金融发展的不平衡以及在政治体制、历史演变和文化传统等方面的差异，各国商业银行制度具有各自的特色。但是银行业的发展过程有其基本的规律可循，所以各国商业银行制度的建立均遵循一些相近的原则。

(一)效率原则

西方经济学界认为，金融领域最理想的境界就是"自由竞争"。只有这样，金融机构才能提高效率，才能提供优质的金融服务，才能促进经济与金融的健康发展。根据这一原则，就应该让新的金融机构不断进入金融领域，按照优胜劣汰的原则，效率不高的金融机构就被淘汰，退出金融领域。

(二)安全原则

金融业在开展竞争的同时，还要遵循稳健与安全的原则。要保障商业银行经营的安全与稳健，就得限制它们之间的过度竞争，并对它们的一些业务活动加以限制。一些国家金融监管当局制定的监管措施，多带有预防与谨慎性质。金融监管的目的主要在于促使金融业的安全稳健，保障整个金融体系的稳定。由于商业银行特殊的社会影响，一家银行倒闭会引起各方面的连锁反应，甚至有可能触发金融危机，最终影响整个国家的经济发展。所以几乎所有的国家都把保护银行体系安全作为建立本国银行制度所必须考虑的一个重要原则。

(三)适度原则

从西方经济学的观点看，在任何经济领域中，经济单位实体都存在一个"适度规模"的问题。商业银行也是企业，必须要有适度规模。规模过小，则不利于开展竞争；规模过大，往往会导致垄断。当商业银行处于最合理规模经济状态时，管理费用最低、盈利最大。因此，许多国家政府都鼓励规模过小的银行合并，组成规模合理的银行。但是银行规模也并不是越大越好。

第二节　商业银行的业务

商业银行的业务很多，根据其在资产负债表上的反映情况，可分为表内业务和表外业务。

一、表内业务

(一)负债业务

商业银行经营的业务按客户的国别不同，可分为国内业务和国际业务；按经营业务间的相互联系，可分为基本业务和派生业务；按经营业务的性质，可分为负债业务、资产业务和中间业务。负债业务和资产业务合称为信用业务，中间业务属于服务性业务。

负债业务是商业银行最基本和最主要的业务，商业银行通过负债业务来筹集资金，这是商业银行经营的基础。负债业务主要包括资本金和吸入资金两类。资本金是银行的自有资本，吸入资金又有存款和借款之分，其中存款业务最为重要。

1. 自有资本业务

资本金是商业银行开业、经营和发展的前提条件。由于银行的组织形式不同，银行资本金的来源也有所不同。凡由国家组织的商业银行，其资本金主要来自政府财政拨付的信贷基金；凡是以公司形式组织的商业银行，其资本金来自股份资本、储备资本及未分配利润。当然，银行资本金也可能来自个人资本或合伙资本。资本金与银行的对外负债不同，它是商业银行对自身的负债。在现代银行中，资本金往往是其资金来源的一小部分，一般为全部资金来源总额的10%左右。而大部分资金来源是吸入资金。但是资本金在商业银行的经营活动中发挥着不可替代的作用。一方面，资本金作为商业银行承受资产风险损失的物质基础，为商业银行债权人的利益提供保障；另一方面，它构成了提高商业银行竞争能力的物质保证。

2. 存款业务

存款是商业银行负债业务中最重要的业务，是商业银行经营资金的主要来源，是商业银行全部经营中起支配作用的基本部分。银行资本金主要发挥信用保证的作用，而存款负债业务体现商业银行的经营水平、信贷规模和竞争能力。商业银行存款的种类很多，按照不同的标准可作不同的划分。大多数商业银行是按提取方式划分存款种类的。

(1)活期存款。它是相对于定期存款而言的，是存户不需要预先通知便可随时提取或支取利息的存款，也称为支票存款。这是商业银行传统的、特有的业务。这种存款主要是为满足客户支取方便、运用灵活的需要，同时也是客户取得银行放款和债务的重要条件。

活期存款是商业银行的重要资金来源，也是商业银行创造信用的重要条件。但是，由于活期存款的流动性比较大、存取频繁、手续复杂、风险较大，并需要提供许多相关的服务，如存取服务、转账服务、提现服务和支票服务等，因此成本比较高。尽管如此，经营活期存款对商业银行还是有许多有利之处的：银行可以运用活期存款的稳定余额，不需支付较高的利息；支票多用于转账而不是提现，因此银行可以周转使用，进行信用扩张，创造派生存款；还可以扩大与客户的信用联系，争取客户，增加存款，扩大放款。各国中央银行对商业银行吸收的活期存款，一般规定较高的存款准备率。

20世纪70年代，美国就创新了几种新的存款项目，包括可转让提款单账户(NOW)、自动转账服务账户(ATS)、股金提款单账户(SDA)、货币市场存款账户(MMDA)，这些账户可开支票，有利息收入。

(2)定期存款。这是商业银行的又一重要资金来源。定期存款的特征是银行与客户之间有约定的义务，客户不能随时支取。在提前支取的情况下，银行有不同的处罚措施。另一方面，由于期限确定，定期存款支付的利息也比其他存款高。定期存款期限通常为3个月、6个月和1年，也有3年、5年甚至更长时间的，其利率随期限的长短而不同。由于定期存款存期固定而且期限较长，从而为商业银行提供了稳定的资金来源，有利于商业银行长期放款和投资。定期存款所要求的存款准备率也低于活期存款，且定期存款业务手续简便、风险小。定期存款单是存户到期提取存款的凭证，是存款所有权及获取利息的证明，它不能像支票一样转让流通，但可以作为动产抵押品取得银行贷款。

20世纪60年代以来，美国银行为了更广泛地吸收存款，推出了可转让的定期存单，这种存单于到期日前可在货币市场上转让买卖。这种存单形式的最先发明者是美国花旗银行。

(3)储蓄存款。储蓄存款多是个人为积蓄货币和取得利息收入而开立的存款账户。储蓄存款有活期和定期两种。活期储蓄存款无一定期限，只凭存折便可提取，存折一般不能转让流通，存户不能透支款项。定期储蓄存款类似于定期存款，有约定期限，利率较高。如果要提前支取，存户必须预先通知银行。这种存款通常由银行发给储户存折，作为存款和提款的凭证，不能据此签发支票，支用时只能提取现金或先转入储户的活期存款账户。储蓄存款通常限于个人和非营利组织。储蓄存款的利率比活期存款高，但比其他类型的存款低。从原则上讲，储蓄存款不能随时支取，但实际上银行和客户都把它当作可以随时支取来对待的。

3. 借款业务

借款又称非存款性负债，是商业银行通过金融市场或直接向中央银行融通的资金。由于存款水平的波动，使商业银行注重非存款性来源，或将借款负债作为永久性资金来源，或弥补法定准备金的暂时不足，或应付紧急提款。

(1)向中央银行借款。商业银行为解决临时性或季节性的资金需要，可以通过再贴现、再抵押和再贷款的方式向中央银行借款。再贴现是指商业银行持对客户贴现得来的未到期的商业票据，向中央银行再次贴现取得现款。在实行商业票据和贴现业务的国家，再贴现是商业银行向中央银行借款的主要途径。再抵押是商业银行将客户的抵押贷款向中央银行再次抵押，以获得资金周转。充当抵押物的可以是商业票据、银行承兑汇票和政府债券等。与再贴现相比，再抵押借款所支付的利息成本比较低。再贷款是中央银行向商业银行的贷款，可以是信用贷款，也可以是抵押贷款。一般说来，中央银行对再贷款的控制比再贴现更严，条件也更复杂。再贷款在我国商业银行的全部借款负债中占较大比重。此外，商业银行还可以通过向中央银行发行本票的方式融入资金。向中央银行借款的利率对银行贷款的利率水平有很大的制约作用，从而成为中央银行调节和控制银行信用规模的手段。

(2)银行同业借款。银行同业借款即银行同业拆借，是指商业银行向往来银行或通过同业拆借市场向其他金融机构借入短期性资金而形成的银行借款负债。一般情况下，银行同业拆借是通过各自在中央银行的存款账户进行的，实际上是超额准备金的调剂，因此，银行同业拆借的资金又称中央银行基金，在美国称为联邦基金。同业借款在方式上比向中央银行借款灵活，手续也比较简便，有利于商业银行吸收资金和满足流动性需要。同业拆借市场是一种利率与资金供求关系十分敏感的市场，其利率往往被作为货币市场利率的标志。此外，商业银行在资金紧张、周转不畅的情况下，也可通过转贴现、转抵押的方式向其他银行借入资金。同业拆借一般不需要抵押品，全凭银行信誉。

(3)回购协议。回购协议作为商业银行的一种借款方式，是指商业银行以出售政府债券或其他证券的方式暂时性地从客户处获得闲置资金，同时订立协议，约定在将来某一日再购回等量证券偿付客户的一种交易方式。通常的做法是，双方同意按相同的价格出售和回购证券，购回时，其金额为本金加双方约定的利息金额。另一种定价方法是，把回购价格定得高于原出售价格，其差额就是合同收益率。回购协议的资金需求者主要是商业银行，回购协议成为商业银行重要的融资渠道。回购协议的资金供应者主要是工商企业。银行可以利用回购协议来增加收益。回购协议期限短，交易证券又是政府发行的证券，因而是安全、可靠的短期融资。

回购协议大多以政府债券做担保，在相互高度信任的机构间进行，并且期限一般很短。利用回购协议进行资金融通，不需要提缴存款储备金，从而不仅提高了实际资金利用率，而且将这些低成本资金用于收益较高的投资，会给银行带来更高收益。目前回购协议不仅成为商业银行负债管理的得力工具之一，而且也成为中央银行公开市场操作的重要工具。

(4)市场借款。这是商业银行为筹集比较稳定的信贷资金，或特定用途贷款的资金，通过向社会公开发行银行的债券而形成的一种借款负债。金融债券、固定利率或浮动利率的定期存单，以及本票等都是商业银行常用的市场借款工具。银行发行金融债券等筹集的资金无需向中央银行缴存存款准备金，得到的实际可用资金多于同等数量的存款资金。此外，市场借款的期限根据银行需要确定，债权人又不能要求提前清偿，其稳定性比定期存款好。市场借款成为商业银行吸收长期资金的重要工具，它具有相当的灵活性。商业银行除了在国内市场上取得借款外，还经常从国际金融市场借款以弥补自己资金的不足，最典型的就是欧洲货币市场借款。

此外，商业银行在为客户提供非现金结算服务以及在同业往来过程中，还可以临时占有客户的资金，作为自己的资金来源。

(二)资产业务

商业银行的资产业务是指商业银行运用其经营资金从事各种信用活动的业务，主要有现金资产、信贷业务和投资业务三种形式：

1. 现金资产

商业银行吸收存款后要保持部分现金，现金资产为银行的一线准备。主要包括在中央银行的存款，库存现金、存放同业的存款和托收未达款。其中，中央银行的存款供结算使用，并为银行提供一定的流动性；库存现金，是银行持有的通货，满足客户提现需要；存放同业，是同业拆放中在其他银行的活期存款；托收未达款，是银行应收的在途资金。现金资产具有完全的流动性，但无收益。为维持银行业务，必须作收益上的牺牲，这是保证银行安全的第一道防线。但现金资产持有量过多，不符合银行盈利原则。

2. 信贷业务

(1)贷款业务。商业银行的一项最重要职能，就是用它筹集的资金发放贷款。发放贷款成为银行主要的收入来源，通过向信用可靠的借款人发放贷款，建立和加强与客户的关系，还能增强银行出售其他金融服务的能力。根据不同用途、不同期限以及不同的条件，贷款可以分为不同种类。如按贷款期限可分为短期、中期和长期贷款，这样分类有利于商业银行监控贷款的流动性，使商业银行长短期贷款保持适当比例，同时还有利于商业银行按照资金偿还期限的长短安排贷款顺序，使商业银行贷款的期限结构与存款的期限结构相对称，以保证银行资金的安全性；按贷款条件不同可分为信用贷款、抵押贷款和担保贷款，有利于商业银行合理选择贷款方式，加强贷款的安全性管理；按贷款的偿还方式可分为一次性偿还贷款、信用卡贷款和分期偿还贷款，这一方面有利于检测贷款到期和贷款回收情况，准确测算银行头寸变化情况，及时加强信息管理，另一方面也有利于减轻企业、个人集中还款的压力和负担，对于拓展银行业务领域、扩大银行利润来源、鼓励和促进消费都具有重要意义；按贷款的质量或占用形态可分为正常、关注、次级、可疑和损失五类，这种分类有利于商业银行及时、准确地确定扣除风险损失后的贷款的当前价值；按用途不同可分为工商企业贷款、不动产贷款、消费者贷款、证券贷款等。

值得注意的是贷款证券化业务，这是银行解决贷款流动性问题的一种创新：银行将中长期贷款集中起来，进行结构性重组，并重新分割为证券转售给市场上的投资者。

2005 年 4 月，银监会和人民银行共同发布《信贷资产证券化试点管理办法》，正式推出信贷资产证券化试点。2007年4月开始第二批试点。2008年受世界金融危机影响,实际上暂停了信贷资产证券化试点。2011年8月18日,时任人民银行金融市场司副司长吴显亭透露,国务院已经批准信贷资产证券化继续扩大试点,但截至2011年10月24日仍没有公布具体试点方案。2012年6月重开试点,财政部、央行、银监会联合发布了《关于进一步扩大信贷资产证券化试点有关事项的通知》,9月7日,国家开发银行发行规模为101.66亿元的首单ABS产品(资产支持型证券)。

贷款证券化的基础形式是贷款转让。央行于2009年主导推进全国银行间市场信贷资产转让交易平台的建设。2010年1月,中国银行业协会发布《银团贷款转让交易示范文本》。2010年9月25日银行间市场交易商协会发布《贷款转让交易主协议》,全国银行间同业拆借中心贷款转让平台上线,标志着我国金融机构信贷资产转让交易机制规范化运行的开始。

(2)贴现业务。贴现业务在形式上是票据的买卖,但实际上是一种特殊形式的放款。票据贴现是指贷款人以购买借款人未到期商业票据的方式发放的贷款。银行买进票据,等于通过贴现间接地给票据的持票人发放了一笔贷款。从形式上看,贴现是银行买入借款人手中的票据,但实质上是银行为出票人预付票款,即借款人以票据作抵押向银行融通资金,等票据到期,银行再向票据债务人收回垫付的资金。因此,票据贴现是一种特殊形式的担保贷款。可贴现的票据大致有银行承兑汇票、商业承兑汇票、商业本票、银行票据和政府债券等。

贴现付款额=票据金额×(1-贴现率×未到期天数/360天)

贴现利息=票据金额×贴现率×未到期天数/360天

实际上,贴现业务和贷款业务在实质上是一样的。贴现是工商企业流动性周转的重要途径,对银行而言,也是一种风险较低的资产业务,在商业银行的资产业务中占有重要地位。

我国逐步实行按贷款风险分类的五级贷款分类法。另外,还实行使用“贷款证”的贷款管理方法,使贷款与企业的资信等级相适应,使企业借款控制在企业的授信额度内。

3. 投资业务

商业银行的投资业务是指银行购买有价证券的活动,是商业银行一项重要的资产业务,是银行收入的主要来源之一。商业银行购买有价证券包括债券(国库券、公债券、公司债券)和股票。但对股票的购入,一般国家都加以限制或禁止。目前各国商业银行的有价证券投资主要用于购买政府的债券、金融债券、企业债券或公司债券。按我国《商业银行法》的规定,商业银行不得从事境内信托投资和股票业务。因此,目前的投资业务对象主要是政府债券和中央银行、政策性银行发行的金融债券。

(1)政府债券。它是由中央和地方政府、政府有关机构发行的债务凭证。政府债券的安全性较高,销售比较容易,价格比较稳定,政府债券也可作为抵押品使用。政府债券的主要品种有国库券、重点建设债券、财政债券和基本建设债券。

(2)金融债券。它是各银行和非银行金融机构为筹集中长期资金,以满足发放特种贷款的需要而发行的债务凭证。我国的金融债券大多数与政府债券一样有固定利率和期限,到期一次还本付息,也有一些是贴息金融债券和累进利率债券。

(3)企业债券或公司债券。这是由筹资企业向投资者出具并承诺在规定期限内还本付息的债务凭证,发行单位以实体性公司、工商企业和企业集团为主。

2005年12月,央行发布《公司债券进入银行间债券市场交易流通的有关事项公告》,将公司债券交易流通审核从事前审批改为核准制,并允许所有银行间债券市场投资者投资公司债券。

2011年5月11日，交通银行通过租用的交易单元，向上海证券交易所集中竞价系统报单，成交4 000万元。此举表明13年后上市商业银行重返交易所债券市场，也意味着上市商业银行通过租用证券公司交易单元参与交易所债券市场模式成功。为防止违规资金流入股市，1997年国家禁止商业银行在证券交易所从事债券交易活动。此后商业银行只能在银行间债券市场交易。

银行投资的目的是获取收益，同时也作为二线准备，增加银行资产的流动性，实现资产的多样化，降低风险。一方面，当贷款需求减弱或贷款收益率较低、风险较大时把一部分资金转到投资上，是商业银行维持盈利水平的重要途径；也使商业银行资产组合多样化，有利于降低经营风险。另一方面，由于政府债券和其他流动性较强的有价证券可以在几乎不受损失的情况下及时抛售出去、收回现金，所以投资于有价证券比起增加库存现金和在中央银行存款来维持流动性更为有利。

二、表外业务

商业银行除了表内业务之外，还有许多不在资产负债表上反映的业务，统称为表外业务。随着金融业竞争的不断加剧、金融创新的发展，商业银行的表外业务得到迅速发展，成为现代商业银行的重要业务种类。表外业务主要包括转账结算、代收款业务、代客买卖业务、承兑业务等传统的中间业务，也包括金融创新中产生的一些新业务，如金融期货、期权、互换、远期利率协议、票据发行便利、贷款承诺、备用信用证等。传统的中间业务通常不需动用商业银行自己的资金，而是利用银行设置的机构网点、技术手段和信息网络，代理客户办理收款、付款和其他委托事项，收取手续费的业务。因此，传统的中间业务基本上没有风险，也称为无风险业务。新兴的表外业务虽然也不使用商业银行的资金，但是，它们可能使银行面临利率、汇率和价格变动的市场风险以及违约风险，因而被称为风险业务。表外业务的发展给商业银行提供了更多的发展空间和机会，但也带来了更多风险。《新的巴塞尔资本协议》中对表外业务的风险监管也提出了要求。下面介绍几种主要的表外业务：

(一)转账结算

转账结算又称非现金结算和划拨清算，是指银行为那些用收取或签发书面的收款或付款凭证，代替现金流通来完成货币收支行为的企业、单位或个人提供技术性中介服务。用划转客户存款余额的办法来实现货币收付的业务活动，是商业银行主要的中间业务之一，结算业务是由商业银行的存款业务中衍生出来的一种业务，它是由商品交易、劳务供应、资金调拨、款项往来等发生的货币收付行为，以及债券的清算而引起的。结算业务是银行的三大传统业务之一，主要有汇兑业务和信用证结算业务。

汇兑业务是银行接受客户委托把款项支付给异地收款人的业务，使用的汇兑凭证有银行支票、银行汇票、邮电的付款委托书，以及最新发展的电子汇兑业务等。

信用证结算是银行在收到付款人的保证金后，依客户的要求开出信用证，通知异地收款人及开户银行在一定金额、一定期限内凭规定的单据在指定地点向开证银行收取款项的书面保证文件。随着银行业务的不断发展，结算业务也相应得到发展和完善。

我国商业银行结算遵循中国人民银行出台的《银行结算办法》有以下基本原则：一是恪守信用，履约付款。这条原则的规定，主要是确定结算当事人包括出票人、付款人、收款人等的权利和义务。二是谁的钱进谁的账，由谁支配。这一原则是为了保护客户的资金所有权(使用权)和客户对资金的自由支配权而确定的。三是银行不垫款。银行在办理结算过程中，处于支付中介地位，只负责把付款单位账户上的款项划转到收款人账户，以实现商品交易等经济活动的清算，银行不承担替任何单位垫付任何款项的责任。

(二)代理业务

代理业务是指商业银行接受政府、企业单位、其他银行或金融机构以及居民个人的委托，以代理人的身份代表委托人办理一些经双方议定的经济事务的业务。主要包括：(1)代理收付款业务。这是商业银行利用自己的结算便利，接受客户的委托代为办理指定款项的收付事宜。如代理发放工资、代理收付款项、代理医疗保险业务、代理个人分期付款业务等。(2)代理融通业务。这是由商业银行或专业代理融通公司接受他人的委托，以代理人的身份代为收取应收账款，并为委托者提供资金融通的一种代理业务。(3)代理买卖业务。这是商业银行接受客户的委托，代替客户买卖有价证券、贵金属和外汇的业务。这项业务的风险较小，银行除可取得手续费收入外，还可吸收保证金存款。

(三)信托业务

信托业务是指银行以受托人的身份，接受客户委托代为管理、营运、处理有关钱财的业务活动，它是商业银行重要的中间业务。信托不同于代理，在信托关系中，托管财产的财产权即财产的占有、管理、经营和处理权，从委托人转到受托人，而代理则不涉及财产权的转移。根据信托内容可以分为财产管理信托和资金信托两大类。一般信托专业公司两类皆可经营，以前者为主；银行信托部以经营资金信托业务为主，并且必须与银行的其他业务完全分开，会计上相互独立。我国现实行分业管理，商业银行不允许经营信托业务。

商业银行开办信托业务主要有三大作用：一是财务管理作用，即代委托人管理和处理财产；二是融通资金作用，即作为中介筹集和融通资金；三是信用服务作用，即为客户提供发行股票、债券、办理执行遗嘱、信用签证等各种相应服务。

(四)租赁业务

租赁是指资产的所有权和使用权之间的一种借贷关系，即由所有者(出租人)垫付资金购买设备租给使用者(承租人)使用，并按期以租金形式收回资金。银行租赁业务可分为金融租赁(融资租赁)和经营租赁(服务租赁)两种形式。

我国银行业从20世纪70年代末开始经营融资性租赁业务，主要由信托部经营。目前，由于实行分业经营，商业银行信托部取消了，所以该业务也被终止。

(五)保管箱业务

银行诞生后，把单纯保管货币扩展为可代保管一切物品。出租保险箱是银行为顾客保管物品的较好形式，它可靠安全、保密性好、租金低廉。银行设置大大小小的保险箱供客户保藏贵重物品、重要文件、现金等。

(六)担保类业务

担保类业务是指商业银行接受客户的委托对第三方承担责任的业务，包括担保(保函)、备用信用证、跟单信用证、承兑等。贷款担保是担保银行应借款人的要求，向贷款人出具的一份保证借款人按照贷款协议的规定偿还贷款本息的书面保证文件。备用信用证是一种特殊形式的光票信用证，是银行出具的保函性质的支付承诺，以保证申请人履行某种合约规定的义务，并在申请人没有履行该义务时，凭受益人在信用证有效期间内所提交的与信用证条款相符的文件或单据，向受益人支付一定金额的款项。备用信用证与跟单信用证相比，使用范围受到的限制较少，付款条件比较宽，银行承担第二性付款义务。

（七）承诺类业务

承诺类业务是指商业银行在未来某一日期按照事先约定的条件向客户提供约定的信用业务，包括贷款承诺和票据发行便利等。贷款承诺是银行与借款客户之间达成的一种具有法律约束力的正式契约，银行将在有效承诺期内，按照双方约定的金额、利率，随时准备应客户的要求向其提供信贷服务，并收取一定的承诺佣金。票据发行便利是一种具有法律约束力的中期周转性票据发行融资的承诺。根据事先与商业银行等金融机构签订的一系列协议，借款人可以在一个周期内(一般为5～7年)以自己的名义周转性发行短期票据，从而以较低的成本取得中长期的资金融通效果。承诺包销的商业银行依据协议负责承购借款人未能按期售出的全部票据，或承担提供备用信贷的责任。

（八）银行卡业务

银行卡是由银行发行、供客户办理存取款业务的新型服务工具的总称，包括信用卡、支票卡、记账卡、智能卡等。银行卡是银行业务与科学技术相结合的产物，它使银行业务有了崭新的面貌。我国最初的银行卡是1986年由中国银行发行的长城卡，到2010年第三季度末，发卡总量达23.8亿张，当年银行卡业务金额为246.76万亿元。

信用卡是银行或公司签发的证明持有人信誉良好，可以在指定的商店或场所记账消费，如购买商品、支付劳务，或在指定地点支取现金的一种信用凭证。它是所有银行卡中数量最多的一种，具有“先消费，后付款”的特点。同时，发卡银行通常还为持卡者规定一个透支限额，向持卡者提供延期支付的便利。信用卡实际上是银行向消费者支票账户提供的，在一定期限、一定额度内进行透支的权利，是与消费者的支票账户相联系的贷款，一般额度不大，且较稳定。但银行往往会面临客户恶意透支的风险。

支票卡又称支票保证卡，是供客户签发支票时证明其身份的卡片，在欧洲比较流行。欧洲支票卡同一般信用卡的区别是只起证明作用，无授信功能。卡片上载明客户的账号、签名和有效期。使用时客户要出示卡片，并当着收款人的面签署支票，经检验卡片在有效期内，支票的账号和签名又与卡片相符，银行即可付现；也可给商店支付货款。

记账卡是一种可以在与银行电子计算机主机相连的各种终端机上使用的塑料卡。它与信用卡的不同之处在于，使用时立即借记往来或储蓄账户，而不能获得银行授信。卡上的磁条中储存有持卡人的个人密码、开户银行编码、账户等。取现或购物时，将其插入相关终端机，比如售货终端机内，客户即可以获得现款或直接办理转账。我国现在普遍发行的“借记卡”即属此类。

智能卡又称智慧卡，是一种携带方便、具有某些智能的卡片。其中一种叫灵光卡，又叫记忆卡。在卡上装有一个微型集成电路，可以存储大量数据，并有计算功能，可以单独使用，不必与终端机相连。每张卡上储存一定金额，每用一次就减去所用金额，用完以后再到银行去补充金额。再一种就是激光卡，又叫光卡。这是一种运用激光技术的全息摄像卡。它把全息像与磁性记录结合起来，在其磁性记录中存储着持卡人的安全照片，从而还可作其他多种用途。智能卡最大优点是保密性强、使用安全、可脱机交易，但造价较高。

(九)咨询服务业务

商业银行凭借广泛的信息来源、资深专家和现代化设备的优势，向政府、企业或个人提供咨询服务，包括财务分析、验资、资信调查、商情调查、金融情报等，既满足了客户需要，又密切了银行与客户的联系，为银行扩大经营规模、增强竞争力创造了条件。

(十)金融衍生交易类业务

这是指商业银行为满足客户保值或自身头寸管理等需要而进行的货币和利率的远期、掉期、期货、期权和互换等衍生交易业务。

第三节　商业银行的经营管理

一、商业银行的经营特点和经营原则

(一)商业银行的经营特点

1. 高负债率

商业银行经营的是特殊的货币商品，主要从事信用的授受。一方面，商业银行借入资金的90%来源于社会公众和工商企业的存款；另一方面，它又把大部分借入资金贷给公众和工商企业，从而使自己成为全社会最大的债务人和最大的债权人。因此，高负债率是商业银行一个突出的经营特点。商业银行高负债率经营是建立在社会公众对银行具有充分信心的基础之上的，如果公众对银行的信心发生动摇，就可能发生挤兑存款的现象，危及银行的生存和发展。所以，高负债率经营使银行在某些情形下显得十分脆弱，它要求银行确立不同于一般企业的正确的经营原则。

2. 高风险性

商业银行属于高风险行业，除了前面所述的银行因出现信用危机而可能发生挤兑风险，它还面临着发放出去的贷款收不回来的信贷风险，由于市场利率、汇率变化带来的市场风险，以及由于银行从业人员水平不高、业务操作不当所带来的操作性风险等。高风险的存在使得银行的经营管理比一般企业更复杂，要求银行兼顾多方面的关系。

3. 严监管性

由于商业银行具有高负债率、高风险性的特点，其业务活动与社会公众的利益息息相关，在社会经济活动中具有特殊重要的地位，因此各国政府对商业银行业都实施严格的管制。例如，规定银行的开业资格、限制银行的业务活动领域、限制银行利率等。随着金融自由化程度的加深，美、英等发达国家已逐步取消了一些对银行业经营的限制条款，但这并不意味着这些国家放松了对银行业的限制，而只是监管重心的转移，商业银行业仍是受政府管制最严厉的行业之一。

(二)商业银行的经营原则

商业银行经营高负债率、高风险性以及受到严格管制的特点,决定了其经营原则不能是单一的,而是几个方面的统一。一般来讲,商业银行经营的原则就是在保证资金安全、保持资产流动性的前提下,争取最大的盈利。这又称为"三性"目标,"三性"即安全性、流动性、营利性。

1. 安全性原则

安全性原则是指商业银行在经营过程中使银行资产、收入、信誉以及所有经营生存条件免遭损失,保证银行的稳健经营与发展的经营理念。

根据巴塞尔协议Ⅱ,银行面临的风险大体可以分为三类:(交易对手的)信用风险,市场风险(由于利率、汇率、股票、商品等价格变化导致银行损失的风险)和操作风险(由于不完善或有问题的内部操作过程、人员、系统或外部事件而导致的直接损失或间接损失的风险)。另外,流动性不足也是一种风险,因此从广义角度看,安全性原则包含流动性原则。

风险既体现在资产方面,也体现在负债方面,比如负债成本的意外提高,或者无法及时获得资金。

种种风险的发生,都会给银行资产造成程度不同的损失,轻者发生亏损,重者则会使银行倒闭。所以银行首先要坚持安全性原则。

2. 流动性原则

流动性原则是指商业银行在经营过程中拥有以不损失价值为前提的变现能力,确保随时满足存款人提取存款和客户合理贷款等需求。

商业银行高负债经营的特性使得流动性原则是其必须遵守的原则:银行一旦面临挤兑而又缺少足够流动性,即使银行在安全性和营利性方面表现良好,也可能陷入信誉扫地、破产清理的困境。

银行的流动性具体体现在资产和负债两个方面。资产的流动性是指银行资产在不发生损失的条件下迅速变现的能力,负债的流动性是指银行轻而易举地以较低的成本随时获得所需资金的能力。

银行为保持良好的流动性,应把贷款的期限与存款的期限很好地配合起来,保证长期性贷款有长期性资金来源做后盾;银行投资的增加必须控制在不削弱银行清偿力的限度内;力求负债结构合理,拥有较多的融资渠道和较强的融资能力;创造主动负债,如从同业拆入资金、向中央银行借款、发行大额可转让存单等。

3. 营利性原则

营利性原则是指商业银行的经营以获取最大利润为动机的原则。营利性是推动商业银行改进服务、开拓业务和改善经营管理的内在动力。从总体上要把握提高收益和控制成本两方面的工作。

(1)提高收益方面:合理确定资产结构,提高盈利资产比例;提高资产质量,减少投资损失;合理对贷款定价,充分考虑资金成本、贷款风险、客户关系等;注重业务创新,增加表外业务收入。

(2)控制成本方面:控制负债成本;加强内部核算和考核,控制各项费用;规范操作程序,减少事故差错损失。

商业银行经营的安全性、流动性和营利性三原则具有统一性。首先,安全性与流动性一般是正相关的;其次,动态地看,任何原则都不是孤立的,三原则必须兼顾,举例来说,只有在确保流动性和安全性前提下的盈利才是可持续的。

三者又有矛盾的一面：静态地看，安全性、流动性与盈利性矛盾。流动性强、安全性好，营利性就较低；而盈利性较高的资产，往往流动性较差、风险性较大。这就要求处理和协调好这三者之间的关系，在这三者之间寻求一种平衡，即最大限度地兼顾安全性、流动性和盈利性的要求。

二、商业银行的资产负债管理

（一）资产负债管理的概念

资产负债管理就是商业银行在业务营运过程中，按照客观经济规律，运用科学的管理体系和管理手段，对经营的各类资产与负债进行的计划、控制与调节，使之在总量上均衡、结构上优化，从而实现流动性、安全性和盈利性之间的协调平衡，以达到自我控制、自我约束、自我发展的目的。它是一种以多种比例为控制手段，资产管理与负债管理并重的一种管理制度。

（二）资产负债管理的理论

资产负债管理在西方商业银行已经历了几百年的历史，随着商业银行发展的各个历史时期经营条件的变化，逐步形成了比较系统、科学的银行经营理论，主要包括资产管理理论、负债管理理论、资产负债综合管理理论。

1. 资产管理理论

资产管理理论产生于商业银行建立初期，一直到20世纪60年代，它都在银行管理领域中占据着统治地位。资产管理理论是以银行资产的流动性为侧重点的一种管理理论。在商业银行产生以后的相当长时期内，银行信奉该理论。资产管理理论认为，银行的资金来源主要是存款，利润来源主要在于资产业务，银行能够主动加以管理的也是资产业务，而负债则取决于客户是否愿意来存款，银行对此是被动的。因此，银行经营管理的重点在资产流动性，着重于如何恰当地安排资产结构和在资产上如何协调盈利性、安全性和流动性的关系。

随着经济环境的变化和银行业务的发展，资产管理理论的演进经历了商业性贷款理论、资产可转换性理论和预期收入理论三个阶段。

商业性贷款理论又称真实票据理论，产生于商业银行发展的初期。这一理论认为，银行资金来源主要是吸收流动性很强的活期存款，银行经营的首要宗旨是满足客户兑现的要求，所以，商业银行必须保持资产的高流动性，才能确保不会因为流动性不足而给银行带来经营风险。因此，商业银行的资产业务应主要集中于以真实票据为基础的短期自偿性贷款，以保持与资金来源高度流动性相适应的资产的高度流动性。短期自偿性贷款主要指的是短期的工商业流动资金贷款。

资产可转换性理论产生于20世纪20～30年代。这一理论认为，银行保持资产流动性的关键在于资产的变现能力，因而不必将资产业务局限于短期自偿性贷款上，也可以将资金的一部分投资于具有转让条件的证券上，作为银行资产的二级准备，在满足存款支付时，把证券迅速而无损地转让出去，兑换成现金，保持银行资产的流动性。

预期收入理论产生于第二次世界大战以后。这一理论认为，贷款的偿还或证券的变现能力，取决于将来的收入即预期收入。如果将来收入没有保证，即使是短期贷款也可能发生坏账或到期不能收回的风险;如果将来的收入有保证,即便是长期放款,仍可以按期收回,保证其流动性。只要预期收入有保证,商业银行不仅可以发放短期商业性贷款,还可以发放中长期贷款和非生产性消费贷款。

资产管理的主要内容有三部分:一是贷款资产的管理,包括贷款种类的设置与管理、贷款流动性管理、贷款风险管理和贷款营利性管理;二是现金资产的管理;三是证券资产的管理。

2. 负债管理理论

20 世纪 60 年代以前,资产管理理论支配着商业银行的经营管理。60 年代以后,商业银行业务经营管理的重心发生了变化,由资产方面转向负债方面,借助于负债管理的方法来解决利润最大化与资产流动性的矛盾。

负债管理理论认为,银行可以主动管理负债,通过积极竞争争取活期存款、定期存款和储蓄存款及向货币市场、中央银行借款来影响资金来源。负债管理理论的核心思想是,负债不是既定的,而是可以由银行扩张的,资金来源银行是可以控制的。目前,国外商业银行对外借款的主要方式有:(1)发行大额可转让定期存单;(2)向中央银行借款;(3)向同业拆借;(4)向国际货币市场借款。负债管理理论意味着商业银行经营管理思想的创新,它变被动的存款观念为主动的借款观念,为银行找到了保持流动性的新方法。

负债管理的主要内容一是对存款负债的管理,二是对资本金的管理,三是对借入资金及其他负债的管理。

3. 资产负债综合管理理论

资产负债综合管理理论是银行经营管理理论的一次大转变,发生在 20 世纪 70 年代末。资产管理理论过于注重流动性和安全性,而忽视了盈利性;负债管理理论虽然较好地解决了盈利性和流动性之间的矛盾,但过多的负债经营又会给银行带来更大的经营风险。资产负债综合管理理论在总结了资产管理和负债管理优缺点的基础上,通过资产与负债结构的全面调整,实现商业银行流动性、安全性和盈利性管理目标的均衡发展。其基本思想是从资产和负债两方面综合考虑,加以对照,并进行分析,根据银行经营环境的变化,根据资产与负债之间的内在联系,协调各种不同的资产与负债,在利率、期限、风险和流动性等方面进行搭配,作出最优化的组合,实现盈利性、安全性和流动性的要求。

资产负债综合管理对商业银行管理产生了积极影响。银行运用现代化管理方法和技术手段,以资产负债各科目之间的"对称性原则"为基础,促进银行资产与负债在规模、结构上的协调,缓和了负债经营中产生的"借短放长"等矛盾,增强了单个银行抵御风险的能力,使银行业务管理日趋完善,决策更具科学性。

(三)资产负债管理的方法

1. 资金汇集法

这种方法不考虑各种资金来源的性质,而是把各项负债集中起来,按银行的经营需要进行分配。分配时首先考虑资金的流动性。基本操作程序是:由银行将来自各种渠道的资金集中起来,形成一个"资金池"或称作资金总库,将"资金池"中的资金视为同质的单一来源,然后将其按照资金流动性的大小进行分配:先保证足够的一线准备,其次满足二线准备,之后是长期证券投资和贷款,最后则是固定资产投资。这一方法优先考虑了资产方面的流动性,但忽略了负债方面的流动性,忽略了不同来源的资金具有不同的流动能力和需求,没有从资产和负债两个方面统筹考虑流动性问题。

2. 资产分配法

银行在选择资产种类时，首先考虑负债结构的特点，按法定准备金比率的高低和资金周转速度来划分负债的种类，并确定相应的资金投向。把资金来源波动较大的资金分配到流动性较高的短期资产上，把资金来源稳定性较高的资产安排到长期资产运用上。这种方法考虑到资产的流动性和分配的数量与获得的资金来源有关，其做法就是按照不同资金来源的流动性和法定准备金的要求，决定资产的分配方法和分配比例，建立资产项目与负债项目的对应关系，把各种资金来源按照周转速度和法定准备金的要求，分别按不同的比重分配到不同的资产形式中去。这一方法虽然能从资产及负债两方面统筹安排，并以流动性为中心来配置，但也有缺陷，就是把资金周转率而不是把存款变化的实际情况作为流动性的依据，造成了高流动性需求而影响了银行收益，在实践上也束缚了商业银行经营的主动性。

3. 缺口管理法

缺口大体分为两类：第一类是以利率匹配形成的缺口，第二类是以期限匹配形成的缺口。银行可通过扩大或缩小缺口的幅度，调整资产和负债的组合和规模。这是一种通过分析资产与负债之间的流动性差额，来表示现有流动性状态和预期流动性需要之间关系的方法。其缺点是操作上比较麻烦，并且缺乏统一的标准。

三、商业银行的资本管理

(一)《巴塞尔资本协议》

1987 年 12 月，国际清算银行召开中央银行行长会议，通过了"巴塞尔提议"。在"提议"基础上，于 1988 年 7 月，由巴塞尔银行监管委员会通过了《关于统一国际银行的资本计算和资本标准的协议》，即著名的《巴塞尔协议》。目的在于通过制定银行的资本与其资产之间的比例，订出计算方法和标准，以加强国际银行体系的健康发展；制定统一的标准，以消除国际金融市场上各个银行之间的不平等竞争。自 1988 年以来，《巴塞尔协议》不仅在成员国的银行获得实施，而且在成员国之间也获得逐步实施，逐渐发展为国际社会所认可的银行监管标准。该协议对银行的资本比率、资本结构、各类资产的风险权数等方面做了统一规定。就资本与风险加权资产的比率来看应达到 8%，其中核心资本至少为 4%。至此，商业银行的经营管理进入了资本管理阶段。我国《商业银行法》规定，商业银行的资本充足率不得低于 8%。

20 世纪 90 年代中期以来，许多国家银行系统的巨额坏账、造成银行损失的违规操作、倒闭乃至连锁的破坏性反应等，严重威胁到金融稳定。在这一背景下，1997 年 9 月，巴塞尔银行监管委员会正式通过了《有效银行监管的核心原则》(简称《核心原则》)，提出了统一的国际监管原则。2006 年 10 月经修订并重新发布的《核心原则》包括 25 项，可归纳为 7 个方面：(1)目标、独立性、权力、透明度和合作；(2)许可的业务范围；(3)审慎监管规章制度；(4)持续监管的各种方法；(5)会计处理与信息披露；(6)监管当局的纠正及整改权利；(7)并表及跨境监管。

(二)《新巴塞尔资本协议》的三大支柱

2001 年 1 月 16 日，巴塞尔委员会公布了新资本协议草案第二稿，并再次在全球范围内征求银行界和监管部门的意见。2004 年 6 月，公布了《新巴塞尔资本协议》，2005 年实施并全面取代了 1988 年的《巴塞尔协议》，成为新的国际金融环境下各国银行进行资本管理的最新法则。新协议不仅强调资本充足率标准的重要性，还通过互为补充的“三大支柱”以期有效地提高金融体系的安全与稳定。三大支柱的首要组成部分是最低资本要求，其他两大支柱即监督检查和市场纪律是对第一支柱的辅助和支持。

1. 第一大支柱——最低资本要求

最低资本要求由三个基本要素构成：受规章限制的资本的定义、风险加权资产以及资本对风险加权资产的最小比率。其中有关资本的定义和 8%的最低资本比率没有发生变化，但对风险加权资产的计算问题，新协议在原来只考虑信用风险的基础上，进一步考虑了市场风险和操作风险。

2. 第二大支柱——监管部门的监督检查

这是为了确保各银行建立起合理有效的内部评估程序，用于判断其面临的风险状况，并以此为基础对其资本是否充足作出评估。监管当局要对银行的风险管理和化解状况、不同风险间相互关系的处理情况、所处市场的性质、收益的有效性和可靠性等因素进行监督检查，以全面判断该银行的资本是否充足。

3. 第三大支柱——市场纪律

市场纪律的核心是信息披露，市场约束的有效性直接取决于信息披露制度的健全程度。只有建立健全的银行业信息披露制度，各市场参与者才可能估计银行的风险管理状况和清偿能力。为了提高市场约束的有效性，巴塞尔委员会致力于推出标准统一的信息披露框架。

对于新的资本协议框架，人们普遍支持、赞同采用风险敏感度较高的资本管理制度，同时也普遍认为新协议太复杂，难以立刻统一实施。实际上，各国实施时间各有差异。考虑到我国是发展中国家，尤其是正处于由计划经济向市场经济转型的过程中，我国银监会决定推迟到 2010 年实施。

(三)实行资本管理的意义

《巴塞尔协议》为各国银行监管当局提供了资本管理的制度框架，也使银行管理理论上升到一个新的高度。通过资本约束来规范银行的经营活动，意义在于：首先，通过加强资本管理会促使银行努力提高资产质量。为了达到资本充足率要求，银行管理者在资本来源有限的情况下，只能积极地进行资产调整，减小风险权数较大的资产，增加风险权数较小的资产，以减少对资本充足率要求的压力。其次，通过加强资本管理会促使银行努力增加资金来源。银行会积极进入市场寻求资金，或者增加股票发行，或者发行次级债券(即长期金融债券)。在筹集外来资金有困难的情况下，银行必须加强经营管理，提高经营管理水平，增加盈利和收入，提高内源融资的比例。再次，通过加强资本管理会促使银行积极进行金融创新。银行可通过加强对资本金要求不高的中间业务的经营管理，实现增加收入来源、增加银行利润留成和资本积累，从而为银行扩大资产规模创造条件。最后，通过加强资本管理可以促使银行转变经营理念。资本管理要求银行经营管理者树立全面质量管理的观念，既要重视对市场的开拓与管理，更要重视对各种风险包括信用风险、市场风险、操作风险等的防范与管理。它要求银行加强对风险的评估能力，运用先进的管理手段和方法改善银行的经营状况，对于提高银行的经营管理水平和竞争力具有重要的现实意义。

四、我国商业银行资产负债比例管理

目前，国际上对商业银行的管理一般都是按照新巴塞尔协议要求进行的。资产负债比例管理是西方国家商业银行实行多年且较为有效的管理方法。我国银行业在计划经济模式下，曾长期实行严格的规模控制的管理方式。在这种管理方式下，规模控制指标由国家信贷计划下达，贷款利率由国家统一制定，贷款对象及条件也听命于各地政府的安排，银行的资产与负债是完全隔绝的，这与国际上通行的资产负债管理相差甚远。

随着金融改革的深入和金融市场的发展、股份制商业银行的建立、国有专业银行向商业银行转变进程的加快，资产负债管理越来越受到重视。中国人民银行为了加强对商业银行实行资产负债比例管理，颁布了《关于对商业银行实行资产负债比例管理的通知》，规定了商业银行实行资产负债比例管理的暂行监控指标：

(一)资本充足率

资本总额与加权风险资产总额的比例不得低于8%。其中核心资本，包括资本金、未分配利润等不低于4%；附属资本不得超过核心资本的100%。

(二)存贷比例

各项贷款与各项存款之比不超过75%。

(三)中长期贷款比例

1年期以上(含1年期)的中长期贷款与1年期以内的存款之比不得超过120%。

(四)资产流动性比例

流动性资产与各项流动性负债的比例不得低于25%。流动性资产、负债均以1个月为限。

(五)备付金比例

在中央银行备付金存款和库存现金与各项存款之比不得低于5%～7%。

(六)单个贷款比例

对同一借款客户的贷款余额与银行资本余额的比例不得超过15%，对最大10家客户发放的贷款总额不得超过银行资本总额的50%。

(七)拆借资金比例

拆入资金余额与各项存款余额之比不得超过4%，拆出资金余额与各项存款余额之比不得超过8%。

(八)对股东贷款比例

对股东提供贷款余额不得超过该股东已缴纳股金的100%，贷款条件不得优于其他客户的同类贷款。

(九)贷款质量指标

逾期贷款余额与各项贷款余额之比不得超过8%,呆滞贷款不得超过5%,呆账贷款不得超过2%。

当然,大力推行资产负债比例管理,逐步淡化直至最终取消规模控制,实行国际上通行的资产负债管理,还必须具备一系列条件,如政策性与商业性业务的分离,企业实行自主经营,利率实现市场化,银行自我管理制度的完善等。

第四节　商业银行的信用扩张与收缩

一、商业银行信用创造的前提条件

(一)部分准备金制度

部分准备金制度又称存款法定准备金制度,即国家以法律形式规定存款机构的存款,必须按一定比例,以现金和在中央银行存款形式留有准备的制度。对于吸收进来的存款,银行必须按一定比例提取存款准备金,其余部分可用于放款。部分准备金制度的建立,是银行信用创造能力的基础。对一定数量的存款来说,准备金比例越大,银行可用于贷款的资金就越少;准备比例越小,银行可用于贷款的资金就越多。

(二)非现金结算制度

非现金结算也称转账结算。在现代信用制度下,银行向客户贷款是通过增加客户在银行存款账户的余额进行的,客户则是通过签发支票来完成他的支付行为的。因此,银行在增加贷款和投资的同时,也增加了贷款额,即创造了派生存款。如果不存在非现金结算,银行不能用转账方式发放贷款,一切贷款都必须付现,则无派生存款,银行也没有创造信用的可能(详见第七章第二节)。

二、原始存款和派生存款

商业银行的存款有原始存款和派生存款之分。派生存款是相对于原始存款而言的,这两种存款在银行贷款规模的决定和对社会货币供应量的影响方面发挥着不同的作用。原始存款即银行的最初存款,它是指商业银行接受客户的现金而直接形成的存款。派生存款是指商业银行以原始存款为基础,通过放款、贴现和投资等业务引申出来的存款,又称衍生存款或引申存款。简而言之,派生存款是由银行本身发放贷款而创造出来的存款。

原始存款和派生存款的区别主要有:

(1)来源不同。原始存款是基础货币的一部分,而基础货币是通过中央银行资产业务注入流通的,因此原始存款来源于中央银行。派生存款直接由商业银行资产业务创造出来,来源于商业银行,因此中央银行对派生存款的控制是间接的。

(2)与基础货币的关系不同。原始存款是基础货币的一部分，它的增减只是流通中现金货币与存款货币的互相转变，并不会引起社会货币供应量的变化。派生存款是基础货币的加量，它的增减变动直接影响社会的货币供应量。

(3)地位不同。原始存款决定派生存款，派生存款处于被决定的地位。

(4)与商业银行准备金的关系不同。原始存款的变化使银行的准备金相应发生变化，而派生存款的变化却与准备金无关。

三、商业银行信用扩张的过程

为了说明商业银行体系如何创造信用，我们假定：第一，银行体系由中央银行及多家商业银行组成；第二，活期存款的法定准备金率为 20%；第三，客户将其一切货币收入都存入银行体系；第四，准备金由库存现金及在中央银行的存款组成；第五，各商业银行只保留法定准备金而不持有超额准备，其余均用于贷款或投资。

假设客户甲向中央银行出售证券获得10 000元，并以活期存款的形式存入 A 银行。由于法定准备金率为 20%，A 银行只需以2 000元(10 000×20%)作为准备金，其余的8 000元全部贷出。

假定 A 银行将8 000元贷给客户乙，乙以借到的8 000元全部用来向张某购买商品，张某将收到的8 000元存入 B 银行。B 银行在接受张某的8 000元活期存款后，以 20% 的比率保留1 600元(8 000×20%)准备金，而将其余的6 400元全部贷出去。

假定 B 银行将6 400元贷给客户丙，而丙又全部用来购买李某的商品，李某将收到的6 400元全部以活期存款的形式存入 C 银行，C 银行依法留出1 280元(6 400×20%)作为准备金，其余的5 120元全部贷出。C 银行将5 120元贷给丁，丁又用于购买……这个过程可以无限继续下去。在这个过程中，每家银行都在创造存款，法定准备金的增加过程等于最初的原始存款增加额。这也意味着由原始存款增加引发的存款扩张过程实际也是这笔原始存款全部转化为法定准备金的过程。

若以 R 表示原始存款，D 表示经过派生的存款总额，$r(0<r<1)$代表法定准备金率，则：

$$D=\frac{R}{r}$$

将以上数据代入公式，得：

$D=\frac{10\ 000}{20\%}=50\ 000$(元)

派生存款额$=D-R=50\ 000-10\ 000=40\ 000$(元)

四、商业银行信用收缩的过程

信用收缩与信用扩张正好相反。假设法定准备金率还是 20%，并假设银行系统没有超额准备。A 银行的客户甲向中央银行购买10 000元证券，动用在 A 银行的10 000元存款，结果 A 银行的准备金和活期存款各减少10 000元，使其准备金率下降，低于法定准备金率。为此，A 银行必须设法收缩贷款以恢复到法定准备金率。由于 A 银行对甲的10 000元存款仅仅保留了2 000元准备金，所以现在缺少储备8 000元。假定 A 银行向客户乙收回贷款8 000元，这样，资产方面贷款减少了8 000元，而准备金增加了8 000元，准备金比率则恢复到20%的法定比率。

假定A银行准备金所增加的8 000元是客户乙从B银行提款偿还A银行贷款造成的，并且B银行也没有超额准备，那么B银行也将减少贷款来达到法定准备金要求。这样，与存款扩张的过程是相对称的。经过各银行的辗转提存后，存款将以几何级数减少，这样，最初存款和准备金的减少额即10 000元，将导致存款减少50 000元。相当于最初减少额的$\frac{1}{r}=\frac{1}{0.2}=5$倍。一般将这里的$\frac{1}{r}$称为存款乘数，可用$K$表示。

五、存款乘数

通过以上分析，可以看到存款的变动和储备的变动显然存在着一种乘数或倍数关系，这种倍数关系就是存款乘数。因改变法定准备率使活期存款得以扩张或紧缩所产生的这种倍数效应，就是乘数作用。其公式为：

$$K=\frac{1}{r}$$

在以上分析中，我们只考虑了法定准备金这一因素，但实际还有其他漏出因素。

（一）现金漏损

假设客户将所有货币收入都存入银行而不在手中保留现金，但事实上由于种种原因，他不会将所有收入都存入银行。漏损出来的现金，即公众保持在手中的现金将不会参与存款的创造。如果以h表示每1元活期存款中公众作为现金提取的比例，那么活期存款乘数公式扩展为：

$$K=\frac{1}{r+h}$$

现金漏损的比率h大小取决于公众使用现金的习惯，同时受多方经济条件影响，如利率升高，人们会少持现金多存款，因而会降低h。

（二）超额准备

银行为保持流动性，经常持有超额准备以避免向央行借款或被迫出售短期证券，或用于在大面额可转让存单市场购买存单。不过银行为了实现利润最大化，其持有的超额准备通常很少。假如e是每1元存款中银行持有超额准备的比例，那么活期存款乘数就是：

$$K=\frac{1}{r+e+h}$$

超额准备率会使存款乘数的值降低，银行保留的超额准备不进入存款创造过程。对利率因素很敏感。在利率升高时，银行以大量超额准备发放贷款和投资，因而e较低；在利率降低时，银行就不愿意贷出所有超额准备，因而e较高。

（三）活期存款变为定期存款

随着活期存款的增加，其中有一些将转变为定期存款。由于法律规定，对非个人定期存款也要持有准备金，因此，如果活期存款转化为定期存款比率为 t，rt 是定期存款的法定准备金率，那么1元活期存款中就有 $t \cdot rt$ 作为法定准备漏出，从而存款乘数进一步扩展为：

$$K=\frac{1}{r+e+h+t \cdot rt}$$

本章小结

商业银行是以经营存、放款，办理转账结算为主要业务，以营利为主要经营目标的金融机构。它是一种特殊的金融企业。商业银行可分为职能分工型和综合型两种基本类型，后者更能适应经济发展的需要。商业银行的主要业务有表内业务和表外业务两大类。现代商业银行的经营原则是安全性、流动性、营利性。西方国家商业银行经营管理理论经过了资产管理、负债管理、资产负债综合管理三个阶段。

《巴塞尔资本协议》是世界各国银行监管中普遍采用的准则。从1988年的《巴塞尔协议》到2005年的《新巴塞尔资本协议》，始终代表着最先进的风险管理技术和监管理念与实践。

商业银行最重要的特征是，商业银行能以派生存款的形式创造和收缩货币，而且其创造和收缩货币的功能非常强，因而成为各国中央银行控制的重点。

基本概念

职能分工型商业银行　综合型商业银行　单元制　分支行制　控股银行制
连锁银行制　代理银行制　表内业务　表外业务　资产负债管理
《新巴塞尔资本协议》的三大支柱　存款乘数　原始存款　派生存款
部分准备金制度

课后习题

1. 如何理解商业银行的性质？
2. 商业银行有哪些业务？
3. 商业银行的经营原则是什么？如何理解这些原则既有统一的一面又有矛盾的一面？
4. 商业银行为什么有信用创造的能力？
5. 简述商业银行的资产负债管理理论。
6. 《新巴塞尔资本协议》的内容对我国的商业银行有什么启示？

案例讨论

案例一　我国实施巴塞尔协议的概况

我国的《商业银行法》引进了巴塞尔协议，规定商业银行资本充足率不得低于8%。人民银行分别于1994

年和1996年下发了对商业银行资本充足率的要求。但在以后相当长的一段时间内，我国对资本不足的商业银行没有明确的监管措施，在资本充足率计算上也放宽了标准，缺乏对贷款进行符合实际的分类方法(符合国际惯例的五级分类法是2002年才开始全面推行，之前则是基于逾期的分类)，并按分类提取充足的风险准备金。

银监会2004年2月23日公布了《商业银行资本充足率管理办法》，基本内容符合1988年《巴塞尔协议》要求，同时吸收了新资本协议的有关监管和信息披露的规定。但与新资本协议相比有两点不足：一是没有将操作风险纳入资本约束范围(只包含了信用风险和市场风险)，二是信用风险不能使用内部评级法。

2007年2月28日，中国银监会发布了《中国银行业实施新资本协议指导意见》，标志着我国正式启动了实施《巴塞尔新资本协议》的工程。按照我国商业银行的发展水平和外部环境，短期内我国银行业尚不具备全面实施《巴塞尔新资本协议》的条件。因此，中国银监会确立了分类实施、分层推进、分步达标的基本原则。

就分类实施而言，中国银监会规定，在其他国家或地区(含香港、澳门等)设有业务活跃的经营性机构、国际业务占相当比重的大型商业银行，应自2010年底起开始实施《巴塞尔新资本协议》，如果届时不能达到中国银监会规定的最低要求，经批准可暂缓实施《巴塞尔新资本协议》，但不得迟于2013年底。而其他商业银行可以自2011年起自愿申请实施《巴塞尔新资本协议》。

但是2008年全球金融危机后，中国金融监管思路似乎有改变，监管标准提升很快。直接体现是，《巴塞尔协议Ⅲ》草案一出，中国监管层就在酝酿《巴塞尔协议Ⅲ》中国版。并且其中一些指标甚至更严。

举例来说，在中国版中核心一级资本充足率和核心资本充足率分别为6%和8%。

这可能表明，中国金融监管层从这次金融危机中得到足够的警示，希望能快速提高中国金融业抵御和管理风险的能力。

☞ **讨论题：**

中国对商业银行风险监管的国际化进程是怎样的？

案例二　巴林银行的破产

巴林银行集团是英国伦敦城内历史最久、名声显赫的商人银行集团，素以发展稳健、信誉良好而驰名，其客户也多为显贵阶层，包括英国女王伊丽莎白二世。该行成立于1762年，当初仅是一个小小的家族银行，逐步发展成为一个业务全面的银行集团。巴林银行集团的业务专长是企业融资和投资管理，业务网点主要在亚洲及拉美新兴国家和地区，在中国上海也设有办事处。到1993年底，巴林银行的全部资产总额为59亿英镑，1994年税前利润高达1.5亿美元。1995年2月26日，巴林银行因遭受巨额损失，无力继续经营而宣布破产。从此，这个有着233年经营史和良好业绩的老牌商业银行在伦敦城乃至全球金融界消失。目前该行已由荷兰国际银行保险集团接管。

巴林银行破产的直接原因是新加坡巴林公司期货经理尼克·里森错误地判断了日本股市的走向。1995年1月份，里森看好日本股市，分别在东京和大阪等地买了大量期货合同，指望在日经指数上升时赚取大额利润。谁知天有不测风云，日本阪神地震打击了日本股市的回升势头，股价持续下跌。巴林银行最后损失金额高达14亿美元之巨，而其自有资产只有几亿美元，巨额亏损难以弥补，这座曾经辉煌的金融大厦就这样倒塌了。那么，由尼克·里森操纵的这笔金融衍生产品交易为何在短期内便摧毁了整个巴林银行呢？我们首先需要对金融衍生产品(亦称金融派生产品)有一个正确的了解。金融衍生产品包括一系列金融工具和手段，买卖期权、期货交易等都可以归为此类。具体操作起来，又可分为远期合约、远期固定合约、远期合约选择权等。这类衍生产品可对有形产品进行交易，如石油、金属、原料等，也可对金融产品进行交易，如货币、利率以及股票指数等。从理论上讲，金融衍生产品并不会增加市场风险，若能恰当地运用，比如利用它套期保值，可为投资者提供一个有效的降低风险的对冲方法。但在其具有积极作用的同时，也有其致命的危险，即在特定的交易过程中，投资者纯粹以买卖图利为目的，垫付少量的保证金炒买炒卖大额合约来获得丰厚的利润，而往往无视交易潜在的风险，如果控制不当，就会招致不可估量的损失。新加坡巴林公司的里森，正是对衍生产品操作无度才毁灭了巴林集团。

巴林事件提醒人们加强内部管理的重要性和必要性，合理运用衍生工具，建立风险防范措施。凡从事金融衍生产品业务的银行应对其交易活动制定一套完善的内部管理措施，包括交易头寸（指银行和金融机构可动用的款项）的限额、止损的限制、内部监督与稽核，扩大银行资本，进行多方位经营，作出合理的投资组合，不断拓展自己的业务领域，这样才能加大银行自身的安全系数并不断盈利。

（资料来源：http://218.108.81.184/xdjrgl/upload/admin/20080516/17）

☞**讨论题：**

根据案例说明商业银行的经营原则及其相互关系。

第五章
中央银行与金融监管

引言

现代市场经济的运作和管理离不开稳定、完善的金融体系,而中央银行就处于该金融体系的中心。中央银行一方面对商业银行进行监管以维护整个银行体系的安全;另一方面又积极为商业银行提供清算、流动性支持等服务,以维护金融体系的良性循环。中央银行是现代金融业发展的产物,同时也对金融业的发展产生着越来越大的影响。本章主要介绍中央银行制度的产生、发展,中央银行的性质、职能以及金融监管的主要内容等问题。

第一节　中央银行的产生及类型

一、中央银行产生的历史必然性

(一)统一银行券发行的需要

随着商品经济发展规模的扩大,贵金属的产量远远不能满足生产和交换的需要。铸币不能满足企业贴现的需要,于是,银行便发行一种以自己为债务人的不定期的票据来给企业办理贴现,这种由银行发行的票据就是银行券。金本位和银本位时期,各商业银行都有权发行自己的银行券,但要以黄金储备作为发行准备,确保银行券可以随时得到兑现。但伴随着货币信用业务的迅速扩展、市场的扩大和银行机构的不断增多,流入市场的银行券也越来越多,银行券分散发行的弊病就越来越明显:首先,一般商业银行规模较小,资金实力、信用、营业网点都十分有限,因而其发行的银行券只能在银行所在的地域范围流通,给社会化的生产和流通带来了极大的困难。其次,银行林立、竞争加剧,难免发生恶意挤兑的情况。再次,银行券种类过多,给银行、企业间的交易与支付带来困难,使得债权债务关系复杂化,一旦某种银行券不能兑现,造成的连锁反应危害极大。最后,商业银行独自发行的银行券,往往存在发行数量过多、准备金不足或经营管理不善而发生兑现困难的现象,从而引发信用危机,造成社会秩序混乱。因此,客观上要求有一个资金雄厚并在全国范围内享有权威的银行来统一发行银行券,以保证银行券币值稳定、流通顺畅。

(二)统一票据清算的需要

商业银行在其发展初期,没有一个统一的清算机构,银行间的票据结算往往是由各家银行单独分散进行的。随着商品经济的发展和银行业务的不断扩大,银行收授票据的数量也急速增长,各银行之间的债权债务关系日趋复杂,票据的结算业务也变得繁重起来。同城结算和当日轧差尚且有困难,异地结算就更是难上加难。基于此,在当时的一些城市,同业公会和私人银行就自发建立了票据交换所,1770 年由英国的一些私人银行组建的伦敦票据交换所便是世界上最早的票据交换所。

票据交换所提高了清算效率,但由于缺乏权威性和统一性,还不能为所有银行接受和利用,因而无法进行统一的票据交换和清算,一般仅限于同城之间的票据清算。这在客观上要求建立一个全国统一的、权威的、公正的清算中心,作为金融支付体系的核心,能够快速清算银行间各种票据,促使资金顺畅,保证商品经济的快速发展。显然这一重任只能由中央银行来担任。因为中央银行的清算体系可以通过各商业银行在中央银行开立的清算账户确保其权威性,客观公正地统一协调处理票据交换和债权债务关系,防止任何形式的清算危机的发生。

(三)最后贷款人的需要

随着商品生产和流通的不断扩大,对资金的需求不仅金额越来越大,而且使用期限也越来越长。在这种情况下,银行往往采取降低支付准备金、扩大银行券的发行、进行同业拆借等手段来满足资金需求。但由于一些贷款不能按时收回,或者出现突发性大量提现,加上银行券受地区和信用的制约,以及存款过多用于贷款等原因,一些银行支付能力不足并最终破产。为了保护存款人的利益和银行及整个金融业的稳定,客观上需要有一家权威性机构,适当集中各银行的一部分现金准备作为后盾,在银行出现难以克服的支付困难时,集中给予必要的贷款支持,充当银行的“最后贷款人”,这对于维护银行体系的稳定十分重要。

(四)金融监管的需要

随着商品货币关系的发展,银行和金融业在整个社会经济关系中的地位和作用日益突出,金融运行的稳定成为经济稳定发展的重要条件。为了保证银行和金融业的公平有序竞争,保证各类金融业务和金融市场的健康发展,减少金融运行的风险,政府对金融业进行监督管理是极其必要的。而政府对金融业进行监督管理,不能不依靠专门的机构来实现。由于金融业监管的技术性很强,这个专门从事金融业监督、管理和协调的职能机构要有一定的技术能力和操作手段,还要在业务上与银行建立密切联系,以便其制定的各项政策和规定能够通过具体业务活动得到贯彻实施。这也使中央银行的产生成为必然。中央银行代表政府对金融行业实行严格的管理,以维护其公平、效率和稳定,并进而对整个宏观经济进行调节。

二、中央银行的产生及发展

中央银行的形成有两种方式：一种是由一般的商业银行演变而成，英格兰银行是其典型代表；另一种则是国家直接设立中央银行，并履行其职能，如美国的联邦储备系统，以及第二次世界大战后许多发展中国家建立的中央银行。

关于中央银行的历史，最早可以追溯到1656年成立的瑞典银行。它原是由私人创办的欧洲第一家发行银行券的银行，于1668年由政府出面改组为国家银行，但直到1897年才垄断货币发行权，开始履行中央银行职责，成为真正的中央银行。最早全面发挥中央银行各项职能的则是1694年成立的英格兰银行，虽比瑞典银行晚成立40年，但被人们称为近代中央银行的鼻祖，它的创立是中央银行制度发展史上一个最重要的里程碑。

英格兰银行最初为私人股份制银行，是基于国家利益的需要而创办，并为国家利益服务的发行银行和代理国库的银行。1833年，由国会通过法案，规定英格兰银行的纸币为全国唯一的法偿货币。1844年，英国首相皮尔主持通过了《英格兰银行条例》(又称《皮尔条例》)，限制了其他商业银行发行纸币的数量，这样，无形中赋予了英格兰银行半独占发行的权力。再加上该行与政府及国库的密切关系，英格兰银行作为特殊银行的地位便更加巩固。由于该行发行的纸币流通范围最广、信誉最高，许多商业银行便把自己的一部分准备金存入英格兰银行，作为交换、清偿的用途。这样，英格兰银行就逐渐成为英国银行业的现金保管者，并于1854年成为英国银行业的票据交换中心，至此英格兰银行成为清算银行。1872年，英格兰银行将银行放款利率作为其货币政策的重要工具，担负起最后贷款人的角色。这样，英格兰银行就成为“银行的银行”，成为现代意义上的中央银行。

在整个19世纪到第一次世界大战爆发前这100多年里，出现了成立中央银行的第一次高潮。如成立于1800年的法兰西银行，在1848年垄断了全法国的货币发行权，并于19世纪70年代完成了向中央银行的过渡；德国国家银行成立于1875年，并于20世纪初基本垄断了德国的货币发行权；日本的中央银行即日本银行则成立于1882年。1800～1900年间，成立中央银行的国家主要还有荷兰、奥地利、挪威、丹麦、比利时、西班牙、俄国等。它们主要是本国经济、金融客观发展的产物，并且大部分都是由普通银行逐步集中货币发行和对一般银行提供清算服务及资金支持而演变为中央银行的。

美国的中央银行是西方国家中建立最晚，但最具有特色的中央银行。美国早期具有中央银行职能的银行是美国第一银行(1791～1811年)和美国第二银行(1816～1836年)，这两家银行均在成立之初规定的20年营业期满后中止。真正全面具有中央银行职能的美国联邦储备体系于1913年建立，在此之前，由于银行制度的不健全，从19世纪末到20世纪初，美国每隔数年就要爆发一次金融恐慌，这使美国感到有必要像其他资本主义国家一样建立中央银行制度，于是国会在1913年通过了《联邦储备条例》，正式建立了中央银行制度，即联邦储备体系。美国的中央银行制度是中央银行史上一个重要的制度创新。它把美国分成了12个储备区，每区各设立一个联邦储备银行，并在此基础上设立中央一级的联邦储备理事会，由联邦储备体系统一发行联邦储备券，并把会员银行的存款准备金集中于12家联邦储备银行，使联邦储备体系执行中央银行的职能。

第一次世界大战爆发以后，许多国家经济和金融发生了剧烈波动，面对世界性金融危机和当时严重的通货膨胀，1920年在比利时首都布鲁塞尔召开的国际经济会议上，要求尚未建立中央银行的国家尽快建立中央银行，已建立中央银行的要进一步发挥中央银行的作用，以共同维持国际货币体系和经济的稳定，由此推动了中央银行产生和发展的又一次高潮。1921～1942 年，世界各国改组或设立的中央银行约有 40 多家。第二次世界大战后，一批从殖民地统治中独立出来的国家也纷纷建立了自己的中央银行。

我国中央银行制度的萌芽可以追溯到 20 世纪初。1905 年 8 月清政府设立的户部银行除办理一般商业银行业务外，还享有铸造货币、代理国库、发行纸币、经理国债等特权，成为中国最早出现的具有部分中央银行职能的国家银行。1908 年，户部银行更名为大清银行，1912 年改组为中国银行。1928 年，国民政府在南京成立了中央银行，行使中央银行的职能。但是在 1942 年以前，国民政府控制的四大银行，即中央银行、中国银行、交通银行和中国农民银行均享有发钞权。直到 1942 年以后，才由中央银行统一货币发行、统一代理国库、统一外汇管理。

新中国的中央银行是中国人民银行。中国人民银行于 1948 年 12 月 1 日在原解放区的华北银行、北海银行和西北农民银行的基础上在石家庄正式成立，同时开始发行钞票。1949 年，中国人民银行总行迁入首都北京，以后按行政区设立分行、中心支行和支行(办事处)，支行以下设营业所，基本上形成了全国统一的金融体系。中国人民银行在成立后的 60 多年，经历了几个不同的发展阶段。(1)1948～1978 年。新中国成立后不久至 1978 年底以前，全国实际上只有中国人民银行一家银行，它既办理全国的工业、农业、商业信贷业务及城乡居民储蓄业务，又执行中央银行的职能，即代理财政金库、独占货币发行权、管理全国的金融业，被称为“大一统”的银行体制，这是与当时高度集中的计划经济体制相适应的。(2)1979～1983 年。在这一阶段，中国人民银行的双重职能开始逐步剥离，中央银行的职能逐步增强。1983 年 9 月，国务院作出决定：中国人民银行不再兼办工商信贷和储蓄业务，而专门行使中央银行的职能，以加强信贷资金的集中管理和综合平衡。(3)1984～1998 年。1986 年 1 月 7 日，国务院发布《中华人民共和国银行管理暂行条例》，首次以法规形式规定了中国人民银行作为中央银行的性质、地位和职能。1995 年 3 月 18 日，《中华人民共和国中国人民银行法》颁布，这是新中国第一部金融大法，该法的颁布实施标志着中国现代中央银行制度正式形成并进入法制化发展的新阶段。(4)1998 年以后。1998 年 10 月始，中国人民银行及其分支机构在全国范围内进行改组，撤销中国人民银行省级分行，在全国设立 9 个跨省、自治区、直辖市的一级分行，重点加强对辖区内金融业的监督管理。一个以中央银行为领导，以商业银行为主体，多种金融机构并存、分工协作的具有中国特色的金融体系已经形成。

三、中央银行的性质

中央银行是国家赋予其制定和执行货币政策、对国民经济进行宏观调控和管理的特殊金融机构。

1. 中央银行是特殊的金融机构

中央银行虽然也称为银行，掌管商业银行的法定准备金存款和结算存款，对商业银行提供再贴现和再贷款，并提供结算服务，与金融机构有相似之处，仍然从事着货币信用等金融活动，但是在实质上，它与普通金融机构具有根本性差别：

(1)从经营目标来看，商业银行以及其他的金融机构作为经营货币业务的机构，一般以追求利润最大化为经营目标；中央银行不以营利为目的，原则上也不从事普通商业银行的业务，而是以金融调控为己任，以稳定货币、促进经济发展为宗旨。虽然中央银行在业务活动中也会取得利润，但营利不是目的，而是为实现国家宏观经济目标服务，这是由中央银行所处的地位和性质决定的。

(2)从服务对象来看，普通商业银行和其他金融机构一般以企业、社会团体和个人为其主要的服务对象；而中央银行在一般情况下不与这些对象发生直接的业务关系。中央银行只与政府和商业银行等金融机构发生资金往来关系，并通过与这些机构的业务往来，贯彻和执行政府的经济政策，履行其管理金融的职责。

(3)从经营内容来看，中央银行独占货币发行权，通过制定和实施货币政策控制货币供应量，使社会总供给和总需求趋于平衡，而商业银行和其他金融机构则没有这种特权；中央银行接受金融机构的准备金存款和政府财政性存款，但其吸收存款的目的不同于商业银行等金融机构，即不是为了扩大信贷业务规模，而是为了调节货币供应量，因此其接受的存款具有保管、调节性质，一般不支付利息。中央银行负有调节信用的职能，其资产具有较大的流动性和可清偿性，一般不含有长期投资的成分，可随时兑付清偿，以保证其调节功能的正常发挥。

2. 中央银行是管理金融事业的国家机关

现代中央银行不论其资本是否由国家拥有，在性质上都已是代表国家管理金融活动的政府管理机关。大多数国家法律明文规定：中央银行对行政、司法、立法部门负责，是国家管理金融的机关。中央银行大多属于国家和政府权力机关。例如，美国联邦储备系统直接对国会负责，是国会的一个部门；我国的中国人民银行直接隶属国务院，是政府的一个部委单位。

中央银行作为管理金融事业的国家机关，主要表现在：(1)中央银行是全国金融事业的最高管理机构，是代表国家管理金融事业的部门；(2)中央银行代表国家制定和执行统一的货币政策，监管全国金融机构的业务活动；(3)中央银行的主要任务是代表国家运用货币政策对经济生活进行直接或间接的干预；(4)中央银行代表国家参加国际金融组织和国际金融活动。

中央银行具有国家机关的性质，但与一般的行政机关又有很大的不同：(1)中央银行履行其职责主要是通过特定金融业务进行的，对金融和经济的管理调控基本上是采用经济手段如调整利率和准备金率、在公开市场上买卖有价证券等方式实现的，这与主要依靠行政手段进行管理的国家机关有明显不同；(2)中央银行对宏观经济的调控是分层次实现的，即通过货币政策工具操作调节金融机构的行为和金融市场运作，然后再通过金融机构和金融市场影响各经济部门，其作用比较平缓，市场的回旋空间较大，这与一般国家机关的行政管理直接作用于各微观主体而又缺乏弹性的方式有较大的不同；中央银行在政策制定上有一定的独立性，这在后面的章节还将专门论及。

四、中央银行制度的类型

(一)中央银行制度的基本类型

1. 单一式中央银行制度

单一式中央银行制度，是指国家建立单独的中央银行机构，使之与一般的商业银行业务相分离，而全面行使中央银行的职能。单一式中央银行制度是最主要、最典型的中央银行制度形式。这种类型又可分为一元式和二元式两种情况。

所谓一元式的中央银行制度是指一国只设立一家统一的中央银行，行使中央银行的权力和履行中央银行的全部职责，中央银行的机构设置一般采取总分行制，逐级垂直隶属。一元式的中央银行制度具有权力集中、决策迅速、职能完善、组织机构齐全等特点。目前世界上大多数国家都采取这种形式，比较典型的有英国、法国、日本和瑞典等；所谓二元式的中央银行制度，是指在国内建立相对独立的中央和地方两级中央银行机构，中央和地方两级机构在执行货币政策方面是配合一致的，在具体开展业务方面，地方级机构要接受中央级机构的监管和指导，但与总分行制比较，地方级机构比总分行制下的分支机构享有更大的分权，具有较强的独立性。实行这种体制的国家一般为联邦制国家，如美国和德国等。

2. 复合式中央银行制度

复合式中央银行制度是指国家不单独设立专司中央银行职能的中央银行机构，而是由一家集中央银行与商业银行职能于一身的国家大银行兼行中央银行职能的中央银行制度，即所谓的"一身二任"。这种体制一般存在于中央银行发展初期和一些实行计划经济体制的国家。变革前的苏联和东欧国家以及 1984 年以前的中国，都曾实行过这种体制。

3. 跨国中央银行制度

跨国中央银行制度是指由若干国家联合组建一家中央银行，由这家中央银行在成员国范围内发行共同货币，制定和执行统一的货币政策，办理成员国共同商定和授权的金融事项。由这一家中央银行在其成员国范围内行使全部或部分中央银行职能的中央银行制度，一般是与一定的货币联盟联系在一起的。第二次世界大战后，一些在地域上相邻、经济上与某一发达国家联系密切的欠发达国家，为促进共同的经济发展，组建了货币联盟，在联盟内发行共同的货币，执行共同的金融政策，并建立共同的中央银行。比如，由贝宁、科特迪瓦、尼日尔、塞内加尔等国组成的西非货币联盟所设的中央银行就属此类；而作为跨国中央银行制度典型代表的欧洲中央银行，将在欧洲和世界金融活动中扮演着日益重要的角色。

4. 准中央银行制度

准中央银行制度是指国家不设通常完整意义上的中央银行，而是由政府授权专门机构行使对金融业的监督和管理职能，如金融管理局和货币局等，但这种专门机构只执行部分中央银行职能，中央银行的另一些职能如货币发行、准备金保管、调节货币流通等，则由政府授权大商业银行行使。实行这种体制的是一些经济开放度较高的小国或地区，如新加坡、马尔代夫、斐济、中国的香港特别行政区等。

在这类中央银行制度下，国家设立的专门金融管理机构的名称和职责在各国也有所不同。如新加坡设立金融管理局，隶属财政部，不负责发行货币，而将货币发行权授予大商业银行，并由国家货币委员会负责管理。除此之外，金融管理局全面行使中央银行的其他各项职能。马尔代夫设立货币总局，负责货币发行和管理，制定和实施货币政策，同时授权商业银行行使某些中央银行职能。香港在回归祖国之前，基本上也是属于准中央银行制度类型。香港特别行政区的政府金融监管机构是香港金融管理局，而港币的发行机构是汇丰银行、渣打银行和中国银行香港分行。1997 年香港回归祖国后，按照"一国两制"的原则和《中华人民共和国香港特别行政区基本法》的规定，香港仍然实行独立的货币与金融制度，其货币发行与金融管理自成体系。

(二)中央银行的资本组成类型

1. 全部资本为国家所有的中央银行

这类中央银行也称国有化中央银行。目前世界上大多数国家中央银行的所有权都全部归国家所有。国家拥有中央银行的全部资本，可以使中央银行更加具有独立性和权威性，因而能更好地代表国家调控国民经济。中央银行的国有化主要是通过两种形式实现的:一是由国家逐步把原来行使一部分中央银行职能的私人银行收归国有,实现中央银行资本国有化;二是由国家以政府拨款的方式全额出资建立中央银行。目前,中央银行资本为国家所有的国家主要有英国、法国、德国、加拿大、澳大利亚、荷兰、西班牙、印度、泰国等。中国人民银行的资本组成也属于国家所有的类型,《中国人民银行法》第 8 条规定:“中国人民银行的全部资本由国家出资,属于国家所有。”

2. 资本为公私混合所有的中央银行

资本为公私混合所有的中央银行也称半国家性的银行。这种资本组成类型是国家持有中央银行的一部分资本金,大多在 50%以上,其余的资本则由民间私人资本提供。如日本银行,政府拥有 55%的股份,其余 45%则由本国的金融机构、证券公司、其他法人和个人认购;瑞士国家银行 60%的股份由政府和一些商业银行持有,其余 40%的股份则为私人所有,这部分股份可在市场上自由买卖。由于私股持有者不能参与经营决策,所以对中央银行的政策基本上没有影响。

3. 全部股份非国家所有的中央银行

这类中央银行,国家不持有股份,全部资本由其他股东投入,由法律规定执行中央银行的职能。其典型代表是美国、意大利和瑞士。如美国联邦储备银行的股本全部由参加联邦储备体系的会员银行所拥有,会员银行按照自己实收资本和公积金的 6%认购所参加的联邦储备银行的股份,先缴付所认购股份的一半,另一半待通知随时缴付,会员银行按实缴股本享受年息 6%的股息。

4. 资本为多国共有的中央银行

即跨国中央银行的资本不为某一个国家单独所有,而是由各成员国按商定比例认缴的,各国以认缴比例拥有对中央银行的所有权。如欧洲中央银行的资本是由所有欧元成员国按其人口和国内生产总值的大小向欧洲中央银行认购的。

5. 无资本金的中央银行

这是指中央银行没有资本金,而是由国家授权执行中央银行职能。属于这种类型的中央银行只有韩国中央银行——韩国银行。

中央银行的资本金无论是属于国家、公私混合所有还是其他,都不会对中央银行的性质和业务活动产生实质性的影响。因为国家对中央银行拥有直接控制和监督的权力,私人持股者既无决策权,又无经营管理权。因此,从这个意义上讲,任何一个国家的中央银行本质上都是政府机构。

(三)各国中央银行的比较

1. 美国的中央银行联邦储备系统

美国的中央银行联邦储备系统正式成立于 1914 年。在中央一级设立联邦储备理事会,并有专门为其服务的若干职能部门;在地方一级设立联邦储备银行。即美国的联邦储备系统由三个主要组成部分构成:联邦级的联邦储备理事会(Board of Governors of the Federal Reserve System)、联邦公开市场委员会(Federal Open Market Committee,FOMC)和地方级的 12 家联邦储备银行及其分支机构。联邦储备理事会是联邦储备体系的最高决策机构,直接对国会负责,制定货币政策,行使领导和管理金融的职能。它控制贴现率,并可以在规定范围内改变银行的法定存款准备金率。它和联邦公开市场委员会的其他成员一起,控制着最重要的货币政策工具——公开市场业务。联邦储备理事会由 7 名理事组成，每一理事任期 14 年，理事会主席由总统在理事会成员中任命，任期 4 年，可以连任。在地方一级，美国联邦储备系统将 50 个州和哥伦比亚特区划分为 12 个联邦储备区，每一个区设立一家联邦储备银行，联邦储备银行在各自的辖区内履行中央银行的职责。

2. 英国的中央银行

英国的中央银行英格兰银行，是世界上最早形成的中央银行，为各国中央银行体制的鼻祖。它成立于 1694 年，总行设在伦敦，职能机构分政策和市场、金融结构和监督、业务和服务三个部分，下设国库委员会、监察委员会等 5 个职能机构。同时，英格兰银行在全国 4 个大区、53 个郡、91 个区设有分行和办事处，开展地方性业务。

3. 法国的中央银行

法国的中央银行是法兰西银行，成立于 1808 年，总行设在巴黎，并在全国各主要城市设有分行和办事处。分行主要负责执行总行制定的政策和法规，经总行授权也可根据实际情况制定一些地方性金融监管法规和制度；而办事处仅仅负责办理信贷业务。

4. 日本的中央银行

日本的中央银行为日本银行，成立于 1882 年，总行设在东京，在全国 47 个都、道、府、县设有分行和办事处，在纽约、伦敦、巴黎、法兰克福、香港设有代表处。分行接受总行的直接领导，贯彻执行日本银行政策委员会及总裁决定的金融政策、金融法规和业务方针，其业务活动不受当地政府管辖。

5. 欧洲中央银行

欧洲中央银行是一个典型的跨国中央银行，是欧洲一体化进程逐步深入的产物。第二次世界大战以后，处于苏联和美国两个超级大国夹缝之间的欧洲各国走上了互相联合以谋求共同发展的道路。法国、联邦德国、意大利、荷兰、比利时和卢森堡六国于 1951 年签订的欧洲煤钢联营条约标志着欧洲一体化进程的开始。1957 年，上述六国又在罗马签订了欧洲原子能共同条约和欧洲经济共同体条约（合称《罗马条约》）。在这些条约的基础上，经过多年的建设，形成了一个迄今为止一体化程度最高、影响最大的地区经济集团——欧洲共同体（European Communities），也就是今天的欧洲联盟（European Union）。

欧共体成员在 1991 年的《马斯特里赫特条约》（简称《马约》）中正式提出建立欧洲经济货币联盟（EMU）的计划，该计划的核心是在共同体内实现只有一个中央银行、一种单一货币的欧洲货币联盟。1994 年 1 月 1 日，欧洲中央银行的前身——欧洲货币局在德国法兰克福建立，它在规定的时间内完成了未来欧洲中央银行货币政策运作框架的设计工作。在 1998 年 5 月 2～3 日的欧盟特别首脑会议上，根据《马约》规定的入盟条件，欧盟 15 个成员国中的 11 个率先取得了加入欧洲货币联盟的资格，荷兰中央银行前任行长威廉·杜伊森贝赫被推选为欧洲中央银行行长。根据欧盟制定的时刻表，从 1999 年 1 月 1 日起，未来的单一货币——欧元——以支票、信用卡、电子钱包、股票和债券方式流通，欧洲中央银行正式开始运作，实施独立的货币政策。从 2002 年开始，欧元钞票和硬币进入流通，取代所有货币联盟参加国的货币。

欧洲央行行址设在法兰克福，基本职责是制定和实施欧洲货币联盟内统一的货币政策。从制度架构上讲，欧洲中央银行由两个层次组成：一是欧洲中央银行本身，二是欧洲中央银行体系。后者除欧洲中央银行外，还包括所有欧元区成员国的中央银行，类似联席会议。前者具有法人身份，而后者没有。欧洲中央银行与各成员国中央银行之间的关系可以粗略地理解为决策者和执行者的关系，也就是说，欧洲中央银行将为欧元区内所有国家制定统一的货币政策，然后交由各成员国中央银行去实施。各国中央银行将失去其独立性，从而事实上成为欧洲中央银行的分行。所有欧元区成员国都必须按其人口和国内生产总值的大小向欧洲央行认购股本。

欧洲中央银行的日常管理机构是执行委员会，决策机构则是理事会。前者由4～6名成员组成，其中包括行长和副行长各1名，他们由欧盟首脑会议直接任命；后者除执行委员会成员外，还包括欧元区各成员国中央银行行长。理事会至少每年要举行10次会议，以作出有关欧元利率、汇率和货币投放量等方面的重大决策。

欧洲中央银行是世界上第一个管理超国家货币的中央银行。独立性是它的一个显著特点，欧洲央行不接受欧盟领导机构的指令，不受各国政府的监督。它是唯一有资格允许在欧盟内部发行欧元的机构，1999年1月1日欧元正式启动后，11个欧元国政府将失去制定货币政策的权力，而必须实行欧洲中央银行制定的货币政策。欧洲中央银行的成立和欧元的启动，标志着现代中央银行制度又有了新的内容，并进入了一个新的发展阶段。

6. 西非货币联盟、中非货币联盟

西非货币联盟(West African Monetary Union)最初建立于1962年5月12日，当时由非洲西部的塞内加尔、尼日尔、贝宁、科特迪瓦、布基纳法索、马里、毛里塔尼亚这7个成员国组成。1962年11月1日，西非货币联盟成立了西非国家中央银行，作为成员国的中央银行，总行设在塞内加尔首都达喀尔，在各成员国设有代理机构，总行负责制定货币政策、管理外汇储备、发行共同的货币、统一规定各国商业银行的再贴现总量和统一的准备金率、规定对政府贷款的数量。

中非货币联盟(Central African Monetary Area)由喀麦隆、乍得、刚果、加蓬和中非共和国5个成员国组成。1973年4月1日，中非货币联盟成立了共同的中央银行，称为中非国家银行，总行设在喀麦隆首都雅温得，发行共同的货币——中非金融合作法郎。中非国家银行的组织结构基本上类似于西非货币联盟，但中非国家银行在制定货币政策等方面更多地听取各成员国的意见，成员国有更多的自主权。

7. 中国香港、新加坡的中央银行

中国香港作为重要的国际金融中心之一，由于其特殊的地位和历史的原因，并没有设立中央银行，回归前港币发行由渣打银行和汇丰银行负责；从1983年10月起，实行与美元挂钩的联系汇率制度。1993年4月1日，香港成立了金融管理局，集中行使货币政策、金融监管和支付体系管理职能，但货币发行仍然由渣打银行和汇丰银行负责。1994年5月1日起，中国银行香港分行成为香港的第三家发钞银行。票据结算仍然由汇丰银行负责。1997年香港回归祖国后，作为中国的一个特别行政特区，享有高度的自治权，其货币金融制度基本保持不变——香港特区政府可自行制定货币政策、监管金融业，货币发行与管理体制保持不变。香港金融管理局代表政府制定并执行货币政策。

新加坡是一个经济、金融较为发达的国家，也是重要的国际金融中心之一。但是，新加坡没有真正意义上的中央银行，而是设立了金融管理局和货币发行局两个类似中央银行的机构共同行使中央银行的职能。新加坡的金融管理局是依据1970年的《新加坡银行法》于1971年1月成立的，负责制定货币政策和金融业发展政策，监管商业银行和其他金融机构，执行除货币发行外中央银行的所有其他职能。由此可见，新加坡金融管理局实际上在行使银行的银行、政府的银行、调控的银行的职能。新加坡的货币发行局成立于1967年，主要负责发行货币和保管发行准备金。另外，新加坡政府还设立了投资局和中央公积金局等政府机构，共同行使中央银行的部分职能。

第二节　中央银行的职能及主要业务

一、中央银行的职能

(一)发行的银行

所谓发行的银行,主要具有两个方面的含义:一是指国家赋予中央银行集中与垄断货币发行的特权,是国家唯一的货币发行机构;二是指中央银行必须以维护本国货币的正常流通与币值稳定为宗旨。

中央银行集中与垄断货币发行权是其自身之所以成为中央银行的最基本、最重要的标志,也是中央银行发挥其全部职能的基础。因此,具有发行的银行这一基本职能是中央银行实施金融宏观调控的充分与必要条件。中央银行作为一国发行货币和创造信用货币的机构,在发行现钞、供给货币的同时,必须履行保持货币币值稳定的重要职责,将货币量和信贷规模控制在适当的水平,使社会经济能正常运行与发展。

(二)银行的银行

所谓银行的银行,其一,是指中央银行的业务对象不是一般企业和个人,而是商业银行和其他金融机构及特定的政府部门;其二,中央银行与其业务对象之间的业务往来仍具有存、贷、汇业务的特征;其三,中央银行为商业银行和其他金融机构提供支持、服务的同时,对其进行管理。具体表现在以下几个方面:

1. 集中保管商业银行的存款准备金

实行中央银行制度的国家通常以立法的形式,要求商业银行和其他金融机构将其吸收的存款按法定的比率向中央银行缴存存款准备金,存款准备金集中于中央银行的“法定存款准备金”账户,成为中央银行的资金来源,并由中央银行集中统一管理。中央银行集中保管存款准备金的意义在于:一方面确保存款机构的清偿能力,从而保障存款人的资金安全,防止商业银行等存款机构因发生挤兑而倒闭;另一方面,中央银行通过调整存款准备金的上缴比率,来控制商业银行的货币创造能力和信用规模,以达到控制总体货币供应量的目的。美国是最早规定商业银行必须将它吸收的存款按一定比例存入中央银行的国家。

2. 充当商业银行等金融机构的“最后贷款人”

当商业银行和其他金融机构发生资金困难而无法从其他银行或金融市场筹措时,可通过再贴现或再贷款的方式向中央银行融通资金,中央银行则成为整个社会信用的最后贷款人。中央银行作为最后贷款人向商业银行和其他金融机构提供资金融通,一方面可以增强整个货币供应的弹性,提高商业银行和其他金融机构的资金流动性;另一方面也可以通过调整再贴现率,起到调控货币供应量和信用规模的作用。充当最后贷款人是中央银行极其重要的职能之一,也确立了中央银行在整个金融体系中的核心地位。

3. 办理商业银行之间的清算

在中央银行制度下,各商业银行须在中央银行开立清算账户,商业银行之间的清算都通过各自在中央银行账户上存款的相互划转来完成。清算时，只要通过各商业银行在中央银行的存款账户进行转账、轧差，直接增减其存款金额便可完成。中央银行办理金融机构之间的清算具有安全、快捷、可靠的特点。对于商业银行来讲，集中办理清算，成本低、效率高、安全可靠。对于中央银行来讲，在发挥服务功能的同时，可以加强对资金流量和流向的监测。

(三)国家的银行

中央银行是国家的银行，是指中央银行代表国家行使职能，实行的货币政策和对金融业的监管，必须符合政府管理经济的总体要求，必须与国家的宏观经济政策相协调，这从总体上反映出中央银行作为国家银行的特征。除此之外，这种特征还具体表现在中央银行的一些业务活动中，主要有：

1. 代理国库

国家财政收支一般不另设机构，而交由中央银行代理。财政的收入和支出均通过财政部在中央银行内开设的各种账户进行。具体包括：按国家预算要求代收国库库款，并根据财政支付命令拨付财政支出；向财政部门反映预算收支执行情况；代理国库办理各种收支和清算业务。因此，中央银行又被称为国家的总出纳。

2. 代理政府债券的发行

当今世界，各国政府均广泛利用发行国家债券的形式以弥补开支不足。中央银行通常代理国债的发行、推销以及发行后的还本付息等事宜。

3. 在特殊情况下，为政府弥补财政赤字提供融资

包括允许财政透支或借款、直接向财政购买政府债券等。但一般情况下，大多数国家都严格禁止中央银行与财政之间的直接信用联系。

4. 保管外汇和黄金储备，进行外汇、黄金的买卖和管理

世界各国的外汇、黄金储备一般都由中央银行集中保管。中央银行可以根据国内国际情况，适时适量购进或抛售某种外汇或黄金，可以起到稳定币值和汇率、调节国际收支、实现国际收支平衡的作用。

5. 代表政府从事国际金融活动，并提供决策咨询

中央银行一般都作为政府的代表，参加国家的对外金融活动，如参加国际金融组织、代表政府签订国际金融协定、参加国际金融事务与活动等；同时，在国际、国内的经济和金融活动中，中央银行还充当政府的顾问，提供经济、金融情报和决策建议。

6. 对金融业实施金融监督管理

中央银行作为国家最高的金融管理当局，行使其管理职能。其主要内容包括：制定并监督执行有关的金融政策、金融法规、基本制度和业务活动准则等，监督管理金融机构的业务活动，管理和规范金融市场。

二、中央银行的主要业务

(一)负债业务

中央银行的负债是指政府、金融机构、社会公众等持有的对中央银行的债权。中央银行负债业务主要有以下三种：

1. 货币发行业务

货币发行是中央银行作为国家政府的代表向社会提供流通手段和支付手段，是中央银行对货币持有者的一种负债，构成了中央银行最重要的负债业务。

中央银行的货币发行是通过再贴现、贷款、购买有价证券、收购金银及外汇等业务活动，将货币投放市场、注入流通，进而增加社会货币供应量。货币发行都有法律规定的程序，各国不尽相同，但都是根据中央银行法的规定，依据经济发展的进程制定操作程序，以配合货币政策的执行。

货币发行一般遵循以下原则：一是垄断原则，即货币发行权高度集中于中央银行。货币的垄断发行有利于统一国内的通货形式；有利于控制货币的发行和流通管理；有利于中央银行制定和执行货币政策，灵活有效地调节流通中的货币量。二是信用保证原则，即中央银行的货币发行必须要有一定的准备金作保证，并建立发行准备制度。在现代不兑现信用货币制度下，货币发行要受到国民经济发展水平的制约，为了保证货币发行数量不超过经济发行的客观要求，必须制定某种强有力的货币发行准备制度，使货币的发行有可靠的保证。三是适度弹性原则，即中央银行要根据经济发展状况有伸缩性、灵活性地供应货币，避免引起通货膨胀或通货紧缩。

2. 准备金存款业务

准备金存款业务是中央银行存款业务中最重要、最主要的业务，它是中央银行资金的重要来源，与存款准备金制度直接有关。准备金存款由两部分组成：一部分是法定准备金存款，即商业银行按照法律规定将吸收存款的一定比率上存中央银行；另一部分为超额准备金存款，即商业银行在中央银行的存款中超过法定准备金的部分。

准备金存款业务的主要内容包括：存款准备金比率及其调整幅度的规定、按存款的类别规定准备金比率、按金融机构的信用创造能力不同规定不同比率、规定可充当存款准备金资产的内容、确定存款准备金计提的基础等。

中国人民银行是于1984年行使央行职能后开办准备金存款业务的。目前中国人民银行的准备金存款业务对象除了存款货币银行外，还包括特定存款机构，即信托投资公司、国家开发银行和中国进出口银行。1998年之前，中国人民银行规定，存款准备金不能用于支付和清算。因此按照规定，金融机构在中国人民银行还要开设一般存款账户，即备付金存款，用于金融机构之间资金收付。1998年3月21日，法定存款准备金和备付金合并为准备金存款，中国人民银行对各类金融机构的准备金存款按旬平均余额计提。

3. 经理国库业务

中央银行作为政府的银行一般会代理国家经理国库，财政的收入和支出都由中央银行代理。经常大量的财政存款构成了中央银行的负债业务之一。这部分存款经财政分配，下拨机关、团体单位作为经费后，形成机关、团体的存款，这部分存款是财政性存款，也是中央银行的负债。两种存款均为中央银行资金的重要来源。

（二）资产业务

中央银行资产业务是中央银行运用货币资金的业务，是调控信用规模和货币供应量的主要手段。与负债业务相同，中央银行的资产业务也是其基本业务之一，主要包括贷款业务、再贴现业务、公开市场业务和国际储备业务。

1. 贷款业务

中央银行贷款业务是指中央银行采用信用放款或者抵押放款的方式，对商业银行等金融机构、政府以及其他部门进行贷款。贷款是主要的资产业务之一，也是中央银行向社会提供基础货币的重要渠道。

（1）对商业银行贷款。这种贷款称为再贷款，是中央银行贷款的最主要渠道。它是中央银行为了解决商业银行在信贷业务中发生临时性资金周转困难而发放的贷款，是中央银行作为银行的银行的具体表现。在国外，再贷款多为以政府债券或商业票据为担保的抵押放款。中央银行通常定期公布贷款利率，商业银行提出申请后，由中央银行对其数量、期限用途和申请者资信进行审查。

中国人民银行行使中央银行职能以来，再贷款一直是其主要资产业务。目前人民银行对金融机构的再贷款由中国人民银行总行直接对商业银行总行发放。中国人民银行向国内金融机构再贷款多为短期贷款，贷款期限有 20 天以内、3 个月以内、6 个月以内和 1 年期四个档次。中国人民银行向商业银行发放再贷款也是我国实现货币政策目标的重要间接调控手段。

（2）对政府贷款。这种贷款是在政府财政收支出现失衡时，中央银行提供贷款支持的应急措施，多为短期的信用放款。由于这种贷款会威胁货币流通的正常和稳定、削弱中央银行宏观调控的有效性，因而各国法律对此都有严格的时间规定和数量限制。在我国，《中华人民共和国中国人民银行法》第二十九条规定：中国人民银行不得对政府财政透支，不得直接认购、包销国债和其他政府债券。第三十条规定：中国人民银行不得向地方政府和各级政府部门提供贷款。这样，在法律上限制了政府向人民银行借款的行为。

2. 再贴现业务

中央银行的再贴现业务是指商业银行以未到期的商业票据向中央银行申请贴现取得融资的业务。中央银行运用再贴现执行最后贷款人的职能。对于中央银行而言，接受再贴现即为买进商业银行已经贴现的商业票据，付出资金；对于申请贴现的商业银行而言，则为卖出票据，取得资金。

我国的再贴现业务起步较晚。1986 年，中国人民银行颁布了《中国人民银行再贴现试行办法》，同年，中国人民银行上海分行开办了再贴现业务，随后此业务在全国其他城市逐步推开。1994 年 10 月，人民银行总行开始办理再贴现业务。

3. 公开市场业务

公开市场业务是指中央银行通过买进或卖出有价证券，吞吐基础货币，调节货币供应量的活动。与一般机构所从事的证券买卖不同，中央银行买卖证券的目的不是为了营利，而是为了调节货币供应量，以影响整个宏观经济。通过公开市场买卖证券是中央银行重要的资产业务。当市场需要扩张时，中央银行即在公开市场买入证券，以增加社会的货币供应量，刺激生产；反之则相反。

在我国，中国人民银行从 1998 年开始建立公开市场业务一级交易商制度，选择了一批能够承担大额债券交易的商业银行作为公开市场业务的交易对象，2012 年公布的公开市场业务一级交易商共包括 49 家。这些交易商可以运用国债、政策性金融债券等作为交易工具与中国人民银行开展公开市场业务。从交易品种看，中国人民银行公开市场业务债券交易主要包括回购交易、现券交易和发行中央银行票据。

4. 国际储备业务

国际储备是指各国政府委托本国中央银行持有的国际间广泛接受的各种形式资产的总称。目前国际储备主要由外汇、黄金组成，其中外汇储备是最重要的部分。中央银行经营国际储备是中央银行作为政府的银行这一功能的又一体现。它能起到弥补国际收支逆差、干预外汇市场、维持汇率稳定、增强国际信誉度、增强本国货币的国际信誉的作用。

从目前来看,外汇是各国中央银行持有的国际储备中最主要的资产,为了合理解决构成问题,各国中央银行普遍的做法是:努力优化国际储备构成,尤其是注重实现外汇资产的多样化,以争取分散风险、增加收益,同时获得最大的流动性。

(三)清算业务

中央银行清算业务又称中间业务,即中央银行对各金融机构之间因经营活动而发生的资金往来和债权债务进行了结。它主要有以下内容:

1. 组织同城票据交换

工商企业、事业单位及消费者用票据进行债权债务清偿和支付时,要通过开户银行的转账结算系统实现资金收付。当各银行收到客户提交的票据后,通过票据交换的方式将代收的票据交付款行。所谓票据交换,是指将同一城市中各银行间收付的票据进行当日的交换。参加交换的各银行每日在规定时间内,在交换场所将当日收进的以其他银行为付款行的票据进行交换,这种票据交换的清算一般由中央银行组织管理,集中办理交换业务,结出各机构收付相抵后的差额,其差额通过各商业银行在中央银行的存款账户进行划转清算。

18 世纪,英国伦敦的伦巴第街是金融业集中的地区。1773 年,在那里诞生了世界上最早的票据交换所,开创了票据集中清算的先河。1853 年,美国纽约市成立了美国第一家票据交换所,不久,波士顿等城市也成立了这样的机构。巴黎于 1872 年、大阪于 1878 年、柏林于 1887 年也先后成立了票据交换所,票据交换制度在全世界发展起来。

清朝末年,上海旧式的钱庄相当兴盛,钱庄之间代收的票据采取相互派专人携带汇划账簿到对方钱庄、使用现银清算差额的办法,很不方便。到了 1890 年,上海钱业公会成立了汇划总会,改为使用“公单”,通过汇划总会以“公单”交换和转账结算来清算差额。这是中国早期的票据交换形式,也起到了票据清算中心的作用。中华民国初期,华商银行增设渐多,但无自己的清算机构,其同业间票据收付是委托钱庄通过汇划总会办理的。1933 年 1 月 10 日,我国第一家新型的票据交换所成立了。

2. 办理异地资金汇划

办理异地资金汇划指办理不同区域、不同城市、不同银行之间的资金转移,如各行的异地汇兑形成各行间异地的债权债务,需要进行跨行、跨地区的资金划转。这种跨地区的资金汇划,必须由中央银行统一办理。一般有两种方法:一是先由各金融机构内部组成联行系统,最后各金融机构的清算中心通过中央银行办理转账结算;二是将异地票据统一集中传至中央银行总行办理轧差头寸的划转。我国的清算通常也采用这两种方法。

通过中央银行的异地资金汇划,减少了各行运送现款的麻烦,加速了资金周转。同时,中央银行还通过资金清算业务了解各金融机构的资金营运情况以及全国的资金供求状况,有利于中央银行加强对金融机构的监管,也有利于对货币供求状况和市场货币流通量进行合理的控制和调节。

3. 跨国清算

在国家的对外支付清算和跨国支付系统网络建设中,中央银行也发挥着不可替代的作用。跨国清算是指由于国际贸易、国际投资及其他方面所发生的国际间债权债务,借助一定的结算工具和支付系统进行清算,实现资金跨国转移的行为。跨国清算通常是通过各国的指定银行分别向本国的中央银行办理。由两国中央银行集中两国间的债权债务直接加以抵消,完成清算工作。

第三节　金融监管

一、金融监管概述

(一)金融监管的含义

所谓金融监管,是指一国的金融管理部门为达到稳定货币、维护金融业正常秩序等目的,依照国家法律、行政法规的规定,对金融机构及其经营活动实行的外部监督、稽核、检查及对其违法违规行为进行的处罚。中央银行的主要职能之一便是对金融特别是金融机构和金融市场进行监管。

由于经济、法律、传统和体制的不同,各国在金融监管的诸多方面存在着差异,但各国实施金融监管的原则大致相同,这些原则渗透和贯穿于监督管理体系的各个环节。

1. 依法监管原则

依法监管原则又称合法性原则,是指金融监管必须依据法律、法规进行。监管的主体、职责权限、措施等均由金融监管法规和相关行政法律、法规规定,监管活动均应依法进行。依法监管是各国金融监管当局共同遵守的原则。

2. 适度竞争原则

即金融监管的重心应放在创造适度的竞争环境上,放在形成和保持适当竞争的格局和程度监测上,放在避免造成银行高度垄断、失去竞争的活力和生机上,放在防止出现过度竞争、破坏性竞争从而危及银行业的安全稳定上。因此金融监管要审时度势,适时调整改革措施,调节金融监管力度,既要防止监管过头,又要防止监管过松不到位。

3. 自我约束和外部强制相结合的原则

外部强制管理再缜密严格,其作用也是有限的。如果管理对象不配合、不愿自我约束,而是千方百计设法逃避、应付、对抗,那么外部强制监管也难以收到预期效果。如果将全部希望寄托在金融机构自觉自愿地自我约束上,则不可能有效避免种种不负责任的冒险经营行为与道德风险的发生。

4. 安全稳定与经济效率相结合的原则

要求金融机构安全稳健地经营业务,历来都是金融监管的中心目的。为此所设置的金融法规和一系列指标体系,都着眼于金融业的安全稳健及风险防范。但社会经济发展要求金融业必须有相应的发展,而追求发展就必须讲求效率。因此,金融监管不应是消极地单纯防范风险,而应该积极地把防范风险与提高效率紧密结合起来。

(二)金融监管的必要性

由于金融业在现代市场经济中居于核心地位,其经营活动具有作用力大、影响面广、风险性高等特点,因此,依法对金融业实施有效的金融监管,既是市场经济运作的内在要求,又是金融业本身的特殊性所决定的。

1. 维护信用、支付体系的稳定

由于金融业在国民经济中所处的特殊地位，对金融业的监管是一个国家社会经济稳定发展的必然要求。金融是现代经济的核心，金融体系是全社会货币的供给者，也是货币运行及信用活动的中心，金融的状况对社会经济的运行和发展起着至关重要的作用，具有特殊的公共性和全局性。因此，对金融机构进行监督和管理、防范和化解金融机构的风险、维护金融机构安全稳健的运行，实际上也是维护社会信用中介、支付中介制度和货币体系的良好运行，保障国民经济健康发展。

2. 保护存款人和公众利益

金融业是高负债经营行业，经营过程中面临着信用风险、市场风险、利率风险、流动性风险、操作风险等各种风险，存款人的利益容易受到损失。另一方面，存款人与金融机构之间存在着严重的信息不对称，这意味着单纯依靠市场力量对金融机构进行约束是远远不够的，中央银行必须对金融机构建立完善的制度约束，才能保护存款人和公众利益。

3. 维护金融秩序，提高金融效率

良好的金融秩序是保证金融安全的重要前提，公平竞争是保持金融秩序和金融效率的重要条件。为了维护金融秩序、保护公平竞争、提高金融效率，中央银行必须对金融业进行监管，以保证金融机构高效、有序地运行。

4. 防范风险，维护金融业安全

从20世纪70年代以来，金融风险明显加剧，金融危机发生的频率加快，影响也越来越深。同时，各类金融创新和大量衍生工具的出现加大了银行内外部监管的难度。尤其是进入20世纪90年代以来，世界经济和国际金融市场发生了极大的变化，金融商品的交易数量、交易品种、交易方式都在快速发展，金融业风险与日俱增，使得金融监管的必要性更加突出。

5. 保证货币政策的顺利实施

货币政策是各国进行宏观经济调控的重要手段之一，而货币政策的有效实施必须以金融机构为中介体和传导体，因此，中央银行的监管要有利于货币政策调节手段的及时、准确传导和执行。

二、金融监管的内容

(一)市场准入的监管

市场准入是中央银行对新设机构进行的限制性管理，是金融监管的第一个环节。它是指通过对银行机构进入市场、经营金融产品、提供金融服务依法进行审查和批准，将那些有可能对存款人利益或银行业健康运转造成危害的金融机构拒之门外，以保证银行业的安全稳健运行。市场准入监管的目的在于防止过度竞争，维护银行特许权价值；抑制逆向选择，防止投机冒险者进入银行市场；同时促使银行审慎经营，防止银行过度冒险行为。

例如，世界各国都遵循市场准入原则，对商业银行的设立规定种种限制条件，并有专门机构负责审批。换言之，商业银行的设立实行审批制，而不是登记制。市场准入的监管内容主要包括：

1. 金融机构设立的程序

设立商业银行，应当经国务院银行业监督管理机构审查批准。未经国务院银行业监督管理机构批准，任何单位和个人不得从事吸收公众存款等商业银行业务，任何单位不得在名称中使用“银行”字样。

2. 金融机构设立的组织形式

按照有关法律规定，我国商业银行应采取有限责任公司或股份有限公司的形式设立，城市和农村信用社及其联社均采取合作制。

3. 金融机构的章程

募股结束并由国务院银行业监督管理机构检查通过后，发起人要召开全体股东大会，拟定章程并通过。章程内容包括机构名称、营业地址、经营宗旨、注册资本金、业务范围、机构组织形式、经营管理形式、机构终止和清算等事项。章程以该金融机构被国务院银行业监督管理机构批准设立时的文本为最后文本并得以生效。

4. 资本金要求

设立各类金融机构，都必须符合规定的最低资本金要求。各国金融主管当局在审批时往往要求有比最低标准更高的实收资本。各国的资本金标准一般都在相关的法律中予以规定，如美国要求国民银行最低注册资本金为500万美元，我国商业银行法要求设立全国性商业银行的注册资本最低限额为10亿元人民币。注册资本应当是实缴资本。

5. 经营方针和营业场所

银行的经营方针是在有关法律的规范下，将社会责任、经济效益和社会效益并举，因而其营业计划应体现这一经营方针。营业场所主要是指其营业场地的面积、安全防范及有关现代化通信是否与该场地相适应。

6. 法定代表人及主要负责人任职资格的审查

金融机构的法定代表人及主要负责人是指董事长、副董事长、行长(总经理)和副行长(副总经理)。对这些高级管理人员，各国都有具体的任职资格规定。国务院银行业监督管理机构在审批时，按照相关法律和《金融机构高级管理人员任职资格管理暂行规定》等进行审查和批准。

7. 申请设立金融机构的可行性报告

报告能够证明新设立的金融机构是全国或区域经济和金融发展所必需的，管理者有能力在公平竞争的条件下带来自身的盈利和为经济发展做出贡献等。

8. 许可证制度

由于我国金融机构的设立采用特许制度，所以许可证是十分重要的。经批准设立的金融机构，由国务院银行业监督管理机构颁发经营许可证，并凭该许可证向工商行政管理部门办理登记，领取营业执照。

(二)市场运作过程的监管

金融机构经批准开业后，金融监管当局还要对金融机构的运作过程进行有效监管，以便更好地实现监控目标的要求。各国对金融机构市场运作过程监管的具体内容不完全相同，但一般都将监管的重点放在以下几个方面：

1. 资本充足性监管

对于商业银行的资本金，除注册时要求的最低标准外，一般还要求银行自有资本与资产总额、存款总额、负债总额以及风险投资之间保持适当的比例。银行在开展业务时要受自有资本的制约，不能脱离自有资本而任意扩大业务。在这方面，1988年《巴塞尔协议》关于核心资本和附属资本与风险资产的4%和8%的比率规定，已经被世界各国普遍接受，作为关于银行监管中资本充足率的最重要、最基本的标准。2004年，《新巴塞尔资本协议》对原协议又进行了修改，完善了资本充足率监管的新框架。

2. 流动性监管

为保障商业银行的支付能力，降低风险程度，中央银行除规定法定存款准备金比例以外，还要求商业银行的资产必须保持一定程度的流动性，即规定全部资产中流动性资产的最低比例。

我国《商业银行法》对我国商业银行流动性监管作出了详尽规定，包括流动性资产负债比例指标、备付金比例指标、拆借资金比例指标、存贷款比例指标等。

3. 业务范围的监管

对业务范围的监管是中央银行根据各类金融机构的性质分别核定其业务范围或限制其进入某种业务领域。例如，20世纪30年代至90年代，美国禁止商业银行从事投资银行业务，瑞典规定商业银行不得介入不动产投资、保险和金融租赁业务。

从世界各国来看，金融业的经营模式主要有分业经营和合业经营。分业经营是指金融业中传统商业银行业务与证券业务、保险业务等金融业务分别由不同的机构来经营，国家一般通过法律明确界定不同机构的业务范围；合业经营（又称混业经营或全能经营）是指管理当局允许商业银行开展多种业务，既能经营传统商业银行业务，又能经营证券、投资保险和其他金融业务，实现银行业与证券业、保险业等的相互渗透与一体化经营。虽然合业经营是金融业经营模式的发展趋势，但它会使监管和风险控制的难度加大。

4. 信贷风险的控制

追求最大限度的利润是商业银行经营的直接目的，商业银行把吸收的资金尽可能地集中投向盈利高的方面。由于获利越多的资产风险相对就越大，因而，大多数国家的中央银行都尽可能限制贷款投向的过度集中，通常限制一家银行对单个借款者提供过多的贷款，以分散风险。分散风险既是银行的经营战略，也是金融监管的重要内容。限制商业银行信贷集中，是基于分散风险的需要。美国明确规定了对单个借款人的贷款最高限额，一般不得超过银行资本的15%；如果有流动性强的足额抵押品作担保，这一指标可放宽至25%。我国对贷款集中度的监管体现在两个方面：对单一客户的贷款比例和对最大10家客户的贷款比例。前者规定不超过银行资本总额的10%，后者规定不超过银行资本总额的50%。

5. 外汇风险管理

在外汇风险领域里，大多数国家对银行的国际收支的趋向很重视，并制定适当的国内管理制度，但各自的管理制度有着显著的差别。美国、法国、加拿大等国对外汇的管制较松，而英国、日本、荷兰、瑞士等国对外汇的管制较严。如英格兰银行对所有在英国营业的银行的外汇头寸进行监控，要求任何币种的交易头寸净缺口数均不得超过资本基础的10%，各币种的净空头数之和不得超过资本基础的15%。对于外国银行分支机构，英格兰银行要求其总部及母国监管当局对其外汇交易活动进行有效的控制。

6. 准备金管理

银行的资本充足性与其准备金政策之间有着内在的联系，因此，对资本充足性的监管必须考虑准备金因素。监管当局的主要任务是确保银行的准备金是在充分考虑谨慎经营和真实评价业务质量的基础上提取的。各国金融监管当局已经普遍认识到准备金政策和方法的统一是增强国际金融体系稳健性的一个重要因素，也有助于银行业在国际范围内的公平竞争。因此，监管当局之间的协商与合作将会推动在准备金问题上达成共识。

7. 存款保险管理

当银行面临破产时，必然出现如何保护存款人利益问题。为了防止挤兑现象，许多国家建立了存款保险制度。在金融体制中设立负责存款保险的机构，规定本国金融机构按吸收存款的一定比率向专门保险机构缴纳保险金，当金融机构出现信用危机时，由存款保险机构向金融机构提供财务支援，或由存款保险机构直接向存款者支付部分或全部存款，以维护正常的金融秩序。从国际金融业的实践来看，存款保险制度对促进金融业稳定发展的作用是明显的。运作历史最长、影响最大的是1934年1月1日正式实施的美国联邦存款保险制度。美国的联邦存款保险公司，为商业银行提供存款保险，当银行倒闭时，存款人每个账户可以得到不超过10万美元的保险赔偿。目前，美国96%的商业银行向联邦存款保险公司投保。

存款保险制度的组织形式可以多种多样，一些国家是官办的，一些国家是银行同业公会办的，还有政府与银行同业公会合办的。另有一些国家并无形式上的存款保险机构，一旦商业银行出现危机，政府通过中央银行、财政部等机构干预以保护存款人利益，这可以看作是一种隐性的存款保险制度。我国长期以来实施的就是这种隐性的存款保险制度。2004年以来，中国人民银行牵头制定了《存款保险条例》，标志着我国真正的存款保险制度建设正式启动。2014年11月30日，我国发布《存款保险条例》(征求意见稿)，其中规定，存款保险实行限额偿付，最高偿付限额为人民币50万元。2015年1月，《存款保险条例》向社会公开征求意见工作已圆满完成，制度出台前的各项准备工作已经就绪，在按照规定履行相关审批程序之后，存款保险制度可能会付诸实施。

(三)市场退出的监管

金融机构市场退出的原因和方式可以分为两类：主动退出与被动退出。主动退出是指金融机构因分立、合并或者出现公司章程规定的事由需要解散而退出市场，其主要特点是自行要求解散。被动退出是指由于法定的理由，如由法院宣布破产或严重违规、资不抵债等，金融监管当局将金融机构依法关闭，取消其经营金融业务的资格，金融机构因此而退出市场。

各国对金融机构市场退出的监管都通过法律予以明确，并且有很细致的技术性规定。我国对金融机构市场退出的监管也是由法律予以规定的，一般有接管、解散、撤销和破产等几种形式。

三、金融监管的方法

(一)现场检查

现场检查是监管机构进入金融机构进行实地检查，通过查阅报表、账册和文件等各种资料，分析、检查和评价金融机构的经营管理情况，是金融监管的重要手段和方式。现场检查可分为全面检查和专项检查，全面检查定期进行，比如一年一次或几年一次；专项检查一般针对非现场检查中发现的问题进行专门检查，是不定期进行的。

现场检查的内容一般包括：报表、报告的准确性，机构总体的经营状况，风险管理制度和内控制度的完善程度，贷款组合的资产质量和贷款损失准备的完善程度，管理层的能力，会计和管理信息系统的完善程度，非现场监控过程中发现的问题等。

(二)非现场检查

非现场检查是指对监管对象报送的报表、数据按一定标准和程序、目标和原则进行分析，从而揭示监管对象资产和资金的流动性、安全性和效益性。非现场检查监管的资料反映在金融监管部门的统一报表上，资料翔实可靠，能真实反映金融机构的经营状况。目前这种监督方式在金融机构高度集中、金融体系复杂的国家已被广泛采用。

1997 年底，我国监管当局下发了《商业银行非现场监管报表报告书》和《商业银行非现场监管报表填写说明》，标志着我国非现场监管走向规范化、制度化和科学化管理，非现场监管指标体系基本形成。这是在总结我国非现场监管的实践经验、深入分析商业银行风险和业务发展规律、借鉴发达国家监管技术的基础上制定出的重要监管规章制度。

四、金融监管体制

(一)金融监管体制概述

金融监管体制是指一国对金融机构和金融市场实施监督管理的一套机构及组织结构的总和。从广义上讲，金融监管体制包括监管目标、监管范围、监管理念、监管方式、监管主体的确立、监管权限的划分等。从狭义上讲，主要是指监管主体的确立及其权限划分。

金融监管体制与一国政治、社会经济制度、文化等密切相关。从各国金融监管的实践来看，金融监管体制一般可分为一元多头式、二元多头式、集中单一式三种，也可以分为多头监管体制和单一监管体制两类。

1. 一元多头式金融监管体制

一元多头式金融监管体制也称单元多头式或集权多头式，指全国的金融监管权集中于中央，地方没有独立权力，在中央一级由两家或两家以上监管机构共同负责的监管体制。一元多头式金融监管体制以德国、法国和日本(1998 年以前)为代表。

2. 二元多头式金融监管体制

二元多头式金融监管体制也称双元多头式、双线多头式或分权多头式，指中央和地方都对金融机构或金融业务拥有监管权，且不同的金融机构或金融业务由不同的监管机关实施监管。二元多头式金融监管体制以美国、加拿大等联邦制国家为代表。

3. 集中单一式金融监管体制

集中单一式金融监管体制也称集权式或一元集中式，指由中央的一家监管机构集中行使金融监管权。代表性国家有英国(1997 年后)、日本(1998 年以后)。以英国为例，英国 1979 年的银行法正式赋予英格兰银行金融监管的职权。1997 年 10 月 28 日，英国成立了金融服务局(FSA)，实施对银行业、证券业和投资基金业等金融机构的监管，英格兰银行的监管职责结束。

我国当前的金融监管体制属于集权多头式。2003 年十届全国人民代表大会第一次会议之前，是由中国人民银行、中国证监会、中国保监会三方共同承担监管职责。2003 年 4 月 28 日，中国银行业监督管理委员会(简称中国银监会)成立，承担了原来由中国人民银行承担的监管职责，监管权限高度集中于中央政府。至此，中国金融监管由中国人民银行、中国银行业监督管理委员会、中国证券市场监督管理委员会和中国保险业监督管理委员会四个机构分别执行。

（二）部分发达国家的金融监管体制

1. 美国的金融监管体制

金融监管制度最早产生于美国。以1864年国民银行制度确立为标志，美国建立了财政部货币监理局，设立了存款准备金制度，结束了以州为单位的单线监管状态，开始了联邦和州的二元监管历史。1913年，威尔逊总统签署《联邦储备银行法》，建立了联邦储备体系，成为世界近代金融监管工作的开端。1929～1933年的经济危机，催生了美国《1933年银行法》。该法的基调是禁止金融业混业经营，使得美国的金融业进入了分业经营时期。相应地，金融监管也采取了多头分业监管的体制。

20世纪70年代末，美国开始进行金融监管改革，一度放松了金融管制。1991年底，美国国会通过《1991年联邦存款保险公司改进法》，据此强化了金融监管。1999年，美国通过《金融服务现代化法案》，确立了美国金融业混业经营的制度框架。美国金融监管机构也进行了相应的调整：由美联储（FRS）作为混业监管的上级机构，对混业经营的主要组织机构金融持股公司实行统一监管；货币监理署（OCC）等监管机构对商业银行、证券公司和保险公司进行专业化监管。这样，美国形成了美联储综合监管和其他监管机构专业监管相结合的新体制。2009年6月17日，美国政府正式公布全面金融监管改革方案，从金融机构监管、金融市场监管、消费者权益保护、危机处理和国际合作等方面构筑安全防线，期望以此恢复对美国金融体系的信心。2010年7月21日，美国总统奥巴马签署《金融监管改革法案》，标志着美国金融监管改革立法完成，拉开20世纪30年代大萧条以来美国最大规模金融监管改革的序幕，华尔街正式进入新金融时代。

2. 德国的金融监管体制

德国金融监管框架源于1961年通过的《银行法案》。该法授权成立联邦银行监督局，并规定由该局在德意志联邦银行配合下对银行业进行统一监管。由于德国银行业可以同时经营证券业务和保险业务，银监局事实上是一个综合金融监管机构。联邦银行监督局制定和颁布联邦政府有关金融监管的规章制度，监督重大股权的交易，防止滥用内部信息等。德意志联邦银行负责对金融机构的各种报告进行分析，并负责日常的监管活动。联邦银行监督局并无分支机构，必须依靠德意志联邦银行的分支机构和网点，这使得德意志联邦银行的监管地位也较为突出。

除此之外，德国的金融监管机构还有负责对证券机构和证券业务监管的联邦证券委员会、负责对保险机构与保险业务监管的联邦保险监督局。

3. 日本的金融监管体制

传统的日本金融监管方式被形象地称为“护卫舰式”。“护卫舰式”金融监管就像是行进中的船队，在大藏省的护卫下，以航速最慢的船只即效率最差的金融机构为标准，制定各种管制措施，维持银行不破产神话，进而达到从金融层面支持日本经济复兴、增长以及稳定金融秩序的目的。大藏省和日本银行长期共同行使金融监管权。1978年日本开始金融自由化改革，但直到1998年4月，日本的金融改革一直以渐进式为主，由政府主导，并主要集中在利率市场化及放松金融管制方面。

1998年4月1日生效的新的《日本银行法》，是金融改革重心转向监管体制的重要标志。1998年6月22日，日本成立了单一的金融监管机构——日本金融监督厅，原由大藏省行使的民间金融机构监督与检查职能、证券交易监督职能移交金融监督厅。2000年7月，在金融监督厅的基础上成立金融厅；2001 年 1 月，进一步将金融厅升格为内阁府的外设局，全面负责金融监管工作。财务府仅保留与金融厅一起对存款保险机构的协同监管权，以及参与金融机构破产处置和危机处理的制度性决策。日本的中央银行——日本银行根据《日本银行法》的规定，拥有对所有在日本银行开设账户、与日本银行存在交易的金融机构进行检查的权力。

(三)我国的金融监管体制

1. 我国金融监管体制的历史阶段

新中国成立以来到 1984 年，中国实行的是大一统的人民银行体制，当时没有监管部门，也没有监管的法律法规，因此没有现代意义上的银行监管。从 1984 年开始，中国人民银行专司中央银行职能，我国有了真正意义上的金融监管。大体上讲，我国的金融监管体制可以分为以下三个阶段：

(1)统一监管阶段(1984～1992 年)。

1984 年，中国人民银行成为专职的中央银行，行使中央银行职能，履行对银行业、证券业、保险业、信托业的综合监管。这一期间的银行监管主要围绕市场准入进行，重点是审批银行新的业务机构，监管的主要依据是 1986 年 1 月 7 日国务院颁布的《中华人民共和国银行管理暂行条例》，这是我国第一部有关金融监管的行政法规。这一阶段，中国人民银行作为全能的金融监管机构，对金融业采取统一监管的模式。

(2)“一行两会阶段”(1992～2003 年)。

1992 年，国务院决定成立中国证券监督管理委员会(简称中国证监会)，将证券业的监管职能从中国人民银行分离出去，中国人民银行主要负责对银行、保险、信托业的监管，这是我国分业监管的起点。

1995 年，《中国人民银行法》和《商业银行法》颁布，从法律上确立了中国人民银行对银行、保险、信托业的监管地位；随后，中国人民银行颁布《贷款通则》，召开银行业经营管理工作会议，把工作重心转移到以银行风险监管为核心的系统性监管和依法监管上来，并首次提出降低国有独资商业银行不良贷款的要求。

1998 年，撤销了中国人民银行 31 个省级分行，成立了 9 家跨省区分行和 2 家总行营业管理部；国家发行 2 700 亿元特别国债，补充国有独资商业银行资本金。

1998 年 11 月，国务院决定成立保险监督管理委员会(简称中国保监会)，专司对我国保险业的监管，将原来由中国人民银行履行的对保险业的监管职能分离出来，中国人民银行主要负责对全国的商业银行、信用社、信托业、财务公司等实施监管。在“一行两会”体制下，中国人民银行主要负责对银行、信托业的监管。

(3)“一行三会阶段”(2003 年至今)。

2003 年 3 月，全国十届人大一次会议决定，成立中国银行业监督管理委员会(简称中国银监会)，依法对银行、金融资产管理公司、信托公司以及其他存款类机构实施监督管理，建立了银监会、证监会和保监会分工明确、互相协调的金融分工监管体制。至此，由中国人民银行、中国银监会、中国证监会、中国保监会组成的“一行三会”分业监管格局正式形成。

2. 我国金融监管体制的组成

(1)中国人民银行。在现行的“一行三会”分业金融监管体制下，中国人民银行处于比较超脱的地位。一方面，中国人民银行作为我国的中央银行，是国务院的正式组成成员，比“三会”拥有更高的政治地位；另一方面，中国人民银行职能发生了转换，由过去主要通过对银行业金融机构的设立审批、业务审批和高级管理人员任职资格审查和日常监督管理等直接监管的职能转换为履行对金融业宏观调控和防范与化解系统性风险的职能，即维护金融稳定职能。在金融监管方面，目前的中国人民银行被国务院赋予了金融稳定、反洗钱和征信管理等和监管有关的重要职能。

(2)中国银监会。2003 年 4 月 28 日，中国银监会正式挂牌。中国银监会是国务院直属事业单位，在全国 31 个省和深圳等 5 个计划单列市设立了 36 个银行监管局。中国银监会承担着我国银行业监管的重要职责，主要包括：依照法律、行政法规制定并发布对银行业金融机构及其业务活动监督管理的规章、规则；依照法律、行政法规规定的条件和程序，审查批准银行业金融机构的设立、变更、终止以及业务范围；对银行业金融机构的董事和高级管理人员实行任职资格管理；依照法律、行政法规制定银行业金融机构的审慎经营规则；对银行业金融机构的业务活动及其风险状况进行非现场监管，建立银行业金融机构监督管理信息系统，分析、评价银行业金融机构的风险状况；对银行业金融机构的业务活动及其风险状况进行现场检查，制定现场检查程序，规范现场检查行为；对银行业金融机构实行并表监督管理；会同有关部门建立银行业突发事件处置制度，制定银行业突发事件处置预案，明确处置机构和人员及其职责、处置措施和处置程序，及时、有效地处置银行业突发事件；负责统一编制全国银行业金融机构的统计数据、报表，并按照国家有关规定予以公布；对银行业自律组织的活动进行指导和监督；开展与银行业监督管理有关的国际交流、合作活动；对已经或者可能发生信用危机、严重影响存款人和其他客户合法权益的银行业金融机构实行接管或者促成机构重组；对有违法经营、经营管理不善等情形的银行业金融机构予以撤销；对涉嫌金融违法的银行业金融机构及其工作人员以及关联行为人的账户予以查询；对涉嫌转移或者隐匿违法资金的，申请司法机关予以冻结；对擅自设立银行业金融机构或非法从事银行业金融机构业务活动的，予以取缔；负责国有重点银行业金融机构监事会的日常管理工作；承办国务院交办的其他事项。

(3)中国证监会。1992 年 10 月，国务院证券委员会(简称国务院证券委)和中国证监会宣告成立，标志着中国证券市场统一监管体制开始形成。国务院证券委是国家对证券市场进行统一宏观管理的主管机构。中国证监会是国务院证券委的监管执行机构，依照法律法规对证券市场进行监管。1998 年 4 月，根据国务院机构改革方案，决定将国务院证券委与中国证监会合并组成国务院直属正部级事业单位。经过这些改革，中国证监会职能明显加强，集中统一的全国证券监管体制基本形成。

中国证监会的基本职能包括：建立统一的证券期货监管体系，按规定对证券期货监管机构实行垂直管理；加强对证券期货业的监管，强化对证券期货交易所、上市公司、证券期货经营机构、证券投资基金管理公司、证券期货投资咨询机构和从事证券期货中介业务的其他机构的监管，提高信息披露质量；加强对证券期货市场金融风险的防范和化解工作；负责组织拟订有关证券市场的法律、法规草案，研究制定有关证券市场的方针、政策和规章；制定证券市场发展规划和年度计划；指导、协调、监督和检查各地区、各有关部门与证券市场有关的事项；对期货市场试点工作进行指导、规划和协调；统一监管证券业。

(4)中国保监会。中国保监会成立于 1998 年 11 月 18 日，是中国商业保险的主管机关，也是国务院直属事业单位。其基本宗旨是深化金融体制改革，进一步防范和化解金融风险，根据国务院授权履行行政管理职能，依照法律、法规统一监督和管理保险市场，维护保险业的合法、稳健运行。

中国保监会统一监管全国的保险业，其重要职能有：审批保险公司及其分支机构、保险集团公司、保险控股公司的设立、合并、分立、变更、解散，参与、组织保险公司的破产、清算；拟订有关商业保险的政策法规和行业规则；依法对保险企业的经营活动进行监督管理和业务指导，依法查处保险企业违法违规行为，保护被保险人的利益；维护保险市场秩序，培育和发展保险市场，完善保险市场体系，推进保险改革，促进保险企业公平竞争；建立保险业风险的评价与预警系统，防范和化解保险业风险，促进保险企业稳健经营与业务的健康发展。

本章小结

中央银行是现代经济核心的核心，它的产生适应了以下四个方面的需要：一是统一银行券发行的需要，二是统一票据清算的需要，三是最后贷款人的需要，四是金融监管的需要。

中央银行的性质是由其在国民经济中所处的地位决定的，而中央银行的职能则是中央银行性质的具体体现。中央银行的性质一般表述为“中央银行是国家赋予其制定和执行货币政策，对国民经济进行宏观调控和管理的特殊金融机构”。中央银行制度大致有单一式中央银行制度、复合式中央银行制度、跨国中央银行制度和准中央银行制度四种类型。

中央银行的职能是中央银行的性质在其业务活动中的具体体现。传统上把中央银行的职能归纳为发行的银行、银行的银行和国家的银行。

中央银行的业务是中央银行职能的具体体现，主要包括负债业务、资产业务和清算业务。其负债业务主要包括货币发行、存款、经理国库，资产业务包括贷款、再贴现、公开市场业务和国际储备，清算业务包括组织同城票据交换、办理异地资金汇划和跨国清算。

金融监管是指一国的金融管理部门为达到稳定货币、维护金融业正常秩序等目的，依照国家法律、行政法规的规定，对金融机构及其经营活动实行的外部监督、稽核、检查及对其违法违规行为进行的处罚。金融监管主要有三个方面内容，即市场准入的监管、市场运作过程的监管、市场退出的监管；监管的方法分为现场检查和非现场检查。

1984 年，中国人民银行开始专司中央银行职能，自此我国有了真正意义上的金融监管。经过三十多年的发展，目前我国由中国人民银行、中国银监会、中国证监会、中国保监会组成的“一行三会”分业监管格局正式形成。

基本概念

单一式中央银行制度　　复合式中央银行制度　　跨国中央银行制度
准中央银行制度　　货币发行　　金融监管　　现场检查　　非现场检查
清算业务

课后习题

1. 简述中央银行产生的客观必要性。
2. 中央银行有何职能？试分析中央银行在现代经济生活中的作用。

3. 简述中央银行的性质。

4. 简述中央银行的资产业务和负债业务。

5. 试分析中央银行的独立性。

6. 为什么要进行金融监管？试述金融监管的内容。

7. 简述美国、德国、日本的金融监管体制。

8. 简述我国现行的金融监管体制的主要组成部分。

案例讨论

案例一　互联网金融监管：在创新和安全中找准平衡点

强调监管，是为了实现更好的发展？

对于最近“大热”的互联网金融监管问题，2014 年 3 月 24 日，央行首次正面回应。央行有关负责人在接受媒体采访时表示，央行鼓励互联网金融创新的政策不会改变，但也要予以适度监管。“互联网金融因为具有金融因子，因而必须加强风险管理，这是因为金融业是承担并管理风险的行业，倘若因管控不了风险而引发系统风险，乃至引发金融危机，后果将不堪设想。管控风险是金融业永恒的主题。”

“互联网金融归根到底是‘互联网＋金融’，不能因为触网而放松对金融安全的监管要求。”

就央行有关负责人回应当前互联网金融监管中的表态，不少业内人士在接受采访中均表示出了对相关政策考量的理解。“网络支付的安全性和便捷性往往很难兼顾，要在便捷和安全之间找到平衡点，这也是加强互联网金融风险管理的主要原因。”中国社科院金融所研究员杨涛此前在接受本报记者采访时表示。

“值得注意的是，央行此次在明确监管理念的同时，也再度重申‘鼓励互联网金融发展创新的理念不变’，并明确‘对一些新的业务要留有观察期，冷静地分析总结，一切有利于服务实体经济和促进创业增长的金融创新均应受到尊重和鼓励’。”来自工商银行的有关人士表示，“同时，央行还为未来互联网金融监管定下了‘推动创新、规范服务’的基调，这意味着管理层将在创新与安全二者之间找平衡点。”

安全支付尚存隐忧

近年来，随着互联网支付、移动支付的普及和支付产业链的扩张，交易过程中潜在的风险也随之增加，支付安全问题随之产生。“2013 年，大量重度混淆、加密的恶意软件涌现，且越来越多的恶意软件或广告平台开始采用加载、延迟发作等方式试图规避安全软件的检测和查杀；另外，恶意软件的传播手段也在不断变化，内嵌子包或联网下载恶意软件等情况已相当常见，如何保证在这样的恶意软件下用户支付的安全已成为支付领域迫切需要解决的困扰。”上海坤士合生信息科技有限公司总经理程明强在接受本报记者采访时表示。他认为，今后支付系统的发展，要解决几方面的问题，一是如何有效识别风险；二是如何加强信用卡风险的管理；三是支付产业链越来越长，任何一个环节都需要一定的风险控制，也就是支付的安全和风险需要从整个金融产业链条上进行防控。

互联网金融不得触碰红线

“由于互联网金融企业没有建立风险准备制度，也没有类似‘最后贷款人’的保障机制，一旦出现危机，将会快速波及普通大众、金融机构、支付机构，并通过互联网形成连锁效应，对金融体系安全、社会稳定产生重大冲击。”相关业内人士指出。

就此，央行方面也明确表示，“互联网金融创新应服从宏观调控和金融稳定的总体要求。”央行有关负责人表示，“包括互联网金融在内的一切金融创新，均应有利于提高资源配置效率，有利于维护金融稳定，有利于稳步推进利率市场化改革，有利于央行对流动性的调控，避免因某种金融业务创新导致金融市场价格剧烈波动，增加实体经济融资成本，也不能因此影响银行体系流动性转化，进而降低银行体系对实体经济的信贷支持能力。”

近年来，在互联网金融业务快速发展的同时，一些问题和风险隐患也在不断暴露。比如，泄露客户证件号码、手机号码、银行卡等敏感信息的情况大量存在，在第三方支付机构开通快捷支付的客户频繁出现资金被盗案件，挪用客户预存资金从事高风险投资。更有甚者，一些互联网金融企业成为洗钱等非法活动的中转平台。对此，管理层明确要求，"互联网金融不得触碰红线"：必须坚守互联网金融不得非法吸纳公众存款、不得非法集资等两条红线，牢牢守住不发生系统性金融风险的底线。严禁利用互联网金融平台从事套现洗钱等违法犯罪活动，严防由个别流动性风险可能诱发的系统性金融风险。

做好消费者权益保护

互联网金融需加以监管，还基于消费者权益保护的考量。

"信息安全和使用安全如果出了问题，都会严重威胁消费者的权益。"程明强表示，"从信息安全上看，存在信息泄露隐患，如证件遗失、快递单信息泄露、消费凭证、个人信息被倒卖或恶意窃取以及存储有个人信息的设备遗失等风险隐患。从使用安全上看，含有敏感信息的账号随意给他人使用，证件或账号遗失后不及时挂失和报告，盲目相信伪基站信息，这些都可能导致信息外泄。"

此外，互联网金融由于产品营销渠道的扁平化和受众覆盖面日益扩大，往往涉及更多的客户群体。

对此，此次央行也明确表示，"互联网金融企业开办各项业务，应有充分的信息披露和风险揭示，任何机构不得以直接或间接的方式承诺收益，误导消费者。开办任何业务，均应对消费者权益保护作出详细的制度安排"，旨在切实维护消费者的合法权益。

对于管理层采取的这些安全保障措施，有关专家认为，这是监管部门保障用户资金安全及整个金融体系运营秩序的必要之举，最终目的是确保线上线下的各项金融业务更为规范健康地发展，同时确保广大金融消费者的权益，维护社会安全和稳定。

（资料来源：《金融时报》2014 年 4 月 1 日牛娟娟的报道）

☞**讨论题：**

"金融监管要在创新和安全中找准平衡点。"对这句话，你是怎样理解的？

案例二　我国中央银行的独立性问题

我国中央银行——中国人民银行是 1948 年 2 月 1 日新中国成立前夕，在石家庄合并华北银行、北海银行和西北农民银行基础上成立的。随着全国解放，各解放区的原有银行以及旧中国的"四行二局一库"先后改组为中国人民银行分支机构。其后在长达三十多年大一统的银行体制下，中国人民银行执行中央银行和商业银行双重职能，无独立性的规定，甚至"文化大革命"期间一度被并入财政部。1977 年 11 月，国务院决定恢复成立中国人民银行。1983 年 9 月 17 日，国务院发布《关于中国人民银行专门行使中央银行职能的决定》，中国人民银行作为我国中央银行，原中国人民银行办理的工商信贷和城镇储蓄结算业务均由新成立的中国工商银行承办。1986 年，国务院发布的《中华人民共和国人民银行管理条例》第一次以行政法规的形式赋予人民银行作为中央银行的法律地位，即中国人民银行是国务院领导下管理全国金融事务的国家机关，规范还明确了"三个独立"，即独立于财政、独立于经济计划和主管部门、独立于当地政府。随着市场化改革的推进，为配合金融体制改革，更好地发挥金融在国民经济宏观调控和优化资源配置中的作用，1995 年 3 月 18 日全国八届人大三次会议通过《中国人民银行法》，第一次以国家基本法的形式明确了中国人民银行的法律地位，即第二条规定的"中国人民银行在国务院领导下制定和实施货币政策，对金融业实施监督管理"，并且从不同角度对此进行深入阐述。

（资料来源：http://www.21gwy.com/lunwen/jjf/a/2958/PageGwy2_762958.html）

☞**讨论题：**

你认为我国中央银行的独立性如何？应该怎样进一步加强？

第六章
金融市场

引言

金融市场是商品经济发展到信用时代的产物，是市场体系的重要组成部分，是金融机制赖以发挥作用的基本条件。在现代经济生活中，金融市场通过金融中介机构把资金供求双方联系起来，使资金融通顺利进行。金融市场是由许多子市场构成的统一体。本章主要介绍货币市场、资本市场和其他金融市场。

第一节　金融市场概述

一、金融市场的概念

金融市场是指为融通资金而办理各种票据、有价证券买卖或各种货币借贷的场所。它是现代市场经济体系中与商品市场、劳务市场、技术市场等相并列的一个市场体系。金融市场的概念包括三层含义：一是进行金融商品买卖交易的场所，二是进行各种资金融通和所有金融商品交易的场所，三是金融资产交易和确定价格的一种机制或制度安排。

金融市场是现代商品经济发展的产物。发达的商品经济是金融市场发展的基础，而发达的金融市场的建立与完善又适应了现代商品经济迅速发展的需要。国内外实践证明，要发展商品经济，就必须利用金融市场这种组织形式，使资金运动在社会范围内顺利进行，保证扩大再生产对货币资金的需要。因此，金融市场在现代经济生活中的作用与意义是不容忽视的。

二、金融市场的构成要素

(一)金融市场主体

金融市场的主体就是金融市场的交易者,分为专门从事金融活动的主体和不专门从事金融活动的主体两大类。专门从事金融活动的主体主要是指银行和各种非银行的金融机构,它们是筹资人和投资人之间进行金融交易的桥梁。其中,中央银行以众多金融中介机构管理者的身份参与金融市场,对金融市场具有调控作用。不专门从事金融活动的主体,主要由政府部门、企事业单位和城乡居民三部分构成。它们既是金融市场上的资金供应者,又是金融市场上资金的需求者。

(二)金融市场客体

金融市场的客体是指金融市场的交易对象或交易的标的物,也就是通常所说的金融工具。金融工具包括债权债务凭证,如票据、债券等;所有权凭证,如股票;以及这几年来形成的各种金融衍生工具。它们各有其不同特点,能够满足资金供求者的不同需要。

(三)金融市场媒体

金融市场媒体是指那些在金融市场上充当交易媒介,从事交易或促使交易完成的组织、机构或个人。如银行、信托投资公司、证券公司、保险公司、经纪人、交易商等。它们主要为交易主体提供买卖中介服务,也可以作为市场参加者参与买卖金融产品。

(四)金融市场价格

金融市场的价格是由资金供给与资金需求对比关系形成的利率。由于金融商品的交易价格同交易者的实际收益及风险密切相关,所以备受人们关注。

(五)金融市场监管者

金融市场的监管者主要是政府。政府监管的目的是促进金融市场交易的公开、公平、公正,增强交易的透明度,减少金融市场中的欺诈行为,维护正常的金融市场秩序,保护广大投资人的合法权益,促进金融市场的健康运行。各国都通过立法,授权某个或某些机构对金融市场进行监督管理。

三、金融市场的特点

(一)交易对象是金融商品

金融交易的本质是:投资者让渡货币资金的使用权(债权类)或所有权(股权类),换取金融工具即金融资产(代表收益权,或者说未来的一系列现金流)。因此可以说,金融交易的是货币,金融资产只是代表交易的方式。

与普通商品交易相比,金融商品交易包括当前资金(使用权)让渡和未来现金流返还,是跨期交易的组合,而普通商品交易则表现为商品所有权和使用权的同步转移,是当期一次性交易。

(二)金融商品的价格是利息率或收益率

这种价格不是商品价值的货币表现,而是企业利润分割的形式。利息率和收益率的高低要由金融商品的买者和卖者根据资金供求和市场竞争情况共同决定。由于受平均利润率的制约和市场的有效竞争,利息率或收益率必然趋向一致。

(三)多元化

一是参与交易者多元化。参与融资活动的除银行等金融机构外,还有个人、企业、政府、社团等。二是金融工具多样化。金融市场不仅广泛利用现有的各种信用工具,还要根据需要不断创造出新的信用工具。三是金融交易方式多样化。在金融市场上,直接融资和间接融资多种形式相互并存与平行发展。

(四)公开性

金融市场面向全社会,无论自然人或法人,凡自愿参加交易的均可自由参加。信用工具交易的数量、行市都要公开,在证券交易所挂牌上市的股票,其发行单位的财务状况等都要公诸于众。按照公平、公正、公开原则,由供需双方自由竞争决定交易条件。所以,金融市场是公开的市场。

四、金融市场的功能

(一)微观层面的功能

即融通资金的功能,这是金融市场的基本功能,表现在三个方面:一是资金供需双方的融资。资金供给方无论是在金融机构存款,还是直接购买金融商品,都是通过对自身闲置资金的运用,及时为资金需求方提供资金来源,从而实现资金余缺的调剂。二是金融机构间的融资。这类融资主要以交换票据、同业拆借等方式来完成。三是地域间的资金转移。金融市场上的融资活动无国籍、地区之分,这必然有利于国际间和地区间的经济合作与往来。

通过金融市场融通资金具有三个方面的优点:

(1)价格发现。有效率的金融市场能够较为合理地确定交易性金融资产的价格。

(2)提供流动性。金融资产更容易变现。

(3)减少交易成本,主要是减少搜寻成本和信息成本。减少搜寻成本容易理解。减少信息成本的机制在于:一个有效的金融市场中,价格会反映与金融资产相关的重要信息,从而为投资者节省部分信息成本。

(二)宏观层面的功能

1. 积累资本

金融市场可以跨越时间、空间的界限,在调剂资金余缺的同时把众多期限较短的资金接续起来,成为可供投资运用的长期资金,并且可以突破供给规模的限制,把无数零星、分散、小额的资金汇集起来,形成巨额资金,以满足较大规模的资金需求。就像证券投资者一样,在金融市场上购买公司发行的股票和债券,以自己的一部分资金进行投资,或者在金融市场转让所持的股票、债券,以此作为金融工具,在金融市场上实现了把储蓄转化为投资的资金积累功能。

2. 调节经济

金融市场首先通过控制利率水平来引导资金的流向，实现资金的合理配置，促进社会资金以最小的成本流向使用效率最高的部门；其次，通过调节货币供给量，影响宏观经济。金融市场在资金融通过程中，必然引起货币流动和货币流向的改变，影响货币供应量，进而对宏观经济起调节作用。中央银行正是利用这一功能，在金融市场上买卖有价证券以调节货币供应量，使货币供给与需求相适应，从而推动国民经济持续稳定发展。

五、金融市场的类型

金融市场是一个大系统，包括许多紧密关联又互相独立的子市场。一般根据交易的对象、方式、条件、地域功能的不同，可以对金融市场进行分类。

(一)按交易对象，分为货币市场、资本市场、黄金市场、外汇市场和保险市场

货币市场包括票据承兑贴现市场、短期证券市场和银行短期放款市场等。

资本市场是指股票、债券等有价证券发行和买卖的市场，以及长期资金存贷和企业购并、资产重组市场。

黄金、外汇市场是指以黄金与外汇为交易对象的市场。

保险市场则是指保险契约买卖的市场。

(二)按金融工具的约定期限，分为短期金融市场和长期金融市场

短期金融市场是指期限在一年以内的短期资金交易市场。例如，商业票据，其特点是偿还期短、流动性强、风险小、容易兑现。所以短期资金市场也称为货币市场。

长期金融市场是指期限在一年以上的债券与股票发行与交易的市场。由于长期金融市场筹集的资金主要用于固定资产投资，即作为资本来运用，所以也称为资本市场。

(三)按金融交易的功能，分为初级市场和次级市场

初级市场又称发行市场，是指从事证券或票据等金融工具最初发行的市场。

次级市场又称流通市场，是指从事已上市证券或票据等金融工具买卖转让的市场。

(四)按成交后是否立即交割，分为即期买卖的现货市场、远期交割的远期市场和期货市场

现货市场是指金融交易成交后 1～3 日内进行交割的市场。

远期市场是指金融交易成交后，根据双方约定的一个时间，如 1 个月、3 个月、6 个月后进行交割的市场。所谓交割，即一方付款、另一方交付证券的行为。

期货市场也属于远期市场，不过是一个较为特殊的子市场。其特殊之处在于：期货合约是一种标准化的合约，在实际交易过程中，一般不进行实物交割。

(五)按金融交易的区域范围，分为国内金融市场和国际金融市场

国内金融市场是指一个国家内部以本国货币进行交易的市场，其交易活动要受本国法规和制度的管制。

国际金融市场的活动领域包括国际间各种金融业务，它的业务活动范围超过了一国国境，

而且交易的金融商品也不限一种货币，更重要的是，国际金融市场的活动受所在地政府干预较少，交易比较自由。在发达国家，大的工商业经济中心都设有金融市场，如纽约、伦敦、巴黎、法兰克福、苏黎世、东京等，既是国内的金融市场，也是重要的国际金融市场。

（六）按有无固定交易场所和设施，分为有形市场和无形市场

有形市场是指有具体的、固定的交易场地的市场，如证券交易所。

无形市场是指没有固定的交易场所、通过柜台或电话联系进行交易的市场，是一种观念上的市场，如资金拆借市场、贴现市场等。

综合以上的分类，金融市场的结构如图 6－1 所示。

- 金融市场
  - 货币市场
    - 票据市场
    - 同业拆借市场
    - 短期国库券市场
    - 回购协议市场
    - 短期存款市场
  - 资本市场
    - 证券发行市场
    - 证券交易市场
    - 长期抵押放款市场
    - 企业购并、资产管理重组市场
  - 外汇市场
  - 黄金市场
  - 保险市场
  - 金融衍生工具市场
    - 远期合约市场
    - 期货合约市场
    - 期权合约市场
    - 互换合约市场

图 6－1　金融市场结构

第二节　货币市场

一、货币市场概述

（一）货币市场的含义及特点

1. 货币市场的含义

货币市场是融资期限在 1 年以内的短期资金交易市场。其交易的主体和交易对象十分广泛，既有直接融资，如短期国库券交易、票据交易等交易活动，又有间接融资，如银行短期信贷、短期回购等交易；既有银行内的交易，也有银行外的交易。由于早期商业银行的业务主要局限于短期商业性贷款，因而货币市场是最早和最基本的金融市场。

2. 货币市场的特点

（1）参与者多。货币市场参与者人数众多，但以商业银行、中央银行等金融机构和政府机构为主。

(2)期限较短。货币市场期限最长不超过1年，最短为12小时，以3～6个月者居多。因为期限短，价格不可能有剧烈的波动，价格波动范围较小，投资者受损失的可能性较小，因此，风险性低。

(3)流动性强。货币市场的流动性主要是指金融工具的变现能力。由于货币市场交易的时间短，变现的速度比较快，容易实现变现，易为投资者所接受。

(4)短期融资。交易的目的主要是短期资金周转的供求需要，一般的去向是弥补流动资金临时不足。

(二)货币市场的作用

1. 有利于资金的合理流动

货币市场的存在使得企业、银行和政府可以从中借取短缺资金，也可将暂时多余的、闲置的资金投放在其中做短期投资，生息获利，从而促进资金合理流动，解决短期性资金融通问题。

2. 有利于联络银行和其他金融机构协调资金的供需

各家银行和金融机构的资金通过货币市场交易，从分散到集中，从集中到分散，从而使整个金融机构体系的融资活动有机地联系起来。

3. 有助于进行宏观调控

货币市场在一定时期的资金供求及其流动情况是反映该时期金融市场银根松紧的指示器，它在很大程度上是金融当局进一步贯彻其货币政策、宏观调控货币供应量的工具。

(三)货币市场的主体构成

货币市场的参与者主要是机构和专门从事货币市场业务的专业人员。机构类参与者包括商业银行、中央银行、非银行金融机构、政府、非金融性企业；货币市场专业人员包括经纪人、交易商、承销商等。

1. 中央银行

中央银行参与货币市场的主要目的是通过公开市场交易实现货币政策目标。中央银行运用货币政策工具，调节货币数量和利率水平，实现宏观经济调控的目的，已成为20世纪30年代以来各国的普遍做法。由于公开市场业务对市场的规模、市场流动性均有较高的要求，而货币市场拥有大量信誉较高、流动性较强的短期国债，货币市场便成为中央银行进行公开市场业务操作的理想场所。鉴于中央银行参与货币市场的主要目的，其活动基本集中于货币市场的二级交易市场。

2. 商业银行

商业银行参与货币市场的主要目的是为了进行头寸管理。商业银行的头寸不是银根，而是指在某一时点上银行可以营运的资金，一般以天为计。银行经营的一个重要内容就是调节头寸。银行调节头寸的重要途径是参与货币市场交易，以借贷和买卖短期证券的方式取得或售出头寸。由于商业银行的经营性质与经营规模决定了它在货币市场上每次交易的量较大、交易频繁，因此商业银行是货币市场参与者中的大户。

3. 非银行金融机构

保险公司、养老基金和各类共同基金也是货币市场的重要参与者。它们参与货币市场的主要目的是希望利用该市场提供的低风险、高流动性的金融工具，实现最佳投资组合。这类金融机构的共同特点是拥有大量个人的长期资金，通过专家式的投资运作和管理，在追求高投资利润的同时,尽可能降低风险。因此,为了将资产组合调整到一个最佳位置,即资产组合中不仅包含高收益率的风险资产,还必须包含收益率虽低但风险也低的资产,这些金融机构频繁出入于货币市场。

4. 政府

政府参与货币市场的主要目的是筹集资金以弥补财政赤字,解决财政收支过程中短期资金不足的困难。因此,政府在货币市场中的活动主要集中于发行市场。从国外的经验看,国债的规模越大,政府参与货币市场的程度越高,短期国债发行与交易对货币市场的影响就越大。

5. 企业

企业参与货币市场活动的目的是调整流动性资产比重,取得短期投资收益。非金融企业,如从事贸易、工农业生产、通信、交通等行业的企业,经营过程中会形成一定数量的短期闲置资金。这些资金闲置期可能很短,如果存在银行活期存款账上,将无分文利息,但投入流动性高的货币市场,却能取得可观的利息收入,并且不至于冒很大资本金损失的风险。因此,货币市场流动性高低以及收益水平的高低,都是企业关注的对象。

6. 金融专业人员

金融专业人员指货币市场上的经纪人、交易商和承销商。他们长期活跃于各类证券市场,接受客户的委托进行证券发行与交易,或直接进行交易。金融专业人员参与货币市场的主要目的是取得佣金收入和差价收入。而收入的高低取决于市场交易的规模、证券上市规模以及价格变动的幅度。

7. 个人投资者

个人投资者参与货币市场活动的目的在于既能获取投资收益,又能保持个人持有金融资产的流动性。

(四)货币市场的金融工具

1. 票据

票据是指一种载明金额和期限,到期由付款人向持票人支付款项的书面债务凭证。企业之间在商品交易活动中引起债权、债务关系并由企业签发的票据为商业票据,向银行签发和承担付款义务的票据为银行票据。票据主要有汇票、本票和支票三种。

(1)汇票。汇票是由出票人签发的并委托付款人到期将票据载明金额无条件地支付给收款人或持票人的一种信用凭证。汇票一般有三个当事人,即出票人、收款人、付款人。汇票必须经承兑人承兑后方能生效。汇票分为商业汇票和银行汇票。商业汇票按承兑者身份的不同,又可分为商业承兑汇票和银行承兑汇票。如果承兑人是企业即为商业承兑汇票,如果承兑人是银行或其他金融机构即为银行承兑汇票。商业汇票一律记名,可以背书转让。经背书后,商业汇票的持有人或收款人到期可以向支付人请求付款。商业汇票也可以贴现,即持票人因变现需要,在票据尚未到期时向银行兑取现款,银行在扣除贴现利息后,付给现款。银行汇票是付款人将款项交存当地银行,由银行签发给汇款人,持往异地办理转账结算或支取现金的票据。银行汇票的特点是使用范围广泛、灵活便利、可以背书转让、兑现性较强等。

(2)本票。本票是指由出票人签发的,根据票据上所载日期、金额,出票人必须无条件支付款项给收款人或持票人的一种信用凭证。由于出票人就是付款人,因此本票的当事人只有两个,即出票人和收款人。按出票人的身份不同,可分为商业本票和银行本票。商业本票是由购货企业签发给销货企业即收款人的债务凭证。银行本票是申请人将款项交存银行,由银行签发给申请人用以办理转账或支取现金的票据。它可分为即期本票和定期本票两种。即期本票要求付款人见票立即付款，定期本票要求按规定日期付款。

(3)支票。支票是指由出票人签发的，委托银行或其他金融机构在见票时无条件支付款项给收款人或持票人的票据。支票一般有三个当事人，即出票人、收款人和付款人。支票是一种委托式的信用工具。支票是银行票据，仅限于银行发行。支票的种类较多，可按支付方式划分为现金支票、转账支票和定额支票三种。现金支票可以用来支取现金，也可转账。而转账支票只能用于转账，不能提取现款。定额支票是有特定用途的支票，主要用于收购单位向农户收购农副产品的支付款项。另外，旅行支票也是定额支票。支票特点是手续灵活、简便，因此被广泛使用。

2. 大额可转让定期存单

大额可转让定期存单由银行签发，分不同币种和期限(一般是14天至1年期)，到期支付，可自由转让，如有英镑存单、美元存单、欧洲美元存单等。大额可转让定期存单除了可以自由转手以外，还可向银行要求抵押放款。

3. 短期国债

短期国债的发行是为解决财政的先支后收或筹措短期资金需要。期限一般有1年、9个月、6个月和3个月及2个月和1个月的，其中2～6个月较受欢迎。短期国债的最大特点是安全性，另外其起购点较低，面额种类齐全，适合一般投资者购买，是普及率很高的货币市场工具。

4. 信用证

信用证是银行根据进口商的要求，向出口商所签发的在有效期限内，凭规定的货运单据，支付一定金额的、有条件的付款承诺书。信用证上注明有支付货款的条件，如货物规格、数量等。信用证开出后，由银行履行付款责任。由于这种结算方式对出口商取得货款起保证作用，因此是国际贸易中主要使用的一种信用工具。

5. 信用卡

信用卡是银行或公司签发的证明持有人信誉良好、可以在指定场所进行记账消费的一种信用凭证。它是商品经济得到充分发展、买方市场形成以及现代科学技术普及的产物。信用卡具有转账结算、储蓄、汇兑、消费信贷等多项功能，目前我国的持卡人普遍把信用卡作为支付货款和服务费用的工具，也称为借记卡，还不是真正的信用卡。因为它的消费是先将一笔货币资金存入卡内为前提。随着我国信用制度的完善，信用卡业务将有较大的发展空间。因为信用卡的推广和使用，可以起到减少现金货币的使用、节约流通费用、便利支付手续等积极作用。

6. 回购协议

回购协议是指按照交易双方的协议，由卖方将一定数额证券临时性地售予买方，并承诺在日后将该证券如数买回，买方也承诺在日后将买入的证券售回给卖方的一种交易方式。回购协议交易的特点是：金额大，期限短，风险小，但收益较低。因此，回购协议是一种有效、安全的短期融资工具，投资者和筹资者大多愿意利用这一工具获取收益或筹措资金。

二、货币市场的分类及主要业务

(一)同业拆借市场

1. 同业拆借市场的产生与发展

同业拆借市场最早出现于美国，其形成的根本原因在于法定存款准备金制度的实施。按照美国1913年通过的《联邦储备法》的规定，加入联邦储备银行的会员银行必须按存款数额的一定比率向联邦储备银行缴纳法定存款准备金。而由于清算业务活动和日常收付数额的变化，总会出现有的银行存款准备金多余、有的银行存款准备金不足的情况。存款准备金多余的银行需要运用多余部分，以获得利息收入，而存款准备金不足的银行又必须设法借入资金以弥补准备金缺口，否则就会因延缴或少缴准备金而受到央行的经济处罚。在这种情况下，存款准备金多余和不足的银行，在客观上需要互相调剂。于是，1921年在美国纽约形成了以调剂联邦储备银行会员银行的准备金头寸为内容的联邦基金市场。

在经历了20世纪30年代的大萧条之后，西方各国普遍强化了中央银行的作用，相继引入法定存款准备金制度作为控制商业银行信用规模的手段，与此相适应，同业拆借市场也得到了较快发展。在经历了长时间的运行与发展过程之后，当今西方国家的同业拆借市场，无论在交易内容开放程度方面，还是在融资规模等方面，都发生了深刻变化。拆借交易不仅仅发生在银行之间，还扩展到银行与其他金融机构之间。从拆借目的看，已不仅仅限于补足存款准备和轧平票据交换头寸，金融机构如在经营过程中出现暂时的、临时性的资金短缺，也可进行拆借。更重要的是，同业拆借已成为银行实施资产负债管理的有效工具。由于同业拆借的期限较短，风险较小，许多银行都把短期闲置资金投放于该市场，以利于及时调整资产负债结构，保持资产的流动性。特别是那些市场份额有限、承受经营风险能力脆弱的中小银行，更是把同业拆借市场作为短期资金经常性运用的场所，力图通过这种做法提高资产质量、降低经营风险、增加利息收入。

2. 同业拆借市场的含义

同业拆借市场是指金融机构之间进行短期的（1年以内）、临时性资金拆出借入的市场。主要职能是借入或售出即时可用的短期资金，调剂准备金头寸的多余或不足。同业拆借市场是一个无形市场，即交易双方并不需要聚集在某一特定的场所，而是使用现代化通信设备进行拆借的市场。在货币市场的交易方式中，同业拆借是手续极为简便的一种方式，拆借资金的双方通过电话、电传成交，借款方无需提供担保抵押，因为同业拆借相当于一笔信用放款。如果拆借双方的一方在另一方开立账户，拨款就是借记或贷记一方账户。如果拆借的一方并未在另一方开立账户，那么就通过银行同业清算系统转移拆借资金，或由贷款方签发支票交借款方通过票据交换转账，或通过第三方（如拆借双方都在该第三方开立账户）转账。到期还款加上利息也是通过银行转账。

3. 同业拆借市场的类型

（1）银行同业拆借市场。银行同业拆借市场是指银行业之间短期资金的拆借市场。各银行在日常经营活动中会经常发生头寸不足或盈余的情况，银行同业间为了互相支持对方业务的正常开展，并使多余资金产生短期收益，就会自然产生银行同业之间的资金拆借交易。这种交易活动一般没有固定场所，主要通过电信手段成交。期限按日计算，有1日、2日、5日不等，一般不超过1个月，最长期限为120天，期限最短的甚至只有几个小时。拆借的利息称“拆息”，其利率由交易双方自定，通常高于银行的筹资成本。拆息变动频繁，灵敏地反映资金供求状况。同业拆借每笔交易的数额较大，以适应银行经营活动的需要。

（2）短期拆借市场。短期拆借市场又称“通知放款”，主要是商业银行与非银行金融机构（如证券商）之间的一种短期资金拆借形式。其特点是利率多变，拆借期限不固定，可以随时拆出、随时偿还。交易所经纪人大多采用这种方式向银行借款。具体做法是，银行与客户间订立短期拆借协议，规定拆借幅度和担保方式，在幅度内随用随借，担保品多是股票、债券等有价证券。借款人在接到银行还款通知的次日即须偿还,如到期不能偿还,银行有权出售其担保品。

4. 同业拆借市场的功能和特点

同业拆借市场能为金融机构提供一种实现流动性的机制,进一步提高金融资产的盈利水平,并及时反映资金供求变化,成为中央银行有效实施货币政策的市场机制。其特点主要表现为:对进入市场的主体有严格限制;融资期限较短;交易手段较为先进,手续比较简便,成交较为迅捷;交易额较大,一般不需要担保或抵押,完全是一种信用交易;利率由供求双方议定,可以随行就市。

5. 同业拆借市场的管理

对同业拆借市场的管理包括对市场准入的管理,对拆出、拆入数额的管理和对拆借期限的管理,对拆借抵押、担保的管理和对拆借市场利率的管理,对拆借市场供求及利率进行间接调节。

我国的同业拆借市场始于1984年。1984年以前,我国实行的是高度集中统一的信贷资金管理体制。银行间的资金余缺只能通过行政手段纵向调剂,而不能自由地横向融通。1984年10月,我国针对中国人民银行专门行使中央银行职能、二级银行体制已经形成新的金融组织格局的新情况,对信贷资金管理体制也实行了重大改革,推出了统一计划、划分资金、实贷实存、相互融通的新的信贷资金管理体制,允许各专业银行互相拆借资金。新的信贷资金管理体制实施后不久,各专业银行之间、同一专业银行各分支机构之间即开办了同业拆借业务。不过,由于当时实行严厉的紧缩性货币政策,同业拆借并没有真正广泛地开展起来。1986年1月,国家体改委、中国人民银行在广州召开金融体制改革工作会议,正式提出开放和发展同业拆借市场。同年3月,国务院颁布《中华人民共和国银行管理暂行条例》,也对专业银行之间的资金拆借做出了具体规定。此后,同业拆借在全国各地迅速开展起来。1986年5月,武汉市率先建立了只有城市信用社参加的资金拆借小市场,武汉市工商银行、农业银行和人民银行的拆借市场随之相继建立。不久,上海、沈阳、南昌、开封等大中城市都形成了辐射本地区或本经济区的同业拆借市场。到1987年6月底,除西藏外,全国各省、市、自治区都建立了不同形式的拆借市场,初步形成了一个以大中城市为依托的、多层次的、纵横交错的同业拆借网络。1988年9月,面对社会总供求关系严重失调、储蓄存款严重滑坡、物价涨幅过猛的严峻的宏观经济和金融形势,国家实行了严厉的"双紧"政策,同业拆借市场的融资规模大幅度下降,某些地区的拆借市场甚至关门歇业。到1992年,宏观经济、金融形势趋于好转,全国各地掀起一轮新的投资热潮。同业拆借市场的交易活动也随之活跃起来,交易数额节节攀升。1993年7月,针对拆借市场违章拆借行为频生、严重扰乱金融秩序的情况,国家开始对拆借市场进行清理,要求各地抓紧收回违章拆借资金,于是,市场交易数额再度萎缩。1995年,为了巩固整顿同业拆借市场的成果,中国人民银行进一步强化了对同业拆借市场的管理,要求跨地区、跨系统的同业拆借必须经过人民银行融资中心办理,不允许非金融机构和个人进入同业拆借市场,从而使同业拆借市场得到了进一步规范和发展。1995年11月,中国人民银行发出通知,要求商业银行在1996年4月1日前撤销其所办的拆借市场。这一措施为建立全国统一的同业拆借市场奠定了坚实的基础。1996年1月3日,经过中国人民银行长时间的筹备,全国统一的银行间同业拆借市场正式建立。通过运用经济的、法律的以及行政手段对同业拆借市场进行调节和规范,我国的同业拆借市场正朝着健康的方向发展。

同业拆借市场的存在不仅为银行业之间调剂资金提供了方便,更重要的是它为社会资金的合理配置提供了有利条件。当外部资金注入银行体系后,通过银行同业拆借市场,这些资金能够较均衡地进入经济社会的各个部门和单位。

(二)票据市场

1. 票据市场的含义

票据市场是指以商业票据为金融工具进行承兑和买卖的市场,一般包括票据承兑市场和票据贴现市场。

在发达的市场经济中,已经形成了规范有序的票据市场。票据市场是票据被作为融资工具灵活运用的结果,而这一市场的发展又进一步强化了票据的融资功能。商业票据作为融资工具的意义大大超过了它用来证明商业信用中债权债务关系的意义,甚至大量出现了没有真实商业交易作基础,而以纯粹的市场筹资为目的的融通票据。融通票据又可称为金融票据,它是在当事人双方没有发生真实商业交易的情况下直接达成协议后产生的,一方作为债权人签发票据,另一方则作为债务人表示承兑,出票人要在票据到期前把款项交给付款人,以备付款人清偿之用。融通票据一经签发,由协议产生的债权人就可将所持票据向银行取得票据抵押贷款,以达到融资的目的。融通票据虽然不反映真实的商品交易,只是为获取资金而签发,但当它进入市场后,就与真实商业票据一样流通,一样能进入银行成为通货的准备金。因此,就作为融资工具这一点来说,真实商业票据和融通票据实际上是没有区别的。

2. 票据市场的类型

(1)票据承兑市场。承兑是指汇票付款人承诺在汇票到期日支付汇票金额的票据行为。汇票之所以需要承兑,是由于债权人作为出票人单方面将付款人、金额、期限等内容记载于票面,从法律上讲,付款人在没有承诺前不是真正的票据债务人。经过承兑,承兑人就成了汇票的主债务人,因此只有承兑后的汇票才具有法律效力,才能作为市场上合格的金融工具转让流通。由企业承兑的汇票称为商业承兑汇票,由银行承兑的汇票称为银行承兑汇票。由于银行信用高于商业信用,银行承兑汇票是银行付款,其流动性比由企业付款的商业承兑汇票更强。在国外,汇票承兑一般由商业银行办理,也有专门办理承兑的金融机构,如英国的票据承兑所。

(2)票据贴现市场。票据贴现是指银行及其他金融机构购入未到期的远期票据,按一定的贴息率,扣减自贴现日起至到期日止的利息,将净款付给客户,为其提供短期资金融通的行为。办理贴现业务的机构主要有商业银行、贴现公司、中央银行等。票据贴现业务具体又包括贴现、再贴现、转贴现。贴现是指客户将未到期票据向商业银行或其他金融机构兑取现款。再贴现是指商业银行由于急需资金,将其贴进的未到期的票据再向中央银行办理贴现的行为。转贴现是指商业银行将其贴进的未到期的票据向金融市场上的其他投资者办理贴现的行为。票据贴现可以使工商企业的资本从票据债权形式转化为现金形式,从而有利于资金周转。

未到期票据贴现付款额的计算公式是:

$$贴现付款额=票面金额\times(1-年贴现率\times未到期天数/360)$$

例如,某企业将一张金额为10 000元、90天到期的银行承兑汇票向一家商业银行申请贴现,银行的贴现率为5%。根据公式贴现付款额为:

贴现付款额=10 000×(1-5%×90/360)=9 875(元)

银行预扣利息=10 000-9 875=125(元)

明清时代,我国票据市场曾有相当的规模。解放初期,在商品交易过程中,仍然广泛使用票据。只是到20世纪50年代初,在全国实行信用集中,取消商业信用,才以银行结算划拨取代商业票据。从此,票据融资和票据市场的概念从社会经济生活中消失了。1981年,我国在上海首先开办了票据贴现业务。1986年中国人民银行开始从发展市场经济的需要出发，重新推行“三票一卡”，试图把银行结算转移到以商业票据融资为基础的轨道上来，但实施中阻力很大，一度不得不重新恢复托收承付结算。到1996年，人民银行再度倡导发展票据市场，经过几年的努力，票据融资逐步升温，各商业银行也争相开办票据贴现业务，不少大中型企业从中体验到了票据融资的特点和优点，票据业务受到普遍欢迎，市场交易量明显增多，票据市场初露头角。但由于我国商业信用票据化的进程缓慢，与世界上发达国家相比还存在一定的差距。目前我国票据市场主要以商业汇票为主，因此必须加快和培育我国的票据市场。

（三）短期债券市场

短期债券市场是指各种短期金融工具发行与交易的市场。交易工具主要包括大额可转让定期存单、短期国库券和短期公司债券、回购协议等。这些债券的共同特点就是具有较强的安全性、流动性和盈利性。

1. 短期国库券市场

国库券是指国家为了解决亟需的预算开支而由财政部发行的一种短期债券。其主要目的是筹措短期资金，弥补财政收支的短期不平衡。国库券市场是发行、推销、贴现国库券的市场。在美国，国库券是货币市场上最重要的交易品种之一，2～6个月的国库券几乎每周都有发行，9个月～1年的国库券每月都有发行。国库券由于期限短，因此流动性强；又由于是中央政府发行，故还本付息的可靠性高。因此，国库券现已发展成为重要的短期信用工具，在货币市场上占有重要地位。世界上最早的国库券出现在1877年的英国，美国首次发行国库券是1929年。在美国，3个月～1年的短期国库券，由联邦储备银行在每周的拍卖市场上出售，按票面金额以折扣方式进行，利率被定在足以吸引过多认购者的水平上。我国自1981年恢复发行国库券，但大多数是中长期债券，因此并非国际上通常意义的国库券。自1994年起，逐渐增加了一部分短期国库券品种。

国库券市场的重要性表现在三个方面：

(1)有利于发挥国家财政在经济建设中的主导作用。目前，世界上大多数国家的财政部都身兼二任，既要支付国家庞大的行政开支，又要为经济建设投入资金。在国家财政收入有限的条件下，发行国库券有利于国家财政定期集中巨额资金，以应付各种行政开支和经济建设投资的需要，这一措施比用发行货币弥补财政收支缺口的方法更有效。可见，国库券市场是弥补国家财政收支差额的重要场所。

(2)是投资者进行短期资金投资的重要市场。国库券在市场上之所以受到欢迎，是由它本身的特征所决定的。因此，国库券成为企业、商业银行、政府机构以及个人主要的短期投资工具，是受社会各界普遍欢迎的投资对象。在西方国家，国库券一般占各商业银行持有的政府证券的1/3左右。同时，由于国库券极易转手，它的二级市场极为活跃，是投资者进行投资或变现的一种理想的流动资产，所以对于投资者来讲，国库券市场为其起到降低风险、增强安全、提高收益的作用。

(3)是中央银行贯彻货币政策的首要场所。虽然国库券最初的发行目的是为了弥补财政收支缺口，但后来由于国库券的发行有其新的目的，而且发行数额不断增多，中央银行也成了买卖国库券的主要参与者，从而使国库券成为中央银行调控货币供应量的重要工具。中央银行通过国库券市场上利率的变动，可以随时测定货币政策的执行情况。同时，根据市场上银根松紧程度，中央银行可以通过开展公开市场业务随时买进或卖出国库券，以调节货币供应量，实现货币政策目标。

2. 大额可转让定期存单市场

大额可转让定期存单(简称 CD)是由商业银行发行的、规定一定期限的、可在市场上流通转让的定期存款凭证。大额可转让定期存单的期限一般为 14 天到 1 年,金额较大,美国为 10 万美元。其主要特点有:

(1)不记名,可以自由地转让。持有者需用现款时即可在市场上转让出售。

(2)金额固定,面额大。美国的 CD 最低起价为 10 万美元。存单的期限通常不少于 14 天,大多为 3~6 个月,一般不超过 1 年。该市场的利率略高于同等期限的定期存款利率,与当时的货币市场利率基本一致。

(3)允许买卖、转让。这一金融产品集中了活期存款和定期存款的优点。对于银行来说,它是定期存款,未到期不能提前支取,故可作为相对稳定的资金用于期限较长的放款;对于存款人来说,既有较高的利息收入(国外活期存款一般没有利息),又能在需要时转让出售、迅速变现,是一种理想的金融工具。

大额可转让定期存单 1961 年首创于美国花旗银行,实际上是 20 世纪 60 年代美国的银行界为逃避法律管制而推出的一项金融创新措施,以后逐渐传播到欧洲、亚洲等世界其他地区。近年来,西方商业银行大多开办了这项业务。西方国家的大额可转让定期存单有发达的二级市场,如投资者需要资金,可随时出售手中的存单。与此同时,该市场的发展也对商业银行的经营管理产生了积极的影响,它使商业银行的定期存款在全部存款中的比重明显上升,从而为拓展商业银行的资产业务提供了有利条件。同时,它也开创了商业银行从传统的单一资产管理模式向资产负债综合管理模式转变的新阶段。

在我国,大额可转让定期存单业务是从 1986 年开始发行的,投资者主要是个人,面额为 500 元及其整数倍。期限有 1 个月、3 个月、6 个月、9 个月和 1 年,逾期不计利息。利率水平通常是在同期定期储蓄存款利率的基础上上浮 1~2 个百分点。由于多种原因,在 1996 年底被取消。大额可转让定期存单在我国的发展非常缓慢。

3. 回购市场

回购市场是指根据回购协议,卖出一种证券,并约定于未来某一时间以约定的价格再购回该证券的交易市场。回购协议形式上是一笔证券买卖业务,而实质上是以证券为抵押物的短期资金融通。尽管回购协议涉及证券的买卖,但从性质上看,它相当于一笔以证券为抵押物的抵押贷款。对证券出售方而言,相当于以证券作抵押获得了所需头寸,又避免了通过买卖证券获取流动性而可能遭受的价格风险;对证券购买者而言,为暂时闲置的资金找到了合适的投资场所。回购协议市场的利率通常较同业拆借市场的利率低。回购协议的售出价一般与购回价一致,但在回购时,原卖方应向原买方按回购协议利率支付利息。回购协议市场的参与者比较广泛,主要包括银行和非银行金融机构、企业以及政府等。其重要性表现为:一是帮助广大金融机构和非金融机构调剂资金头寸的余缺;二是有助于提高国债的流动性,活跃国债市场;三是为投资者实现套期保值或套利投机提供了便利;四是为中央银行公开市场业务的开展提供了可操作的空间,有利于中央银行货币政策的贯彻。

回购协议是在美国 20 世纪 70 年代开始逐步发展起来的一种新的信用工具。无论在西方国家还是在我国,国债都是主要的回购交易对象。国债回购交易的开展增强了一些投资者购买长期国债的信心,当他们遇到临时性资金短缺时,可以通过国债回购交易解决资金头寸不足问题;国债回购业务还增强了券商参与国债发行和国债流通的能力,通过国债回购交易,券商可以筹得大量的资金，一方面解决了国债认购中资金短缺的问题，另一方面使其有能力进行券商的基本活动。近年来，定期存单、商业票据等都有回购协议形式。

1969 年，美国联邦政府在法律中明确规定：银行运用政府债券进行回购协议形成的资金来源，可以不受法定存款准备金的限制。这进一步推动了银行踊跃参与回购协议交易，并将回购协议的品种主要集中到国库券和地方政府债券身上。从 20 世纪 60 年代开始，当通货膨胀的阴云开始笼罩着整个西方世界时，回购协议市场却迎来了意想不到的黄金时期。随着市场利率的高涨，大多数西方公司的财务主管们急于为手中掌握的短期资金寻找妥当的投资场所。企业的积极参与为回购协议市场带来了大批投资者。除了企业和商业银行以外，美国各级地方政府也成为了回购协议市场的受益者和积极倡导者。因为按照美国法律的规定，美国各级地方政府的闲置资金必须投资于政府债券或者以银行存款的形式持有，并且要保证资金的完整性。在以前，这极大地限制了地方政府在财务上的灵活性。回购协议市场正好提供了既投资于政府债券，又有还款保障的投资渠道。因此，政府成为该市场的积极参与者也就不足为奇了。

目前，美国的回购协议市场是世界上规模最大的回购协议市场。早在 20 世纪 90 年代初，隔夜回购协议的日交易量就已经远远超过了 100 亿美元。拥有数千亿美元短期资金的共同基金是这个市场上的最大投资者。对他们来说，一家投资基金经理每天通过同一个经纪人做几亿美元的回购协议交易已是司空见惯。

我国国债回购业务始于 1991 年。多年来该市场交易主体逐步扩大，由单一商业银行发展到几乎涵盖我国金融体系中全部金融机构，国债回购品种也在不断增加，各金融机构对国债回购这一工具的运用也日趋成熟。

第三节　资本市场

一、资本市场概述

(一)资本市场的含义和特点

资本市场是指期限在 1 年以上的货币资金融通和金融工具交易的市场，包括证券类、贷款类、权益类和企业资产类市场。因为其融通的资金主要作为扩大再生产的资本使用，所以被称为资本市场。该市场的主要特点有：(1)交易期限长，至少在 1 年以上，最长可达数十年。(2)交易的目的主要是解决长期投资性资金供求的矛盾，充实固定资产。(3)资金借贷量大，以满足大规模长期项目的需要。(4)作为交易工具的有价证券与短期金融工具相比，收益率高，但流动性差，风险也较大。

(二)资本市场的主体构成

(1)资本的提供者即投资者，包括个人投资者和机构投资者。

(2)资本的需求者即筹资方，主要是各类企业。

(3)为交易活动提供服务的各类中介组织，包括投资银行、证券经营机构、资产评估机构和会计师事务所、律师事务所等。

二、资本市场的金融工具

(一)股票

股票是股份公司为筹集资金而发给股东作为入股凭证,并借以取得股息和红利的一种有价证券,是资本市场的主要长期信用工具。

1. 股票的性质

股票的性质可从四个方面来理解:(1)股票是一种有价证券。持有股票的股东有权要求股份公司按规定分配股息和红利。(2)股票是一种要式证券,具有法定的格式。它的记载事项往往通过法律形式加以确定,而且股票的制作和发行必须经过证券主管机关的审核和批准。(3)股票是一种证权证券。股票代表的是股东的权利,它的发行是以股份的存在为条件的,股票只是把已经存在的股东权利以证券的形式表现出来,其作用是证明股东的权利,而不是创造股东的权利。(4)股票是一种资本证券。股份公司发行股票主要是为了筹措公司发展所需的资本,因此股票是资本份额的证券化。但是,股票只是一种虚拟资本,它独立于真实资本之外,只是凭借它所代表的资本额和股东权益在股票市场上进行独立的价值运动。

2. 股票的特征

(1)无偿还期限。股票一经发行便具有不可返还的特性。对股票持有者来说,不存在什么退股还本,只要公司存在,它的股票便始终存在。即使公司破产清理,也只能根据公司当时的财产状况给股票持有者以有限补偿。

(2)代表股东权利。股票表示的是对公司的所有权或股权,这种权益通常有多种表现,如可参加股东大会、投票表决股利分配等。

(3)风险性较高。一般而言,股票投资的收益率很高,但在市场千变万化的环境下,高收益与高风险必然相伴。公司经营得法,收益自然可观;公司经营不善甚至破产倒闭,股票持有者必然要蒙受损失。

(4)不同程度的流动性。股票作为一种有价证券,随时可以流通转让。

3. 股票的种类

(1)按股东权利的不同,可分为普通股和优先股。

普通股是股份公司依法最先发行的股票,是对公司财产权利都平等的股份,是公司资本构成中最基本的股份,也是公司中风险最大的股份。持有普通股的股东,具有相同的权利内容,即具有均等的利益分配权、对企业经营的参与权,均等的公司财产分配权、优先认购新股权,还具有对董事的诉讼权。

优先股是公司在筹集资金时,给予投资者某些优先权的股份。优先股的"优先"主要表现在两个方面:一是在领取股息方面优先于普通股。优先股一般有固定的股息,不随公司业绩好坏而波动,并且可以先于普通股股东领取股息。二是在取得资产方面优先于普通股。当公司破产进行财产清算时,优先股股东对公司剩余财产有优先于普通股股东的要求权。但优先股股东一般不参加公司的红利分配,亦无表决权。因此,优先股和普通股相比较,虽然收益和决策参与权有限,但风险较小。

(2)按记名与否,可分为记名股票和无记名股票。

记名股票是指股票和股东名册上记载股东姓名的股票。记名股票转让时,需采取背书方式记录受让人姓名，并同时在公司股东名册上过户，受让人才能正式成为公司股东；若受让人的姓名只记载于股票上，而未载入公司股东名册，则不能生效。记名股票不能私自转让，但可以挂失。

无记名股票是指在股票上不记载股东姓名的股票。由于股票票面上不记载股东的姓名，所以股票的持有者即具有股东资格，无记名股票不可挂失。这种股票在德国最为流行。英国虽然允许发行，但对交易实行较严格的控制管理。许多国家的股票介于这两者之间，如名为无记名股票，实际上又有一定程度的记名，以此来确定参与公司经营决策的股东身份。

(3)按股票上是否标明金额，可分为有票面金额股票和无票面金额股票。

有票面金额股票就是指股票票面所记载的一定的金额即票面价值的股票。无票面金额股票就是指股票票面上不载明金额，只标明每股占公司资本总额的比例的股票。它的价值随公司所有者权益的增减而增减。无票面金额股票在美国比较常见。

(4)我国上市公司的股份按投资主体，可分为国有股、法人股和社会公众股。

国有股是指有权代表国家投资的部门或机构，以国有资产向公司投资形成的股份，包括以公司现有国有资产折算成的股份。由于目前我国大部分股份制企业都是由原国有大中型企业改制而来的，因此国有股在公司股权中占有较大比重。

法人股是指企业法人，或具有法人资格的事业单位和社会团体以其依法可经营的资产向公司投资所形成的股份。目前，在我国上市公司的股权结构中，法人股平均占20%左右。根据法人股认购的对象，可将法人股进一步分为境内法人股、外资法人股和筹资法人股三个部分。

社会公众股是指我国境内个人和机构以其合法财产向公司投资所形成的股份。

另外，我国公司的股票还可根据股票上市地点和所面对的投资者不同分为A股、B股、H股、N股。A股是指人民币普通股票。B股是指人民币特种股票，即中国公司发行的以人民币标明面值、用外币购买、在上海和深圳两个证券交易所上市的股票。H股是指注册地在内地、上市地在香港的外资股。N股是指注册地在内地，上市在美国纽约的外资股。

(二)债券

债券是指政府、金融机构、工商企业等机构直接向社会筹措资金时向投资者发行并承诺按一定利率支付利息和按约定条件偿还本金的债权债务凭证。债券购买者与发行者之间是一种债权债务关系。债券是一种使用非常广泛的融资工具。

1. 债券的特征

第一，债券表示一种债权，因而可据以收回本息。第二，债券的期限已经约定，只有到期才能办理清偿。第三，债券虽未到期，却可以在市场交易转让。第四，债券因交易而有市场价格。从理论上说，债券的面值就应是它的价格，但在事实上，由于发行者的种种考虑和债券市场供求关系的变化，债券的市场价格常常脱离面值，时而高于面值，时而低于面值，于是引起人们对额外收益的追逐，从而增强了债券的流动性。第五，债券的市场价格虽然经常变动，但变动的幅度较小，从而使债券的安全性较高。

2. 债券的基本要素

债券一般都具备三个基本要素：一是债券的面值。债券的面值包括面值的币种和面值的大小两个基本内容。二是债券的票面利率。债券的票面利率是债券的利息与债券面值之间的比值。债券利率有固定利率和浮动利率之分。三是债券的偿还期限。债券的偿还期限指从债券发行日起到本息偿还之日为止的时间。债券的偿还期限通常是固定的。

3. 债券的种类

(1)按筹资主体不同,可划分为政府债券、金融债券和公司债券。

政府债券是指由政府及政府所属机构发行的债券。这类债券以政府信用为担保,信用度高,风险小。根据偿还期限的不同,政府债券分为国库券和公债,一年期以内的短期政府债券称为国库券,一年以上十年以内的称为中期政府债券,十年以上的称为公债。我国发行的债券可以分为凭证式国债、无记名(实物)国债和记账式国债三种。

金融债券是指由银行和非银行金融机构发行的债券。金融债券是金融机构一种较为理想的筹集长期资金的工具,它能够较有效地解决银行等金融机构的资金来源不足和期限不匹配的矛盾。按不同标准,金融债券可以划分为很多种类。最常见的分类是根据利息的支付方式,金融债券可以分为定息金融债券和贴现金融债券。

公司债券是股份制公司发行的一种债务契约,公司承诺在未来的特定日期,偿还本金并按事先规定的利率支付利息。公司债券是企业筹集资金的一种重要手段,因而又称企业债券。与其他债券相比,公司债券的风险较大,收益也较高。目前国际上通行的公司债券主要有抵押公司债、偿债基金公司债、信用公司债、附新股认购权公司债、重整公司债、可转换公司债等。

(2)按筹集资金的方法不同,可分为公募债券和私募债券。

公募债券是以非特定的广大投资者为对象广泛募集的债券。这种债券不是向指定的少数投资者出售。国债的发行一般都采用公募方式。

私募债券是公募债券的对称,是指仅以与债券发行人有特定关系的投资群为对象而募集的债券。

(3)按发行国家和地区的不同,可分为国内债券和国际债券。

国内债券是指由本国政府或本国法人发行并在国内市场流通的债券。国际债券则是指由国际机构、外国政府或外国法人发行的债券。

(三)可转换公司债券

可转换公司债券是指发行人依照法定程序发行的,在一定期间内依据约定的条件可以转换成股票的公司债券。可转换公司债券兼有债券和股票的一些特征,是两者的混合体。

1. 可转换公司债券的特点

(1)债权性。可转换债券在本质上是一种债权债务凭证,在转换前,可转换债券的持有人只是公司的债权人,而不是股东。债权人可凭此特性到期收回本金并取得利息。

(2)股权性。债券在转换成股票之后,原债券持有人就由债权人变成股权人,这时投资者就可以以股东的身份参与企业的经营管理决策以及利润分配。

(3)可转换性。债券持有人可以按照约定的条件将债券转换成股票。在本质上,可转换性所赋予投资者的转股权是投资者享有的、一般债券所不具有的选择权。

2. 可转换公司债券的投资价值

可转换公司债券无论是对发行公司还是对投资者都具有重要的投资价值。对发行公司来说,发行可转换债券能够增加债券对投资者的吸引力,能以较低的成本迅速筹集所需要的资金。发行可转换公司债券以后,一旦投资者转换成普通股票,公司原来筹集的期限有限的资金就转化成了长期稳定的股本,而且还能节省一笔可观的股票发行费用。对投资者而言,投资可转换公司债券的价值在于,当普通股市场行情低落或因公司财务状况不佳而导致股价低迷时,投资者可以得到稳定的债券利息收入，并有本金安全的保障；而当股票市场行情上涨或发行公司财务状况改善导致股价上升时，又可享受普通股股东的权利，即得到股票以及资本增值。因此，可转换公司债券的投资者愿意以较低的利率为代价，来取得公司普通股股价上涨的好处。

(四)投资基金

投资基金是一种收益共享、风险共担的集合投资方式，即通过发行基金单位，集中投资者的资金，由基金托管人托管，由基金管理人管理和运用资金，从事股票、债券、外汇、货币等金融工具投资，以获得投资收益和资本增值。投资基金在不同国家或地区称谓有所不同，美国称为共同基金，英国和我国香港地区称为单位信托基金，日本和我国台湾地区称为证券投资信托基金。目前，投资基金已风行世界各国。

1. 投资基金的特点

(1)投资多元化。多元化的投资是风险管理的基本做法。基金管理人受人之托、代人理财，要在保证资产安全的前提下，追求投资收益的最大化。

(2)专家理财。基金管理人是职业投资管理者，较之一般社会大众，在专业知识、投资技巧和市场信息等方面都具有较强的优势，专家理财既符合社会分工的发展趋势，又有助于提高投资的收益率。

(3)流动性强。投资基金对于基金投资者来说是一种间接投资工具，不涉及具体的投资对象或企业，投资基金单位不仅有发行市场，还有流通市场。封闭式投资基金可通过交易所卖出交易实现，开放式投资基金可通过柜台赎回交易实现。

2. 投资基金的类型

(1)按组织形态的不同，可分为公司型投资基金和契约型投资基金。公司型投资基金是指具有共同投资目标的投资者，组成以营利为目的的股份制性质的投资公司，并将资产投资于特定对象或项目的投资基金。契约型投资基金也称为信托型投资基金，是指基金发起人依据其与基金管理人、基金托管人订立的基金契约，发行基金单位而组建的投资基金。我国证券投资基金属契约型基金。

(2)按发行后基金单位是否能赎回，可分为开放式投资基金和封闭式投资基金。开放式投资基金的资本额是可变的，在每个营业日，投资者可以向基金管理人申购基金单位，也可以向基金管理人赎回基金单位。封闭式投资基金的资本总规模是固定的，投资者要购买基金单位，只能到流通市场上去从基金投资者那里购买，基金投资者要想变现所持的基金单位，也不能要求基金管理人赎回，只能在流通市场上卖出。

(3)按基金投资目标，可分为避税型、收入型、增长型、收入和增长混合型、货币市场型及国际型等；也可按投资对象不同，分为股票基金、债券基金、期货基金和货币基金等。此外，根据基金的资金投向不同，基金又可分为证券投资基金、货币基金、外汇基金、产业基金等。

三、资本市场的主要金融工具之间的区别与联系

(一)股票和债券的区别与联系

1. 股票和债券的联系

(1)不管是股票还是债券，对于发行者来说，都是筹集资金的手段，发行者不管采用哪种方

式都可获得所需要的资金。当然，在使用资金的同时，都要付出一定的报酬给投资人，这就是股息或利息。对于投资者来说，两者都是一种投资手段或交易工具，投资者可以通过任意一种工具，把资金投放到自认为最有利可图之处，按期获得一定的报酬。

(2)股票和债券(主要是中长期债券)共处于证券市场这一资本市场中，并成为证券市场的两大支柱，同在证券市场上发行和交易。

(3)股票的收益率和价格同债券的利率和价格之间是互相影响的。因为在证券市场上，一种交易工具的价格变动必然会引起另一种交易工具的价格变动。

2. 股票和债券的区别

(1)性质不同。股票表示的是一种股权或所有权关系，债券则代表债权债务关系。

(2)发行者范围不同。股票只有股份公司才能发行，债券则任何有预期收益的机构和单位都能发行。债券的适用范围显然要比股票广泛得多。

(3)期限性不同。股票一般只能转让和买卖，不能退股，因而是无期的；债券则有固定的限期，到期必须归还。

(4)风险和收益不同。股票的风险一般高于债券，但收益也可能大大高于后者。股票之所以存在较高风险，是由其不能退股及价格波动的特点决定的。

(5)责任和权利不同。股票持有人作为公司的股东，有权参与公司的经营管理和决策，并对公司的经营活动享有监管权；债券的持有者虽是发行单位的债权人，但没有任何参与决策和监督的权利，只能定期收取利息和到期收回本金。当企业发生亏损或者破产时，股票投资者将得不到任何股息，甚至连本金都不能收回；但在企业景气时，投资者可以获得高额收益。债券的利息是固定的，公司盈利再多，债权人也不能分享。

(二)投资基金与股票、债券的区别与联系

1. 投资基金与股票、债券的联系

(1)对基金、股票和债券的投资均为证券投资。

(2)投资基金从投资形式上看同股票与债券有相似之处。基金份额的划分类似于股票，股票按“股”计算其总资产，基金资产则划分为若干个“基金单位”，投资者按持有“基金单位”的份额分享基金证券的增值收益。

(3)股票、债券是基金证券的投资对象。

2. 投资基金与股票、债券的区别

(1)投资地位不同。股票持有人是公司的股东，有权对公司的重大决策发表自己的意见；债券的持有人是债券发行人的债权人，享有到期收回本金的权利；投资基金的持有人是基金的受益人，体现的是信托关系。

(2)风险大小不同。一般情况下，股票的风险大于基金证券。对中小投资者而言，由于受可支配资产总量的限制，只能直接投资于少数几只股票，当其所投资的股票因股市下跌或企业财务状况恶化时，资本金有可能出现较大的亏损；而投资基金的基本原则是组合投资、分散风险，把资金按不同的比例分别投资于不同期限、不同种类的有价证券，把风险降至最低程度。债券在一般情况下，本金可以得到保证，收益相对固定，风险比基金要小。

(3)收益情况不同。投资基金和股票的收益是不确定的，而债券的收益则是确定的。一般情况下，投资基金的收益比债券高。

(4)投资方式不同。与股票、债券的投资者不同，投资基金是一种间接的证券投资方式，投

资基金的投资者不直接参与有价证券的买卖活动，不直接承担投资风险，而是由专家具体负责投资方向的确定、投资对象的选择。

(5)影响价格的因素不同。在宏观政治、经济环境一致的情况下，投资基金的价格主要决定于资产净值，而影响债券价格的主要因素是利率，股票的价格则受供求关系的影响。

(6)投资回收方式不同。债券投资是有一定期限的，期满后收回本金；股票投资是无限期的，除非公司破产、进入清算，投资者不得从公司收回投资，如要收回，只能在证券交易市场上按市场价格变现；投资基金则要视所持有的基金形态不同而有区别；封闭型基金有一定的期限，期满后，投资者可按持有的证券份额分得相应的剩余资产，在封闭期内还可以在交易市场上变现；开放式基金一般没有期限，但投资者可随时向基金管理人要求赎回。

四、资本市场与货币市场的关系

货币市场供求与资本市场供求之间存在互动关系。货币市场出售短期证券得到的资金流向资本市场购入长期证券，反映了货币市场供给与资本市场需求之间的同向运动关系。也就是说，在货币市场短期证券供给增加时，退出该市场的资金便形成对资本市场证券的需求。这种变化反映在价格上，就表现为货币市场价格(利率)下降和资本市场价格(有价证券价格)上升。同理，资本市场出售长期证券得到的资金流向货币市场，赎回或购入短期证券，反映了资本市场供给与货币市场需求之间的同向运动关系。也就是说，在资本市场长期证券供给增加时，退出该市场的资金或者用以归还贷款、归还拆借款项、赎回借款凭证，或者形成对国库券、大额定期存单等短期证券的需求，这种变化反映在价格上，就表现为资本市场有价证券价格下降和货币市场利率上升。货币市场供求与资本市场供求之间的这种互动关系，可以表述为货币市场的供给形成了资本市场的需求，资本市场的供给形成了对货币市场的需求；资金从货币市场流向资本市场，代表了货币市场供给的增加和资本市场需求的增加，而资金从资本市场流向货币市场代表了资本市场供给的增加和货币市场需求的增加。货币市场与资本市场的这种关系表明，高效率的金融市场应当是一个资本市场和货币市场共同得到发展的市场，资本市场需求的拉动常常需要货币市场的资金支持，资本市场退出的资金也需要货币市场来吸收。同样，货币市场在资金过多时常常需要资本市场来吸收，在资金不足时也需要资本市场的补充。

五、资本市场的分类及主要业务

资本市场是以长期信用工具为交易对象进行长期资金融通的金融市场，主要分为中长期信贷市场和证券类市场。

(一)中长期信贷市场

中长期信贷市场是银行及其他金融机构办理 1 年期以上的中长期信贷业务的金融市场。中长期信贷主要用于企业固定资产的更新、扩建或新建的资金需要。贷款一般是抵押放款，抵押品可以是商品、不动产、有价证券、单据等。银行要求借款人提供抵押品的目的是减少信贷风险，因为当借款人不能偿还借款时，银行可以依法处理抵押品，抵补信贷资金的损失。

(二)证券市场

证券市场是指有价证券发行和流通的市场,其交易工具主要有股票、债券、基金证券及其他衍生证券。它包括股票市场、债券市场和投资基金市场。该市场的主体包括证券发行人、投资者、中介机构、交易场所以及自律性组织和监管机构。

1. 证券的发行市场

证券发行市场又称一级市场或初级市场,是证券发行活动的场所。证券发行市场是一种无形市场。各国对发行股票实行的审查批准制度一般有两种:一是注册制,二是核准制。我国现阶段处于由核准制向注册制的改革期。

(1)证券的发行程序。

第一步:提出申请。申请的内容包括:企业近年财务状况、利润及亏损的记录,拟发行证券的数量、种类、发行方式、资金用途及票面应列事项,企业的综合经营管理情况,对新筹资资金使用效益前景的分析预测等。任何企业在发行新证券之前,都必须向政府证券管理部门提出书面申请。

第二步:核准企业提出的申请。政府证券管理部门根据有关法律规定对发行人提出的申请进行审查,认为符合有关规定,申报的内容真实、合理,就可以核准发行。

第三步:组织新证券的发行。企业取得政府证券管理部门同意证券发行的文件后,就可以向社会正式发行证券。一般新证券的发行是由发行人委托投资银行代理发行。投资银行有丰富的发行经验,可给发行人提供市场信息,提出各种合理建议,以促使新证券顺利发行。

(2)证券的发行方式。

证券的发行按发行对象的范围可分为私募发行和公募发行,按有无中介机构协助发行可分为直接发行和间接发行。

第一,私募发行与公募发行。

私募发行是指面向少数特定投资者的发行。一般来说,私募发行的对象主要有两类:一类是有所限定的个人投资者,一般情况是限于发行单位内部或有紧密联系的单位内部的职工或股东;另一类是指定的机构投资者,如专业性基金(包括养老退休基金、人寿保险基金等),或与发行单位有紧密业务往来的企业、公司等。这种发行方式的好处在于:一是不必向证券管理机关办理申报、注册,手续简便;二是一般不必由专门中介机构协助发行或承销,从而可以节省发行推销费用;三是不必向社会公众公布发行者内部财务状况等重要信息,从而可以免去会计事务所、审计师事务所及律师事务所进行公证、信息咨询等重要环节;四是不必进行全面的资格或条件审查,从而可以在财务条件较差、不具备公募发行资格的情况下,通过发行证券筹集到所需的资金;五是不必考虑各种类别和层次投资者的需要,而只针对指定投资者的选择偏好来确定其发行条件。这种发行方式的不利之处在于:一是不利于提高发行者的知名度和信用度,不利于开拓筹资市场;二是筹资范围有限,所筹资金规模也受到相应限制;三是一般不能公开上市交易,或一定期限内不能转让,从而限制了所发证券的流动性及吸引力;四是投资者往往提出一些特殊或特定的要求或条件,从而使发行者处于较被动和不利的地位。

公募发行是指公开向社会非特定投资者的发行,充分体现公开、公正的原则。有利之处在于:一是可以提高发行者的知名度和信用度,从而有利于扩大筹资的渠道,享受较有利的筹资条件;二是所发行的证券可以上市转让流通,从而可以提高其流动性和吸引力;三是发行范围广泛,因而筹资潜力较大;四是发行者与投资者完全处于平等竞争、公平选择的地位,受投资者制约较少。不利之处主要体现在：一是公募发行必须向证券主管机关申报和注册，要接受发行资格和条件的严格审查，不仅有一定的难度，而且费时和支付必要的申请费用；二是一般需要有中介机构予以协助，需要支付大量的承销费用；三是要向社会公布经过社会权威部门评估、审计及公证的财务状况等重要内部信息，同时要接受证券评级机构的资信评级等，因此不仅费时，还要支付一大笔费用。

第二，直接发行与间接发行。

直接发行是指发行者自己办理有关发行的一切手续，并将证券直接推销给投资者的一种发行方式。大部分私募证券、金融证券、股息再投资等都采用这一方式。由于没有中介机构的参与，直接发行可以节约委托发行的手续费，降低了发行成本。但采用这种方式时间长、融资数量有限，且发行风险较大。

间接发行是指发行者将证券发行手续和销售事务委托给中介机构办理的发行方式，可节约人力、时间，减少一定的发行风险，迅速高效地完成发行。因为作为承销的中介机构如投资银行、证券公司、信托投资公司及专业承销商，都具有丰富的承销经验、知识和专门人才，具有雄厚的资金实力、较好的承销信誉、较多的承销网点以及较灵通的信息，从而可以使发行推销工作准确、高效、顺利地进行。当然，选用间接发行方式，发行人要支出一笔较大的承销费用，从而增加发行成本。

(3)证券的承销方式。

当证券发行人选择间接发行的方式时，就需要委托作为承销商的中介机构进行承销。其方式主要有三种，即代销方式、余额包销方式及全额包销方式，或者称为推销、助销和包销。

证券代销方式也称推销方式，是指证券发行者委托承销商代为向社会推销证券。受托的承销商要按承销协议规定的发行条件，在约定的期限内尽力推销。到销售截止日期，如果没有按照原定的发行数额售出，未售出的部分仍退还给发行者，承销商不承担任何发行风险，而是由证券发行者承担发行失败的风险。同时，发行者要按协议规定支付承销商的承销费用。

证券余额包销方式也称助销方式，是指由承销商按照已定的发行条件和数额，在约定的期限内向社会公众大力推销。到销售截止日期，如果有未售完的证券，则由承销商认购，承销商要按照约定的时间向发行者支付全部证券款项。在证券发行日期结束后，承销商还可以继续推销自己所认购的部分证券，或者作为自己的投资来持有部分证券。因为这种承销方式是承销商承担部分发行风险，可以保证发行人筹资用资计划的按时实现，所以多为发行者所采用。

证券全额包销方式是指由承销商先将发行的全部证券认购下来，并立即向发行人支付全部证券款项，然后再按市场条件转售给投资者。采用这种发行方式，承销商要承担全部发行失败的风险，可以保证发行人及时筹得所需资金。

因此，承销商为了分散所承担的风险和解决包销认购款不足的问题，往往还会采取协议包销、俱乐部包销和银团包销等不同方式。

(4)证券发行利率和发行价格的确定。

证券发行利率一般来讲就是债券的发行利率，它是指债券的票面利率，也就是指债券票面所载明的利率。债券利率的确定主要取决于五个要素：一是债券发行者的信用程度。信用高的发行者可制定较低的利率，信用度差的发行者则需要以较高的利率来吸引投资者。二是债券期限的长短。期限长的风险大，其利率可高一些；反之，则低一些。三是国家政策的影响。各种债券利息缴纳所得税的规定是不同的，免征利息所得税的国债利率可低一些，需要缴纳利息所得税的公司债券，则利率相应要高一些。四是债券发行时银根松紧的情况。银根松时，利率相对低一些;银根紧时,利率相对高一些。五是银行存款利率的影响。债券利率一般稍高于银行定期存款利率,如果银行利率调高,债券利率也会相应上升;反之,则下降。

证券的发行价格是指证券发行者将证券出售给投资者的价格。一般有三种:平价发行,即发行价与票面额一致;溢价发行,即发行价高于票面额;折价发行,即发行价低于票面额。

(5)证券发行的资信评级。

证券评级就是资信评估机构用某种标志来表示拟发行证券的质量等级,为投资人提供证券投资价值及风险的信息,达到保护投资人利益的目的。一般来讲,证券评级的对象以债券为主,有些评级机构也对股票进行评级。证券评级的原则:一是证券发行者的偿债能力,二是证券发行者的资信情况,三是投资者承担风险的估计。

目前,世界许多国家都设立了有价证券的评级机构,如美国的评级机构主要有标准普尔公司、穆迪投资服务公司等。以标准普尔公司为例,债券的级别分为 AAA、AA、A、BBB、BB、B、CCC、CC、C、D 十个等级。股票级别分为 A+、A、A-、B+、B、B-、C、D 八个等级。

我国的证券评级,包括对企业发行债券、融资券的评级和在股票上市之前对股份制企业进行评估。债券的等级标准分为 A、B、C 三大类,其中 AAA 级的还本付息能力最强,且具有可靠的保证;B 类还本付息能力较次,投资风险有所增大;C 类还本付息能力极不可靠,有较大的风险性。

2. 证券的流通市场

流通市场又称二级市场,其活动范围围绕着有价证券的转让流通而展开。二级市场以初级市场为存在基础,反过来又成为初级市场正常发展的必要条件。没有初级市场发行的有价证券,就不存在二级市场的转让流通活动;若没有二级市场的活动,多种金融工具因丧失流动性而难以发行。二级市场上各种证券的转让流通,主要是为投资者解决金融工具的长期性和资金流动性的矛盾,通过证券的转让流通提高其流动性。因此,二级市场的交易可以为投资人提供种种融资便利,却不能为筹资人筹措新的资金,故二级市场上的交易活动并不增加社会投资量。

(1)流通市场的参与者。

在二级市场中,参与者除了买卖双方的投资者外,中介人非常活跃。这些中介人主要有证券经纪人、证券商和掮客,他们各有不同的使命,在二级市场的交易中起着十分重要的作用。

证券经纪人是在证券交易所充当交易中介而收取佣金的商人。经纪人必须是交易所会员。他们受证券买卖者的委托,进入交易所正式市场为其委托者进行证券交易。作为顾客的代理人,他们只代表客户买卖证券,不承担任何风险,并以佣金的形式向顾客索取报酬。

证券商是指买卖证券的商人。他们自己从事证券的买卖,从贱买贵卖中赚取差价,作为经营证券的利润。证券商分为两类:一是场外证券商,他们不参加交易所内的证券买卖,而是在自己开设的店堂或柜台进行交易,买卖的对象主要是未上市或不足成交批量的证券,由此形成了店头市场;二是场内证券商,即在交易所内买卖证券的商人,他们在交易所内经营一定数量和种类的证券,或与经纪人进行交易。证券商买卖的目的并非从事长期证券投资,而是从买卖差价中获得收益。因此,他们也是证券交易的中间商,与经纪人的差异在于他们具有自营证券、自负盈亏、风险较大的特点。

掮客又称第三经纪人,是指交易所经纪人与外界证券商或客户的中介。他们不直接参加交易所经营,主要任务是接受证券交易者的委托,将委托人的证券转交给交易所内的经纪人,并向客户提供情况和通报信息,从中收取手续费。

(2)证券交易的市场价格。

市场价格是指在二级市场上买卖有价证券的实际交易价格。有价证券的市场价格主要取决于两个因素:一是有价证券的收益,二是当时的市场利率。实际上,影响有价证券市场价格的还有资金供求关系、产业周期变化、宏观经济政策等多种因素。

股票市场价格用公式表示为:

市场价格=证券预期收益/市场利率

(3)股价指数。

股价指数是反映股市总体价格或某类股价变动和走势的指标。根据股价指数反映的价格走势所涵盖的范围,可以将股价指数划分为反映整个市场走势的综合性指数和反映某一行业或某一类股票价格走势的分类指数。按照编制股价指数时纳入指数计算范围的股票样本数量,可以将股价指数划分为全部上市股票价格指数和成分股价指数。前者是指将全部股票都纳入指数计算范围,如上海证券交易所发布的上海证券交易所综合指数;后者是指从指数所涵盖的全部股票中选取一部分较有代表性的股票即指数的成分股,作为指数样本,计算时只把所选取的成分股纳入指数计算范围,如深圳证券交易所成分股指数。

股票指数的计算方法,有算术平均数和加权平均数两种。算术平均法是将组成指数的每只股票价格进行简单平均,计算得出一个平均值。加权平均法是在计算股价平均值时不仅考虑到每只股票的价格,还要根据每只股票对市场影响的大小对平均值进行调整。

世界上主要的股价指数有道·琼斯股价指数、纳斯达克股价指数、《金融时报》股价指数、日经股价指数、恒生股价指数等。

(4)证券交易方式。

主要有现货交易、期货交易、期权交易、信用交易等。

现货交易是指成交在2～3天内实现钱货两清的交易方式,即卖者交出证券,收回现款;买者交付现款,收到证券,俗称"完成交割"。

期货交易是指证券买卖双方成交后,按照契约规定的价格和数量一定时期后才进行交割的交易方式。这种交易的显著特点是成交与交割不同步。交易中既有一般投资者,也有投机者。对投机者来说,进行期货交易并不是真正为了到期后买进或卖出证券,而是根据自己对行市涨跌的预测进行赌博,结算时也只是支付证券行市涨落的差额,由此,出现了做"空头"和"多头"的投机者。做空头是指投机者预计证券价格将下降而抛售期货,过后再以低价买进,从贵卖贱买中赚取差价。做多头则是预计证券价格上涨而买进期货,到时以较高的价格卖出,从贱买贵卖中获利。这些买卖都没有实物经手,只缴存少数保证金,故又称买空卖空。

期权交易是指买卖双方按约定的价格在约定的时间,就是否买进或卖出证券而达成的契约交易。在这种交易方式中,交易双方买卖的是一种权利,这种权利能保证购买期权者到期按约定价格和数量实现买进或卖出,也允许购买期权者到时放弃行使买卖证券的权利。

信用交易是指投资者购买有价证券时支付一部分价款,其余的由经纪人垫付,经纪人从中收取利息。经纪人以这些证券为抵押,向银行以短期拆放的方式借款,其利率低于为投资者垫款所得的利息,经纪人得到利差收入。当投资者不能按期偿还其余价款时,经纪人有权出售这些证券。

期货交易、期权交易和信用交易主要建立在对未来市场行情或经济变量预期的基础上,因而具有较大的不确定性。各国对期权、期货、信用交易均定有严格的法规。我国目前规定,柜台交易和证券交易所内均采用现货交易方式。

(5)证券交易的组织形式。

资本市场按其组织形式，可分为场内交易市场和场外交易市场。场内交易是指在证券交易所内进行的有组织的交易，场外交易是指在证券交易所以外进行的交易。

场内交易市场即证券交易所是二级市场的主要组织方式，是专门集中进行证券买卖的场所。证券交易所作为一个以买卖股票为主的金融资产的特殊市场，具有如下特征：一是证券交易所自身并不持有证券，不买卖证券，也不参与制定价格，只是为买卖双方成交创造条件、提供场所和服务。二是交易采用经纪制方式。在证券交易所中，只有具备交易所会员资格的证券经纪商才能直接在交易所进行交易，而一般的买者和卖者只能委托这些证券商去办理证券交易。证券经纪商是联系买卖双方、代理买卖业务的居间人，通过自己派驻交易所的交易员进行交易，是证券交易所不可缺少的重要组成部分。三是交易按照公开竞价方式进行。证券交易所是一个集中而非分散的市场，其交易过程并不表现为买卖双方个别协商成交，而是由交易人员代表众多的买者和卖者集中在交易所内充分展开竞买竞卖，根据价格优先、时间优先的原则达成交易，形成价格。四是证券交易所有严格的规章制度。各国证券交易所对于入场交易人员、上市证券商资格和证券交易量单位均有严格的条件限制，并对交易日期及时间、成交价格和成交后的结算都有特殊的规定。此外，交易所对于内部人员利用内部情报操纵价格、垄断欺诈等行为规定了严厉的制裁条例。五是证券交易所的证券买卖完全公开。证券交易所要求所有申请上市证券的发行人必须定期真实公布其经营情况和财务状况。交易所还定期公布各种上市证券的行情表和统计资料。

证券交易所在二级市场上处于核心的地位。它的存在与发展需要以规范化的信用活动和股份制的普及为前提，以发达的一级市场提供的大量可供交易的证券为基本条件，以大规模的场外交易为基础，从中不断筛选出内在质量高、代表性强的证券集中上市交易。通过严密的组织与管理规范交易行为，形成合理的价格，发挥市场的示范效应和"晴雨表"作用。在我国，1990 年底，上海证券交易所正式成立，次年深圳证券交易所也开始试营业。

场外交易市场主要有三种组织形式：店头市场、第三市场和第四市场。

店头市场又称柜台市场，是场外交易最主要和最典型的形式。这种交易可以在证券商的营业点内，由购销双方当面议价进行交易，也可以通过电话、计算机等现代通信手段进行交易。在店头市场上的交易对象，既有小公司的股票，也有大公司的股票；既有上市股票，也有非上市股票；既有股票，也有债券。店头市场交易的参与者主要是证券商和客户。这些证券商有时充当买入者，有时充当卖出者，有时也充当买卖中介人。该市场有两个突出的特点：一是交易双方一对一地直接洽谈，是客户与证券商，或是两个证券商的直接交易；二是交易价格不是既定的，而是由双方磋商协议而定。

第三市场是指已取得在交易所正式上市资格的股票，由非交易所会员证券商进行场外交易的市场。非会员证券商要代客户买卖上市股票，只有再委托会员证券商间接办理。并且，会员证券商还受到"最低佣金比率"的限制，不允许随意降低佣金收取标准，使得大额、大批量股票交易的佣金率很高。在这种情况下，就出现了上市股票由非交易所会员证券商在自己门市部进行买卖的方式，以减轻投资者大额交易的成本。证券商从第三市场交易中虽然收取的佣金较低，但由于每笔的成交量较大，因此也能获得高额收益。该市场的出现既降低了股票交易的成本，又促进了市场交易业务的竞争，从而有助于提高社会的投资效率。第三市场首先在 20 世纪 60 年代末的美国出现，近几年发展很快。

第四市场是指机构投资者买卖双方绕过证券商，利用电子计算机网络直接进行大宗股票交易的市场。一些大公司在进行大宗股票买卖时，为了不暴露目标，不通过交易所和证券商，而是彼此间用电子计算机网络联结起来，形成自己的交易机制，自行报价和寻找买进和卖出的对方，双方直接成交。第四市场的最大吸引力在于交易成本低，因为省去了中介人费用，即使有时通过第三方来安排，佣金也比其他市场少得多。当然，这是以大宗交易为前提的。第四市场的交易可以保密，不会为第三者所知，因而不致因某笔大额交易而影响股价行市。不过，也正因为这一点，市场的交易规模几乎无法统计，难以掌握。第四市场的兴起，反映了机构投资者在股票流通市场地位的提高，同时也对股票流通市场产生了巨大的竞争压力。

3. 二板市场

二板市场是与现有证券市场即主板市场相对应的概念。凡是面向中小企业的证券市场，就是二板市场。近几十年来，为了扶持中小企业和高新技术企业发展，世界上不少国家和地区纷纷探索设立二板市场，以建立一种有利于支持高新技术产业、有利于中小企业融资的金融体系。世界上最早、最成功的二板市场是美国的纳斯达克证券市场。以此为样板，欧洲、日本、加拿大等国也相继设立了为中小型企业及高科技企业服务的二板市场，满足了以高科技为主导产业转型的需要。目前，我国不仅在深圳证券交易所开设了中小企业板市场，而且创业板市场也于 2009 年 10 月 23 日在深圳证券交易所开板，首批获准上市的 28 只股票于 30 日正式上市交易。该市场主要是针对以高新技术企业为代表的中小企业群，为其融资积极创造条件、搭建平台。

(1)二板市场的特点。

一是上市的企业多为中小型企业，特别是具有潜在成长性的、高科技的中小企业。二是上市标准低。由于主要面向新兴中小企业和高科技企业，因而，对上市规模和盈利条件都不做高的要求。有的市场甚至允许经营亏损的或者无形资产比重很高的企业上市。三是推行做市商制度。所谓做市商是指承担股票买进和卖出义务的交易商。根据这一制度，所有为某种证券交易做市的做市商必须报出买入价格和卖出价格，并随时准备按照自己的报价进行交易。做市商制度有利于二板市场资金流动和市场竞争，并保持市场的稳定性。四是较高的投资风险。在二板市场上市的企业规模较小，业务处于初级阶段，破产倒闭的概率比主板市场高。因此投资二板市场，相对主板市场而言，有着更大的风险。但由于在二板市场上市的企业具有较高的成长潜力，也可能获得更高的投资收益。五是市场监管更加严格。由于二板市场上公司规模较小，交易不如主板市场活跃，资产与业绩评估分析的难度也较高，而且容易出现内幕交易和被少数人操纵市场的现象。为了保护投资者利益，监管通常比主板市场更加严格。六是实行电子化交易。二板市场大多采用高效率的电脑交易系统，无需交易场地，因而具有费用低和效率高的突出优势，并且交易的透明度极高。

(2)二板市场的作用。

二板市场是为极具发展潜力的中小企业提供超常规金融支持，为风险投资的退出打开通道而设计的。所以二板市场的主要作用有三点：一是为中小企业的融资服务。中小企业和高科技产业在融资方面，依托主板市场很难满足需求。而在二板市场，风险投资支持的公司仅需要几年甚至仅需要盈利记录，这是对中小企业创业者的极大激励。二板市场为中小企业的可持续发展提供了资金支持，它从风险投资者手中接过“接力棒”，促进企业发展壮大，发挥创新企业“孵化器”的角色。二是为风险投资提供退出渠道。风险投资的退出机制是风险投资存在和发展的必不可少的条件。通过二板市场，风险投资企业向社会公开发行股票，风险投资者可以得到增值数倍的资本回报，创业人员也会得到较高报酬。三是有助于资本市场体系的健全。

二板市场的设立旨在增加资本市场层次，以调整和完善资本市场结构。在金融业发达的国家和地区，作为实体经济的支持体系，资本市场都体现出适应不同资本需求的多层次性，主板市场主要是为国内乃至全球有影响的大公司筹资服务的，二板市场则是为一些资金规模不大但有发展潜力的快速成长性公司进行融资的。

第四节　其他金融市场

一、金融衍生工具市场

(一)金融衍生工具的含义

金融衍生工具是指在原生性金融工具(股票、债券、货币等)基础上派生出来的金融工具或金融商品。它是 20 世纪 70 年代以来国际金融创新浪潮和金融自由化所带来的产物。金融衍生工具通常以合约的形式出现，合约的价值取决于相应的原生性金融工具的价格及其变化。

(二)金融衍生工具的特点

1. 派生性

所有的金融衍生工具都是在金融原生工具的基础上繁衍出来的。

2. 虚拟性

投资金融衍生工具可以获得一定的收益，但这种收益并非来自对应的原生工具的增值，而是来自于衍生工具的价格变化。这就是衍生工具虚拟性的表现。

3. 杠杆性

金融衍生工具的交易通常实行保证金制度，即无需支付相关资产的全部价值，便可得到这些资产的管理权与受益权。同时，这类交易一般也无需进行实际交割，只要在交易约定的到期日，对已交易的金融衍生工具进行反向交易，对差额进行结算即可。

4. 风险性

金融衍生工具至少存在价格风险、运行风险、交割风险、流动性风险、信用风险和法律风险，有着比一般金融工具高得多的风险性。

(三)主要金融衍生工具

1. 远期合约

远期合约是指买卖双方分别承诺在将来某一特定时间按照事先确定的价格购买和提供某种金融商品的合约。远期合约的特点在于虽然实际交割在未来进行，但交割价格已在合约签订时确定。远期合约的卖方承担了合约到期日向买方提供金融商品的义务，但是，卖方并不一定需要目前就拥有这种商品，而可以于合约到期日从现货市场上购入来履行合约。

2. 期货合约

期货合约是指交易双方按约定价格在未来某个时日完成特定金融商品交易行为的一种合约。期货交易是与现货交易相对的一种交易方式，其实质就是交易双方对一个统一标准合同进行的远期交易。交易的品种、规格、数量、期限、交割地点等都已标准化，唯一需要协商的就是价格。其特点有:(1)期货交易双方并不直接接触;(2)交易是通过买卖高度标准化的书面合约进行的;(3)交易的价格是通过公开竞价的方式确定的;(4)交易实行保证金制度。

3. 期权合约

期权合约也称为选择权,是指以合约的形式确认在买方支付一定费用的基础上,拥有在规定时日或期限内,按合约规定的价格购买(出售)或放弃购买(出售)标准数量原形资产的权利。期权合约下直接交易的对象是抽象的商品,即执行或放弃合约的权利,对己有利就执行权利,对己不利就放弃权利。

4. 互换合约

互换交易是指交易双方通过远期合约的形式,约定在未来某一段时间内,互换一系列的货币流量的交易。按交换标的物不同,互换交易可分为利率互换、货币互换、商品互换、股权互换、股权债权互换。其中,货币互换与利率互换是最为活跃的部分。

货币互换是指两个独立的借款人各以固定利率筹资,借取一笔到期日相同、计息方法相同,但币种不同的贷款资金,然后双方直接或通过中介机构签订货币互换协议,到期以对方借进的货币偿还本金和利息。利率互换是指两笔同币种债务以不同利率方式互相调换,一般都没有实际本金的交换,真正交换的只是双方不同特征的利息。

(四)主要金融衍生工具市场

1. 金融期货市场

(1)金融期货市场的概念。

金融期货市场是指买卖期货合约的场所或机制,是由期货交易所、期货结算所、期货经纪商和普通交易者所构成的以期货合约为交易对象的金融市场。期货市场交易的对象是期货合约。期货合约是由商品的远期交易合约演化而来的。但是,期货合约与远期交易合约有着本质的不同。远期交易合约是指买卖双方协商成交,约定在未来某一日以某一价格交货付款的书面凭证。远期交易合约中,明确规定交易商品的品级、数量、包装、运输保险及交货与付款方式。由于远期交易合约是通过买卖双方协商决定的,很少有两张合约完全相同,所以进行远期交易合约的转手买卖难度较大。期货合约一般由交易双方通过有组织的交易所进行买卖,合约内的条件由交易所规定,只留下价格由交易者决定。期货交易所通常是会员制专门机构,自身并不参与交易,只是为其会员提供进行交易的场所、设备,并制定交易规则,维护交易的公开公平。期货合约是标准化合约,可以进行买卖。

期货合约的特性主要体现在:一是期货合约所代表的商品具有统一的品级。期货合约所代表的商品必须具有统一的品级,无法确定品级的商品不能签订期货合约。规定统一的品级有助于期货合约的交易,买卖双方无须对期货合约所代表的商品的品种、质量规格等一一确认,只须确定其价格即可。二是期货合约具有规范的交易单位。交易单位即每份期货合约所代表的商品数量,是由交易者协会或商品交易所统一规定。利用期货合约买卖商品,数量只限于交易单位的倍数,即买卖几份期货合约,不能自由议订或分割交易单位。三是期货合约所表明的交割期不是指定日期,而是指定月份。履行交割义务,可在指定月份的第一个营业日至该月的最后一个营业日之间选择任何一个营业日进行交割。四是期货合约在到期履行时,交货的一方并不交割实际商品,只是交付代表这批商品所有权的证明文件,并随附该商品已经过检验、符合合约规定品级的证明书,由买方自行在指定地点仓库提货。正因为期货合约不同于远期交易合约,具有标准化的特性,所以在期货交易中产生了对冲机制。所谓对冲是指客户在卖出某种商品的期货合约后，再买进同数额、同交割月份的该种商品的期货合约结束交易或者在买进某种商品的期货合约后，再卖出同数额、同交割月份的该种商品的期货合约结束交易。其中买进卖出或卖出买进的差价就是客户的盈利或亏损。所以在期货交易中，最终真正以现货交割的仅占1%～3%，大部分都在对冲交割中结束交易。

(2)金融期货交易的类型。

按交易的金融商品来划分，期货交易可分为四大类：

一是外汇期货交易。它有广义和狭义两种：广义的外汇期货交易包括外汇期货合约交易、外汇期权合约交易、外汇远期合约交易和货币互换。狭义的外汇期货交易专指外币期货合约交易。

二是利率期货交易。利率期货交易特指为转移利率变动所引起的证券价格变动的风险，而以金融证券为交易对象的期货合约。按其交易的对象，利率期货交易可分为国库券交易、商业票据交易、定期存单交易、政府住宅抵押债券交易、市政公债交易、免税地方债券交易及欧洲美元存款交易等。

三是股票价格指数期货交易。它是为转移和利用股票价格大幅度波动所引发的风险或机会而进行的交易。交易的参数是具有代表性或权威性的各种股票价格指数。

四是贵金属期货交易。它是黄金期货交易，即以黄金为交易对象，为避免黄金价格变化带来的风险而进行的期货交易。

(3)金融期货市场的功能。

首先是套期保值功能。套期保值功能是指利用期货合约的交易使得现货商品免受价格波动的干扰，进而达到控制材料成本、商品利润、减少风险等目的。套期保值分为卖期保值和买期保值两种。卖期保值又称空头保值，指先卖出期货合同，在交割之前再补进对冲，以达到保值的目的。买期保值又称多头保值，与卖期保值相反，指先买进期货合同，在交割之前再卖出期货对冲，以达到保值的目的。套期保值功能是期货市场的重要功能，是期货市场得以产生和发展的动力源泉。

其次是价格发现功能。投机的目的是通过对期货价格变动的预期买卖期货以获取投机利润。与套期保值一样，投机活动也分为多头投机和空头投机。当预期价格上涨时，投机者买进期货，即做“多头”，当期货到期时，若价格果真上涨了，再卖出期货对冲，可以赚取一定的差价。当预期价格下跌时，投机者卖出期货即做“空头”，届时若价格果真下跌，再进行期货对冲，赚取投机利润。期货市场上的投机活动比一般市场上的投机活动都要多，都要普遍。因为期货市场本质上具有投机性，期货交易采取的是保证金制。保证金是指客户在买卖期货合约时需缴纳合约价值的一定比例的押金。其目的在于保证期货价格发生变动的情况下，对冲后亏损的一方能够支付差价。由于买卖双方在对冲后都有可能发生亏损，所以交易双方都须缴纳押金。押金比例视商品的不同而不同，其数额通常是合同价值的5%～10%。由于保证金比例少，投机成本小，较少的资金能推动较大的资本，这就使得期货交易不同于一般的金融交易，具有更大的风险，更大的投机性。

2. 金融期权市场

金融期权市场是以金融期权合约为交易对象的场内交易市场。期权广泛应用于证券交易之中，代表着买卖证券的权利的转让。因为就其实质而言，它不是证券的直接交易，而是某种权利的转移，可以脱离证券而独立买卖，在预期权利所依托的证券价格的涨跌中，谋取一定的利益。由于预期价格的变动是很难掌握的，因而期权交易往往风险很大，所以一般被视为一种投机性的投资。不过,投资者如能运用得当,也可以用以保值或避免较大损失。期权市场可依据期权合约所代表的有价证券或商品的不同分为五类:股票期权、指数期权、外汇期权、利率期权和期货合约期权。

(1)股票期权。

股票期权是指期权合同所代表的有价证券是股票,是买方在交付了期权费后即取得在合约规定的到期日或到期日以前按协议价买入或卖出一定数量相关股票的权利。

(2)指数期权。

指数期权是指期权合同所代表的“商品”是指数,主要指股票价格指数。每份期权合同的价值等于交易所规定的指数乘以一定的倍数。

(3)外汇期权交易。

外汇期权交易是指根据合约条件,合约的持有人具有执行或不执行合约的选择权。外汇期权交易可分为看涨(买方)期权和看跌(卖方)期权两大类。看涨(买方)期权是指期权的买方预付给卖方一定数量的期权费,这样买方就取得了根据合约规定的时间按约定的汇率购买约定数额外汇的权利。看跌(卖方)期权是指合同持有人(即购买期权合约者)在交付了期权费之后,在期货合约规定的时间内,有按合约约定的汇率和数额卖出外汇的权利,也有到期不执行合约的权利。

(4)利率期权。

利率期权又可分为利率期货合约期权、帽子期权、底线期权及领子期权。

利率期货合约期权也称利率期货期权,是在利率期货合约的基础上产生的。同其他期权交易一样,利率期货期权购买者要支付给出售者一笔期权费,买卖价格也是由市场供求关系决定的。

帽子期权是指通过固定一个最高利率以回避利率升高的风险。帽子期权交易主要应用于银行同业市场上,它通过在未来特定时间内,确定带有可变动利率或浮动利率的债务工具和利率最高限,从而确定了利息成本的上限。

底线期权是期权出售者向购买者保证,可以在一定时期内按最低利率购买某种金融凭证,购买者为此承诺付出期权费。

领子期权交易是由帽子期权与底线期权相结合而形成的另一种利率期权交易方式。领子期权的购买者可以通过购买一个特定商定利率的帽子期权,同时以较低的商定利率卖出一个底线期权来缩小利率的波动范围。这种利率期权交易比较稳健,保值性很强,承受的风险较小。

(5)期货期权。

期货期权是指期权合约所代表的“商品”是期货合约,期货期权在实施时要求交割的是期货,而不是期货合约所代表的商品。实际中,期货期权交割的期货合约很少,而是由期权交易双方交割价格的价差。

3. 远期合约市场

远期合约市场是一种以利率远期合约和外汇远期合约为主要交易对象的场外交易市场,主要分散在各大银行的交易柜台进行交易,具有简便、灵活等优点。但是,它不如期货流动性高,难以进行对冲平仓,信用风险也较高。远期利率协议的主要交易市场是伦敦市场和纽约市场,所有在这两个市场上交易的远期利率协议均适用《英国银行家协会远期利率协议》这一标准化文件的规定。交易的币种主要为美元、英镑、德国马克、瑞士法郎和日元。

4. 互换合约市场

互换合约市场是以金融资产的互换合约为交易对象的金融市场。互换市场的参与者主要包括直接用户和中介机构。他们参与互换交易的目的在于:获得低成本融资,获取高收益资产,回避利率或汇率风险,调节短期资产负债结构以及投机。互换市场的中介机构主要包括投资银行、商业银行、证券公司等,它们的目的主要是通过承办互换业务获取手续费收入和从交易机会中获利。现实中一些中介机构同时也可以是直接用户。互换的实际种类较多,最常用的是货币互换和利率互换。

货币互换是指交易双方按固定汇率在期初交换两种不同货币的本金,然后按照规定的日期分别进行利息和本金的互换。基本过程首先是以协议汇率互换本金;然后每半年或一年以约定利率和本金进行利息支付的互换;协议到期时,再以预先商定的协议汇率将原来的本金换回。交易双方通过互换,可以降低筹资成本,调整资产负债结构,避免汇率风险,投机获利,以及帮助借款人间接进入某些金融市场。利率互换是指交易双方以特定时期内特定名目的同一货币本金和利率为基础,彼此互换支付利息。利率互换是同一种货币定期交换不同特征的利息,不进行本金交换。

二、黄金与外汇市场

(一)黄金市场

1. 黄金市场概述

黄金市场是集中进行黄金买卖和金币兑换的场所,它是国际金融市场的重要组成部分。在现代信用货币流通条件下,黄金作为货币已退出历史舞台,但由于黄金的自然属性和黄金的稀缺性,黄金仍然是国际经济交往,尤其是国际贸易中的最后支付手段,并且是一国重要的储备资产。

各国对黄金的需求主要有三个方面:一是用作官方储备资产。这是指各国中央银行集中黄金储备,用于国际间的支付,黄金仍然发挥部分世界货币的功能。二是用作工业原料。黄金是高科技工业、医疗器械业和首饰行业等产业部门主要的原材料,这些部门对黄金的需求量一直很大。三是用作价值储藏。为抵御通货膨胀、保存价值,个人往往愿意储存黄金,包括金块、金币、黄金纪念品等,此时,黄金发挥着价值储藏的功能。

黄金市场的交易方式主要有两种:一是现货交易,二是期货交易。黄金的现货交易是指交易双方成交后在两个营业日内交割的一种交易方式;而黄金的期货交易指买卖双方按签订的合约在未来某一时间交割的一种交易方式,它又可分为套期保值交易和投机交易两种类型。前者交易旨在减少因金价变动带来的风险,后者则是利用金价变动来获取利益。无论采用何种交易方式,都须通过黄金经纪人成交。

2. 主要的黄金市场

黄金市场按其作用不同分为主导性黄金市场和区域性黄金市场。主导性黄金市场是指该市场黄金价格的确定及交易方式的变化对其他黄金市场起着指导作用,如伦敦、纽约、苏黎世、香港等黄金市场均属此类。区域性黄金市场主要指交易规模较小、大多集中在某一地区、对其他黄金市场影响不大的买卖黄金的场所,如巴黎、法兰克福、卢森堡、新加坡等黄金市场。

(1)伦敦黄金市场。

伦敦黄金市场历史最为悠久。早在19世纪，伦敦就已经是黄金销售以及金币兑换的中心。第二次世界大战以前，南非的黄金大多在伦敦市场出售。当时，伦敦是世界上最大的黄金交易市场，交易量约占世界黄金交易总额的80%。第二次世界大战期间，伦敦黄金市场曾一度关闭，直到1954年3月又重新开放。以后的美元危机，特别是1968年的美元危机，在伦敦掀起了抢购黄金的风潮，伦敦黄金市场的金价无法继续维持，不得不暂停营业，以至于一部分黄金交易转移到苏黎世市场，伦敦金市的地位受到了削弱。至此，伦敦已不再是世界最大的黄金市场，但其报出的金价始终具有权威性，仍不失为世界上最主要的黄金市场。伦敦黄金市场以现货交易为主，而且倾向于批发。从1982年4月起，伦敦黄金期货市场正式开业，以100盎司为交易单位并以英镑计价，实行每日两次定价制度，有当月至最长6个月的期货品种。

(2)纽约黄金市场。

自1974年美国政府取消私人购买和持有黄金的禁令后，纽约黄金市场迅速发展起来。目前，纽约是世界上最大的黄金期货交易市场，每年近2/3的黄金期货契约在此成交，但到期真正交割的期货很少，绝大部分是买空卖空的投机交易。因此，作为国际黄金期货交易中心的纽约市场，具有很强的投机性。

(3)苏黎世黄金市场。

苏黎世黄金市场是在第二次世界大战后发展起来的国际性黄金自由市场。它主要以瑞士三大银行为中心，联合经营黄金的买卖。1968年，西欧发生抢购黄金风潮，伦敦市场被迫关闭半月之久，而苏黎世市场仅闭市1天就恢复营业，并增加了黄金交易量。1969年，苏黎世通过给予南非储备银行优惠的贷款条件，换取南非黄金产量的80%在苏黎世市场销售后，逐步成为世界上最大的黄金现货交易中心。该市场主要采用定价交易方式，但无定价制度。在定价交易中，买卖数量不限，两天后交割。定价交易完毕，一般以电传确认。

(4)香港黄金市场。

香港历史上与伦敦关系密切，又是自由港，具有便于黄金转让、储藏和调拨等有利条件。20世纪60年代以后，香港逐步从区域性黄金市场发展成为重要的国际性黄金交易中心。20世纪80年代，香港开始承做黄金期货，这一切都使香港黄金市场在世界黄金交易中居于重要地位。香港市场上的黄金大多来自欧洲等地，主要买主则是东南亚国家。香港市场的业务特色是“现货远期”，即买卖的黄金虽是现货，但实际交割时可以通过“息价”自动调节现货和期货两者的关系，卖方可以不交付黄金，只支付利息，还可推迟交付时间，将现货变为期货。

(5)新加坡黄金市场。

1978年11月，新加坡黄金交易所(GES)正式开业，使市场由现货交易扩大到期货交易。新加坡黄金交易所昼夜开业，从时间上将伦敦和纽约市场联系起来，使黄金交易者有在不同市场行情下买卖的更大的选择余地。近年来，随着新加坡政府鼓励性措施的实施，新加坡黄金市场作为亚太地区主要市场的地位逐渐加强，对世界黄金市场的影响正在扩大。

(6)我国内地的黄金市场。

新中国成立以来，我国一直对黄金流通实行严格的计划管理体制：由中国人民银行统一收购和配售黄金，统一制定黄金价格，严禁民间黄金流通。

改革开放后的1982年，开放了黄金饰品零售市场。1993年改革了黄金定价机制，允许黄金收售价格随国际金价波动。1999年，取消了白银的统购统配制度。同年12月，我国在部分城市首次向社会销售金条，这反映出国内市场对于作为投资品的黄金的需求。自2001年开始，决定取消黄金的统购统配，实现市场配置黄金资源。

我国内地黄金市场起步较晚，作为全国性的有形市场，上海黄金市场于 2002 年 10 月 30 日正式开始交易。我国黄金市场发展不到 10 年，但在不长的时间内，中国黄金市场取得了长足的进步——市场规模明显扩大、投资比例迅速增加、定价机制逐步形成、投资品种不断丰富、市场参与者数量增加。2003 年末，上海黄金交易所共有会员 108 家。2003 年黄金总成交量 235.35 吨，金额 229.62 亿元，实际交割量 148.62 吨。同年，我国的黄金生产量为 200 吨，黄金市场显示出了良好的前景。目前上海黄金交易所的主要交易形式是实盘黄金现货交易。2004 年 2 月和 8 月，上海黄金交易所已经在现货交易的基础上分别推出了 T+5 和延期交收业务，在一定程度上为满足企业锁定成本、增加保值功能、规避由于价格变动而引起的生产成本的不确定性进行了有益的尝试。目前试交易的延期交收业务以首付款方式进行，也可以由买卖双方协商提前交收，还可以按期交收或延期交收，成交价格为当日撮合价。此项业务的推出一方面为产金企业和黄金需求企业提供了套期保值的可能，另一方面也为投资者提供了多元化的投资工具，丰富了市场的交易品种。2006 年，上海黄金交易所年成交量有1 249.60吨，成交金额1 947.51亿元，其中 99.99%金成交量为 133.72 吨，99.95%金成交量为 537.14 吨，现货 T+5 分期付款交易黄金成交量为 20 千克，现货 T+D 延期交收交易黄金成交量为 578.17 吨。2007 年，中国黄金产量为 270.491 吨，第一次超过世界产金大国南非，成为全球第一大产金国。2008 年，全国黄金产量达到 282.007 吨，同比增长 4.26%，再创历史新高。产量排名前三位的省份依次为山东、河南、江西，产金量占全国总产量的 46.4%。2008 年，中国黄金市场交易活跃，黄金成为新的投资热点。2008 年上海黄金交易所黄金交易累计成交额为 8 683.87亿元，同比增加 174.84%。2010 年全年 242 个交易日中，交易所交易金额达到了 20 219.15亿元，较 2009 年增长 83.3%。近几年成交量继续保持快速增长，2014 年成交量达到 4.59 万亿，同比增长 42.81%。

中国人民银行还将逐步推出黄金远期和黄金期货等各种黄金衍生品业务，同时加大黄金市场开放的力度，加快中国黄金市场与国际黄金市场接轨的步伐，积极为中国黄金市场成为国际黄金市场的重要组成部分创造条件。

中国黄金市场的建立和发展标志着包括货币市场、资本市场、外汇市场在内的主要金融商品交易市场基本建成，中国金融市场体系更加完整，它将为中国的宏观经济调控提供更加坚实有效的微观金融基础。

(二)外汇市场

1. 外汇和汇率的概念

外汇又称国际汇兑，是指以外国货币表示的，可以用于国际支付和清偿国际债务的支付手段和金融资产。国际货币基金组织对外汇所下的定义是：外汇是货币当局以银行存款、国库券、长短期政府证券等形式所保有的在国际收支逆差时可以使用的债权。我国《外汇管理条例》对外汇的定义是：一是外国货币，包括纸币、铸币等；二是外币有价证券，包括政府公债、国库券、公司债券、股票等；三是外汇支付凭证，包括票据、银行存款凭证、邮政储蓄凭证；四是其他外汇资金。

汇率是指在外汇市场上各种货币之间买卖的价格，或者说是两国货币之间的相对比价。

汇率有两种标价方法：一种是直接标价法，另一种是间接标价法。直接标价法是以一定的外国货币为基础，折算为本国货币的数额。如中国外汇市场上，目前 100 美元约合 682.71 元人民币。间接标价法则是以一定单位的本国货币为基础，折算外国货币的数额。如在美国的纽约外汇市场上，100 美元合 62.70 英镑。世界上大多数国家都采用直接标价法，只有伦敦外汇市场和 1978 年 9 月 1 日以后的纽约外汇市场采用间接标价法。

2. 外汇市场的概念

外汇市场是进行各种外汇买卖的交易场所。通过外汇的买卖，为国际间清算或转移债权提供重要媒介，它分为有形市场和无形市场。目前除部分欧洲大陆国家如法国、德国、比利时等国的外汇市场有固定的场所外，大多数国家的外汇市场并无具体的交易场所，通过无形市场进行外汇交易。

外汇市场的参与者有经营外汇业务的指定银行、外汇经纪人、进出口商、外汇投机者和其他外汇供求者。此外，各个国家的中央银行也参与市场活动和采取干预措施，以保持本国货币对外汇率的稳定。

3. 外汇市场的作用

(1)实现购买力的国际转移。为实现国际间的货币支付、清偿，由此而产生的债权债务关系，有必要将本国货币兑换成对方可接受的货币。这一切必须借助于外汇市场上的外汇买卖才能实现。所以，外汇市场为货币和资金在国际间的转换与移动创造了前提和条件，使购买力从一国向另一国的转移得以实现。

(2)提供国际性的资金融通。外汇市场不仅从事各种外汇交易活动，而且还办理外币存款和借贷业务。因此，它可以集中各国政府、企业和个人的闲置资金，贷放给资金需求者，从而起到加速国际资本周转、调剂资金余缺的作用。

(3)反映国际间外汇资金运动和汇率变化的趋势。国际间一切货币支付和债权债务的清偿、资本的国际转移，都是直接或间接地通过外汇市场来进行的。因而，通过外汇市场的各种业务活动，可以客观地了解各种外汇资金的动态，及时地掌握和预测汇率变化的趋势。

(4)避免或转移外汇风险。国际间的商品贸易本身就存在着一定的风险，加上汇率变动的因素，风险就更大了。在浮动汇率制度下，汇率动荡不定，使国际经济交易的风险大大增加，甚至使进出口商畏缩不前。外汇市场的存在，为进出口商避免或转移汇率风险提供了便利。

4. 外汇市场的业务

外汇市场的业务主要有四大类:即期交易、远期交易、套汇交易和期货、期权交易。

(1)即期外汇交易。即期外汇交易也称现汇交易，它是指外汇买卖成交后，即时或在两个营业日内办理收付的外汇业务。这种办理实际收付的行为称作交割。即期交易是外汇市场上最经常、最普遍的交易。开展即期交易业务并提高其在外汇市场上所占的比重，可以促使国际间货币结算、资金融通和资本流动等活动在较短的时间内实现。同时，对市场参加者来说，即期汇率又是最重要的参数，它构成了所有外汇交易的基础。即期交易以外的一切交易，其汇价都是以即期汇率为基础而相应计算的。

(2)远期外汇交易。远期外汇交易又称“期汇交易”，是指买卖双方先订立买卖合同，规定外汇买卖的数量、期限、汇率等，到约定日期才按合同规定的汇率进行交割的外汇业务。预约的交割期限按月计算，一般为 1 个月到 6 个月，最长可以到 1 年或 1 年以上，但以 3 个月期的居多。买卖远期外汇的汇率即为远期汇率，它是以即期汇率为基础，用加减升水或贴水的办法来计算的。远期外汇交易是进出口商为了防止外汇汇率变动的风险而采取的一种保值措施。因为，在进出口贸易中，从签订买卖合同到交货、付款，通常要经过一段时间。在这段时间内，双方都有可能因汇率变动而遭受损失。利用远期交易，出口商可以在贸易合同签订时，立即卖出预定将来收取的外汇，进口商也可以立即买进预定将来支付的外汇。远期外汇交易也是外汇银行平衡其外汇头寸的重要方式。进出口商、资金借贷者等客户向银行买进或卖出远期外汇,银行会经常出现不同期限、不同货币头寸的"多"或"缺"。这时,只要银行利用远期外汇交易进行抛售或补进,就可以使外汇头寸的结构趋于合理,并可以避免汇率波动带来的风险。远期外汇交易也是外汇投机,即"空头"和"多头"经常采用的一种方式,目的是谋取差价。

(3)套汇交易。套汇是利用不同外汇市场、不同外汇种类、不同外汇交割期限在汇率或利率上的差异而进行的外汇买卖业务。套汇交易主要分为地点套汇、时间套汇和利息套汇。

地点套汇又称空间套汇,它是利用两个不同地点的外汇市场之间的汇率差异,从便宜的市场买进,同时向高价的市场抛售,从中赚取汇率差额的一种外汇交易。其最简单的形式为直接套汇。除此以外还有三角套汇(或称间接套汇),即利用3个不同外汇市场之间的汇率差异,同时进行买卖,从汇率差额中谋利。

时间套汇又称"掉期交易"或"互换交易"。它是指在外汇市场上,交易者在买进一种外汇的同时卖出交割期不同但等额的同一种外汇的交易。具体形式可以是在买进(或卖出)即期外汇的同时,卖出(或买进)远期外汇;也可以是买进期限较短的远期外汇,同时卖出期限较长的远期外汇,或者与此相反。

利息套汇又称"套利"。由于两个不同国家金融市场上短期资金的利率高低不同,套汇者把资金从低利率的市场转移到高利率市场投放,以获取利息差额收入。这种交易以赚取利差收益为目的,所以称之为"套利"。

由此可见,套汇交易既是运用外汇资金、增加外汇收益、防止汇率风险或调剂外汇头寸的重要手段,也是谋取利差收益的外汇投机方式之一。

(4)外汇期货、期权交易。外汇期货与期权交易,均属金融衍生品的交易。前者的功能是价格发现与规避风险,后者的主要功能是规避风险。

本章小结

金融市场是为融通资金而办理各种票据、有价证券买卖或各种货币借贷的场所。它包括三层含义:第一,金融市场是进行金融商品买卖交易的场所;第二,金融市场是进行各种资金融通和所有金融商品交易的场所;第三,金融市场是金融资产交易和确定价格的一种机制或制度安排。金融市场主要包括货币市场、资本市场和其他金融市场。金融市场的构成要素有主体、客体、媒介、价格和监管者。主要的金融工具有票据、债券、股票、证券投资基金、银行存款工具和金融衍生工具等。金融工具创新是金融改革浪潮的产物,对世界经济的发展具有深远的影响。

货币市场是融资期限在一年以内的短期资金的交易场所,具有期限短、流动性强、风险性小、交易量大等特点。货币市场包括同业拆借市场、短期国库券市场、票据贴现市场、商业票据市场、可转让大额定期存单市场、回购协议市场等。

资本市场是指期限在一年以上的货币资金融通和金融工具交易的市场,具有期限长、风险性大、盈利性高、灵敏度高等特点。资本市场包括证券市场、金融衍生工具市场和中长期资金借贷市场等。

其他金融市场主要包括金融衍生工具交易的市场、黄金市场、外汇市场等。金融衍生工具交易的市场主要包括期货合约市场、期权合约市场、远期合约市场和互换合约市场。外汇市场是进行外汇买卖的交易场所。黄金市场是进行黄金买卖的交易场所。它们都是金融市场的重要组成部分。

基本概念

金融市场　货币市场　票据　同业拆借市场　票据市场　短期债券市场
回购市场　资本市场　股票　债券　投资基金　金融衍生工具
黄金市场　外汇市场

课后习题

1. 什么是金融市场？其基本构成要素有哪些？
2. 货币市场与资本市场的关系是什么？
3. 股票和债券各自具有哪些特征？
4. 什么是可转换公司债券？它有哪些特征？
5. 二板市场具有哪些功能？
6. 金融衍生工具市场包括哪些？
7. 简述主要的黄金市场。
8. 结合实际，谈谈如何进一步完善我国的资本市场。

案例讨论

案例一　次贷危机对金融市场的影响

一、危机的表现

2007年初美国爆发了次贷危机。2007年6月，美国投资银行之一的贝尔斯登公司(Bear Steams)由于旗下的两只套期保值基金严重陷入了有抵押的债务凭证(Collateralized Debt Obligations，CDO's)——一种以住房抵押贷款作担保的证券(Residential Mortgage-backed Security，RMBS)为主要成分的债务的跌落之中，不得不向这两只基金注资15亿美元以防其丧失流动性。RMBS最先出现在美国的次贷市场，其主要担保来自于房屋抵押贷款。2007年春季美国次贷危机发生以后，与住房抵押贷款相关的证券的价格就一路下滑。开始是些级别较低的证券价格迅速下滑，紧接着，3A级别的证券的价值也向下滑落，整体大约损失了50%。与此同时，低级别信贷的违约率也步步升级，反映了投资者对风险的估计一直不断上升。危机加重使得贝尔斯登公司的挽救措施不仅于事无补，连它自己也在10个月之后面临破产，只是在有着美国联邦储备银行(US Federal Reserve Bank，FRB)为靠山的J. P. 摩根银行决定对其实施接管，才得到了庇护。

为避免房利美(Federal National Mortgage Association，Fannie Mae)和房地美(Federal Home Loan Mortgage Corporation，Freddie Mac)这两家美国最大的住房抵押贷款公司走向坍塌，它们双双被美国政府国有化。这似乎已经是最大限度地平息金融市场的行动了。但仅仅过了两天，美国的第四大投资银行——雷曼兄弟公司(Lehman Brothers)又出现了严重问题，不得不寻求《美国银行破产法》第11章实施贷款者保护；美国第三大投资银行美林证券(Merrill Lynch)在与美国银行(Bank of America)合并之后才幸免于难。因担心世界上最大的信贷保险商之一的美国国际集团(American International Group，AIG)进入无序倒闭，美国联邦储备委员会(US Federal Reserve Board,FRB)决定以850亿美元的信贷额度来支持这家“疾病缠身”的机构。这绝对不是最后的救市行动,自从次贷危机发生以后,金融市场上的坏消息就一直没有间断过。据美国的报刊报道,美国政府正顾虑重重地考虑建立一个联邦机构去接管丧失了流动性的住房抵押贷款,以防止金融市场上更多的机构走向破产。同时,美国联邦储备银行(FRB)、欧洲中央银行(European Central Bank,ECB)、英格兰银行(Bank of England,BE)和其他一些国家的中央银行都一再向市场增加流动性供给,以确保货币市场不丧失其正常功能。

许多欧洲的银行大量投资于与次级贷款相关的证券,它们也在次贷危机爆发后深深地陷入了困境。

二、危机的起源:美国次贷市场

次贷市场本是向那些收入低下、就业状况朝不保夕、几乎没有什么抵押担保资产而无法进入金融信贷主体市场的人士提供信贷的市场。它在美国的住房抵押贷款市场中相当长的时间里仅是一个摆设。2003年,次级贷款的总量只占美国住房抵押贷款市场的5.5%,但接下来的年份里,此比率以令人意外的速度增长;到2007年年中已增长到14%;2008年春季稍有回落,为12.5%。次级信贷之所以疯狂增长,只能有一种解释,那就是未被严格管理的住房抵押信贷机构几乎把所有的审慎信贷规则都抛诸脑后。正是出于这个原因,对机构经营行为的批评,大多剑指被扭曲了的经管人员的薪酬制度。非银行金融机构的经管人员从每一份房产信贷合同的签订中取得奖金而获利不菲,却对所签合同未来是否可以存续毫不关心。

除扭曲了的薪酬激励制度,以资产担保债券(Asset Backed Securities,ABS)形式和在特殊情况下以住房抵押贷款作担保的证券(RMBS)形式的信贷资产证券化以及被广泛运用,也在危机中扮演了重要角色。一些多层架构组合的证券形式也被创造了出来,为的是更大规模地吸引投资者。这些多层架构组合的证券把各种各样的RMBS混合起来,再适配一些以资产为基础的证券、信贷衍生产品以及其他信贷,搅和成一个资金池,以此为主体创造出一个所谓的“有抵押担保的债务凭证”(Collateralized Debt Obligation,CDO)。于是,一些投资策略本来应严格受制于风险监控的大型投资机构,如养老基金和保险公司也轻易地进入了次级市场开展投资活动。另一些风险较大的份额,如夹层融资、第一风险权益份额等,更是对许多风险套利基金充满了吸引力。甚至远在德国的一些本为中小企业融资而建立的大众银行(Public Banks),也令人吃惊地大举投资于这些高收益证券。这些新型投资工具得以疯狂增长,还有一个原因是证券评级机构的推波助澜。这些机构一反传统做法,积极参与把这些新创造出来的CDO份额中的主体证券适当安排到理想级别。正是由于投资者信任这些证券评级机构的评估结果,被赋予3A级别的CDO份额即使以相对较低的利率出售,也一样有利可图。

金融市场的混乱不能归咎于方兴未艾的资产证券化趋势,相反,它显然是在信贷质量的评估上出了纰漏以及与之相应的证券价格的紊乱所引起的。为了弄明白这次泛滥成灾的市场行为为什么能够持续如此之久,有必要探讨这次危机过程中危机自身所具有的自我强化的自然属性。房价的上涨使得贷款相对于其真实价值的比率长期处于临界水平以下,因而刺激了借贷人的再借贷和个人消费,变大了重新赎回取消抵押品赎回权的比率。再者,房屋需求的背后是人口增长(美国的人口大约每年以1%的速度增长)与低收入家庭越来越容易获得房屋抵押贷款。房价的上涨似乎又增加了借贷的可承受性,即使是社会上最贫穷的人群也是如此,因而造成房价在一个相当长的时期内,每年的增长率都超过了10%。终于,松弛的货币政策和懈怠的监管标准混在一起把典型的房价泡沫吹鼓了起来。至于房价膨胀如果出现消退将会发生什么后果这一问题,明显被长期压抑而无人提出。

三、住房抵押贷款危机向金融市场的蔓延

对次贷市场作出的严重错误估计与高风险的金融投资策略,是引起整个金融市场大混乱的祸首。起初,它只影响了住房抵押贷款市场的一些方面,但房价上涨的逆转致使美国住房市场的所有方面都深受其害。接着,3A级别的RMBS的价格随其评级的下调开始回落,而RMBS和CDO’s的级别被下调迫使投资者退出了该衍生品市场。CDO’s价格的跌落最初影响的是高杠杆套期保值基金。

紧随其后,深受多层架构组合证券价格恶化折磨的是投资银行。正如美国的银行实施“按市估价”(Market-to-market)的会计方法,不得不立即在交易项目中调整全部资产价值一样,金融市场此次的不确定性和衰退,让这些投资银行蒙受了大量的账面价值减让及其相应损失,此类损失的相关消息又触发了新一轮的资产甩卖，引起了人们怀疑整个银行系统的稳健，而对银行系统资金偿付能力所存在的疑虑很快又转化成流动性挤压。这一现象是所有从事期限转换业务的金融机构中都能看到的典型现象。

四、中央银行对货币市场混乱的反应

如前所述，次贷市场上流动性丧失率的上升，越来越加深了市场对银行稳健性的怀疑。又由于与金融媒介的亏损相关的信息有限，要估计出其他银行存在多大风险变得相当困难，银行间信贷市场上的信心不断衰减；其后果是扩大了货币市场上所有期限的非抵押担保贷款之间的利率差额，银行开始留持一些以备意外之需的缓冲性流动资产，致使干涸的银行间市场日益枯萎。

为了确保货币市场的正常功能，各中央银行采取了一系列措施。由于各自具有不同的运行框架，它们所采取的措施不尽相同。但一般来讲，在解决流动性挤压这一难题时，都采用了相似的方法。它们都通过更为积极的储备金管理力图保持短期货币利率与自己的政策利率基本一致暗示了以下几点：(1)针对紧张的货币市场，大量提供保持其运行所需的流动性。当然，在欧洲货币市场上，假如流动性过多造成其隔夜利率直线滑落至最低再融资利率之下，欧洲中央银行又会择机从市场上回抽基础货币；(2)流动性的可得性向更大范围的金融机构开放；(3)中央银行接受更宽泛的抵押担保品范围以帮助银行再融资；(4)加长提供给银行运作的流动性的平均期限。但是，当欧洲中央银行(ECB)非常明确地实行上述各项措施时，它必须把价格稳定这一中期目标所需的货币政策态势和为市场提供流动性这两者清晰地区分开来。这项所谓的“隔离原则”(Separation Principle)确保中央银行所做的再融资运作不至于被误解成为货币政策态势将发生变化的一种信号。隔离原则很关键，因为事实证明：在货币政策的主要目标——维持价格稳定与金融稳定之间——不存在左右权衡的余地。

尽管这次金融危机还没有过去，但可以说，欧元系统成功地避免了市场衰退，没有一家具有清偿能力的银行失去流动性。此外，欧洲各中央银行在稳定市场的同时，并没有忘记它们的主要目标——稳定价格。

(资料来源：http://bank.jpkc.gdcc.edu.cn/show.aspx? id=408&cid=31)

☞**讨论题：**

美国次贷危机是如何产生的？如何有效控制金融市场的风险？

案例二　国信证券的融资融券业务

2010年，融资融券工作正式推开，但很多投资者对此金融创新品种不甚了解。国信证券已经获得了融资融券业务资格，上海的国信证券北京东路营业部被选择为试点营业部。现就国信证券融资融券业务的具体情况作一介绍和分析。

客户张三，于2004年10月9日在国信证券北京东路营业部开户并进行交易。截至2010年4月2日，其普通账户有现金资产20万元；持有深发展10 000股，最新市值为22万元；持有*ST华控50 000股，最新市值为25万元；持有贵州茅台3 000股，最新市值为50万元；账户总资产117万，其资金在国信证券已经委托中国工商银行实行了第三方存管。张三的情况符合国信证券申请融资融券业务的适当性标准。张三希望在国信证券北京东路营业部开展融资融券。

一、办理融资融券业务过程

2010年4月2日，张三到国信证券北京东路营业部申请办理融资融券业务，提交了个人身份证、股东代码卡原件、个人信用报告并在柜台打印最新的资金对账单。

国信证券北京东路营业部融资融券业务经理向张三介绍有关法规和业务规则，揭示业务风险，对其进行融资融券基础知识测试和风险测评后，认为其适宜参与融资融券业务，指导其完成“风险访谈录”，填写“融资融券业务申请表”，签署“融资融券业务风险揭示书”和“融资融券业务合同”，并出具推荐意见。

融资融券管理岗通过人民银行征信系统和其他渠道获取客户信用记录，并通过融资融券管理系统对张三进行适当性评估，计算评估得分，填写“融资融券客户适当性评估表”。

随后，国信证券北京东路负责人与张三进行面谈，了解客户对融资融券业务规则和风险的认识以及风险承受能力等，面谈完成后通知张三在15个工作日内等候审批结果。

国信证券相关部门和融资融券审批小组对张三进行了资格审查、等级评定和授信审批。张三申请授信额度50万元，其提交的国信资金对账单资产总额117万元，最后获批授信额度50万元。国信证券对张三的融资融券合同进行盖章并送到北京东路，北京东路营业部通知张三于4月20日正式办理融资融券开通的相关手续。

4月21日，张三到国信证券北京东路营业部，开立了信用证券账户、信用资金账户并办理了中国工商银行信用资金账户的第三方存管，同时提交了50万元的担保物(*ST华控为非标的证券和非担保证券，不能提交)，其中深发展10 000股的最新市值为24万元，贵州茅台1 500股的最新市值为25万元，现金1万元。

二、交易操作过程

国信证券公布深发展的折算率为0.55，贵州茅台的折算率为0.6，五粮液的折算率为0.6。

4月22日上午，客户打算融资买入五粮液。在融资买入之前，客户可以先参考公司提供的“融资限额及触平仓线的跌幅速查表”，迅速估算出可融资限额和融资后可能导致平仓的股票跌幅，以便做到心中有数。(说明：计算“触平仓线的跌幅”时，假设“提交的保证金股票”和“拟交易的标的股票”涨跌幅度相同。)

此时，深发展的股价为23元，贵州茅台的股价为170元，根据公式，五粮液的融资保证金比例为：0.9(1+0.5−0.6)，其融资可用保证金289 500元(10 000+10 000×23×0.55+1 500×170×0.6)，按保证金比例公式计算的可融资买入五粮液金额为321 666元(289 500/0.9)，小于授信额度上限50万元，最后张三融资买入五粮液32万元。

此后，大盘一路下跌。截至6日11日，张三信用账户深发展市值只有11万元，贵州茅台市值只有13万元，五粮液市值只有16万元，其信用账户总资产为41万元(1+11+13+16)，客户维持担保比例为128%(41/32×100%)，国信证券通知张三补交担保物，张三当天存入现金8万元，其维持担保比例为153%(49/32×100%)。

后来，大盘回升，张三于6月30日卖出其融资买入的五粮液，了结交易和支付利息后获利2万元，最后从其信用账户转出全部11万元现金，同时将10 000股深发展和1 500股贵州茅台转回到普通账户。

(资料来源：http://finance.jrj.com.cn/opinion/2010/04/0314137239922.shtml)

☞ **讨论题：**

证券公司开展融资融券业务、引入融资融券交易有何积极意义和作用？

第七章

货币供求与均衡

引言

在现代经济中，宏观货币理论对经济的作用是通过货币的供求状况及其运动来实现的。虽然货币供给和货币需求是在同一时间发生的，但二者研究的问题是不同的。货币需求理论主要研究货币需求动机和货币需求量的决定问题，货币供给理论主要研究货币供应量由哪些因素决定以及如何决定的问题。当货币供给量与经济发展对货币的需求量基本一致时，就达到了货币均衡。本章主要介绍货币需求、货币供给以及货币的均衡等问题。

第一节　货币需求

一、货币需求的概念

(一)货币需求的含义

经济学家从两个不同的角度分析了货币需求。从微观角度来讲，货币需求是指人们愿意以货币形式拥有其收入和资产的一种需求。它包括两个基本要素：一是意愿，即人们得到或持有货币的意愿，完全系于自身的经济利益，是权衡利息成本、预期收益及市场风险等因素后的一种选择。二是能力，即人们得到或持有货币的能力，受到其可支配收入和拥有财产的数额的制约。从这个角度看，货币需求就是一种由货币需求愿望和货币需求能力相互决定的特殊需求。从宏观角度来讲，货币需求研究的是整体宏观经济运行在一定的时间内，在一定的经济条件下(如资源约束、经济制度制约等)，整个社会(包括个人、企业、政府等)要有多少货币来执行交易媒介、支付手段和价值贮藏等功能。

(二)货币需求动机

西方货币需求理论有着悠久的历史,凯恩斯的货币需求理论将人们持有货币的动机分为三种,最具有代表性。

1. 交易性动机

交易性动机是指人们为了应付日常的商品交易需要而持有货币的动机。在经济生活中,个人、家庭为了满足消费需要必须购买各种商品和劳务,需要支出货币;同时,个人、家庭和单位从事经营活动时需要购买商品、劳务和原材料,也需要支付货币。满足这两种需要所持有的货币就称为出于"交易动机"的货币需求。

2. 预防性动机

预防性动机是指人们为了应付不测之需而持有一定量货币的动机。人们在日常生活和经营活动中,有可能会遇到各种意外情况或突发事件,而解决这些事件常常需要人们支付一定的代价,否则很可能会造成严重的后果。因此,人们出于谨慎和安全性的考虑,通常会准备一些货币以应付这些无法预计的突发事件的需要,这就是"预防动机"的货币需求。

3. 投机性动机

投机性动机是指人们根据对市场利率变动的预测,需要积累一定数量货币,伺机进行投资并从中获利的动机。由于人们周围的许多东西,包括商品、证券、房屋等的价格经常会发生变动。如果你持有货币,你就可以等待时机,在最合算的价格买进,或者在较低的价格买进,再在较高的价格卖出,赚取差价等。

根据持有货币的三种动机,对货币需求也分为三种需求,即交易性货币需求、预防性货币需求和投机性货币需求。交易性货币需求强调货币的交易功能,而预防性和投机性货币需求则把货币看成是一种资产。

(三)名义货币需求与实际货币需求

考虑到物价变动的因素,货币需求可进一步区分为名义货币需求和实际货币需求。名义货币需求表示人们在当前价格水平下对货币的需求;实际货币需求则是剔除了物价变动因素以后,人们真实的货币需求,也就是以某一不变价格为基础计算的商品劳务价值总量相对应的货币需求。实际货币需求是通过物价指数折算的,是名义货币需求的换算值。用公式表示为:

$$\text{实际货币需求}=\frac{\text{名义货币需求}(M_d)}{\text{物价指数}(P)}$$

名义货币需求与实际货币需求之间的区别在于是否剔除了物价变动的影响。

二、影响货币需求的因素

(一)利率水平

在正常情况下,利率水平与货币需求呈负相关关系,即利率上升,货币需求减少;利率下降,货币需求增加。这种负相关关系的主要原因有两个方面:就人们持有货币的机会成本来看,利率提高,意味着持有货币的机会成本增加,货币需求自然减少;反之,则相反。就投资者对证券资产的预期回报率来看,利率上升时,投资者通常预期其会降至某一正常水平,证券资产的预期回报率上升，投资者将减少货币持有量而增加证券资产的持有量，以获得资本溢价收入；反之，将会增加货币持有量而减少证券资产的持有量，从而货币需求量增加。

（二）信用的发达程度

在现代经济条件下，信用制度健全，经济交易更多地采用信用交易方式，即使市场规模再大，对货币的需求也不会增加。人们容易获得贷款和现金以及采用信用交易而不必持有太多的货币；而在一个信用制度不健全的社会里，人们要取得贷款或现金就不太容易，于是人们宁愿在手头多保留些货币以方便支付，从而增加了整个社会的货币需求量。

（三）物价水平和通货膨胀预期

物价水平与货币需求呈正相关关系。因为在物价水平上涨时，同样数量的商品和劳务，需要有更多的货币与其相对应。而通货膨胀预期与货币需求则呈负相关关系。当预期通货膨胀率上升时，人们担心货币会进一步贬值，转向购买实物资产而不愿保存货币，因而对货币需求会减少；预期通货膨胀率下降时，则货币需求会增加。

（四）收入水平

在一般情况下，人们的收入水平与货币需求成正比。收入越多，消费支出必然增多；而支出越多，需持有的货币也越多。此外，货币收入在个人收入中所占的比重越大，对货币需求也越大。同时，取得收入的时间间隔也影响货币需求，即在其他情况不变的条件下，货币需求与取得收入的时间间隔长短成正比：人们取得收入的时间间隔越长，则对货币的需求也越多；反之，就会越少。

（五）交易成本与市场效率

金融市场效率高和交易成本低，意味着一个国家的信用比较发达、金融市场比较完善。在这种条件下，相当一部分交易可以通过债权债务相抵消来结算，于是可以减少作为流通手段的货币需求。由于金融市场比较完善，金融工具的品种多、选择性大、流动性强，人们可以在保证正常支付需要的前提下，减少货币的持有量而相应增加其他金融资产的持有量，以增加收益。

（六）人们的预期和心理偏好

人们的预期和心理偏好都是一种心理因素，具有一定的复杂性和不确定性。一般而言，当人们预期企业利润趋于增加时，便会增加交易性货币需求；相反，则减少货币的交易性需求。当人们预期证券投资收益丰厚时，就会减少货币需求量而转向持有证券；预期证券投资收益微薄时，则会增加货币需求量而减少证券持有量。心理偏好全凭个人兴趣和社会媒体的诱导。若偏好货币，则货币需求量增加；若偏爱其他金融资产，则货币需求量减少。

三、货币需求量及其测算方法

（一）货币需求量的含义

货币需求量是指在一定时期内，社会各部门（包括个人、企业和政府）为保证经济正常运转，在既定的社会经济和技术条件下需要货币数量的总和。货币需要量是由货币流通规律决定的，因而具有客观性。它的客观性就在于这种需要量不是人们对货币主观追求或安排的结果，而是由经济过程的内在因素决定的。

（二）货币需求理论

1. 马克思的货币需求理论

马克思对货币需求理论的分析是在论述货币的流通规律时揭示的。马克思认为，流通中的货币需要量取决于三个因素：待销售的商品数量、单位商品价格、单位货币流通速度。设流通中的货币必要量为 M，单位商品价格为 P，待售商品数量为 Q，货币流通速度为 V，则用公式表示为：

$$M=(Q\cdot P)/V$$

其中，待销售的商品数量 Q 与商品价格 P 的乘积就是一定时期内待销售的商品价格总额。

这就是货币流通规律的基本公式，表明了在一定时期，流通中所需要的货币量取决于商品价格总额和货币流通速度。当货币流通速度不变时，流通中所需货币数量同商品价格总额成正比，即商品价格总额越大，所需的货币数量越多；反之，就越少。当商品价格总额不变时，流通中所需货币量与货币流通速度成反比。即货币流通速度越快，所需货币量越少；反之，则越多。

马克思的货币需求理论把待售商品的价格看作是既定的值，但在现实市场中，商品价格水平是经常波动变化的，这必然会影响货币需要量。同时，上述理论适用于简单商品流通，在现代复杂的商品流通条件下，除了商品买卖的因素外，储蓄、投资、利率、汇率等多种因素都会直接或间接影响货币需求。

因此，不能把马克思的关于货币流通规律的公式简单地作为测算货币需要量的计算公式，乱套乱用，那样会把复杂问题简单化，以至会影响对货币需要量本质问题的把握。实际上，马克思的货币流通规律是对简单商品经济条件下货币流通状态的揭示，其主要目的在于进一步揭示货币的流通媒介本质。

2. 传统的货币数量论（古典学派）

传统的货币数量论在20世纪30年代发展至巅峰，并引入数学作为研究工具。其基本观点是：货币数量决定货币价值和物价水平，货币价值和货币数量成反比，物价水平和货币数量成正比。由于货币数量学者对于货币数量与物价、货币价值之间关系的解释方法和侧重点不同，形成了不同的学派，最有名的是现金交易说和现金余额说，它们分别提出了著名的费雪方程式和剑桥方程式。

（1）费雪方程式。这是美国经济学家费雪（I. Fisher）在1911年出版的代表作《货币的购买力》一书中提出的。费雪认为，从货币的交易媒介职能出发，有货币的流通就有商品的转移，有商品的交换就有货币的支付，所以商品交换总额与货币流通总额总是相等的。用 M 表示一定时期内流通中货币的平均数量，V 表示货币流通速度，P 表示各类商品价格的加权平均数，T 表示各类商品的交易数量，费雪方程式可以写成：

$$MV=PT \quad 或 \quad P=MV/T$$

从交易方程式中看出货币需求的表达式：$M=PT/V$，这说明，仅从货币的交易媒介职能考察，全社会一定时期一定价格水平下的交易量与所需的名义货币量具有一定的比例关系，这个比例就是 $1/V$。

（2）剑桥方程式。这是剑桥的经济学家马歇尔和庇古等人提出的。他们认为，人们的财富要在三种用途上进行分配：一是用于投资取得收益，二是用于消费取得享受，三是用于手持现金以获得便利。第三种选择把货币保持在手中，便形成货币余额。人们需要货币只是为了保有现金，所以货币需求就是收入中用现金形式保有的部分。用 Y 表示人们的全部收入；P 表示物价水平；M 表示现金余额，即货币需求量；k 表示现金余额占全部财富的比例，又称作剑桥系数；则 PY 代表了货币形式的财富收入的总额。剑桥方程式为：

$$M=kPY$$

它说明，人们保持在手中准备用于购买商品的货币数量，是真正的货币需求量。决定货币需求量的因素是，手持现金占总财富的比例、物价水平 P、总收入 Y。

(3)费雪方程式和剑桥方程式的比较。如果就费雪方程式的 $MV=PT$ 来看，用 Y 代替 T，即用一个较大口径的收入量代替交易商品量，以及把 V 视为既代表交易货币的流通次数，也代表与收入水平对应的流通速度，即 $V=1/k$。就宏观角度来说，因为 $V=1/k$，所以与剑桥方程式在表达形式上是完全一样的，但实际上这两种理论又有极大的不同：

①对货币需求分析的侧重点不同。前者强调的是货币的交易手段功能，而后者则重视货币作为一种资产的功能。

②费雪方程式把货币需求作为流量进行研究，重视货币支出的数量和速度；而剑桥方程式把货币需求作为存量研究，重视这个存量占收入的比例。

③两个方程式强调的货币需求决定因素不同。前者从宏观角度用货币数量的变动来解释价格，反过来，在交易商品量既定和价格水平既定时，也能在既定的货币流通速度下得出一定的货币需求结论，强调了交易制度上的因素，并排除了在短期内利率对货币需求任何可能的影响。而后者则是从微观角度分析保有货币最为便利，但同时要付出代价，如不能带来收益；强调了个人资产选择，没有排除利率的影响。

3. 凯恩斯的货币需求理论

凯恩斯的货币需求理论被称为流动性偏好理论，在西方经济学界是对货币需求理论研究最具影响的理论之一。所谓流动性偏好，就是指人们宁愿持有流动性高但不能生利的现金和活期存款，而不愿持有股票和债券等虽能生利但不易变现的资产。从实质上来讲，流动性偏好就是人们对货币的需求。凯恩斯将货币需求定义为，一定时期人们能够而且愿意持有的货币量，并将人们的需求分为三个动机——交易动机、预防动机和投机动机。凯恩斯认为，人们为满足交易动机和预防动机而需要持有货币的愿望，构成对消费品的需求，归根结底由收入水平决定，两者呈同方向变化关系；而投机动机则构成对资本品的需求，由利率水平决定，两者呈反方向变化关系，即市场利率越高，人们的投机性货币需求越小，市场利率越低，投机性货币需求越高。用公式表示为：

$$M=M_1+M_2=L_1(Y)+L_2(r)$$

式中，M 代表货币需求总量，M_1、M_2 分别指消费性货币需求和投机性货币需求，Y 表示国民收入水平，r 表示利率水平，L_1 代表 M_1 与 Y 之间的函数关系，L_2 代表 r 与 M_2 之间的函数关系。在凯恩斯的分析中，由于十分强调人们普遍偏好流动性的心理是产生货币需求的根本原因，所以他的理论被称为流动性偏好理论。

4. 凯恩斯货币需求理论的发展

20 世纪 50 年代以后，一些基本上属于凯恩斯学派的经济学家在深入研究和扩展凯恩斯货币理论之际，发现即使是处于交易动机和预防动机的货币需求，也对利率相当敏感，而且相对于交易数值而言，这种货币需求也呈现规模经济的特点。还将凯恩斯流动偏好理论扩大和修正为资产组合理论。最著名的是鲍莫尔—托宾模型和托宾与马柯维兹等人提出的资产组合理论。

(1)对交易性货币需求和预防性货币需求的研究。鲍莫尔和托宾从收入和利率两个方面，对交易性货币需求进行了细致的研究，证明了交易性货币需求不但是收入的函数也是利率的函数。他们的模型合称为鲍莫尔—托宾模型。基本思路是：认为人们收入的获得和收入的使用一般不会同时发生，且假定支出的发生是逐渐的和平稳的，故人们没有必要把收入中用于日常开支的部分全部以现金持有，而可以把其中的大部分暂时放贷出去，以获取利息收入，只需在必要时收回。利率越高，利息超越交易费用的机会越大，而由非现金资产变现的次数就可以越多，手持现金越少。因此，即使持有现金仅为了满足当前交易的需要，现金的需求也同样是利率的递减函数。

(2)对投机性货币需求的研究。托宾和马柯维兹等人提出了资产组合理论。他们认为，人们可以选择货币和债券的不同组合来持有财富，在选择不同比例的组合时，不仅要考虑各种资产组合带来的预期报酬率，还要考虑到风险。人们进行资产组合的基本原则是在风险相同时选择预期报酬高的组合，在预期报酬相同时选择风险低的组合。其理论贡献在于：第一，在货币需求的决定中考虑了风险因素；第二，在分析方法上，将宏观的货币经济运行同微观的个人投资行为联系起来，使宏观的货币理论建立在微观的经济分析之上，为宏观金融运行和微观金融分析建立了桥梁。

5. 弗里德曼的货币需求函数

弗里德曼的货币数量说是对货币需求理论研究最具影响的理论之一。弗里德曼是当代货币主义的杰出代表人物，他在继承剑桥学派的基础上，试图用稳定的货币需求函数来重新表述货币数量论。他不考虑人们的持币动机，而只是假设货币具有效用，然后考察什么因素决定人们想要持有多少货币。弗里德曼认为货币作为一种资产，最终财富拥有者对它的需求会受到以下几个因素的影响：

(1)财富总量。财富总量用实际持久性收入来代表。持久性收入是指消费者在较长时间内所能获得的平均收入。

(2)财富在人力和非人力上的分配。当一个人的人力财富在其总财富中占的比例较大时，必须通过持有货币来增加它的流动性。

(3)持有货币的预期报酬率。当考虑存款也是货币时，显然持有货币也能带来收益。

(4)持有货币的机会成本。即其他资产的预期收益。

(5)其他因素。如财富所有者的偏好等。

在上述影响因素中，实际持久性收入和货币的预期报酬率与货币需求是呈同方向变化的，除了其他因素外都与货币需求呈反方向变化。

弗里德曼的货币需求函数用公式表示为：

$$\frac{M_d}{P}=f(Y_p,W)$$

式中，M_d/P 为实际货币需求，P 为物价水平，Y_p 为持久收入，W 为人力资本占非人力资本比率。

持久收入是弗里德曼货币需求函数中十分重要的新概念，指一个人在其一生中的平均收入，与货币需求呈同方向变化，并具有稳定性，从长期角度看可视为常数。他认为一个人(或一个企业)的财富由五种资产构成，即货币、债券、股票、实物财物(如汽车和住房等)和人力资本(指人们对自己在一生中挣得的收入的投资，如教育费用)。人力资本变现较难，因此人力资本占非人力资本的比率越高，持币愿望也就越强。债券、股票、实物资产等作为货币的替代物，它们的收益形成持币的机会成本，但在激烈的市场竞争中，它们之间的收益率差异很小，可用市场名义利率代替，并与货币需求呈反方向变化。由于名义市场利率与持久收入都包含了物价因素，所以弗里德曼的货币需求函数可简化为：

$$\frac{M_d}{P}=f(Y_p,r)$$

在长期中，持久收入变化不大，可视为常数，因而货币需求函数是一个稳定的函数，因此，货币当局应该避免在政策方面的大起大落。

6. 麦金农提出的发展中国家的货币需求函数

发展经济学家麦金农在充分认识发展中国家特点的基础上，对发展中国家的货币需求行为进行了考察。基于发展中国家的经济单位主要靠内源融资，因此总支出中投资所占比例越大，即对实物资产要求越高的经济单位，货币需求也越大。因为发展中国家证券市场不发达，甚至没有，所以债券、股票不构成人们资产选择的途径。利率对货币需求的影响只体现在货币收益率上，根据发展中国家普遍存在高通货膨胀的现实，麦金农认为名义利率减去通货膨胀率后的实际利率才是影响发展中国家货币需求的主要因素。

发展中国家的实际货币需求、实际收入、实际利率水平这三个因素与货币需求都是正相关关系；而且在内源融资前提下，实际利率与投资也是正相关关系，这是发展中国家特有的现象。

（三）货币需要量的测算

确定流通中的货币需要量是十分困难的，因为货币流通本身是一种极为复杂的经济现象，是经济活动中各种因素综合作用的结果。因此，对流通中的货币需要量的测算，目前还不能准确地加以计算，只能进行一些要求不高的预测或估算。

1. 现金需要量的测算

根据马克思所揭示的货币流通规律，流通中现金的需要量决定于两个因素：一是用现金支付的商品价格总额，二是现金流通速度。用公式表示为：

$$现金需要量=\frac{用现金支付的商品价格总额}{现金流通速度}$$

公式中用现金支付的商品价格总额，可以用社会商品零售总额和劳务收入总额来表示。在社会商品零售总额和劳务收入总额中，除有部分用转账结算支付外，相当大部分是用现金支付的，因此能近似地代表用现金支付的商品价格总额。公式中，现金流通速度的计算是比较复杂的，目前尚未找到一个比较理想的测算方法。因为影响现金流通速度的因素很多，诸如居民收入水平、货币支出构成以及收入间隔期长短，信用结算的普及率和储蓄率的高低，核算单位数量的增减及其库存现金余额的大小，币值是否稳定和贮藏货币数额的增减，人们对经济形势的预期和对货币的信任程度，等等。其中，除经济因素以外，还有政治因素和心理因素，所以，要直接地、精确地计算出现金流通速度几乎是不可能的。在实际应用中，往往是以历史上正常年份的货币流通速度为标准，凭经验确定。

2. 存款货币需要量的测算

现将上述公式进行微调，就可测算存款货币需要量。存款货币需要量决定于以非现金方式结算的商品（包括劳务）价格总额和存款货币的流通速度。

其测算公式是：

$$存款货币需要量=\frac{\begin{matrix}转账结算的待售\\商品价格总额\end{matrix}+\begin{matrix}转账结算的到期\\支付的商品价款\end{matrix}}{存款货币流通速度}$$

这里的关键是要求出存款货币正常的流通速度。存款货币流通速度是指一定数量的存款货币在一定时期内通过转账结算在银行账户间转移的次数，其计算公式是：

$$存款货币流通速度=\frac{存款人在银行存款账户上的支付总额}{存款余额}$$

在此，要特别注意，在存款人银行存款的发生额中，除主要用于商品、劳务价款的支付外，还有部分是提取现金用于支付工资、发放奖金的，在计算时应将它从发生额中剔除。

3. 总体货币需要量的测算

流通中的货币主要包括现金和存款货币两个部分，它们相互交织，形成统一的货币流通。因此，在分别计算现金需要量和存款货币需要量的基础上，可以进一步计算出包括两者在内的总的货币需要量。总的货币需要量的测算方法很多，这里仅介绍基本公式法。

基本公式法是在考虑经济增长、物价和货币流通状况三大因素后，测算货币增长的一种方法。它的实质是通过对货币流通规律基本公式的推导，求得货币需要量的变动率，最终测算出总的货币需要量。

基本测算公式为：

$$货币增长率=经济增长率+物价上涨率-货币流通速度变化率$$

(四)货币需求的争论

上述各种理论提出了货币需求的不同公式，找出了不同的影响因素。在这个问题上，经济学家都同意收入是影响货币需求的最重要的因素，对货币需求的增加或减少起决定作用。但对以下几个问题则存在着激烈的争论：

1. 货币需求和利率

货币需求变化对利率变化的敏感性是大还是小，是凯恩斯学派和货币学派争论的一个问题。凯恩斯学派认为货币需求对利率是敏感的，连货币学派的经济学家也得到了同样的结果。货币学派的经济学家虽然同意货币需求对利率有敏感性，但却认为持久性收入、非人力财富是影响货币需求的更重要的因素。

2. 货币需求函数是否稳定

货币需求的稳定性关系到货币需求与其相关解释变量之间的对应关系是否会随环境的变化而发生较大的波动。如果货币需求的函数关系是稳定的，我们就可以用它来预测未来的货币需求量，如果不稳定，货币需求函数就只能是对以前发生的货币需求的解释，而没有任何实际意义。

3. 货币流通速度的稳定性

大致有这样一个规律，在经济繁荣时，货币流通速度加快；经济萧条时，货币流通速度则放慢，也就是说货币流通速度是顺周期波动的。在一个较长的时期内，货币流通速度并不是稳定的。

(五)现阶段影响我国货币需求的主要因素

1. 收入

收入是各种货币需求理论中都认为最重要的一个因素,与货币需求呈正相关关系。

2. 价格

价格越高,在商品和劳务总量一定的前提下,货币需求,尤其是交易性货币需求和预防性货币需求越大。

3. 存款利率

货币收益率与货币需求呈正相关关系。

4. 金融资产的收益率

债券、股票等这些金融资产是作为货币的替代物出现的,金融资产的收益率越高,人们的货币需求越小。

5. 企业预期利润率

当企业对经营利润预期很高时,往往有很高的交易性货币需求,会为了扩大生产保留更多的货币。

6. 财政收支状况

当财政收入大于支出时,意味着货币需求的减少;反之,当财政收入小于支出时,则表现为对货币需求的增加。

7. 其他因素

包括信用状况,金融机构的服务手段、服务质量,国家政治形势,人们的生活习惯、文化传统等。

第二节　货币供给

一、货币供给的概念

(一)货币供给的含义

货币供给是指一国经济中货币投入、创造和扩张(收缩)的全过程,是一个动态的概念。货币供给首先是一个经济过程,即银行系统向经济中注入货币的过程。其次,在一定时点上会形成一定的货币数量,称为货币供给量。在不兑现的信用货币制度下,由于货币量都是由银行供给的,是银行的债务凭证,所以货币供给量就是被个人、企业、政府持有的银行体系的负债,通过各银行的资产业务投入到流通中,因而货币供给量在一定程度上取决于银行体系的资产规模。当然货币供给量的多少并不是银行系统完全可以控制的。货币供给的主要内容有货币供给量及层次的划分、货币供给机制、货币供给的决定因素。

(二)货币供给量及层次的划分

货币供给量是指在某一时点上,一国经济中用于各种交易的货币总量,包括现金、存款、商业票据、可流通转让的金融债券、政府债券等;也可以理解为,凡是在中央银行和金融机构以外的各经济部门、企业和个人可用于交易的货币,都是货币供应量的组成部分。

货币供给量,按照不同的标准可划分为若干不同的层次。国际货币基金组织对货币供应量层次的划分采用两个口径:“货币”和“准货币”。“货币”相当于 M1,即商业银行以外的通货加私人部门活期存款之和;“准货币”等于定期存款、储蓄存款和外币存款之和;“货币”加“准货币”相当于 M2。

美国现行货币供应量的层次,除口径依次扩大的 M1、M2、M3 外,还有 L 和 Debt。L 是大于货币的一种口径,等于 M3 加某些债务工具。Debt(债务量)是一个更大的口径,指国内非金融部门在金融市场未清偿的债务总量。它与货币供应量统计并无直接关系,故不再是 L 再加上什么。

我国的货币供应量划分为 M0、M1、M2、M3(目前暂未公布其统计数字)四个层次。其中,M0 为通货,M1 为狭义货币,M2 为广义货币(以上内容详见第一章)。

因为不同层次的货币反映了各层次货币流动性的不同,所以中央银行在实施货币政策、控制货币供应量时,会把侧重点放在流动性强的货币层次上,也就是上面所讲到的 M0 或 M1,而对 M2 的关注程度则低得多。中央银行实施货币政策,是为了通过货币市场的变化影响产品市场的变化,以实现最终目标,货币市场和产品市场的结合点就在于货币和商品的交换。而金融工具的流动性就体现了金融工具和商品交换的便利程度,流动性越强的金融工具和商品,交换的可能性越大。例如,现金和活期存款随时都可以用来买东西,定期存款则要提现或转为活期存款后才能用于购买,而像债券、大额可转让定期存单这些更低层次的货币要出售后才能形成现实的购买力,所需时间更长。正是因为这样,按流动性强弱划分货币层次,对科学地分析货币流通状况、制定正确的货币政策、及时有效地对宏观经济进行调控有着十分重要的意义。

(三)货币供给机制

货币供给机制是指在经济运行中,货币从哪里来,通过什么途径进入流通,形成连续不断的货币运动的功能。在现代信用货币制度下,一国的货币供给是由中央银行创造信用的机制和商业银行扩张信用的机制共同发挥作用完成的。

1. 中央银行创造信用

发行银行券是中央银行的重要职能,流通中的现金都是通过中央银行的货币发行业务流出的,中央银行发行的银行券——现金——是基础货币的主要构成部分。中央银行通过货币发行业务满足社会商品流通扩大和商品经济发展对货币的客观需要,也为中央银行其他职能的发挥筹集了资金。

在不兑现的信用货币流通条件下,中央银行发行银行券要遵循三个原则:一是垄断原则,二是信用保证,三是具有一定弹性(详见第五章第二节)。

中央银行创造信用是通过两大途径完成的。中央银行作为银行的银行,其释放出的货币供应量是银行体系扩张信用、创造派生存款的基础,因而把中央银行供应的货币量称为“基础货币”,具有极强的倍数扩张能力;把中央银行提供的再贷款称为“高能贷款”,也具有创造派生存款、扩张信用规模的能力。首先,中央银行对商业银行和其他金融机构发放再贷款和再贴现,增加商业银行在中央银行的存款,这部分基础货币经由各金融机构的贷款转化为企业与个人的存款和现金,进入货币流通领域。其次,中央银行在证券市场操作公开市场业务,向商业银行或企事业单位与个人购买证券,会增加商业银行在中央银行的存款,也会增加社会公众在商业银行的存款,以此扩大中央银行和商业银行的信贷资金来源,通过扩大贷款增加货币供应量。

不同国家在货币发行上有不同的制度:

(1)美国的货币发行制度。1980 年以前,美国联邦储备银行发行现钞必须有黄金或黄金证券作为发行准备,其准备金率不低于流通量的40%。1980年,美国通过《联邦储备法修正案》,开始实行发行抵押制度,规定货币发行必须有100%的质量合格的证券作为发行抵押,联邦储备委员会有权随时要求联邦储备银行为货币发行提供附加担保品。《联邦储备法》规定可以作为发行抵押的证券包括:黄金证券,在公开市场上流通的美国政府的债券,经联邦储备银行审查合格的商业票据、抵押票据、银行承兑汇票,经联邦储备银行审查合格的州和地方政府债券。

(2)中国的货币发行制度。人民币的发行由中国人民银行的发行基金保管库(简称发行库)具体办理,发行基金是人民银行为国家保管的待发行的货币,由设发行库的各级人民银行保管,总行统一掌握。发行基金是尚未发行的货币,不代表任何价值,来源于印钞厂按计划印制解交发行库的新人民币和各金融机构的回笼款(详见第一章第二节)。

(3)中国香港的货币发行制度(详见第三章第三节)。

2. 商业银行扩张信用

商业银行是具体经营货币信用的金融机构,从其存贷业务角度看,要通过吸收存款获取资金来源,才能发放信贷资金,保持负债与资产的均衡关系。尽管商业银行没有货币发行权,不具备信用创造的功能,却具备在中央银行再贷款放出货币的基础上创造派生存款、扩大信用、扩大货币供应量的能力。商业银行的存款分为原始存款和派生存款。商业银行吸收原始存款,形成负债,必然要运用这部分资金来源发放贷款,由贷款派生出的存款又可被银行贷出,再派生出另一笔存款。这样,存款、贷款反复进行,派生出大量存款,随之增加大量贷款,扩大了信用规模,自然扩大了流通中的货币供应量,最终完成商业银行的信用扩张。

(1)信用扩张的条件。

商业银行创造存款货币,应该具备两个前提:首先是部分准备制度。在这种制度下,商业银行吸收存款后,不必为了应付客户提取现金而把存款全部锁在保险柜里或存入中央银行,也不能为了取得尽可能多的盈利而把存款全部用于发放贷款或其他资产业务。而是在保留一部分储备用于应付客户提现后,其余资金用于资产业务。正是因为银行存款中的一部分作为储备,一部分用于放款,才创造出了存款货币。

其次是非现金结算制度。如果商业银行把吸收的存款中可以贷出的部分贷出后,借款人把贷款全部以现金形式提走,而且在贷款归还之前这笔现金始终在公众手中流通,不被存入银行,也不会有存款的创造。第一家银行在贷款提走后就没有多余的储备来支撑贷款了,没有贷款当然没有存款的创造;同时这笔贷款又没有存入其他银行,其他银行的存款也不可能增加。但事实上,这种情况是不会发生的,银行发放贷款后通常是把这笔资金贷记在该借款人的活期账户上,借款人在用其进行支付时,通常也是通过票据清算把它转到收款人的账户上,仍然是银行的存款,只不过可能换了一家银行。即便借款人提取了现金,接受其现金付款的人通常仍会把这笔钱再存入银行。因此,真正以现金形式游离在银行体系之外的只是贷款的一部分,而不可能是全部。

另外,存款的创造是整个银行系统的整体行为结果,不是由某一家银行创造的。如果针对某一家银行,它能发放的贷款是以它吸收的存款为条件的,不可能发放出更多的贷款。而对整个银行系统来说,正是其中某一家银行的贷款形成了另一家银行的存款,提供了它的贷款来源,使贷款总量增加、存款总量增加。

(2)信用扩张的过程。

一个最简单的存款货币创造过程是:假定活期存款的法定存款准备率为20%,同时假定任何银行都不存在超额准备的情况，而是把存款中扣除法定存款准备金后的部分全部用于贷款；借款人不提取现金，即没有贷款以现金形式流出银行系统；没有从活期存款向定期存款或储蓄存款这种非交易性存款的转化。

假设某人把 1 000 万元现金存入 A 银行，使 A 银行的负债增加 1 000 万元，在银行把存款贷出前，银行的准备金也增加1 000万元。用 T 形账户表示就是：

A 银行

资产		负债	
准备金：	+10 000 000	存款：	+10 000 000

按 20％的法定准备金率，A 银行的1 000万元存款只要保留 200 万元准备金即可，所以有 800 万元是可以贷出的。假设 800 万元贷给了甲企业，甲企业以支票的方式把这 800 万元支付给了乙企业，乙企业以支票存款的方式存入 B 银行。A、B 两家银行的 T 形账户变为：

A 银行

资产		负债	
准备金：	+2 000 000	存款：	+10 000 000
贷款：	+8 000 000		

B 银行

资产		负债	
准备金：	+8 000 000	支票存款：	+8 000 000

同样，根据 20％的法定存款准备金的要求，B 银行可以保留 160 万元的法定准备金，其余 640 万元用于贷款。假设贷给了丙企业，丙企业以支票的方式支付给了丁企业，丁企业把支票存款存入 C 银行。B、C 两家银行的 T 形账户为：

B 银行

资产		负债	
准备金：	+1 600 000	支票存款：	+8 000 000
贷款：	+6 400 000		

C 银行

资产		负债	
准备金：	+6 400 000	支票存款：	+6 400 000

根据同样的原理，C 银行可以把多于 20％法定存款准备金之外的存款用于贷放，从而形成 D 银行的存款……这一过程可以一直进行下去。如果商业银行用贴现或购买证券的方式运用存款，得到的结果是一样的。对这个完整的存款创造过程表示如下：

银行	支票存款增加额	准备金增加额	贷款增加额
A	10 000 000	2 000 000	8 000 000
B	8 000 000	1 600 000	6 400 000
C	6 400 000	1 280 000	5 120 000
D	5 120 000	1 024 000	4 096 000
⋮	⋮	⋮	⋮

从表中可以看出，对整个银行系统来说，各银行的活期存款增加额构成一个无穷递缩等比数列，即：

$1\ 000, 1\ 000\times(1-20\%), 1\ 000\times(1-20\%)^2, 1\ 000\times(1-20\%)^3, \cdots$

根据无穷递缩等比数列的求和公式，计算存款增加总额：

$1\ 000+1\ 000\times(1-20\%)+1\ 000\times(1-20\%)^2+1\ 000\times(1-20\%)^3+\cdots$

$=5\ 000$（万元）

可以看到存款增加总额等于银行的初始准备金增加额乘以法定存款准备率的倒数。如果用D表示银行系统增加的活期存款总量，用R表示银行初始准备金增加额，用r_d表示银行的法定存款准备率，则有公式：

$$D=R\times\frac{1}{r_d}$$

如果再计算一下所有准备金的和，会得到：

$200+200\times(1-20\%)+200\times(1-20\%)^2+200\times(1-20\%)^3+\cdots$

$=1\ 000$（万元）

恰好是银行初始准备增加额。通过整个银行系统的存贷款过程，某个银行新增的准备金最终转化为整个银行系统各银行的法定准备金。根据这一思路，由于新增准备R就是整个银行系统所需的法定准备金，而新增存款所需的准备金又等于$D\times r_d$，所以：

$$R=D\times r_d$$

也可以得到公式：

$$D=R\times\frac{1}{r_d}$$

因为r_d是一个肯定小于1的数，所以$1/r_d$肯定是一个大于1的数，也就是说，新增存款额是初始准备增加额的倍数，称为简单存款倍数。银行增加的初始准备R，可以来源于客户的现金存款，也可以来源于中央银行对商业银行提供的再贴现、再贷款，也可以是商业银行出售所持证券获得的资金，也称为原始存款。由银行的贷款、贴现或投资业务转化而来的存款称为派生存款，用ΔD表示，数量上就等于$D-R$。根据上例数据可得：

派生存款$(\Delta D)=5\ 000-1\ 000=4\ 000$（万元）

商业银行不仅能进行信用扩张，而且还能进行信用收缩。其原理和存款的多倍创造相同，只不过变化方向相反而已。

(3)信用扩张的现实。

在存款创造的过程中，我们首先给定了几个假设，但很明显现实不会是这样的。商业银行不会一点超额储备都没有，在反复的存贷过程中也不可能没有现金流出银行领域，客户更不可避免地会把暂时不用的活期存款转成非交易性存款。如果取消这几个假设，分析过程将更接近现实生活，当然存款的多倍创造过程就更复杂了。

首先，如果考虑到商业银行会持有超额储备的情况，那么银行的存款中就只能有扣除法定存款准备金和超额存款准备金后的剩余才能贷出，虽然超额存款准备金的多少由商业银行自己确定，但银行一旦确定，就和法定存款准备金在存款创造中的作用一样了。

假定在上例中，商业银行在 20%的法定存款准备金外，还自愿保留 5%超额准备金。那么 A 银行吸收1 000万元现金存款后，能够发放的贷款只有 750 万元。B 银行收到的支票存款也只有 750 万元，扣除 150 万元的法定存款准备金和 37.5 万元的超额存款准备金后，可以贷出 562.5 万元。C 银行的支票存款只有 562.5 万元，可贷出 421.875 万元。以此类推，计算得出：

$$D = 1\,000 + 1\,000 \times (1 - 20\% - 5\%) + 1\,000 \times (1 - 20\% - 5\%)^2 + 1\,000 \times (1 - 20\% - 5\%)^3 + \cdots = 4\,000(\text{万元})$$

如果用 r_e 代表商业银行的超额准备率，则活期存款增加额的计算公式为：

$$D = R \times \frac{1}{r_d + r_e}$$

显然，有了超额准备后，商业银行创造的存款总量减少了。

其次，如果有一部分贷款客户用现金支票提出后没有再进入银行系统，因为这部分流出银行之外的货币，银行不能用来发放贷款，也就是说，可能被商业银行用来创造存款货币的资金又少了一部分，那么商业银行创造存款货币的能力会进一步下降。

3. 货币供给的调控

中央银行为了使商业银行信用扩张完成的货币供应量与社会实际需要量相吻合，通常采用两方面的调控措施：一是调节存款准备金率。存款准备金率与货币乘数成反比，当存款准备金率调高，商业银行存入中央银行的存款增加，能用于贷款的资金减少，货币乘数缩小，商业银行的信用扩张能力就减弱，货币供应量随之减少；反之，则会增强。二是调节基础货币供应量。当商业银行货币乘数确定时，中央银行以再贷款利率和再贷款规模改变商业银行的原始存款量，以控制其信用扩张的原始基础。

(四)影响货币供给的因素

由货币供给的基本公式 $Ms = K \cdot B$ 可知，货币供给(Ms)决定于基础货币(B)和货币乘数(K)这两个因素。

1. 基础货币

(1)基础货币的定义和特点。

基础货币的投放对象，包括金融机构、非金融企业和个人，不包括政府，因为人们往往把央行看成政府在金融领域的代理人，两者是一体的。

从基础货币投放的结果或者说存在形式来看，基础货币既包括投放对象持有的现金，又包括投放对象在央行的存款。基础货币要发挥多倍扩张的效果，必须成为银行的法定准备金，所以通常只将银行在中央银行的存款(可以直接转化为法定准备金)作为基础货币组成部分，又称准备金存款，而其他金融机构在央行的存款则不作为基础货币组成部分。

表 7—1　　　　近 5 年基础货币结构(一)

部分负债项目	2010 年	2011 年	2012 年	2013 年	2014 年
储备货币(B)	185 311.08	224 641.76	252 345.17	271 023.09	294 093.02
货币发行	48 646.02	55 850.07	60 645.97	64 980.93	67 151.28
其他存款性公司存款(准备金存款)	136 665.06	168 791.68	191 699.20	206 042.17	226 941.74
不计入储备货币的金融性公司存款	657.19	908.37	1 348.85	1 330.27	1 558.35

资料来源:根据中国人民银行网站公布的货币当局资产负债表整理。

从基础货币的持有者来分,包括流通于银行体系之外的现金(通货)和银行体系的储备之和。我们用 B 表示基础货币,C 表示流通于银行体系之外的现金,R 表示银行体系的储备(包括库存现金和准备金存款——银行在央行的存款),则:

$$B=C+R$$

表 7—2　　　　近 5 年基础货币结构(二)

基础货币组成	2010 年	2011 年	2012 年	2013 年	2014 年
通货(C)	44 628.17	50 748.46	54 659.77	58 574.44	60 259.53
银行储备(R)	140 682.9	173 893.3	197 685.4	212 448.7	233 833.5
库存现金(货币发行—C)	4 017.85	5 101.61	5 986.2	6 406.49	6 891.75
准备金存款	136 665.06	168 791.68	191 699.20	206 042.17	226 941.74

资料来源:根据中国人民银行网站公布的货币供应统计和货币当局资产负债表计算。

流通于银行体系之外的现金就是公众持有的纸币和硬币,也就是货币供给口径中的 M0,是货币供给中的重要部分。在中央银行负债表中表现为流通中的通货。

银行体系的储备包括商业银行在中央银行的法定存款准备金和超额存款准备金,还有商业银行的库存现金。法定存款准备金是中央银行要求商业银行吸收的存款必须缴存中央银行的那部分,商业银行不能用于开展资产业务。法定存款准备金与存款额的比例称为法定存款准备率,是中央银行重要的资金来源,也是中央银行各项业务的基础。超额存款准备金是商业银行在法定存款准备金之外,自愿保留的不用于发放贷款的储备,目的是应付客户不定时的提现要求。超额存款准备和存款额的比例称为超额存款准备率,超额存款准备的多少由商业银行自行确定。商业银行的库存现金是保留在商业银行金库中的现金储备,用于商业银行日常经营。

基础货币有一定的稳定性,不论存款被提现还是现金存入银行,基础货币的数量都不会改变。因为存款被提现时,流通于银行体系之外的现金虽然会增加,但银行要用它的储备支付,导致储备资产同量减少,所以基础货币总量不变。客户把现金存入银行时,流通于银行体系之外的现金会减少,在银行把这笔存款贷出前,形成银行储备的同量增加,基础货币的总量也不会变化。即便银行把这笔存款贷出,通过派生过程,这笔现金存款也会成为其他银行的储备,整个银行体系的基础货币量仍不会变化。这就说明,流通于银行体系之外的现金和银行的储备虽然与个人、企业、商业银行的个人意愿有关,具有较大的随意性,不易控制,但二者之和形成的基础货币却具有稳定性。

(2)中央银行对基础货币的影响。

虽然公众和商业银行的行为很难影响基础货币的变化,但因为基础货币表现为中央银行的负债,所以中央银行的行为变化可以影响基础货币。中央银行对基础货币的影响是通过它的资产业务实现的,具体有三种:

第一,中央银行通过变动对商业银行的债权规模影响基础货币量。中央银行对商业银行提供债权主要是以票据再贴现和对商业银行的直接贷款两种业务来实现的,我国主要是直接贷款,发达市场经济国家主要是再贴现。如果中央银行通过某种措施增加对商业银行的再贴现或直接贷款,这笔资金会直接加记在商业银行的储备账户上,导致银行储备增加、基础货币增加。反之,如果中央银行减少对商业银行的债权,如收回直接贷款,则直接减少商业银行储备账户上的资金,导致基础货币减少。

第二,中央银行通过变动外汇、黄金、证券等占款规模影响基础货币量。中央银行持有的外汇、黄金、证券是中央银行用基础货币购入的。如果中央银行增加这部分资产,或者在公开市场上从个人、企业手中购入,则要向其支付现金或支票,支付现金就是 C 的增加,支付支票就是 R 的增加,都是基础货币的增加;或者从商业银行手中购入,这笔资金直接加记在商业银行的储备账户上,也是 R 增加,基础货币增加。如果中央银行减少所持有的外汇、黄金、债券,就要在公开市场上出售。如果出售给个人,个人会用现金购买,导致 C 减少,基础货币减少;如果出售给企业,企业会用存款支付,导致 R 减少,基础货币减少;如果出售给商业银行,则直接减少商业银行的储备,也是基础货币的减少。

第三,中央银行通过变动对财政的债权影响基础货币量。中央银行可以用直接给财政贷款的方式或直接购买财政债券的方式获得对财政的债权。如果中央银行增加对财政的债权,财政拿到这笔资金后是要支出的,支出后形成个人手中的现金或企业账户上的存款,基础货币都会增加。但由于目前世界各国都明令禁止中央银行直接向财政透支或直接购入财政债券,所以这种影响方式就不那么重要了。

由此可见,中央银行提供的基础货币,一部分通过在公开市场上买卖外汇、黄金或证券的方式和特别提款权,称为非借入性基础货币,用 NB 表示;另一部分通过再贴现或直接贷款的方式,称为借入性基础货币,用 DL 表示。于是基础货币又是 NB 与 DL 之和。公开市场上买卖外汇、黄金、证券和特别提款权的主动权掌握在中央银行手中,所以非借入性基础货币是中央银行完全可控制的。再贴现、直接贷款的增加或减少虽然受到中央银行制定的再贴现率等措施的强烈影响,但最终决定权却掌握在商业银行手中,中央银行处于被动地位,所以借入性基础货币并不由中央银行完全控制。总之,中央银行通过公开市场业务买卖证券、调整再贴现率和存款准备金比率,从不同的方面调整自身的资产规模,从而直接决定基础货币的大小及变动。可见,基础货币在相当大程度上为中央银行所直接控制。在货币乘数不变的条件下,中央银行可通过控制基础货币来控制整个货币供应量。

2. 货币乘数

货币乘数就是指货币供给量与基础货币的比值,表示基础货币扩张或收缩的倍数。其公式为:

$$K=\frac{M_s}{B}=\frac{D+C}{R+C}=\frac{1+\frac{C}{D}}{\frac{C}{D}+\frac{R}{D}}$$

式中,B 为基础货币,C 为现金,R 为总准备金,$\frac{C}{D}$为通货—存款比率,$\frac{R}{D}$为准备—存款比率。

可见,货币乘数大小取决于两个因素。一是通货—存款比率$\left(\frac{C}{D}\right)$。通货存款比率又称通货比率,是指社会公众持有的通货对商业银行活期存款的比率。这一比率的大小主要取决于公众的资产选择行为。流通中通货的增加或减少,一方面会直接引起货币供应量同方向的增加或减少;另一方面,会导致商业银行超额准备金反向的增加或减少,进而引起货币供应量数倍的、反方向的增加或减少。也就是说,在基础货币既定的情况下,通货比率反向作用于货币供应量的变动。二是准备—存款比率$\left(\frac{R}{D}\right)$。准备—存款比率由法定准备率和超额准备率两个因素构成。其中,法定准备率是由中央银行直接控制和操作的外生变量,而超额准备率则主要取决于商业银行的经营决策行为。商业银行的超额准备金越多,其贷款、投资的规模越小,从而信用扩张的倍数即货币乘数也越小;反之,则越大。这就是说,超额准备率的变动反作用于货币供应量,且力度较大。

3. 中央银行和社会公众的行为

(1)中央银行的行为和货币供给量。

中央银行是通过变动基础货币和影响货币乘数对货币供给量进行调控的,中央银行通过它的资产业务影响基础货币,中央银行对货币乘数的影响是通过调整法定存款准备率来实现的。

(2)居民个人的行为和货币供应量。

居民个人的行为不会影响基础货币总量的变化,但却可以通过收入在手持现金和存款之间的转换影响现金存款比,影响货币乘数。

(3)企业的行为和货币供给量。

企业的收入在现金和存款之间如何分配也会受到上述几个因素的影响,所以企业通过影响现金存款比影响货币供给量和居民的行为相同。但企业更重要的影响货币供给的行为是其贷款行为。

(4)商业银行的行为和货币供给量。

商业银行的行为对基础货币和准备存款比都有影响。一是商业银行变动超额准备率,二是商业银行行为影响中央银行的再贴现。

综上所述,货币供给的决定因素首先是基础货币,取决于中央银行的货币政策,对公开市场业务、再贴现率和法定准备率的运用。其次是通货—存款比率,主要取决于企业、居民的持币行为。再次是准备—存款比率,由法定准备率和超额准备率构成。其中,法定准备率取决于中央银行的政策意图;超额准备率取决于商业银行的行为,同时,企业、个人对它也有重要的影响。可见,对于货币供给来说,中央银行并不能完全控制,即便是基础货币也要受商业银行主观能动性的制约,而货币乘数更是要受到个人、企业、商业银行的影响。

二、理解货币供给要注意的问题

(一)名义货币供给与实际货币供给

名义货币供给是指一定时点上不考虑物价因素的货币存量,而剔除了物价影响之后一定时点上的货币存量就是实际货币供给。若将名义货币供给记为 Ms，一般物价水平记为 P，则实际货币供给为 Ms/P。人们通常使用的货币供给概念一般都是指名义货币供给。但是，如果一个经济体系正经历着物价水平的剧烈波动，那么只考察名义货币供给，就可能导致对经济形势错误的判断，以致作出错误的政策选择。

（二）货币存量与货币流量

货币存量是指某一时点上的货币供应量；而货币流量则是指按一定时期计算的货币周转总额，亦即货币所完成的交易量总和。货币流量大小，等于货币存量乘以货币流通速度。由于货币流通速度的不同，同样的货币供给（货币存量）可以有规模不同的货币流量；同样规模的货币流量，货币供给量可以是不相同的。

（三）货币供给的内生性与外生性

货币供给的内生性是指货币的变动决定于经济体系中的实际变量，如收入、储蓄、投资、消费等因素，以及微观主体的经济行为，而不为货币当局的政策所左右。货币供给的外生性是指货币当局能够凭自身的意图，运用政策工具对社会的货币量进行扩张和收缩。货币供应量在很大程度上为政策所左右，货币供给究竟是内生变量还是外生变量？较有代表性的意见认为，货币供给首先是外生变量，主要决定于货币当局的政策意图和操作手段。至于货币供应量的变动要受制于客观经济过程的提法，是指货币供给量及其变动要符合客观经济过程对货币的需要量，简言之，就是要处理好主观与客观的关系问题。但不能据此认为，货币供给本身是个客观的经济变量，即具有内生性。这是两个不同层次的问题，不应当混为一谈。还有一种意见认为，货币供给既有内生性，又具有外生性，两者兼而有之，难分主从。

第三节　货币均衡

一、货币均衡的实质

（一）货币均衡的含义

货币均衡是指货币供应量与经济发展所需要的货币必要量的基本一致。所谓“基本一致”，不同于数学意义上完全相等的概念。由于经济学所研究的数量和数量关系受种种条件限制，很难准确测量其数值，所以货币均衡仅仅表现和反映有关变量之间存在的一种趋同或协调的状态。这种状态用公式表示为：

货币供给＝货币需求

在现实经济生活中，货币非均衡（货币失衡）是一种常见的经济现象。当货币供给量与客观经济过程对货币的需求不一致时，就出现了货币失衡现象。一般而言，货币的非均衡或失衡有两种情况：一种是货币不足即货币供给＜货币需求，表现为经济停滞增长或负增长，商品严重积压，失业率上升；另一种是货币过多即货币供给＞货币需求，表现为商品不足、物价迅速上涨、经济增长速度减缓。

货币均衡的实质是市场上商品供给和用货币购买力表示的商品需求之间的均衡。因此，货币均衡应当是对国民经济中出现的这样一种状态的描述：待交易的商品与劳务能够迅速转换为货币，流通中的货币能够迅速转换为商品或劳务；物价相对稳定，经济持续、稳定地增长。在这种状态下，不存在由于购买手段不足引起的商品大量积压和企业开工严重不足的现象，也不存在由于购买手段和支付手段过剩而引起的商品供给不足和物价上涨的现象。

(二)货币均衡的判别

一般来讲，货币的均衡和非均衡表现为货币的"值"的变化：一个表现为货币购买力的变化，即物价的变化；一个表现为利率的变化。所以货币均衡和非均衡的判别标志就是物价和利率。

1. 物价

如果价格水平提高，则名义收入增加，名义货币需求增加；价格水平下降，名义收入减少，名义货币需求减少。如果名义货币供应不能随之调整，必然带来货币供求的非均衡。当货币供给大于货币需求时，货币购买力下降，物价水平提高，物价水平提高后，名义货币需求增加，货币供求实现均衡。货币供给小于货币需求时，货币购买力提高，物价水平下降，名义货币需求减少，货币供求实现均衡。由此看出，货币的非均衡表现为物价的变化，物价变化又会使其在新的水平上达到均衡。

2. 利率

在市场经济条件下，货币的均衡和非均衡更表现为利率的变化。利率与社会公众的货币需求成负相关关系。而对货币供给来说，利率越高，商业银行持有超额储备的机会成本越高，超额储备越少，货币乘数越大，所以利率和货币供给呈正相关关系。

(三)中央银行对货币供求的调节

在完全的市场经济中，货币均衡和非均衡是由市场通过物价和利率自动调节的。但市场会失灵，所以需要对经济进行宏观调控，对货币供求的调控由中央银行完成。中央银行的任务只是把货币供给和货币需求的对比维持在一个可以接受的差额幅度内，尽可能地追求较小差额。

既然价格和利率的变动可以使货币趋于均衡，而物价水平又是中央银行无法掌控的，中央银行可以用来调控货币供求的最重要的手段就是利率手段。中央银行可以通过调整基准利率影响市场利率的变化，如果使利率提高，货币供给就会扩大，货币需求下降，货币供小于求的缺口就会缩小；如果使利率降低，货币供给会收缩，货币需求扩大，货币供大于求的缺口会缩小。

中央银行对货币供给的控制能力较强，而货币需求更多地取决于企业、个人的行为，中央银行的影响很小。所以中央银行对货币供求均衡的调节一般通过货币政策工具调节货币供给量来实现。

二、货币容纳量弹性

实际上，在现实经济生活中货币供应量与货币需求量完全相符的情况是很少的。货币供给等于货币需求只是一种理论上的假设和理想状态，对货币均衡不应机械地理解为两个绝对相等的量。由于种种原因，货币供应量可以超过或低于流通中的货币需要量，但并不一定会影响物价稳定和经济发展。货币供应量同货币需要量在一定限度内的偏离而不至于引起市场物价和币值较大的波动，或者说，两者在一定幅度内的偏离能够为经济运行所容纳，这种现象称为市场货币容纳量弹性,或称为货币供应量弹性。

货币容纳量弹性(Me)的计算公式为:

$$Me=\frac{\text{经济增长率}}{\text{货币供给量增长率}}$$

当 $Me=1$ 时,表明货币供给量与国民经济同步增长;当 $Me<1$ 时,表明货币供给量增长率超过了经济增长率(一般用国民生产总值增长率或社会总产值增长率表示),即表示货币供应量的超前增长。在货币供应量超前增长的情况下,如果货币流通和市场物价仍处于基本稳定的状态,就表明市场货币容纳量具有一定的弹性,而 Me 的具体数值就是货币容纳量弹性值。至于 $Me>1$ 的极端情况,到目前还没有出现过。

货币容纳量具有弹性的特点,为货币流通的调节提供了回旋的余地,并且在某些特定情况下,还可以有意识地超过客观需要量而增加货币供应量,以推动经济的调整和发展。但当这样做的时候,必须极其审慎,因为一旦货币流通量规模过大,且超过市场容纳量弹性限度,就会产生反弹。结果使货币流通速度不但不能放慢,反而急剧加快,币值下降和物价上涨的幅度会大大超过货币流通量的增长速度。如果不迅速采取措施改变这种情况,人们就可能对货币失去信心,随之而来的必然是通货膨胀的发生。

三、货币均衡与社会总供求均衡

在任何一种经济体内,社会总供给与社会总需求的均衡都是非常重要的。在物物交换的条件下,供给同时创造出需求,社会总供求均衡得以自动实现。在现代货币经济中,总供求均衡常常被打破。因为货币的出现,可以只卖不买或先买后卖,即买卖相分离,这为总供求的失衡提供了技术上的可能性。货币供求失衡与社会总供求失衡互为条件、互为因果,从而使社会总供求失衡成为经济运行的常态。社会总供求均衡是指社会总供给与总需求的相互适应和平衡,它是宏观经济的最终目标;而要实现这一目标,就必须实现商品市场和货币市场的同时均衡,货币的供求平衡又是商品(劳务)市场供求平衡的前提。

货币均衡与社会总供求均衡,以及两者之间的联系,源于货币供给、货币需求与社会总供给、社会总需求之间的内在联系。在商品货币经济条件下,所有的供给均与等值的货币相对应,也就是说,总供给决定着货币的需求;货币的需求又引出货币的供给,并制约货币供给的数量;而货币供给则是社会总需求实现的手段和载体,总需求的规模受制于货币供给的规模;总供给与总需求之间,在通常情况下是总需求制约着总供给。它们之间的关系可用图 7—1 来表示。

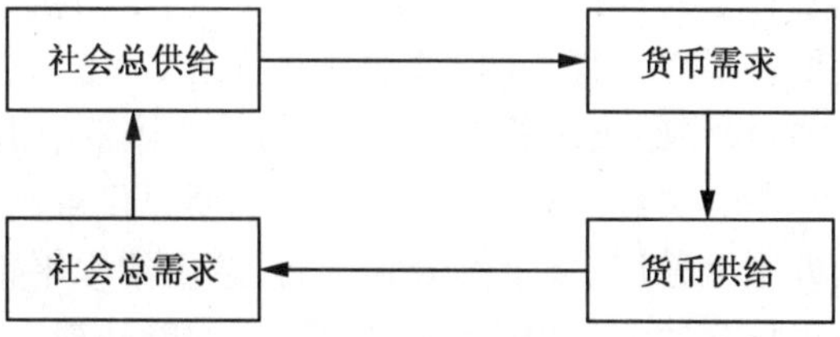

图 7—1　货币供求与社会总供求的关系

上图说明,社会总供给决定着货币需求,货币需求决定着货币供给,货币供给产生了社会总需求。社会总供给与社会总需求之间的和谐与平衡是宏观经济稳定的表现,是一个经济社会的理想状态。

从形式上看,货币均衡不过是货币领域内货币供给和货币需求相等而导致的一种货币流通状态,但实质是社会总供求均衡的一种反映。在商品经济条件下,社会总供给和总需求的矛盾是客观存在的。如果总需求大于总供给,会引起物价上涨和社会不稳;如果总需求小于总供给,则会出现经济增长速度下降、失业增加的现象。但不管发生哪种矛盾,人们好像都喜欢从货币供求上寻找解决矛盾的突破口,增加或减少货币供给量似乎是一个简捷的途径,这说明货币供求和社会总供求之间存在紧密的联系。

(一)货币供给与社会总需求

货币供给是社会总需求的载体。社会总需求是人们在一定收入水平的约束下对商品的需求,收入水平决定了人们的总需求,而货币供给又决定了人们的收入水平。所以货币供给和社会总需求的关系是,货币供给决定社会总需求。货币供给增加时,名义国民收入增加,各部门的名义收入也增加,社会总需求增加。

(二)社会总供给与货币需求

从宏观角度来看,货币需求是流通中的商品和劳务需要多少货币。显然,流通中的商品和劳务的数量越多,需要的货币越多;商品和劳务的数量越少,需要的货币越少。而流通中的商品和劳务就是社会总供给,所以社会总供给和货币需求之间的关系应该是社会总供给决定货币需求。

(三)货币供给与社会总供给

货币供给的变动能否引起社会总供给的变动,这是货币经济学中存在很大争议的一个重要问题。对这一问题,现在被人们广泛认同的是联系潜在未利用资源或可利用资源的状况进行分析的方法,这种分析把货币供给对总供给的作用分为三个阶段:首先,当经济体系中存在着现实可用于扩大再生产的资源,且数量又很充分时,在一定时期内增加货币供给,会把这些未利用资源利用起来,由于新增货币供给被这些潜在资源所吸收,所以只有实际产出水平的提高而不会引起价格水平的上涨。其次,当潜在未利用资源被逐渐利用而不断减少,货币供给却在继续增加时,由于货币供给的增加已经超过了潜在可利用资源所需的数量,经济中可能出现实际产出水平同价格水平都提高的现象。再次,当潜在未利用资源已被充分利用,货币供给仍然继续增加时,由于已经没有新的实际资源被投入生产过程中,会出现物价上涨而实际产出并不增加的现象。货币供给对社会总供给还有紧缩作用——当货币供给减少时,社会总供给也会减少。其分析原理和上面的扩张过程相同,只不过方向相反而已。

按照前面的分析,由于货币供给决定总需求,所以当经济体系中出现总需求大于总供给的矛盾时,似乎可以采用减少货币供给、压缩总需求的政策使总供求趋于平衡,消除通货膨胀。但根据货币供给对总供给的紧缩作用,货币供给减少后,总供给水平也会下降,总供给小于总需求的缺口仍然存在。所以依靠紧缩货币供给的政策,并不能从根本上解决总供求失衡的矛盾。但紧缩货币供给却是可以在短时间内使提高的物价压低,因为任何的物价上涨肯定都是由过多的货币做支撑的。

(四)货币供求和社会总供求的关系

通过以上分析可以得出:(1)总供给决定货币需求,但同等的总供给可有偏大或偏小的货币需求。(2)货币需求引出货币供给,货币供给量应与货币需求量相适应,但也绝非是等量的,货币供求的非均衡是常态。(3)货币供给成为总需求的载体,同等的货币供给可有偏大或偏小的总需求。(4)总需求的偏大和偏小对总供给产生巨大的影响。不足,总供给不能充分实现;过多,虽然在一定条件下有可能推动总供给的增加,但不可能由此消除差额。(5)总需求的偏大或偏小也可以通过紧缩或扩张货币供给的政策来调节,但单纯控制总需求难以真正实现均衡目标。

四、货币均衡的实现条件

在现代经济条件下,一切经济活动必须借助于货币的运动,货币收支把整个国民经济的各个部分和各个要素有机地联系在一起。一定时期内的国民经济状况必然要通过货币的均衡状况反映出来。因此,实现货币均衡要依赖于一系列客观经济条件和有效的调控手段。

(一)调整货币供给量

中央银行调控的主要手段有法定存款准备金率、再贴现率和公开市场业务等,以此来适应货币需求的变动,所以控制货币供应量是实现货币均衡的关键。

(二)保持财政收支基本平衡

巨额财政赤字的出现往往迫使政府向中央银行透支或借款,进而迫使中央银行大量发行货币。货币的财政发行必然会导致货币供求失衡,严重时会引发通货膨胀。

(三)较合理的产业结构和产品结构

产业结构的严重失衡使得发展过快的部门对某些产品产生过旺的需求,加大这些产品价格上涨的压力;相反,发展缓慢的部门由于需求过低,造成产品积压,影响生产的正常进行。产业结构、产品结构不合理会引起商品供求结构失衡,也会导致货币供求失衡。

(四)保持国际收支基本平衡

因为国际收支不平衡,出现大量顺差或逆差均会引起本币对外币的升值或贬值,直接影响国内市场价格的稳定。在开放条件下,国际收支平衡是保证国内市场供求平衡和货币均衡的重要条件之一。

本章小结

货币需求是指人们愿意以货币形式持有其收入和资产的一种需求,也就是一种由货币需求愿望和货币需求能力相互决定的特殊需求。人们持有货币有三种动机,即交易性动机、预防性动机和投机性动机。影响货币需求的因素主要有利率水平、信用的发达程度、物价水平与通货膨胀预期、收入水平、交易成本与市场效率、人们的预期与心理偏好。

货币需求理论主要有马克思的货币需求理论和西方经济学主要学派的货币需求理论。货币需要量的测算主要有现金需要量的预算、存款货币需要量的测算和总体货币需要量的测算。

货币供给是指一国经济中货币投入、创造和扩张(收缩)的全过程,是一个动态的概念。主要内容有:货币供给量及层次的划分、货币供给机制、货币供给的决定因素。在理解货币供给时,还应该搞清楚名义货币供给与实际货币供给、货币存量与货币流量、货币供给的内生性与外生性的概念。货币供给过程主要由中央银行创造信用的机制和商业银行扩张信用的机制共同发挥作用完成的。货币供给主要由中央银行、商业银行和非银行公众三者共同决定的。

货币均衡是指货币供给量与一国国民经济同期所需要的货币量保持基本一致的状态。社会总供给与总需求的相互适应和平衡是宏观经济的最终目标,而要实现这一目标,就必须实现商品市场和货币市场的同时均衡。货币的供求平衡是商品市场供求平衡的前提。

基本概念

货币需求　　名义货币需求　　实际货币需求　　货币需要量　　货币供给
货币供给量　　基础货币　　货币乘数　　货币均衡

课后习题

1. 什么是货币需求?影响货币需求的因素有哪些?
2. 简述几种货币需求理论
3. 货币的供给机制是怎样的?
4. 影响货币供给的因素有哪些?
5. 货币均衡的实现条件有哪些?

案例讨论

案例一　中国的"超额"货币需求现象

改革开放以来,我国的 M_2 增长速度经常高达 30%以上,超过经济增长速度与通货膨胀率之和;M_2 与 GDP 之比也不断上升,从 1993 年开始大于 1;货币流通速度呈现明显的下降趋势。这往往被人们称为"超额"货币需求现象。学者们从不同的角度研究"超额"货币需求问题,到目前为止还没有形成比较一致的看法。(1)价格指数说和地下经济说置疑我国的物价指数和国内生产总值核算是否准确。(2)货币化说把货币化率引入货币需求函数,具有较强的说服力和解释现实的能力,在 M/Y 明显大于 1 之前得到了广泛运用。(3)金融化说指出,世界各主要国家都经历了货币流通速度在一个较长的时期内逐渐下降,以后又随着金融资产多样化转而上升的过程。因此中国的货币流通速度下降也没有什么好奇怪的。(4)流通速度下降说将"超额"货币需求归因于货币流通速度下降。

从宏观角度看,货币不是作为一种特殊商品的供求关系,而是作为金融资产的货币的积累过程。即在一定的货币需求动机下,作为信用关系载体的货币是如何创造出来和积累起来的。从现代经济中的三个事实出发：(1)现代经济中的货币不仅是交易媒介和持有资产的一种形式，更是资本循环的目的本身。增量货币注入成为经济正常运转的必然要求。(2)货币总量中既有现实流通的货币，也有暂不流通的货币，前者不断向后者转化。因此，货币流通不仅是充当商品交换的媒介，而且是包括货币注入和退出的完整过程。(3)货币的载体是金融工具，体现经济主体之间的债权债务关系和储蓄与投资在经济部门之间的职能分工。决定货币形成的不仅是宏观经济总量和微观经济主体的需求，还有经济主体之间的相互关系。

我国改革开放之前就有"超额"货币需求现象，但其幅度很小。由于收入分配集中，货币储蓄率不高，M/Y 的极限位置也很低，M/Y 上升并不明显。改革开放以来，收入分配格局变化了，储蓄与投资分离了，货币储蓄率大大提高，M/Y 的极限位置显著上移了，M/Y 也呈现出明显的上升趋势。"超额"货币现象开始变得突出。"超额"货币现象随着经济波动而变化，主要有两种情况：一是周期性波动。在经济上升阶段，"超额"货币现象较为明显；在经济收缩阶段，"超额"货币现象有所减弱。随着 M/Y 越来越接近极限位置，收缩阶段的货币增长率可能会低于收入增长率与通货膨胀率之和。二是阶段性波动。由于收入增长率、货币储蓄率和通货膨胀率的长期位置变化，可能使 M/Y 曲线转向更高或更低的位置。

金融资产结构越复杂，非货币金融工具越发达，金融资产总量中货币的比重就越小。从这个意义上说，在欧美日等发达国家，货币需求更多的是金融资产结构问题；而在中国，更多的是金融资产总量问题。我国资金宏观配置格局的基本特点是，通过银行融资的主要渠道，以货币、贷款为主要金融工具，将居民户部门的储蓄配置给企业部门使用，以居民户高储蓄支持企业部门的高投资。在这样的格局下，我国的金融资产积累过程可以概括为：增量货币以信贷方式通过企业部门注入经济，货币退出现实流通则主要是通过住户部门积累金融资产。我国的储蓄与投资的分离程度较高，同时各部门的金融资产结构单一，货币的比重占绝对优势。由于货币储蓄率高，尽管 GDP 增长快，M/Y 的极限位置仍远远高于 M/Y 已经达到的位置。如果这个格局基本稳定，可以预料在未来一段时间内，仍将有"超额"货币需求现象。

在目前的资金宏观配置格局下，非金融企业部门承担的投资职能，与其获得的收入份额和自我积累能力之间的矛盾，已经发展到影响经济、金融运行和发展的程度。主要表现在企业盈利能力下降、缺乏自我积累能力、对外部资金严重依赖，造成债务负担沉重；企业承担新增债务能力下降，导致宏观经济的货币注入流量不足；银行不良资产问题严重。调整资金宏观配置格局已经势在必行。如果我国保持目前的经济增长速度，不发生严重的通货膨胀，M/Y 将在 5～10 年内基本到达极限值域。同时货币增长率趋于下降，货币增长率长期明显大于名义收入增长率的情况将基本消失。甚至可能出现 M/Y 的极限位置降到已经达到的值以下，转而有货币"失踪"的现象。

(资料来源：http://bank.jpkc.gdcc.edu.cn/show.aspx? id=407&cid=31)

☞ **讨论题：**

我国的超额货币需求如果合理，货币供给是否要适应这个现实？怎样做？

案例二　我国货币流动性过剩问题突出

"流动性过剩"可以说是描述中国经济现状的关键词。车海刚在 2007 年 3 月 27 日《学习时报》中对流动性过剩的概念作了这样的解释，就是市场上流动的货币过多，超出了经济体系的实际需要。另据 2007 年 2 月 16 日《大公报》的观点：所谓银行流动性过剩，主要是指银行资金充裕，信贷投放的冲动性较强。综合各种流动性过剩的定义，可以认为流动性过剩就是流通中的货币供应量过多，远超出实际经济的需要量。

流动性过剩可能造成多方面的后果：由于泛滥的资金急需寻找出口，它们或者进入消费市场，推动物价恶性上涨，引发通货膨胀；或者以投资的形式进入实体经济，加剧投资过热和产能过剩；或者涌向股市、楼市等资产领域，抬高资产价格，催生市场泡沫。无论哪一种情形，都有可能进一步演化成系统性的金融危机和经济危机。因此，温总理在 2007 年《政府工作报告》中指出：要继续实行稳健的货币政策，综合运用多种货币政策工具，合理调控货币信贷总量，有效缓解银行资金流动性过剩问题。

对于我国流动性过剩的成因，学者们众说纷纭，总结起来的观点主要包括：(1)外汇储备的快速增长以及现行的外汇管理制度，是造成目前流动性过剩的一个重要原因。由于人民币没有实行自由兑换，所有的外资对华投资和巨额贸易顺差形成的外汇收入，包括通过非正规渠道进入中国的热钱，都需要由央行拿出人民币来收购。为此，央行每年都要“配套”增发大量的基础货币，其实质是在制造更多的流动性。(2)20 世纪 80～90 年代实行的积极扩大信贷的宽松货币政策，在推动中国经济快速增长的同时，也积累了较多的流动性。(3)人民币升值预期被反复炒作，大量国际热钱涌入国内。2001 年以来，特别是“9・11”事件以后，美欧等发达国家相继实行宽松的经济政策，较低的利率政策一直延续，而日本更是实行了长达 5 年的零利率政策，加上金融创新的不断发展，全球的可用资金快速增长。在全球经济失衡的诱导下，大量资金流入以中国为代表的亚洲新兴经济体。在这种背景下，境外流动性通过多种渠道输入，使得我国的流动性过剩问题日益凸显。

（资料来源：根据中国社会科学院经济研究所《经济走势跟踪》课题组、《专家谈流动性过剩的成因和化解思路》整理，中国社会科学院经济研究所网站，http://ie.cass.cn/window）

☞ **讨论题：**

你认为我国应如何控制流动性过剩？

第八章
通货膨胀与通货紧缩

引言

通货膨胀和通货紧缩是货币理论中与现实结合最为紧密的问题，随着经济的不断发展，也逐渐演变成为一种普遍性的经济现象，对通货膨胀问题的研究也成为了西方经济理论中的一个重要组成部分。如何科学定义和衡量通货膨胀与通货紧缩，正确地解释其原因和影响，以对其进行有效防范和科学治理，已成为当代金融经济学研究的重要课题。本章主要介绍通货膨胀与通货紧缩的含义、社会效应及其如何治理问题。

第一节　通货膨胀

一、通货膨胀概述

（一）通货膨胀的定义

在现代社会中，通货膨胀已经成为人们非常熟悉的经济术语。但究竟什么是通货膨胀，经济学家们对此所作的解释却不尽相同。

1.（美）P. A. 萨缪尔森

通货膨胀的意思是：物品和生产要素的价格普遍上升的时期——面包、汽车、理发的价格上升，工资、租金等也都上升。（P. A. 萨缪尔森：《经济学》上册，第 380 页，商务印书馆，1987 年。）

2.（美）E. J. 夏皮罗

通货膨胀规定为一般物价水平的一贯和可以觉察到的增长。（E. J. 夏皮罗：《宏观经济学》，第 609 页，中国社会科学出版社，1985 年。）

3.(奥)赫尔穆特·费里希

通货膨胀是一个价格持续上升的过程。(赫尔穆特·费里希:《现代通货膨胀理论》,第8页,中国金融出版社,1989年。)

4.(美)M. 费里德曼

物价普遍上涨就叫通货膨胀。(M. 费里德曼:《米尔顿·费里德曼论通货膨胀》,第1页,中国社会科学出版社,1982年。)

5.(英)F. A. 哈耶克

通货膨胀一词的原意和真意是指货币数量的过度增长,这种增长合乎规律地导致物价的上涨。(F. A. 哈耶克:《无路可逃,失业必然跟随着通货膨胀》,《世界经济译丛》,1981年第2期。)

6.(英)J. 罗宾逊

通货膨胀是由于对同样经济活动的工资报酬率的日益增长而引起的物价直升变动。(J. 罗宾逊:《解决停滞膨胀难题》,《挑战》,1979年11～12月号,第44页。)

7. 马克思主义的货币理论

通货膨胀是指在纸币流通条件下,因纸币发行过多,超过了流通中所需要的货币量,从而引起纸币贬值、一般物价水平持续上涨的现象。根据这一定义,我们不难发现,通货膨胀的产生必须具备两个条件:首先是纸币流通。在贵金属货币流通的条件下,不可能出现通货过多的现象。因为贵金属货币本身具有内在价值,它能自发调节货币流通,使之与商品流通相适应。其次是一般物价水平的持续上涨。如果一般物价水平的上涨是一次性的或临时性的,或者只是某一种商品价格的上涨,这都不能算是通货膨胀。

目前,比较普遍接受的定义是:在纸币流通条件下,经济中货币供应量超过了客观需要量,社会总需求大于总供给导致单位货币贬值,一般物价水平普遍持续上涨的经济现象即为通货膨胀。

对这一概念的理解需要把握以下几点:

第一,通货膨胀是纸币条件下的经济范畴。纸币条件下之所以会产生通货膨胀,是由纸币的性质决定的。因为纸币本身没有价值,发行多少也不会自动退出流通,相反,往往存在发行数量越多,单位货币代表的价值越少,人们产生货币进一步贬值的预期,从而更多地抛出手中货币,使流通中货币数量更多的机制。

第二,货币供应量超过客观需要量是通货膨胀的核心内容。通货膨胀可以由各种原因引起,还可以据此划分出各种不同的类型。但是,无论哪种类型的通货膨胀,最终都将以经济中的货币供应量超过客观需要量进而以社会总需求大于总供给为实际内容。

第三,物价上涨是通货膨胀的主要标志。通货膨胀的核心含义是货币供应量过多而导致货币贬值。但货币贬值却不能通过货币自身表现出来。纸币在进入流通过程以前和以后,其票面价值都是固定的,除非发生了货币改革,它不会因贬值而发生变化。纸币贬值只是通过其对立面即商品价值的货币数量表现——物价,才能看得出来。一般来说,商品价格水平高,货币购买力低,即货币贬值;反之,商品价格水平低,货币购买力高,即货币升值。商品价格水平和货币购买力互为倒数关系。

(二)通货膨胀的类型

按照不同的标准,通货膨胀可分为不同的类型:

1. 按通货膨胀的程度不同划分

(1)温和的通货膨胀,又称爬行的通货膨胀。这种类型的通货膨胀发展缓慢,短期内不易觉察,但持续的时间很长。很多经济学家认为,通货膨胀率在2.5%以下的,不能称为通货膨胀;达到2.5%的,称为温和的通货膨胀。

(2)跑步式的通货膨胀,也称快步小跑式通货膨胀。在这种情况下,通货膨胀率达到两位数字,人们不愿意储存纸币,而是尽可能地储存实物,以避免遭受损失。

(3)恶性通货膨胀,又称极度通货膨胀或无法控制的通货膨胀。这种通货膨胀的特点是价格飞速上涨,货币贬值达到天文数字,正常的经济活动日趋紊乱,最后导致整个货币制度的崩溃。如第一次世界大战后,1923年的德国,一个月物价上涨数十倍,最后,马克只相当于原来价值的万分之一。第二次世界大战后的旧中国,出现了自1937~1949年长达12年之久的恶性通货膨胀,物价指数上升超过万亿倍。巴西1986年通货膨胀率达234%,1989年更猛增至1 765%。

2. 按表现形式不同划分

(1)隐蔽的通货膨胀,又称压制型通货膨胀或被遏制的通货膨胀。其特点是国家控制物价,主要消费品价格基本保持人为平衡,表现为隐蔽性的一般物价水平普遍上涨:市场商品供应紧张、凭证限量供应商品、变相涨价、黑市活跃、商品买卖"走后门"等。

(2)公开的通货膨胀,又称开放式的通货膨胀。其特点是商品价格是开放性的,随市场供求自由涨落,只要出现通货膨胀,其价格水平明显上升。因此物价指数的变化能反映通货膨胀的程度。

3. 按通货膨胀产生的原因不同划分

(1)需求拉上型通货膨胀。它是指由于总需求的增长超过了在现行价格条件下社会可能的供给量,造成强大的货币购买力对应较少的商品和劳务,从而物价总水平上涨。需求拉上型通货膨胀可通过两个途径产生:一是在货币需求量不变时,货币供给增加过快。多数人持这种观点。二是经济体系对货币需求大大减少,即使在货币供给无增长的条件下,原有的货币存量也会相对过多。

(2)成本推进型通货膨胀。即指通货膨胀的根源在于总供给变化的一种理论假说。具体指由于商品成本上升而使物价水平普遍上涨的一种货币现象。成本推进型通货膨胀可以归结为两个原因:一是工会力量对工资提高的要求,二是垄断行业中企业为追求利润而制定的垄断价格。

(3)结构型通货膨胀。即物价的上涨是由于对某些部门的产品需求过多,虽然经济的总需求并不过多,但最初由于某些经济部门的压力使物价和工资水平上升,于是便出现全面的通货膨胀。

(4)混合型通货膨胀。即一般物价水平的持续上涨,既不能说是单纯的需求拉上,也不能归咎于单纯的成本推进,还不能笼统地概括为社会经济结构的原因,而是由于需求、成本和社会经济结构共同作用形成的一种一般物价水平持续上涨的货币经济现象。

(5)财政赤字型通货膨胀。其本质上属于需求拉上型通货膨胀,但其强调财政出现巨额赤字而滥发货币,从而引起的通货膨胀。

(6)国际传播型通货膨胀。又称输入型通货膨胀,指由于国外商品或生产要素价格的上涨,引起国内物价持续上涨的现象。

(三)通货膨胀的衡量指标

通货膨胀的严重程度是通过通货膨胀率这一指标来衡量的。通货膨胀率被定义为从一个时期到另一个时期一般价格水平变动的百分比。通货膨胀率的计算公式为：

当期通货膨胀率=[(当期价格水平－上一期价格水平)/上一期价格水平]×100%

目前,世界各国普遍采用的反映通货膨胀程度的物价指数主要有消费物价指数、批发物价指数、国民生产总值平减指数。

1. 消费物价指数(Consumer Price Index,CPI)

该指数是根据家庭消费的有代表性的商品和劳务的价格变动状况而编制的。CPI由一国政府根据本国若干种主要日用消费品的零售价格以及水、电、住房、交通、医疗、文娱等费用编制计算而得,用以衡量一定时期生活费用上升或下降的程度。这一指数的优点在于资料容易收集、公布次数较频繁,因而能及时反映影响社会公众生活费用的物价趋势。但该指数也存在缺点,指数所包括的范围较窄,不能反映各种资本品以及进出口商品和劳务的价格变动趋势。

2. 批发物价指数(Wholesale Price Index,WPI)

该指数也称为生产者物价指数。该指数是反映包括原材料、中间品和最终产品在内的各种商品的批发价格的变动状况的物价指数。其优点是能较灵敏地反映生产者和生产成本的变化情况,缺点是没有将各种劳务包括在内。

3. 国民生产总值平减指数(GNP Deflator)

该指数也称为国民生产总值折算价格指数。该指数是按当年价格计算的国民生产总值与按固定价格计算的国民生产总值的比率。其优点是包括的范围广,除消费品和劳务外,还包括资本品以及进出口商品等,因而它能较全面地反映一般物价水平的变动趋势。缺点是编制国民生产总值的物价平减指数需要收集大量资料,一般只能一年公布一次,因而不能迅速及时地反映物价的变动趋势。另外,由于这一指数涵盖了所有商品和劳务甚至进出口商品的价格变化,其中有许多是与居民生活不直接相关的,因此反映出的通货膨胀程度与居民的直接感受相差较大。

以上三种物价指数是衡量通货膨胀的主要指标。三种物价指数在衡量通货膨胀时各有优缺点,而且由于这三种物价指数涉及的商品和劳务的范围不同,计算口径也不同,因此即使在同一国家的同一时期,各种物价指数所反映的通货膨胀程度也是不同的,所以在衡量通货膨胀时需要选择适当的指数。一般说来,在衡量通货膨胀时使用最普遍的是消费物价指数。

(四)通货膨胀的成因

通货膨胀的成因和机理比较复杂,对此各国经济学家从不同的角度出发作出了各种分析,较为流行的有四种,即需求拉上说、成本推进说、供求混合推进说和部门结构说。

1. 需求拉上说

需求拉上说是单纯从需求角度寻求通货膨胀的根源的一种理论。这种理论产生于20世纪50年代以前,是西方经济学界出现较早的通货理论。这种理论认为,当经济中总需求扩张超出总供给增长时所出现的过度需求是拉动价格总水平上升、产生通货膨胀的主要原因。通俗的说法就是“太多的货币追逐太少的商品”,使得对商品和劳务的需求超出了在现行价格下可得到的供给,从而导致一般物价水平的上涨。需求拉上说的分析解释可从图8－1中得到说明。

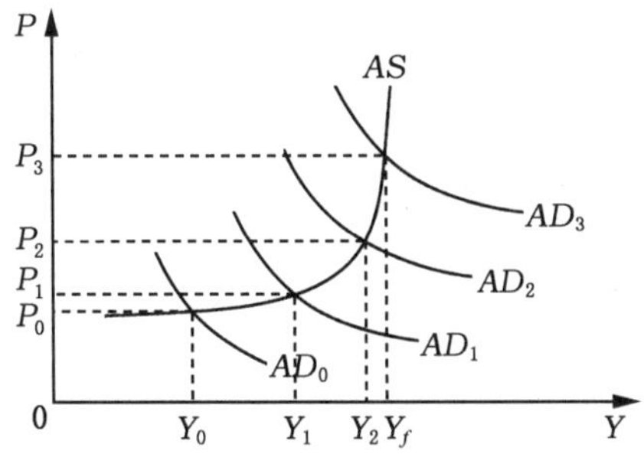

图 8—1　需求拉上型通货膨胀

图中，AS 表示总供给曲线，AD_0 表示总需求曲线的初值，两者的交点决定了供求平衡条件下的物价水平 P_0 和收入水平 Y_0。当总需求增加，AD_0 移动至 AD_1，会使收入水平提高至 Y_1，同时拉动物价水平上升至 P_1。由于经济距离充分就业差距较大时，总供给曲线 AS 比较平坦，因此收入水平提高较快，而物价水平变动较小。当总需求继续增加，曲线 AD_1 移动至 AD_2 时，收入水平提高至 Y_2。此时 AS 曲线倾斜度增大，物价水平提高加快，进入凯恩斯所说的“半通货膨胀”状况。经济越是接近充分就业时的收入水平 Y_f，AS 曲线越陡，表示收入水平难以进一步增长，因此，当曲线从 AD_2 移至 AD_3 时，经济达到充分就业，AS 曲线变为垂直，收入水平不再增长，总需求的增加几乎全部通过物价的上涨（提高至 P_3）反映出来，即进入凯恩斯所谓的“真正的通货膨胀”。

根据引起总需求增加的原因，需求拉上的通货膨胀又可分为三种类型：一是自发性需求拉上型，其总需求的增加是自发性的而不是由于预期的成本增加；二是诱发性需求拉上型，主要是由于成本增加而诱发了总需求的增加；三是被动性需求拉上型，由于政府增加支出或采用扩张性货币政策增加了总需求，从而导致通货膨胀。

此外，还可从实际因素和货币因素两个方面对总需求增加的结构进行深入地分析。从实际因素来看，总需求由消费支出、投资支出和政府支出构成，因此，总需求增加包括了消费需求增加、投资需求增加和政府需求增加。由于国民收入分配向消费倾斜，使居民可支配收入增长速度快于国民收入增长速度，同时消费品供给不能满足消费需要而引起的物价水平整体上涨，称为消费需求膨胀；由于积累率过高、投资规模扩大引起的需求膨胀，称为投资需求膨胀；由于政府过度支出而引起的需求膨胀，则称为政府需求膨胀。从货币因素来看，需求拉上的通货膨胀主要产生于两个方面：(1)经济体系对货币的需求大大减少，即使货币供给不增长，货币存量也会相对增加，从而导致总需求相对增大；(2)货币需求量不变时，货币供给增加过快，也会导致总需求相对增大。货币供给过多造成需求膨胀与投资需求膨胀导致的物价上涨效果是相同的，但对利率的影响是不同的。投资需求膨胀会导致利率上涨，而货币供给过多会造成利率下降。

在西方经济学中，凯恩斯学派偏重研究实际因素引起的需求膨胀，货币主义学派则强调货币因素对通货膨胀的决定作用，认为通货膨胀纯粹是一种货币现象。货币主义学派的代表人物弗里德曼指出，只要货币量的增加超过生产量的增加，则物价必然上升。但无论实际因素还是货币因素，需求拉上说都强调总需求方面，而忽略了总供给方面的变动。这一学说尤其不能解释通货膨胀与失业并存的现象。因此从 20 世纪 50 年代后期起，经济学家的注意力开始转向总供给方面，提出了成本推进说。

2. 成本推进说

成本推进说认为通货膨胀的根源不在于总需求的过度，而是在于总供给方面产品成本的上升。因为在通常情况下，商品的价格是以生产成本为基础，加上一定的利润而构成。因此生产成本的上升必然导致物价水平的上升，成本推进说的理论分析如图 8－2 所示。

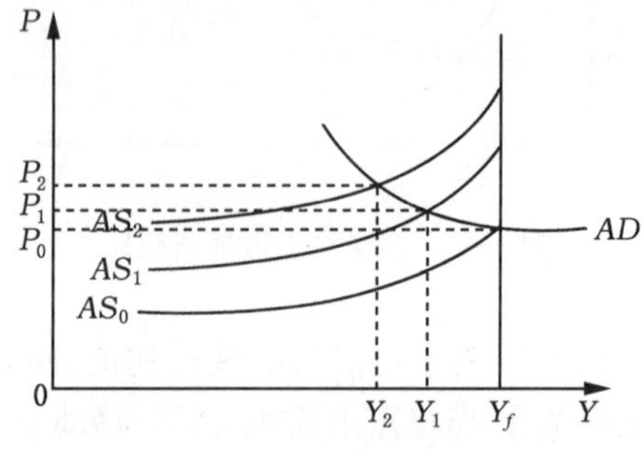

图 8－2　成本推进型通货膨胀

图中，AD 表示总需求曲线，AS_0 表示总供给曲线的初值，并假定二者的交点为经济充分就业条件下的供求均衡点，由此得到初始的价格水平 P_0 和收入水平 Y_f。当成本增加时，企业会在同等产出水平上提高价格，或在同等价格水平上只提供较少的产出，因而总供给曲线会由 AS_0 向上移动至 AS_1，甚至 AS_2。当总需求不变时，价格水平则由 P_0 上升至 P_1，甚至 P_2，而收入水平则下降至 Y_1，甚至 Y_2。因此，成本推进学说认为，正是由于成本的上升推动了物价水平的上升，并导致了收入水平的下降。

成本推进说还进一步分析了促使产品成本上升的原因，指出在现代经济条件中，有组织的工会和垄断性大公司对成本和价格具有操纵能力，是提高生产成本并进而提高价格水平的重要力量。工会要求提高工人的工资，迫使工资的增长率超过劳动生产率的增长率，企业则会因人力成本的加大而提高产品价格以转嫁工资成本的上升，而在物价上涨后工人会要求提高工资，再度引起物价上涨，形成工资一物价的螺旋上升，从而导致“工资成本推进型通货膨胀”。垄断性大公司为了获取垄断利润也可能人为提高产品价格，由此引起“利润推进型通货膨胀”。如当前的国际卡特尔——石油输出国组织（OPEC）减少其所控制的石油产出量时，会引起国际油价的上涨，对石油依赖度很大的厂商来说，其成本上涨形成的通货膨胀就属于利润推进型通货膨胀。

此外，汇率变动引起进出口产品和原材料成本上升以及石油危机、资源枯竭、环境保护政策不当等造成原材料、能源生产成本的提高也会引起成本推进型通货膨胀。

3. 供求混合推进说

需求拉上说撇开供给来分析通货膨胀的成因，而成本推进说则以总需求给定为前提条件来解释通货膨胀，二者都有一定的片面性和局限性。尽管理论上可以区分需求拉上型和成本推进型通货膨胀，但在现实生活中，需求拉上的作用与成本推进的作用常常是混合在一起的。因此人们将这种总供给和总需求共同作用情况下的通货膨胀称为供求混合推进型通货膨胀。供求混合推进的通货膨胀如图 8－3 所示。

图中 AS_0 和 AD_0 的交点为初始时经济的供求均衡点。当总需求增加时，其曲线 AD_0 移至 AD_1 时，物价水平由初始点 P_0 上升至 P_1。物价的上涨导致生产成本的相应提高，必然会使总供给减少，总供给曲线由 AS_0 移至 AS_1，物价水平则上升至 P_2。为保持经济增长和充分

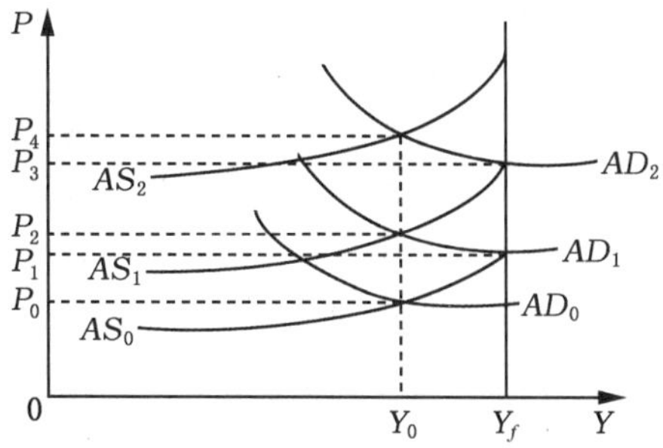

图 8—3　供求混合推进型通货膨胀

就业，政府不得不增加支出，总需求再次增加，由 AD_1 移至 AD_2，相应地，AS_1 也移至 AS_2，物价水平则上升至 P_3 和 P_4，从而形成由需求冲击开始的物价螺旋式上升的通货膨胀。与其相类似，也可能发生由供给冲击开始的通货膨胀。当发生一次性成本推进型的物价上涨时，如果需求并不增加，则通货膨胀不会持久。但如果供给的减少导致政府为避免经济下降和失业增加而扩大需求，则必然发生持续性的通货膨胀。

可见，“成本推进”只有加上“需求拉上”才有可能产生一个持续性的通货膨胀，长期性的通货膨胀过程是由需求因素和供给因素共同作用而产生的。例如，在总需求增加引起的通货膨胀中，价格上涨又导致了生产成本的提高，从而引起了成本推动型的通货膨胀。在成本推动型的通货膨胀中，工资的提高使货币收入和需求增加，又导致了需求拉动型的通货膨胀。现实经济中，这样的论点也得到了验证：当“非充分就业均衡”严重存在时，往往会引出政府的需求扩张政策，以期缓解矛盾。这样，“成本推进”与“需求拉上”并存的混合型通货膨胀就成为了经济生活的现实。

4. 部门结构说

一些经济学家从经济部门的结构方面来分析通货膨胀的成因，发现即使整个经济中总供给和总需求处于均衡状态时，由于经济部门结构方面的变动因素，也会发生一般物价水平的上涨，即所谓“结构型通货膨胀”。结构说的基本观点是，由于不同国家的经济部门结构的某些特点，当一些产业和部门在需求方面和成本方面发生变动时，往往会通过部门之间相互看齐的过程影响其他部门，从而导致一般物价水平的上升。这种结构型通货膨胀可分为三种情况：

(1)需求结构转移型通货膨胀。1959 年舒尔兹提出了“需求移动论”，从经济结构的变化会导致需求在不同部门间移动来解释通货膨胀的成因。由于经济各部门之间发展的不平衡，在总需求不变的情况下，一部分需求会转向其他部门，但劳动力和生产要素却不能及时转移，因此需求增加的部门因供给不能满足需求会使工资和产品的价格上涨。如果需求减少的部门的产品价格和劳动力成本具有“刚性”特点未能相应下跌的话，物价总水平就会上升。

(2)外部输入型通货膨胀。也称小国型通货膨胀。挪威经济学家奥德·奥克鲁斯特将结构型通货膨胀同开放经济结合起来分析，创立了著名的“小国开放模型”。所谓“小国”不是根据国土和人口因素而言的，而是指该国在世界市场上只是价格接受者，不能决定商品的国际价格。“小国开放模型”所要研究的是处于开放经济中的这样一个“小国”如何受世界通货膨胀的影响而引起国内通货膨胀的。这个模型将一国经济部门分为开放性部门和非开放性部门。对于小国经济而言，外部通货膨胀会通过一系列机制传递到其开放性部门，使其通货膨胀率向世界通货膨胀率看齐，从而导致全面性通货膨胀。

(3)部门差异型通货膨胀。英国的莎尔沃教授用部门间的差异来解释结构型通货膨胀。一般来说,一国不同的经济部门,如产业部门与服务部门、工业部门和农业部门之间的劳动生产率的提高总是有差异的,而各部门之间的货币工资的增长确实存在互相看齐的倾向。当发展较快的经济部门因劳动生产率提高而增加货币工资时,其他部门由于向其看齐也会提高货币工资,从而引起成本推进的通货膨胀。尤其在一些发展中国家,传统农业部门和现代工业部门并存,在农业落后条件的制约下,政府为促进经济发展,往往不得不通过增加农业开支或提高农产品价格来促进农业的发展,从而引发价格总水平的上涨。

以上介绍了几种类型的通货膨胀,分别从不同角度揭示了通货膨胀的形成机理,都具有一定程度的合理性,但是一国经济发展中如出现通货膨胀,其原因通常是相当复杂的。既有直接的原因,又有间接的原因,有的还可能是各种原因综合起作用的结果。

二、通货膨胀的效应

(一)通货膨胀对经济增长的影响

关于通货膨胀对社会经济增长产生的影响,争论颇多,其中主要有促进论、促退论和中性论三种不同的观点。

1. 通货膨胀促进论

(1)凯恩斯的"半通货膨胀"论。

凯恩斯认为货币数量增加,在实现充分就业前后,所产生的效果不同。在经济达到充分就业之前,货币量增加可以带动有效需求增加。也即,在充分就业之前,增加货币既可提高单位成本,又可增加产量。这是由于两方面的原因:第一,由于存在闲置的劳动力,工人被迫接受低于一般物价上涨速度的货币工资,因此单位成本的增加小于有效需求的增加幅度。第二,由于有剩余的生产资源,增加有效需求带动产量—供给的增加,此时货币数量增加不具有十足的通货膨胀性,而是一方面增加就业和产量,另一方面也使物价上涨。这种情况被凯恩斯称之为半通货膨胀。

当经济实现充分就业之后,增加货币量就产生了显著的通货膨胀效应。由于各种生产资源均无剩余,货币量增加引起有效需求增加,但就业量和产量就不再增加,增加的只是边际成本中各生产要素的报酬,即单位成本,此时的通货膨胀才是真正的通货膨胀。

由于在凯恩斯的理论中,充分就业是一种例外,非充分就业才是常态,因此,增加货币数量只会出现利多弊少的通货膨胀。

(2)新古典学派的促进论。

这一学派认为,通货膨胀通过强制储蓄、扩大投资来实现增加就业和促进经济增长,当政府财政入不敷出时,常常借助于财政透支解决收入来源。如果政府将膨胀性的收入用于实际投资,就会增加资本形成,而只要私人投资不降低或降低数额不小于政府新增数额,就能提高社会总投资并促进经济增长。

当人们对通货膨胀的预期调整比较缓慢,从而名义工资的变动滞后于价格变动时,收入就会发生转移,转移的方向从工人转向雇主阶层,而后者的储蓄率高,因而一国的总储蓄增加。由于通货膨胀提高了盈利率,因而私人投资也会增大,这样政府与私人的投资都增加,无疑有利于经济增长。

(3)收入在政府与私人部门的再分配与通货膨胀促进论。

在经济增长过程中，政府扮演非常重要的角色。政府要建设基础设施、扶植新兴产业的发展、调整经济结构。政府的上述行为都依赖于政府的投资，而政府筹资主要包括政府本身的储蓄、举借内债和外债。20 世纪 60 年代，通过货币扩张或通货膨胀政策来筹资建设变得越来越重要。在货币扩张中，正常发行的货币量的一部分直接转化为财政收入。

首先，降低资本—产出系数。由于政府在进行投资决策时可以更多考虑宏观经济平衡的需要，而宏观经济平衡能使生产能力得到更大限度的发挥。

其次，改变投资结构。在经济发展时期，会出现许多新兴的产业部门，这些部门是经济起飞的基础。但由于其新兴的性质，向这些部门的投资往往周期长、风险大，而且原始的投资数额也非常大。如果投资都依赖于私人部门，则新兴产业将是投资的空白。在这一方面，只有政府才能平衡投资结构。政府通过货币扩张政策进行投资的产业应该是基础设施和重工业，只有这样，才能维持经济长期稳定发展。

最后，促进对外贸易发展。在开放经济中为使投资超过计划储蓄，除国内实行温和的通货膨胀外，还可以采取扩大进口吸收国内储蓄的办法。但发展中国家往往缺少外汇，要保持较高的进口率，就要想办法通过各种途径弥补国际收支逆差。从国际金融关系上看，弥补逆差的资金可以来自国际金融市场和国际金融机构的借款，也可以来自外国私人资本的流入，除此之外，还有一种无形的外汇收入渠道，即实行本币贬值政策。本币贬值可以促进出口，限制进口，从而弥补前一时期进口扩张的外汇缺口。国内通胀政策制造了这样一个外贸的循环，其结果是既提高了国内储蓄总水平，又促进了对外贸易的发展。

促进论认为，通货膨胀是政府的一项政策，政府可以获得直接利益，获利大小完全取决于政府调控经济水平的高低。政府应努力提高自己的管理技能，最大限度地发挥通货膨胀的积极作用，并把它带来的经济利益转化为经济增长的动力。

2. 通货膨胀促退论

促退论认为虽然通货膨胀在初期对社会产出确实有一定的促进作用，但是从长期来看，通货膨胀不仅不能促进经济增长，反而会降低社会的产出效率，阻碍经济增长。

(1)通货膨胀降低储蓄。

通货膨胀意味着货币购买力下降，减少了人们的实际可支配收入，从而削弱了人们的储蓄能力，造成本币贬值和储蓄的实际收益下降，为避免将来物价上涨所造成的经济损失，人们的储蓄意愿降低、即期消费增加，致使储蓄率下降。

(2)通货膨胀降低投资。

首先，在通货膨胀的环境下，从事生产和投资的风险较大，而相比之下，进行投机却有利可图。这说明，在通货膨胀的环境中，长期生产资本向短期生产资本转化，短期生产资本向投机资本转化。其次，投资者是根据投资收益预期而从事投资的，在通货膨胀环境中，各行业价格上涨的速度有差异，市场价格机制遭到严重的破坏。由于市场价格机制失去了所有的调节功能，投资者也无法判断价格上涨的结构，作出盲目的投资或错误的投资决策，不利于产业结构的优化和资源的合理配置，使经济效率大大下降。

(3)通货膨胀造成外贸逆差。

本国通货膨胀率长期高于他国，会产生两种影响：一是使本国产品相对于外国产品的价格上升，从而不利于本国产品或劳务服务的出口，并刺激了进口的增加。二是使国内储蓄转移到国外，势必导致本国国际收支出现逆差，并使黄金和外汇储备大量流失，给本国经济增长带来巨大的压力。

(4)恶性通货膨胀会危及社会经济制度的稳定。

当发生恶性通货膨胀时，价格飞涨，已经不能再反映商品供给和需求的均衡，信用关系也会产生危机，演变成累积性的恶性通货膨胀，这种恶性通货膨胀有可能导致严重的经济危机和政治危机，这样就会危及社会经济制度的稳定，甚至令其崩溃。

3. 通货膨胀中性论

中性论认为，人们对通货膨胀产生的理性预期会针对物价的上涨适当地调整自己的行为，最终会中和通货膨胀对经济的各种影响，因此通货膨胀对经济既无积极影响，也无消极影响，它的影响是中性的。同促进论和促退论相比，持中性论观点的学者并不多，故人们一般主要讨论促进论和促退论两种效应。

(二)通货膨胀对就业的影响

通货膨胀可能带来就业的增长，但这仅仅是暂时的。关于这一点，可以用菲利普斯曲线加以验证。

菲利普斯曲线就是用来反映通货膨胀与失业之间关系的一种曲线。最初是由英国伦敦大学的新西兰经济学家菲利普斯提出的，后经萨缪尔森等人的修正和发展，已由最初的负斜率的菲利普斯曲线演变为正斜率的菲利普斯曲线，其间经历了三个阶段：

第一阶段，斜率为负的菲利普斯曲线，可称为“失业—工资” 菲利普斯曲线。这是由当时在英国从事研究的新西兰经济学家 A. 菲利普斯本人于 1958 年提出的。1958 年，菲利普斯发表《1861～1958 年英国的失业与货币与工资率的变化率之间的关系》一文，通过对英国近 100 年的统计资料的分析，发现货币工资的变动率与失业率之间存在一种比较稳定的此消彼长的替代关系，即在失业率较低的时期，货币工资上涨得较快，而在失业率较高的时期，货币工资上涨得较慢，货币工资变动率与失业率之间存在替代关系。它表明：失业率与货币工资变化率二者呈反向的对应变动关系，即负相关关系。

萨缪尔森等人提出了一种经过修正的菲利普斯曲线，可称为“失业—物价”菲利普斯曲线。他们认为，从一个国家来讲，货币工资作为生产成本的主要部分，其上升率与平均物价水平的上升率之间有相当程度的一致性，因而可用平均物价水平的上升率来代替货币工资的上升率。这一代替是通过一个假定实现的。这个假定是：产品价格的形成遵循“平均劳动成本固定加值法”，即每单位产品的价格是由平均劳动成本加上一个固定比例的其他成本和利润形成的。这就是说，物价的变动只与货币工资的变动有关。这种菲利普斯曲线的表现形式与上述第一种菲利普斯曲线相同，只不过纵轴改为物价上涨率。这条曲线表明：失业率与物价上涨率二者亦呈反向的对应变动关系。在一轮短期的、典型的经济周期波动中，在经济波动的上升期，失业率下降，物价上涨率上升；在经济波动的回落期，失业率上升，物价上涨率下降。从而使菲利普斯曲线更具有一般性意义。根据他们修正后的菲利普斯曲线，通货膨胀率与失业率之间具有此消彼长的替代关系。因此政府可以根据适合本国情况的菲利普斯曲线进行相机抉择，并通过制定和执行适当的财政政策和货币政策，使通货膨胀和失业率都控制在可以接受的限度内。

第二阶段，垂直的菲利普斯曲线。在菲利普斯曲线提出后的近十年中，它不但被理论界当作普遍规律和客观真理，也被政府决策层面作为相机抉择的理论武器。但 20 世纪 60 年代中期以后，菲利普斯曲线的形状变得越来越陡峭，其位置也越来越远离原点。这说明，为了把失业率降低到某一既定的百分率，必须以越来越高的通货膨胀率为代价。尤其到了 20 世纪 70

年代，出现了失业与通货膨胀同时并存的新现象，菲利普斯曲线理论对此无法解释。1967 年，弗里德曼等进一步对菲利普斯曲线加以修正。

弗里德曼认为，菲利普斯等人之所以认为通货膨胀与失业之间存在此消彼长的替代关系，是因为他们没有考虑通货膨胀预期对实际通货膨胀的影响，没有考虑这种预期在经济决策中的作用。由于从实际通货膨胀发生到人们调整预期之间存在一段时间间隔，在这段时间间隔中，通常存在未被预期到的通货膨胀，而这会使企业误把其产品价格的上升作为增加盈利的好时机，因而扩大生产规模、增加雇工。工人也会因此把名义工资的提高看作是实际工资的提高，从而喜欢工作甚至加班加点。因此未被预期到的通货膨胀率将导致失业率下降，即在这一时间间隔中，通货膨胀与失业之间存在此消彼长的替代关系。但是，这种情况只是短期的。人们一旦发现实际通货膨胀率超过预期的通货膨胀率，就会调整自己的通货膨胀预期。此时工人就会发现实际工资并没有提高，反而下降了。于是他们便要求进一步提高工资；而企业也发现自己产品的相对价格并未提高，于是拒绝提高货币工资的要求，并且压缩减少生产规模，解雇原先多雇的工人。这样，失业率就会回到自然失业率水平。

根据弗里德曼的分析，经济中存在着一种不受货币因素影响而只受实物因素影响的自然失业率。在存在适应性预期的条件下，自然失业率等于预期通货膨胀率与实际通货膨胀率恰好一致时的失业率。因此，弗里德曼等认为并不是通货膨胀本身减少了失业，而是实际通货膨胀率与预期通货膨胀率之间那一部分未被预期到的通货膨胀导致了失业率和自然失业率的偏离。要降低失业率，就必须使那种未被预期到的通货膨胀率经常存在。也就是说，必须使实际通货膨胀率经常高于预期通货膨胀率。而这又使实际通货膨胀率以越来越快的速度不断提高，形成所谓加速度的通货膨胀。这种情况下，对于任意一个既定的通货膨胀率，短期内都有一条向下倾斜的菲利普斯曲线与之相对应。随着预期通货膨胀率的不断调整，这条菲利普斯曲线将发生相应的变动，因而它只能在短期内存在。这些菲利普斯曲线被称为短期菲利普斯曲线，与之相对应的是一条垂直的长期菲利普斯曲线。因为长期中人们不会调整其预期通货膨胀率，使之与实际通货膨胀率相一致，从而不管通货膨胀水平有多高，与之相对应的失业率都只是自然失业率。

第三阶段，斜率为正的菲利普斯曲线，可称为"产出—物价"菲利普斯曲线。曲线表明的是经济增长率与物价上涨率之间的关系，这是后来许多经济学家所惯常使用的。这种菲利普斯曲线以经济增长率代替了失业率。这一代替是通过"奥肯定律"实现的。美国经济学家奥肯于 1962 年提出，失业率与经济增长率具有反向的对应变动关系。这样，经济增长率与物价上涨率之间便呈现出同向的对应变动关系。这种菲利普斯曲线的表现形式是：在以现实经济增长率对潜在经济增长率的偏离为横轴、物价上涨率为纵轴的坐标图上，从左下方向右上方倾斜的、具有正斜率的一条曲线。这条曲线表明：现实经济增长率对潜在经济增长率的偏离与物价上涨率二者呈同向的对应变动关系，即正相关关系。当现实经济增长率对潜在经济增长率的偏离上升时，物价上涨率也上升；当现实经济增长率对潜在经济增长率的偏离下降时，物价上涨率也下降。在一轮短期的、典型的经济周期波动中，在经济波动的上升期，随着需求的扩张，现实经济增长率对潜在经济增长率的偏离上升，物价上涨率随之上升；在经济波动的回落期，随着需求的收缩，现实经济增长率对潜在经济增长率的偏离下降，物价上涨率随之下降。

（三）通货膨胀对财富和收入再分配的影响

在通货膨胀时期，人们的名义货币收入和实际货币收入会存在一些差异。只有剔除物价的影响，才能得知人们的实际收入是增加还是减少。由于社会各阶层收入来源各不相同，因此，在通货膨胀时期，总有一些人的收入水平会提高，财富会增加，有些人的收入水平会降低，财富会减少。这种由通货膨胀造成的收入再分配就是通货膨胀的收入分配效应。当通货膨胀时，社会财富的一部分会从债权人手中转移到债务人手中，即通货膨胀使债权人的部分财富流失，而使债务人的财富相应增加，从而形成财富的再分配效应。

通货膨胀过程中不同阶层消费支出的不同变化对社会财富的再分配也会产生重要影响。假定国民收入主要由工资和利润两部分组成，按照西方经济学理论，工薪收入者的边际倾向相对大于利润收入者的边际倾向，通货膨胀时期由于物价上涨和名义收入的提高，会使工薪收入阶层消费支出的增加相对大于利润收入阶层消费支出的增加，而工薪收入阶层实际收入的增加相对小于利润收入阶层实际收入的增加，因此，社会财富的积累和再分配会向利润收入阶层一方倾斜。

（四）通货膨胀对金融秩序和经济、社会稳定的影响

通货膨胀使货币贬值，当名义利率低于通货膨胀率、实际利率为负值时，贷出货币得不偿失，常常会引发居民挤提存款，而企业争相贷款，将贷款所得资金用于囤积商品、赚取暴利。对银行来讲，存贷款活动都承担着很大风险，不如将资金抽回转向商业投机，因此银行业出现危机。金融市场的融资活动也会由于通货膨胀使名义利率被迫上升，导致证券价格下降，陷于困境。由于通货膨胀使生产领域受到打击，生产性投资的预期收益率普遍低落，而流通领域则存在过度的投机，工商业股票市场也因此处于不稳定和过度投机的状态。至于严重的通货膨胀，则会使社会公众失去对本位币的信心，人们大量抛出纸币，甚至会出现以物易物的排斥货币的现象。到了这种程度，一国的货币制度就会走向崩溃。

通货膨胀引起的经济领域的混乱，会直接波及整个社会领域，突出地表现为由于社会各阶层的利益分配不公平而激化社会矛盾，政府威信下降，政局不稳定。

因此，各国政府在未遇特殊的情况下，总是把控制通货膨胀作为自己的施政目标。

三、通货膨胀的治理

通货膨胀对经济的影响是多方面的，总体而言是弊大于利，特别是持续的高通货膨胀对一国国民经济乃至社会、政治生活各个方面都会产生严重影响，因此各国政府都将控制和治理通货膨胀作为宏观经济政策主要目标。

（一）宏观紧缩政策

通货膨胀是社会总需求大于社会总供给的结果，因此治理通货膨胀首先是控制需求，实行宏观紧缩政策。宏观紧缩政策是各国对付通货膨胀的传统政策调节手段，也是迄今为止在抑制和治理通货膨胀中运用得最多、最为有效的政策措施。其主要内容包括紧缩性货币政策和紧缩性财政政策。

1. 紧缩性货币政策

紧缩性货币政策又称为“抽紧银根”，即中央银行通过减少流通中货币量的办法，提高货币的购买力，减轻通货膨胀压力。具体政策工具和措施包括：第一，通过公开市场业务出售政府债券，相应减少经济体系中的货币存量；第二，提高贴现率和再贴现率，以抬高商业银行的借款

成本和金融市场利率水平、抑制货币需求、缩小信贷规模；第三，提高商业银行的法定准备金率，以缩小货币乘数、压缩商业银行放贷、减小货币流通量。在政府直接控制市场利率的国家，中央银行也可直接提高利率，或直接减少信贷规模。

2. 紧缩性财政政策

紧缩性财政政策主要是通过削减财政支出和增加税收的办法来治理通货膨胀。削减财政支出的内容主要包括生产性支出和非生产性支出。生产性支出主要是国家基本建设和投资支出，非生产性支出主要由政府各部门的经费支出、国防支出、债务利息支出和社会福利支出等。在财政收入一定的条件下，削减财政支出可相应地减少财政赤字或财政向中央银行的借款量，从而减少货币发行量，并可减少总需求，对于抑制财政赤字和需求拉上引起的通货膨胀比较有效。但财政支出的许多项目具有支出刚性，可调节的幅度有限，因此增加税收就成为另一种常用的紧缩性财政政策。增加税收的通常做法是提高税率和增加税种。比如，提高个人所得税或增开其他税种可使个人可支配收入减少，降低个人消费水平；而提高企业的所得税和其他税率则可降低企业的投资收益，抑制投资支出。

紧缩性货币政策和财政政策都是为了从需求方面加强管理，通过控制社会的货币供应总量和总需求，实现抑制通货膨胀的目的。在 20 世纪 60 年代中期以前，一些国家根据经济学家菲利普斯揭示的通货膨胀与失业的相关关系（见图 8—4）制定需求管理政策治理需求拉上型通货膨胀并取得了较为显著的成效。

在图 8—4 中，纵轴表示通货膨胀率，横轴表示失业率，图中的曲线即菲利普斯曲线，表示通货膨胀率与失业率的相关关系。根据该曲线可知，当失业率越低时，通货膨胀率越高；反之，失业率越高，通货膨胀率就越低。因此，政府在面临通货膨胀和失业两大经济和社会问题时，会遇到两难的困境：如果要降低失业率，就不得不付出高通货膨胀率的代价；而如果要降低通货膨胀率，又不免会导致失业率的上升。为了解决这一问题，政府可运用菲利普斯曲线制定一个适当的宏观经济紧缩或扩张政策。即首先确定社会可接收或容忍的最大失业率和通货膨胀率，并将其作为临界点。例如，确定 4%为失业率和通货膨胀率的临界点。如果失业率和通货膨胀率都低于这一临界点，如图 8—5 中的阴影部分的任何一点（假定为 B 点），则政府可不必采取措施进行干预；而当经济处于阴影部分范围之外（如 A 点或 C 点）时，政府就应采取措施进行干预。例如，当经济处于 A 点时，通货膨胀率超出了临界点，但失业率低于临界点，根据菲利普斯曲线就应采取紧缩性的货币政策，在不使失业率超出临界点的前提下，以提高失业率为代价换取通货膨胀率的降低。相反，如果经济处于 C 点，失业率超出了临界点，而通货膨胀率低于临界点，则政府可采取扩张性的宏观调控政策，以较高的通货膨胀率为代价，使失业率降低到临界点以下。

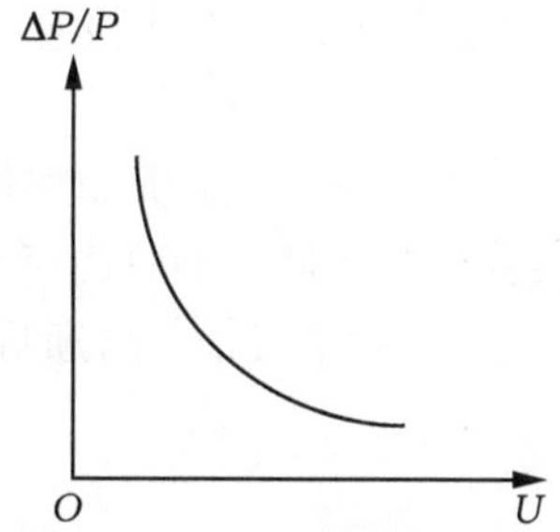

图 8—4　通货膨胀率与失业率的相关关系

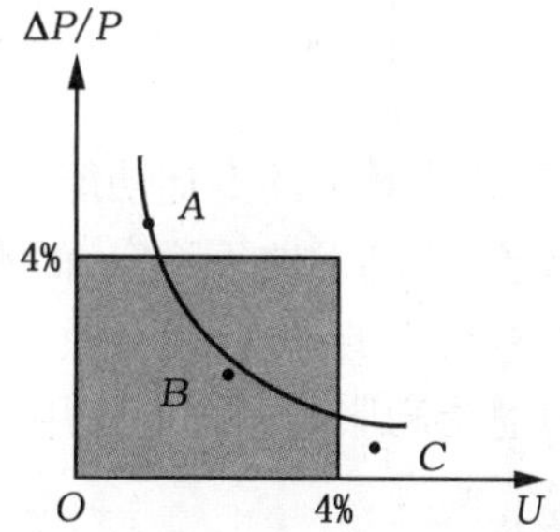

图 8—5　根据菲利普斯曲线制定宏观调控政策

但在20世纪60年代中期以后，由于菲利普斯曲线所反映的物价与失业之间的替代关系发生了变化，较高的通货膨胀与较高的失业率同时发生，即经济中出现了滞胀现象，根据菲利普斯曲线制定的宏观经济调控政策不再奏效。

3. 紧缩性收入政策

紧缩性收入政策是指通过对工资和物价的上涨进行直接干预来达到降低通货膨胀率的目的，其理论基础是通货膨胀的成本推进论，因此紧缩性收入政策主要针对成本推动型通货膨胀。具体有三种方法：

(1)工资—价格指导线。政府根据长期劳动生产率的平均增长率来确定工资和物价的增长标准，并要求各部门将工资—物价的增长幅度控制在这一标准之内。由于工资—价格指导线原则上是自愿的，只能说服，而不能以法律强制实行，所以效果并不明显。

(2)以税收为基础的收入政策。即政府以税收作为惩罚或奖励手段来限制工资增长，对于工资增长率保持在政府规定界限以下的企业，以减少税收的方式进行奖励；对于工资增长率超出政府规定界限的企业，则以增加税收的方式进行惩罚。

(3)工资、价格管制。即由政府颁布法令，强行规定工资、物价的上涨幅度，在某些时候，甚至暂时将工资和物价加以冻结。这种严厉的管制措施一般在战争时期较为常见，但是在通货膨胀变得非常难以对付时，和平时期的政府也可以求助于它。

从各国经验来看，利用收入政策对付通货膨胀的效果并不理想，它有以下三个方面的局限：首先，温和的收入政策，如规劝及自愿的工资—价格指导线，往往收效甚微。其次，严格的工资—价格管制将严重削弱价格机制在资源配置中的作用。第三，即使是严厉的工资—价格管制，在没有紧缩性的财政、货币政策配合的情况下，也不可能长期奏效。因此，收入政策并不是治理通货膨胀的“灵丹妙药”，它充其量只是紧缩性财政政策、紧缩性货币政策的一种补充。

(二)收入指数化政策

该政策又称指数连动政策，是指对货币性契约订立物价指数条款，使工资、利息、各种债券收益以及其他货币收入按物价水平的变动进行调整，属于与通货膨胀“和平共处”的适应性政策。这种措施主要有三个作用：一是借此剥夺政府从通货膨胀中获得的收益，杜绝其制造通货膨胀的动机；二是可以消除物价上涨对个人收入水平的影响，使社会各阶层原有生活水平不至于降低，维持原有的国民收入再分配格局，从而有利于社会稳定；三是可稳定通货膨胀环境下微观主体的消费行为，避免出现抢购囤积商品、储物保值等加剧通货膨胀的行为，维持正常的社会经济秩序，并可防止盲目的资源分配造成的浪费资源和低效配置；四是可割断通货膨胀与实际工资、收入的互动关系，稳定或降低通货膨胀预期，从而抑制通货膨胀的持续上升。

收入指数化政策对面临世界性通货膨胀的开放小国来说尤其具有积极意义，比利时、芬兰、巴西等国曾广为采用。

但是，收入指数化政策的上述功能并不是绝对的。指数化强化了工资和物价交替上升的机制，从而往往使物价越发地不稳定，而不是有利于通货膨胀的下降。而且由于全面实行收入指数化在技术上有很大的难度，因此收入指数化政策也只是一种消极地对付通货膨胀的政策，不能从根本上对通货膨胀起到抑制作用。

(三)货币改革

货币改革是指政府下令废除旧币，发行新币，变更钞票面值，对货币流通秩序采取一系列强硬的保障性措施等，目的在于增强社会公众对本位币的信心，使银行信用得以恢复、存款增加、货币能够重新发挥正常的作用。这种强有力的货币改革措施，一般是针对恶性通货膨胀的。当物价上涨显示出不可抑制的状态、整个货币制度和银行体系已经接近崩溃的边缘、其他反通胀措施难以奏效时，就会迫使政府进行货币改革。历史上，许多国家都曾实行过这种改革，但这种改革对社会震动较大，须慎重行事。

总之，治理通货膨胀是一个十分复杂的问题，不仅造成通货膨胀的原因及其影响是多方面的，而且其治理过程也必然会涉及社会经济生活的方方面面，因此在治理的过程中应认真分析通货膨胀的原因，对症下药，才能有效地遏制通货膨胀。

四、我国的通货膨胀及其治理

（一）我国的通货膨胀及其原因

改革开放以来，我国经历了四次比较严重的通货膨胀。

1. 第一次通货膨胀（1980 年）

从 1980 年开始，我国实行改革开放政策，党的工作重心转移到社会主义现代化建设上来，全民劳动积极性显著提高。然而，在经济增长的同时，我国也经历了改革开放后的首次通货膨胀。在宏观经济运行上，主要表现为经济增长速度迅猛，投资规模激增，财政支出的加大致使出现较严重的财政赤字，以及盲目地扩大进口导致我国外汇储备迅速接近于零，外贸赤字严重。

同时，在广义货币供应量上，1980 年比 1979 年新增货币 384.8 亿元，而从 1970 年到 1979 年每年平均新增货币仅为 90 多亿元。在价格指数方面，1979 年、1980 年物价出现了明显上涨，1980 年通货膨胀率达到 7.5%，其中农产品生产价格指数同比上涨 7.1%，在 CPI 的上涨中占了很大比重。但值得注意的是，生产者价格指数 PPI 在这次通货膨胀中并没有伴随 CPI 同时上涨。

2. 第二次通货膨胀（1984～1985 年）

这次通货膨胀产生的原因，主要在于固定资产投资规模过大引起社会总需求过旺，工资性收入增长超过劳动生产率提高，引起成本上升导致成本推动。这段时间，由于基建规模、社会消费需求、货币信贷投放急剧扩张，经济出现了过热的现象。我们从广义货币供应量（$M2$）和价格指数就可以看到。1981～1983 年，每年平均新增货币 400 多亿元。货币增长速度为 22%，1984 年比 1983 年新增货币竟高达 1 071.3 亿元；在价格指数方面，1985 年，生产者价格指数 PPI 同比上涨 8.7%，消费者价格指数 CPI 同比上涨 9.3%，其中农产品生产价格指数同比上涨 8.6%。

3. 第三次通货膨胀（1987～1989 年）

如上所述，1986 年各项政策又开始全面松动，导致社会需求量严重膨胀，工农业比例严重失调，资金、外汇、物资的分配权过度分散，国家宏观调控能力严重削弱，从而引发通货膨胀。在此期间，1988 年的居民消费物价指数 CPI 创造了新中国成立近 40 年以来上涨的最高纪录，同比上涨高达 18.8%。农产品生产价格指数同比竟然上涨了 23%，生产者价格指数 PPI 同比也上涨了 15%。在广义货币供应量方面，1984～1989 年，平均每年新增货币 1 500 多亿元，到 1989 年货币存量已达 11 949.6 亿元，应该说，货币供应量的大规模增加是形成此次通货膨胀的重要因素。这次通货膨胀的特点表现为商品价格的普遍上涨。

4. 第四次通货膨胀(1993～1995 年)

1992 年邓小平南方讲话后,中国经济进入了高速增长的快车道。不过,由于当时固定资产投资规模的迅猛扩张,以及金融秩序的持续混乱,形成了这一时期的通货膨胀。其特征可概括为"四热"(房地产热、开发区热、集资热、股票热)、"四高"(高投资膨胀、高工业增长、高货币发行和信贷投放、高物价上涨)、"四紧"(交通运输紧张、能源紧张、重要原材料紧张、资金紧张)和"一乱"(经济秩序特别是金融秩序混乱)。

在广义货币供应量方面,1993 年比 1992 年新增货币 9 400 亿元,环比增长 39%,1993 年货币存量达到 34 879 亿元。1994 年货币增长量超过万亿元,1994 年比 1993 年新增 12 044 亿元,环比增长 34.6%;1995 年比 1994 年新增 13 827 亿元,达到 60 750.5 亿元。1993～1994 年 3 年间生产者价格指数 PPI、消费者价格指数 CPI、农产品生产价格指数年均同比上涨分别为 19.5%、18.6%、24.4%,与前三次通货膨胀相比,这次通货膨胀各种指标上涨尤为严重。以农产品为代表的基础价格上涨所形成的成本冲击型通货膨胀,是此次通货膨胀的主要特征。

5. 第五次通货膨胀(2007～2008 年)

根据国家统计局公布的数据,2008 年第一季度,居民消费价格指数同比上涨 8%,比上年同期上涨 5.3%。通常按照经济学家的观点,CPI 超过 5%就可以视为出现了通货膨胀,而我国从 2007 年到 2008 年 7 月 CPI 已经持续 12 个月超过了 5%。同时,生产资料价格也逐步上涨,到 2008 年 8 月最高达到了 10.1%,此后逐渐回落。表 8－1 为我国历次通货膨胀相关指标的比较。

表 8－1　　我国历次通货膨胀与当时物价上涨相关指标比较

项　目	产生背景	特　点	治理措施	人民币汇率	国际收支状况	持续时间
第一次通货膨胀(1980 年)	1980 年我国开始实行改革开放政策,党的工作重心发生转移,全民的劳动积极性显著提高	经济增长速度迅猛,投资规模激增,出现较严重的财政赤字,盲目地扩大进口导致外汇储备迅速接近于零,外贸赤字严重	压缩基本建设投资,收缩银根,控制物价	人民币对美元汇率从 1973 年的 1 美元兑换 2.46 元人民币逐步调至 1980 年的 1 美元兑换 1.50 元人民币,美元对人民币贬值 39.2%	1979 年和 1980 年两年贸易逆差达近 33 亿美元,基本无资本项目资金流动	2 年多
第二次通货膨胀(1984～1985 年)	固定资产投资规模过大引起社会总需求过旺,工资性收入增长超过劳动生产率提高,引起成本上升,导致成本推动	基建规模、社会消费需求、货币信贷投放急剧扩张,经济出现过热现象,通货膨胀加剧	控制固定资产投资规模,加强物价管理和监督检查,全面进行信贷检查等	人民币对美元由 1981 年 7 月的 1 美元兑换 1.50 元人民币向下调整至 1984 年 7 月的 1 美元兑换 2.30 元人民币,人民币对美元贬值了 53.3%。此后又下调到 1985 年 1 月的 1 美元兑换 2.85 元人民币	1984～1985 年国际收支出现先顺差后逆差,其中资本项目分别出现了 10.03 亿美元的逆差和 89.7 亿美元的顺差	3 年
第三次通货膨胀(1987～1989 年)	主要由于 1984～1985 年中央采取的紧缩政策在尚未完全见到成效的情况下,1986 年又开始全面松动	社会需求严重膨胀,工农业比例关系严重失调,资金、外汇、物资的分配权过度分散,国家宏观调控能力严重削弱等	采取控制社会需求和减少财政信贷的双紧方针,大力调整产业结构,增加有效供给,提高各方面的经济效益	人民币对美元经过历次下调,从 1985 年 1 月的 1 美元兑换 2.85 元人民币下调至 1989 年的 1 美元兑换 3.94 元人民币	1987～1989 年,我国资本项目连续 3 年出现了顺差,年平均顺差达 56 亿美元	3 年

续表

项　目	产生背景	特　点	治理措施	人民币汇率	国际收支状况	持续时间
第四次通货膨胀（1993～1995 年）	1992 年邓小平南方讲话后，中国经济进入高速增长的快车道	“四热”“四高”“四紧”和“一乱”	《中共中央、国务院关于当前经济情况和加强宏观调控的意见》提出了 16 条措施	1989～1995 年，人民币对美元经过两次大规模下调，到 1994 年汇率下调到 1 美元兑换 8.46 元人民币	1993～1995 年，国际收支出现了 3 年顺差，资本项目顺差逐年增大	4 年
第五次通货膨胀（2007～2008 年）	农产品价格上涨引发食品等价格上涨，股改的完成掀起投资热潮	居民消费品价格、房地产价格和金融资产价格 3 种价格上涨	央行连续多次加息和调高存款准备金率	人民币兑美元已上至 1 美元兑换 6.87 元人民币	国际收支出现多年顺差，其中 2007 年资本项目顺差额达 900 亿美元	2 年

资料来源：http://www.studa.net/jinrong/081011/10140076.html；http://www.docin.com/p-533409381.html。

（二）我国通货膨胀的治理

针对改革开放后的第一次通货膨胀，我国主要采取了压缩基本建设投资、收缩银根和控制物价等办法。1980 年 12 月，国务院颁发了《关于严格控制物价、整顿议价的通知》，并采取了一系列限价措施对通货膨胀进行治理，比如，禁止国家规定牌价内的工农业商品未经允许而私自提高在全国各地的零售价格，议购议销必须按照中央政府规定的原则和地方政府规定的品种范围进行，国家计划调拨的生产资料不准议价。这次通货膨胀从 1979 年出现萌芽，到 1981 年基本得到遏制，历时两年多时间。

为了抑制 1984～1985 年的通货膨胀，国务院从 1984 年 11 月到 1985 年 10 月发布了一系列紧缩性的宏观调控措施，比如，1985 年 3 月国务院发出《关于加强物价管理和监督检查的通知》和《关于坚决制止就地转手倒卖活动的通知》，对重要的生产生活资料实行限价政策，同时打击对重要生产资料和紧俏耐用消费品的投机倒把和地下黑市。1985 年，六届全国人大三次会议上的《政府工作报告》明确提出，加强信贷基金和消费基金管理，减少货币发行，控制固定资产投资规模，抑制物价上涨。这次通货膨胀开始时间可以追溯到 1983 年，历时 3 年，到 1986 年调控才初见成效。然而，后来的实践表明，1984～1985 年所采取的宏观调控政策，在尚未将通货膨胀完全消除的情况下就逐步松动，为下一次通货膨胀埋下了隐患。

针对第三次通货膨胀，1989 年 11 月党的十三届五中全会通过了《中共中央关于进一步治理整顿和深化改革的决定》，会议决定采取控制社会需求和减少财政信贷的双紧方针，并大力调整产业结构，增加有效供给；开展增产节支运动，提高各个方面的经济效益，提出用 3 年或更长时间基本完成治理整顿任务，抑制通货膨胀。这次通货膨胀从 1987 年到 1989 年持续了 3 年时间，在治理上取得了明显成效，到 1990 年物价水平普遍下降。

第四次通货膨胀的治理以 1993 年 6 月《中共中央、国务院关于当前经济情况和加强宏观调控的意见》提出 16 条措施为起点，经过 3 年的努力，到 1996 年我国基本实现了经济的“软着陆”。这 16 条措施可归结为：(1)实行紧缩的货币政策，控制货币发行，稳定外汇市场价格，灵活利用利率，增加储蓄，减少信贷总规模；(2)加快金融改革，强化中央银行的金融宏观调控能力，将投资体制改革与金融体制改革相结合；(3)实行紧缩的财政政策，加强对房地产开发的宏观管理，控制基建投资规模，减少社会总需求，抑制物价水平。这次通货膨胀从 1993 年开始到

1996年完全遏制，历时4年。

对于第五次通货膨胀的治理，主要采用内外兼治的办法。即对内采取中央银行连续多次加息和调高存款准备金率等措施，大幅对冲顺差投放的货币；对外采取加快人民币升值的办法对冲国内涨价。这次通货膨胀从2007年开始到2008年物价下降，历时不到2年。

第二节　通货紧缩

一、通货紧缩概述

（一）通货紧缩的定义

与通货膨胀引起物价持续上涨、货币贬值，会影响人们的日常生活一样，通货紧缩也是与每个人都息息相关的经济问题。在一些主要发达国家，通货紧缩问题已经成为影响其经济复苏的最主要因素之一。

关于通货紧缩的定义，国内外目前尚未形成一个非常统一的提法。但总的来看，国内外目前主要有以下三种观点：

第一种观点认为，通货紧缩是指物价普遍持续下降的现象。如美国经济学家希勒（Schiller）在其《宏观经济学》（1989年）中定义为："通货紧缩是指商品和服务的平均价格水平的下降"。萨缪尔森（P. A. Samuelson）和诺德豪斯（Nordhaus）在其《经济学》（1992年）中这样定义："与通货膨胀相反的是通货紧缩，它发生于价格总体水平的下降中。"《MIT现代经济学词典》中定义为："通货紧缩是指长期的、涉及面广的价格下跌。"换句话说，持这种观点的人认为，通货紧缩是一种宏观经济现象，其含义与通货膨胀正好相反。

第二种观点认为，通货紧缩是物价持续下跌、货币供应量持续下降，表现为CPI和全国零售物价指数上涨率持续六个月以上的负增长，与此相伴随的是经济衰退。

第三种观点认为，通货紧缩是经济衰退的货币表现，因而必须具有三个特征：首先，物价持续下跌、货币供应量持续下降；其次，有效需求不足、失业率高；再次，经济全面衰退。

由于第一种定义抓住了它所反映的经济现象的最基本、最显著的特征，因此在我国经济学界，大部分人倾向第一种观点，认为通货紧缩是与通货膨胀相反的一种经济现象。通货膨胀是商品与劳务价格普遍持续的上升，通货紧缩则是商品和劳务价格的普遍持续下跌。价格是商品和劳务价值的货币表现，价格普遍持续下降，表明单位货币所能购买的商品增加。因而通货紧缩与通货膨胀一样，也是一种货币现象。货币紧缩所反映的物价下跌必然是普遍的、持续的。个别商品和劳务价格的下跌，是由于某些商品或劳务供给大于需求或技术进步、市场开放、生产率提高、成本降低所致，这只反映了不同商品和劳务之间比价的变化，不是通货紧缩；由于消费者偏好变化、季节性因素等某些非货币因素影响而引起的商品和劳务价格的暂时或偶然下跌与货币本身没有必然联系，也不是通货紧缩。

对于通货紧缩的定义需把握以下两点：

第一，通货紧缩的核心内容是货币供应量少于客观需要量，社会总需求小于社会总供给。货币供应量少于客观需要量，既包括客观需要量一定时货币供应量减少的情况，也包括在一定的货币供应量下客观需要量增加的情况，还包括货币供应总量一定时的货币供应流动性下降。

它反映的是经济中的商品供给能力相对货币购买力而过剩或社会总需求相对总供给而不足。

第二,通货紧缩的标志是价格总水平下降。在货币化的市场经济中,价格是反映市场供求均衡状况的最重要的信号,通货紧缩是总供给大于总需求或总需求小于总供给的结果,因此,必然表现为价格总水平的下降。至于价格下降幅度和持续时间达到什么程度才算是通货紧缩,并没有统一的标准,只能根据各国和一国不同时期的实际情况来确定。

(二)通货紧缩的分类

1. 按通货紧缩严重的程度,分为轻度通货紧缩、中度通货紧缩和严重通货紧缩

通货膨胀率持续下降,并由正值变为负值,此种情况可称为轻度通货紧缩;通货膨胀率负增长一年且未出现转机,此种情况可视作中度通货紧缩;中度通货紧缩继续发展,持续时间达到两年以上,且物价降幅达到两位数,或者伴随着比较严重的经济衰退,此时就是严重通货紧缩。如美国在历史上第一次世界大战后经济衰退时期,物价下降幅度达到15%以上;在20世纪30年代的大萧条时期物价降幅更是达30%以上。

2. 按通货紧缩持续时间长短,分为长期性通货紧缩、中期性通货紧缩与短期性通货紧缩

一般将10年以上的通货紧缩视为长期性通货紧缩。在历史上,一些国家曾经发生历时几十年的长期性通货紧缩。例如,英、美两国1813～1849年长达35年的通货紧缩、美国1866～1896年长达30年的通货紧缩、英国1873～1896年长达23年的通货紧缩等,都属于长期性通货紧缩。通货紧缩持续5～10年的为中期性通货紧缩,5年以下的为短期性通货紧缩。

3. 按通货紧缩与经济增长状况,分为增长型通货紧缩和衰退型通货紧缩

如果与通货紧缩伴随的是经济的持续增长,就属于增长型通货紧缩。例如,英国1814～1849年、1873～1896年的通货紧缩以及美国1814～1849年、1866～1896年的通货紧缩都属于增长型通货紧缩。如果与通货紧缩伴随的是经济的衰退,就属于衰退型通货紧缩。例如,美国在第一次世界大战后1920～1933年间的通货紧缩就属于衰退型通货紧缩。

(三)通货紧缩的原因

1. 货币因素

长期以来,经济学界曾一度认为通货紧缩对经济的威胁小于通货膨胀对经济所构成的威胁。如米尔顿·弗里德曼认为"通货紧缩是世界上最容易避免的事情,只要印刷更多的钞票就可以了"。在这种思想的影响下,中央银行往往更多地关注通货膨胀的问题,而忽视了通货紧缩的问题。当通货膨胀问题得到解决以后,如果中央银行继续采取紧缩的货币政策,大量减少货币发行或使货币的流通速度急剧地下降,使货币供给小于货币需求,导致"大量商品追逐较少的货币",引起物价的持续下跌,导致通货紧缩。货币主义认为,通货紧缩的原因在于货币政策的失误。美国20世纪30年代出现的通货紧缩就是由货币供应的大幅下降而产生的。

2. 有效需求不足

有效需求不足是通货紧缩的根本原因。通货紧缩是供求不均衡的表现之一,由于有效需求不足,正常的供给相对过剩,当总需求持续小于总供给时,物价持续下降,由此形成通货紧缩。有效需求不足包括:

第一,有效消费需求不足。由于预期将来收入减少或将来收入的增加赶不上支出的增加,或对将来经济形势不乐观,人们就会减少当期消费、提高储蓄率,从而造成有效消费需求不足。

第二,投资需求不足。当预期未来投资收益率下降或缺乏新的投资机会时,就会引起投资

需求减少。另外，利率过高，投资者的投资成本上升，也会在一定程度上促使投资需求下降，投资需求不足同样会造成物价下跌、经济紧缩。

第三，政府支出减少。政府为了预防通货膨胀或为了降低财政赤字，而采取紧缩性的财政政策，大量削减公共开支，减小转移支付，从而减小了社会总需求，加剧商品和劳务市场的供求失衡，这样也可能促进通货紧缩的形成。

第四，国外需求不足。出口也是总需求的一个组成部分，如果国外经济增长乏力，消费、投资需求不足，外国进口减少，就会使本国出口下降、总需求下降。对于出口导向型的国家来说，出口不足引起通货紧缩的问题更加严重。

3. 科技创新因素

科技进步与创新提高了生产力水平，放松管制使生产成本下降，造成了生产能力过剩。在供给大于需求的情况下，物价下跌不可避免。如果这种供大于求的情况不能得到及时调整而持续存在，则物价下跌的趋势也会相应持续下去，这样就会出现通货紧缩。

4. 汇率制度因素

如果采取钉住强币的汇率制度时，货币币值高估，则会导致出口下降，加剧国内企业经营困难，促使消费需求趋减，出现物价的持续下跌。同时其他国家货币的大幅贬值，也会造成强币国家的商品大量流入，进一步加大国内物价持续下跌的态势。例如，由于亚洲国家大部分实行钉住美元的汇率政策，1995 年以后，美元出现升值，使有关国家货币升值压力增大，货币升值导致出口商品价格上升、货币购买力增强、国内物价相对水平有所下降，从而可能出现通货紧缩。固定汇率为通货紧缩的国际传播提供了便利，1997 年 8 月，亚洲金融危机使得东南亚国家货币贬值 30%以上，其出口价格大幅下降，并加剧了国际市场价格进一步下降的压力。如新加坡、中国香港等都不同程度地出现通货紧缩。

5. 金融体系的低效率

通货紧缩与金融体系的低效率有关。如果金融机构不能对贷款项目进行风险识别，那么就可能造成滥放贷款、不良贷款比重增加；此外，金融机构也可能不愿意贷款或片面提高贷款利率以作为承担风险的补偿，从而形成信贷萎缩。可见，金融机构的这两种行为都会导致物价下跌，形成通货紧缩。

6. 体制和制度不合理

体制和制度方面的因素也会加重通货紧缩，如企业制度由国有制向市场机制转型时，精简下来的大量工人收入减少，导致有效需求下降；还有住房、医疗、保险、教育等方面的制度和消费行为，引起消费需求不足，导致物价下降，形成“转轨型”通货紧缩。

以上通货紧缩的原因只是就一般性而言，具体到一个国家或地区，还应结合该国或地区的实际情况和外部环境具体分析。

二、通货紧缩的经济效应

通货紧缩对国民经济的影响会因通货紧缩的程度、持续时间、形成原因、表现形式等的不同而存在差异，而且会因为所处的经济、社会环境等的不同而不同。这里只讨论通货紧缩对国民经济的一般影响。

(一)通货紧缩的经济衰退效应

通货紧缩的主要特征是物价的普遍和持续下降,会抑制经济增长,甚至使经济发生衰退。通货紧缩导致的经济衰退效应主要表现在以下三个方面:

(1)物价的持续下降会使企业产品价格下降,生产者利润减少甚至亏损。这将严重打击生产者的积极性,继而使生产者减少生产或停产,结果是经济增长受到抑制。

(2)物价持续下降将使债务人受损,继而影响生产和投资。物价的持续下降、普遍下跌使实际利率升高,这将有利于债权人而损害债务人的利益,而债务人大多数是生产者和投资者,债务负担的加重无疑会影响他们的生产与投资活动,从而对经济增长带来负面影响。

(3)物价持续下降,生产投资减少会导致失业增加居民收入减少,加剧总需求不足。严重的通货紧缩往往伴随着经济衰退,20 世纪 30 年代美国经济大萧条是最典型的例证。

(二)通货紧缩的财富分配效应

与通货膨胀一样,通货紧缩也产生财富分配效益,但其效应与通货膨胀正好相反。

(1)固定收入者得利,非固定收入者实际收入下降。在通货紧缩时,固定收入者的收入不随物价的下跌而下降,其收入的名义货币代表更多的价值。而非固定收入者的收入随着物价的下降而减少,而且减少的速度快于物价下降的收入,从而引起实际收入的下降。

(2)固定利率的债权者获利,而债务人受损。物价下降,相同的债务量在偿还时所代表的价值比借入时高,财富由债务人向债权人转移。同时,物价下降,实际利率上升,债务人的利息负担增加,又使收入从债务人向债权人转移。

(3)通货紧缩使政府财富向公众转移。这与通货膨胀原理一样,只是效果正好相反:物价下降,公众的税收进入更低的等级,税负减少;而政府的税收收入却因此减少,并且减少的幅度高于物价下降的幅度,实际税收收入降低。这样,通货紧缩使财富从政府向公众转移。

(三)通货紧缩的财富缩水效应

通货紧缩对收入与消费的影响是通过财富收缩效应实现的。这里所谓的财富,是指全社会的财富总量而言,包括企业财富、居民财富和政府财富;财富缩水,即全社会财富的减少。

1. 企业财富的缩水

通货紧缩使企业产品价格下降,企业盈利减少,企业盈利能力减退,而市场对企业资产的定价一般是以它的盈利能力为标准制定的,因盈利能力降低,其资产价格也相应降低。通货紧缩使企业资产价格下降的另一个原因是企业的负债率上升。在通货紧缩的情况下,企业利润降低且产品销售不畅,企业的债务率一般是上升的。与此同时,在名义利率下降的程度不及物价的下降程度时,企业借入每一笔债务,过了一段时间以后,实际将不得不偿还更多的钱,这就会使企业的债务负担加重。加重的债务负担一方面会削减企业的净资产,另一方面将使企业陷入债务的泥潭。

2. 居民财富的缩水

第一,工资收入是居民财富的主要源泉。在通货紧缩条件下,下岗失业职工较多,劳动力市场明显供过于求,在完全市场条件下,工资将会降低。考虑到工资本身的刚性和黏性,即便工资没有降低或小有上升,但由于下岗失业人员的收入绝对减少,居民整体的收入难以达到正常的增长。

第二，通货紧缩、物价下降使居民的资产价格下降，居民已有资产也将缩水。因此，通货紧缩使居民财富缩水。

3. 政府财富的缩水

政府财富可分为存量和流量两部分。存量部分包括政府拥有的大量固定和非固定资产。在通货紧缩的情况下，这些资产的价格会随着一般物价的下跌而下降，使政府拥有的用货币表示的财富量减少。政府财富的流量部分为政府的收入与支出。集中反映政府收支状况的指标自然非政府赤字指标莫属。在通货紧缩的情况下，政府税收收入下降，福利救助等支出增多，也会导致政府财富缩水。

三、通货紧缩的治理

从以上通货紧缩带来的效应可以看出，通货紧缩对一国经济的危害不逊于通货膨胀。可以说与通货膨胀相比，通货紧缩是一个更让各国经济政策制定者头痛的问题，因为它更加难以治理。过去，经济学界对通货紧缩的研究较少，近 20 年来，经济衰退、物价下降几乎也成为了世界经济的常态，各国由此开始重视通货紧缩，并致力于寻找治理之策。各国治理通货紧缩的措施主要有以下几种：

(一)实施宽松的货币政策

宽松的货币政策，就是通过增加流通中的货币量来刺激总需求的增加与扩大，以此来缓解流通中的货币量的不足，达到治理通货紧缩的目的。

宽松的货币政策主要有：(1)降低法定存款准备金率。这样可以增加银行可贷资金，同时增大货币乘数，两者的共同作用可以使货币供给增加。(2)降低再贴现率。这样可以促进商业银行增加从中央银行的借款、增加可贷资金，并增加社会货币供给量。(3)中央银行在证券市场上进行公开市场业务操作，即购入债券，吐出货币，也可以达到增加社会货币供给量的目的。

(二)实施宽松的财政政策

宽松的财政政策主要包括减税和增加财政支出。

实施减税政策可以增加居民和企业的可支配收入。居民的可支配收入增加，消费愿望和消费能力增强，会使社会消费需求上升；企业的可支配收入增加，企业就会增加投资，也会增加社会总需求。但是，由于减税涉及税法和税收制度的改变，所以不是一种经常使用的调控手段。

财政支出是总需求的组成部分，增加支出可以增加总需求，同时，通过政府支出乘数可以增加国民总收入，从而带动居民消费和投资。增加政府支出也有两方面的内容：一是直接增加政府的投资和购买性支出，这样可以直接增加社会需求。二是增加政府的转移性支出，如社会福利、社会救济等，政府转移性支出增加，居民的可支配收入增加，消费需求和消费能力增强，从而形成有效的社会需求。同时，社会福利增加，人们收入的安全感增强，消费愿望增加，需求也会增加。

(三)结构性调整

对由于某些行业的产品或某个层次的商品生产绝对过剩所引发的通货紧缩，无论是宽松的货币政策还是宽松的财政政策都无能为力。要从根本上治理由这种原因造成的通货紧缩，可以采用结构性调整的办法加以治理。

结构性调整的办法包括：长线产品限制生产、短线产品鼓励生产；新兴行业鼓励发展，夕阳产业限制发展。从而促进社会资源合理配置，推动经济发展。

（四）改变预期

治理通货紧缩之所以困难，主要是因为预期心理发挥较大的作用。公众对通货紧缩发展前景的预期在很大程度上影响政府的通货紧缩治理的效果。因此，政府有必要通过各种宣传手段，说服公众、相信政府，对未来保持信心，引导消费需求和投资需求，起到一定的导向作用。

（五）完善社会保障体系

如果造成通货紧缩的主要原因是处于中低层的居民收入过低而导致的消费需求不足，可以通过建立健全社会保障体系、改善国民收入的分配格局、提高中低收入居民的收入水平来缓解通货紧缩的矛盾。

完善社会保障体系可以从三个方面起到缓解通货紧缩的作用：一是社会保障制度能起到自动稳定器的作用，当通货紧缩时，失业增多、收入下降，该机制发挥作用，使消费支出的减少程度降低；二是社会保障制度能降低人们对将来收入减少过多的担心，缓解居民减少当期消费的压力；三是社会保障制度能适当改变人们的收入结构，提高社会总体消费倾向。

四、我国的通货紧缩及其治理

（一）通货紧缩的成因

1996 年底中国经济实现“软着陆”后，遭遇 1997 年亚洲金融危机的影响，到 1999 年 9 月，居民消费价格指数连续 18 个月负增长，商品零售价格指数连续 24 个月负增长，生产资料批发价格指数连续 36 个月负增长，至此，中国的经济界、政府承认中国出现了明显的通货紧缩。当时形成通货紧缩的原因主要有以下几个方面：

第一，亚洲金融危机使我国承受了外需减少和进口商品价格下降的双重压力。亚洲金融危机以后，我国出口需求明显减速，同时，亚洲金融危机使亚洲大部分国家和地区经济衰退，亚洲需求减少导致国际市场多数商品价格下跌，对正处于经济软着陆的中国经济产生了消极影响。

第二，国内为抑制通货膨胀实行的紧缩性财政政策和货币政策没有随短缺经济现象消失而及时得到调整。1993 年后，为了治理通货膨胀，我国实行了长达 5 年的紧缩性财政政策和货币政策，使得各类货币供给量的增加速度不断下降。这种双紧的政策和政策的惯性作用促使了我国通货紧缩的形成。货币供给量增长率下降是我国通货紧缩产生的直接原因。

第三，我国所面临的经济结构调整的困难是形成通货紧缩的更深层次的原因。在我国经济结构调整的过程中，一方面有待开拓新的经济增长点，另一方面某些产业和产品生产过剩有待压缩。在这种情况下，导致投资需求和消费需求的意愿疲软不振和货币流通速度减慢。在投资需求不振时，银行增加货币供给总量的努力受到抑制，使货币供给增长速度放慢。投资和消费需求减少，储蓄相应增加，又会引起货币流通速度减缓。这两者同时减缓，就是市场需求不振在货币供给上的反映。

(二)我国通货紧缩的治理

1. 积极的财政政策

积极的财政政策,是在当我国出现了需求不足,投资、出口和经济增长乏力,亚洲金融危机的影响加剧等特殊情况下,在政策环境允许的限度内,所采取的一种阶段性或暂时性的适度扩张政策;也可以说,这是在国内经济有紧迫需要,政策实施又有现实可能的条件下,所作出的一种有条件的政策选择。从1998年开始,我国政府采取了积极的财政政策,主要是以发行债券方式来扩大建设性支出。如1998年,我国增发了1 000亿元国债,专项用于基础设施投资。

2. 稳健的货币政策

为什么我国提出实行积极的财政政策的同时,却提出实行“稳健的”货币政策呢?主要是基于以下几点考虑:一是当时货币供应存量偏多,在这种情况下,如果再过分扩张货币供给,将会增加中长期通货膨胀的压力。二是国有企业负债率过高,贷款有效需求不足,如果采取过分扩张的货币政策,盲目增加贷款,势必增加新的呆坏账,加大化解金融风险的压力。三是我国经济的主要问题是经济结构失衡,而不是货币供应不足。结构问题的实质是市场机制还不够完善、重复建设问题突出,解决结构问题应深化经济和金融体制改革。四是积极的财政政策本身包括了对货币政策的大力支持。1998年,中央提出实施积极的财政政策时,银行资金比较宽松,但由于市场有效需求不足,贷不出去。财政增发国债,由银行购买,本身就是运用银行资金,就是发挥货币政策的作用;同时国债资金作为资本金投入基本设施项目,又为银行增加贷款创造了条件。

3. 加快结构的调整

对国有企业实行了“抓大放小”,对那些长期亏损的国有中小企业进行彻底清理,把主要精力放在提高质量、提高水平上;另一方面,减少对纺织、煤炭等传统产业的投入,消除其过剩的生产能力,同时运用先进技术来改造传统产业,加速传统产业向现代产业的转化,不断提高产品的质量和档次,改善企业的经济效益。此外,加大对电子、计算机、生物等高新技术领域的投资力度,加快产业结构的调整和升级。

本章小结

通货膨胀是指在纸币流通条件下,经济中货币供应量超过了客观需要量,社会总需求大于总供给导致单位货币贬值,一般物价水平普遍持续上涨的经济现象。通货膨胀的主要衡量指标有消费物价指数、批发物价指数、国民生产总值的平减指数。

通货膨胀的成因和机理比较复杂,对此各国经济学家从不同的角度作出了各种分析,较为流行的有四种,即需求拉上说、成本推进说、供求混合推进说和部门结构说。

通货膨胀对经济的影响主要体现在它对经济增长、就业和收入(财富)的再分配的作用上。关于通货膨胀对社会经济增长产生的影响,争论颇多,其中主要有促进论、促退论和中性论三种不同的观点。

通货膨胀对经济的影响总体而言是弊大于利。治理通货膨胀的措施主要有紧缩性货币政策、紧缩性财政政策、紧缩性收入政策、收入指数化政策、货币改革。

通货紧缩是与通货膨胀相对立的一个重要概念，学术界至今都没有形成一个非常统一的表述，但一般认为通货紧缩是指物价的普遍持续下降的现象。按通货紧缩严重的程度不同，通货紧缩可分为轻度通货紧缩、中度通货紧缩和严重通货紧缩三类；按通货紧缩持续时间长短划分，可分为长期性通货紧缩、中期性通货紧缩与短期性通货紧缩；根据通货紧缩与经济增长状况不同，可分为增长型通货紧缩和衰退型通货紧缩。

通货紧缩是一种复杂的经济现象，由多种因素造成，归纳起来主要有以下几种因素：货币因素、有效需求不足、科技创新因素、汇率制度因素、金融体系的低效率、体制和制度不合理。通货紧缩的经济效应包括通货紧缩的经济衰退效应、通货紧缩的财富分配效应和通货紧缩的财富缩水效应。从以上通货紧缩带来的效应可以看出，通货紧缩对一国经济的危害不逊于通货膨胀，因此各国非常重视对通货紧缩的治理，治理的措施一般包括实施宽松的货币政策、实施宽松的财政政策、结构性调整、改变预期和完善社会保障体系。

基本概念

通货膨胀　通货紧缩　促进论　促退论　中性论　成本推动型通货膨胀　需求拉上型通货膨胀

课后习题

1. 简要分析通货膨胀对经济生活各方面的影响。

2. “成本推动型的通货膨胀是因工人要求增加工资而发生的。因此通货膨胀并不一定是一种货币现象。”试对这种说法进行评述。

3. 我国由于人口众多，在今后相当长的一段时间内，将面临着较大的就业压力。因此，有些经济学家提出，牺牲一定程度的物价稳定来缓解剩余劳动力过多的问题是值得的。试对这一观点加以评论。

4. 通货膨胀形成的主要原因是什么？度量通货膨胀的指标有哪些？

5. 试就 1997 年以来中国通货紧缩现象的成因和对策谈谈你的看法。

6. 简述治理通货膨胀的措施。

7. 通货膨胀能否促进经济增长？为什么？

8. 试评析我国治理通货紧缩的各项政策及其效果。

案例讨论

案例一　世界各国如何抑制通货膨胀

如今，通货膨胀率正在全世界范围内逐步上升。随着全球性的物价上涨，无论是发展中国家还是发达国家，都面临着通货膨胀的挑战。世界各国是如何应对通胀难题的呢？

一、法国：杜绝“回扣”现象

针对法国国内物价上涨的现象，许多法国消费者认为，一些食品加工企业和商场相互串通抬高食品物价，是造成国内通货膨胀现象的“罪魁祸首”。根据法国现有的相关法律规定，供货商必须以同一价格向所有零售商供应商品，零售商没有商谈价格的余地。这样一来，为了使自己的产品进入大型商场，一些供货商私下向零售商支付"回扣"。这种"回扣"最终将以成本的方式被计入售价，因而出售的商品价格偏高。

为此，法国政府拟订了一项《经济现代化法》，其中包括有关商品零售的最新立法。该草案的相关法律规定，允许零售商与供货商讨价还价；零售商可以根据自己的经营状况择优、择价采购商品。这样一来，"回扣"就失去了存在的基础。法国政府力图通过此项法律，使商品价格恢复其应有的水平。

法国经济、财政与就业部还成立了物价与利润监察小组，加强对生产企业、供应商和销售商的监控，实时监督物价水平。监察小组每月公布大型商场中消费品的物价以及政府部门的相关数据，以增强市场流通环节中物价的透明度。这样一来，消费者也能更好地了解物价走势，特别是食品价格的上涨情况。

此外，法国政府还对零售市场上操控价格的企业实施惩罚。法国的电信、建筑和高档消费品等行业的一些违规企业曾被施以重罚。

除上述措施外，法国政府还根据实际情况，对相关产品，特别是农副产品实施补贴，以防止物价上涨过快。例如，2007 年下半年法国生猪饲料价格上涨过快，法国农业部紧急拨款 250 万欧元补贴生猪养殖业，从而抑制了猪肉价格的快速上涨。

二、俄罗斯：结成"不涨价联盟"

从 2007 年开始，针对日益增大的通货膨胀率，俄罗斯政府出台了一系列调控政策。

首先，俄罗斯政府采用提高银行贷款利率、增加黄金储备等金融手段，减少货币流通量，以遏制物价上涨，缓解通货膨胀压力。其次，政府还提高或降低部分产品的税率，进一步保证国内市场需求。为保证国内粮食供应，俄政府曾经两次调高小麦的出口关税，并将奶制品、蔬菜和所有食用油的进口关税调低。为了增加和保证市场供应，政府还有限度地开放了部分商品的进口。

另外，俄政府还对食品价格实行了有效的干预，比如动用 150 万吨小麦，择机投放市场，以平抑价格；支持国内 30 家大型食品生产销售企业签署食品价格冻结协议等。另一方面，政府还加大了对价格违法行为的打击力度，先后对 40 多家"蓄意串通涨价"的企业处以数十万至数千万卢布的"不诚信罚款"，并对部分企业提出了法律诉讼。此外，俄罗斯政府还对低收入弱势群体发放食品补贴，并提高他们的养老金标准，帮助其应对物价上涨。

三、巴西：工资增幅超通货膨胀率

巴西是全球最重要的农业国之一，大豆、玉米、牛肉、鸡肉和果汁等农副产品产量居世界前列。但由于受到国内农产品产量下降，以及国际市场农产品价格上涨等因素的影响，近年来巴西的食品和饮料价格上涨幅度较大。

面对食品价格大幅上涨所带来的通货膨胀压力，巴西政府在非食品类产品和服务价格方面采取应对措施，减轻食品价格的上涨压力，从而遏制通货膨胀的全面上升。

2007 年，巴西政府鼓励电力行业进行竞争，促使全国平均电价下降 6%，对遏制通货膨胀发挥了重要作用。政府还对汽油、固定电话费和公共服务等行业的价格采取了限制措施。同时，巴西货币雷亚尔对美元的大幅升值，使得进口产品的价格有所下降。

此外，巴西企业每年都根据权威部门发布的消费者价格指数，对员工工资进行调整，以保护劳动者利益。据巴西官方公布的数字，巴西 2007 年有超过 70%的企业对员工工资的调整幅度超过物价上涨水平。巴西员工工资的累计上调幅度达到了 18.6%，远远高于同期通货膨胀率。

四、阿根廷：签订限制工资协议

自 2007 年以来，阿根廷的通货膨胀率一直呈上升趋势。为此，阿根廷政府采取了一系列措施，以遏制不断上涨的物价。

最近几年，阿根廷的对外贸易和公共财政连续多年实现盈余，国库逐渐充盈。面对物价大幅上涨势头，政府为了稳定公共产品价格而增加财政补贴，特别是加大了对公共产品的补贴力度。阿根廷是世界上主要农产品出口国，但为了确保国内市场的需求，政府接连出台措施，严格限制小麦、玉米、牛肉等农产品的对外出口。此外，阿根廷中央银行在货币政策方面采取灵活措施，对不同行业区别对待。例如，政府采取"选择性降息"的方法，鼓励农业和出口企业扩大生产，通过增加市场供给来减轻通货膨胀压力。

同时,为了防止员工工资大幅上涨而加剧通货膨胀,阿根廷政府还积极地介入劳资谈判。政府、企业和员工根据不同的行业部门,签署"社会协议",确定员工加薪的幅度和最高上限。在协议中,企业和员工分别做出一定的让步,以确保不会因工资上涨幅度太大而对物价造成新的压力。

(资料来源:智西编译,《廉政瞭望》,2008 年第 9 期)

☞**讨论题:**

应对通货膨胀难题,以上几个国家的做法哪个更值得我国借鉴?

案例二　李克强:不能说中国已经出现了通货紧缩

国际在线 2015 年 3 月 15 日消息:据新华社电,中国国务院总理李克强 15 日在北京表示,不能说中国已经出现了通货紧缩。虽然中国现在的物价总水平比较低,但并不是中国向世界输出了通缩,实际上我们是"被通缩"。

第十二届全国人民代表大会第三次会议闭幕后,李克强会见中外记者并回答记者提出的问题。

李克强说,关于通货紧缩,国际上对这个提法有多种解释,比较一致的就是说一个国家的物价总水平持续出现负增长。中国 CPI 或者说物价总水平 1 月份是正增长,2 月份涨幅比 1 月份更高,所以不能说中国已经出现了通货紧缩。

"虽然中国现在的物价总水平比较低,但并不是中国向世界输出了通缩,你说叫'输出者',实际上我们是'被通缩'。"李克强举例说,去年我们进口了 3.1 亿吨原油、9.3 亿吨铁矿石,量是增的,没有跌,但是价格下来了,主要是因为国际大宗商品价格大幅度下跌。对这种"被通缩"的问题,我们有应对,也有进一步的准备。

"当然,我们更希望世界经济能走出低迷,实现复苏。"李克强说。

(资料来源:http://gb.cri.cn/42071/2015/03/15/6891s4902473.htm)

☞**讨论题:**

你认为我国目前是否出现了通货紧缩现象?你的理由是什么?

第九章
货币政策

引言

货币政策是国家整个宏观经济政策的一个组成部分，是国家间接调控宏观经济的重要手段。不同的国家，由于社会经济不同，会实施不同的货币政策；同一个国家在不同时期或者同一时期不同的发展阶段，也会采取不同的货币政策。本章主要介绍货币政策的目标、工具、传导机制以及政策的运用等问题。

第一节　货币政策目标

一、货币政策的含义与特征

（一）货币政策的含义

所谓货币政策，是中央银行为实现宏观经济调控目标而采用各种方式调节货币供应量，进而影响宏观经济的各种方针和措施的总称。货币政策在国家的宏观经济政策中居于十分重要的地位，它制约着信贷、利率和汇率等各项政策。货币政策的变化会引起总需求与总供给、价格水平、资本流量与流向、经济增长速度、国际收支状况，甚至整个经济结构的变化，因此，货币政策是现代市场经济国家最重要的宏观经济调控手段之一。

中央银行在国家法律授权的范围内独立地或在中央政府的领导下制定货币政策，并运用其拥有的货币发行特权和各种政策手段，利用其领导和管理全国金融机构的特殊地位，组织货币政策的实施。

从各国经济运行的实践来看，货币政策包含的内容相当广泛，通常包括政策目标、实现目标所运用的政策工具、检测和控制目标实现的各种操作指标和中间目标、政策传导机制和政策效果等基本内容。这些基本内容密切相关,共同构成一个国家货币政策的有机整体。中央银行在制定和实施货币政策时,必须对这一有机整体进行统筹考虑。

(二)货币政策的基本特征

1. 货币政策是一种宏观调控政策

在市场经济条件下,结构调整主要是由产业政策等来完成的,货币政策主要通过对社会总需求的调控而产生影响。

2. 货币政策是调节社会总需求的政策

货币的供给形成对商品和劳务的购买能力,货币对商品和劳务的追逐形成社会总需求;利率水平通过对投资需求、消费需求的调节而影响到社会总需求;汇率的变化将通过对进出口贸易、国际资本流动的影响,形成对社会总需求的调节。

3. 货币政策是以间接调控为主的政策

货币政策的运行主要是通过货币供应量、信用总量、利率水平等市场机制的作用对经济行为主体产生间接作用的。

4. 货币政策是目标长期性和措施短期性相统一的政策

货币政策是一种运用短期性的政策调节措施来达到长期性目标的工具。

二、货币政策的四大目标

目前,西方发达国家的货币政策一般有四大目标:稳定物价、充分就业、经济增长和国际收支平衡。但这并不是说每个国家的中央银行所确立的货币政策目标都有这四个,而是说各国的货币政策目标一般都在这四个目标中选择,一国的货币政策目标总是这四个目标的部分或全部的某种组合。由于不同国家和地区的经济、金融环境不同,所处的发展阶段和历史背景不同,经济生活和管理体制的风格不同等,在货币政策目标的选择上必然会存在差异。

(一)稳定物价

20世纪30年代之前,西方各国普遍实行各种形式的金本位制度。在金本位制度下,几乎所有的经济学家都相信,货币流通的数量将受制于黄金的自动调节机制。因此,保持货币价值的稳定是货币政策的唯一目标。20世纪30年代世界经济大危机之后,信用货币取代了金本位制,在信用货币流通的条件下,货币不会自动退出流通领域,其数量不再受到自动调节,货币流通量的多少直接决定着货币的价值。在信用货币流通的条件下,币值的稳定与否是用单位货币的购买力稳定与否来衡量的,而单位货币的购买力通常以综合物价指数来表示,所以目前各国都把稳定物价作为货币政策的一个最终目标。

货币政策所要达到的物价稳定的目标,是指稳定一般物价水平,而不是指物价水平绝对不变。将物价水平完全控制在零增长状态,一是不可能,二是违背经济规律。因为,在市场经济条件下的自由竞争、要素自由流动和组合中,某种商品的价格相对其他商品价格的变动是一个基本条件;没有价格的变动,经济就失去了活力。所以价格体系的必要调整往往能促使全社会资源得以有效地分配,提高整个社会的经济效益。稳定物价是一个相对概念,就是要控制通货膨胀,使一般物价水平在短期内不发生急剧的波动。货币政策坚持稳定物价的目标,是因为货币行使职能的前提条件就是币值稳定。

(二)充分就业

货币政策目标所要求的充分就业,是指将失业率降到一个社会能够接受的水平。最理想的状态是,凡具备工作能力和愿意从事工作的人都有合适的职业。各国之所以普遍将充分就业作为货币政策目标,是因为失业问题已经成为困扰各国经济发展和社会安定的基本问题,高失业率常常是与资源闲置、经济萧条和政权不稳相并存的,要发展经济、稳定社会,必须降低失业率。一个社会究竟能承受多高的失业率,并没有一个统一的标准。一般认为,美国在 20 世纪 50~60 年代的正常失业率为 3.5%~4.5%,就是说以 95.5%~96.5%的劳工得到就业为充分就业的标准;70 年代的正常失业率为 4.5%~5.5%,即充分就业的标准降低为 94.5%~95.5%的劳工得到就业;80 年代的正常失业率为 5.5%~6.5%,充分就业的标准进一步降低为 93.5%~94.5%的就业率水平。

(三)经济增长

作为货币政策目标要求的经济增长,并不是说经济增长速度越快越好,而是指经济在一个较长的时期内始终处于稳定增长的状态中,不出现大起大落,不出现衰退。

如何概括和准确地衡量一国的经济增长,特别是用何种指标来衡量一国的经济增长速度,是一个比较有争议的问题。有两种代表性的观点:一是经济增长是指国民生产总值的增加,即一定时期内所生产的商品和劳务的增加,或者是人均国民生产总值的增加。二是经济增长是指生产商品和劳务的能力的增长,是人力和物力资源的增长以及利用这些资源生产出更多的商品和劳务。目前,世界上大多数国家都以剔除价格因素后的人均国民生产总值或人均国民收入的增长率作为衡量经济增长速度的指标。

(四)国际收支平衡

一国的国际收支,无论是顺差还是逆差,数额过大,持续时间过长,都会对经济的正常运行和发展产生不利影响。因此,改善国际收支状况,实现国际收支平衡,是许多国家货币政策的目标之一,尤其那些对外开放程度高、对国际市场依赖性强的国家,更是将此目标摆到突出的位置。国际收支平衡是指一个国家或地区的全部货币收入和货币支出持平,或略有顺差或逆差。

货币政策在调节国际收支方面具有重要的作用。在资本项目自由兑换的情况下,提高利率将吸引国际资本的流入,降低资本项目逆差或增加盈余;反之亦然。汇率的变动对国际收支平衡也具有重要的影响。本币贬值有利于促进出口、抑制进口、降低贸易逆差或增加其盈余,但却不利于资本项目的平衡。反之,本币升值将吸引国际资本流入,有利于资本项目平衡,但却抑制出口、鼓励进口,不利于经常项目平衡。因此,货币政策的目标之一,就是要通过本外币政策的协调实现国际收支的平衡。

1995 年通过的《中华人民共和国中国人民银行法》以法律的形式将我国中央银行货币政策的最终目标确定为“保持币值的稳定,并以此促进经济的增长”。这说明我国中央银行货币政策的首要目标是保持币值的稳定,但币值稳定的最终目的是促进经济的增长。这一目标可谓主次分明、重点突出,既符合国际惯例,又适合中国经济金融改革的要求。

三、货币政策目标之间的关系

货币政策的最终目标一般有四个，但要同时实现是非常困难的事。在具体实施中，以某项货币政策工具来实现某一货币政策目标，经常会干扰其他货币政策目标的实现。它们之间既有统一性，又有矛盾性。

(一)稳定物价与充分就业之间的关系

事实证明，稳定物价与充分就业两个目标之间经常发生冲突。若要降低失业率、增加就业人数，就必须增加货币工资。若货币工资增加过少，对充分就业目标就无明显促进作用；若货币工资增加过多，致使其上涨率超过劳动生产率的增长，必然造成物价与就业两项目标的冲突。两者之间的矛盾可用著名的菲利普斯曲线加以说明。1958 年，英国经济学家菲利普斯(A. W. phillips)根据英国 1861～1957 年失业率和货币工资变动率的经验统计资料，勾划出一条用以表示失业率和货币工资变动率之间交替关系的曲线，即菲利普斯曲线。这一曲线表明，在失业率较低时，通货膨胀率较高；反之，当失业率较高时，通货膨胀率较低。于是，在失业率较高的时期，中央银行为了实现充分就业，就必须实行扩张性的货币政策，通过增加投资来增加就业，如此将扩大信用，扩大货币供应量，可能会导致物价上涨。反之，在通货膨胀时，中央银行为了达到稳定物价的目标，必须实行紧缩性的货币政策，紧缩信用，减少货币供应量，如此将会减少投资、减少就业，从而不利于达到充分就业这一目标。那么这样一来，面临的选择有三种：(1)失业率较高的物价稳定；(2)通货膨胀率较高的充分就业；(3)在物价上涨率和失业率之间权衡。

(二)稳定物价与经济增长之间的关系

稳定物价与经济增长作为两大货币政策目标，存在着一定的矛盾性，在短期内尤其如此。经济增长速度加快时，就业增加，市场有效需求增加，一般物价水平趋于上升；而当采取措施使物价水平下降时，信用收缩，货币供应减少，市场有效需求减弱，生产收缩，就业减少，经济增长速度减慢。这是经济增长与物价稳定相互矛盾的一般解释，它说明经济的高速增长与物价稳定是不能同时兼得的。要追求经济增长，就要牺牲物价；而要稳定物价，就要牺牲经济增长。但也有相反的观点认为，只有在物价稳定的环境中，经济才能实现长期而持续的增长，物价稳定与经济增长没有矛盾，可以兼得。

(三)经济增长与国际收支平衡之间的关系

两者之间也常常发生矛盾，具体表现在：(1)在经济发展过程中，由于 GDP 的增加提高了支付能力，除了要求增加国内商品的供应量，也会增加对进口商品的需求，使进口的增长快于出口的增长，这就可能导致国际收支出现逆差。(2)为促进国内经济的增长，必然要求增加投资。在国内资本来源不足的情况下，必然借助于外资的流入。虽然外资的流入会使资本项目出现顺差，从而在一定程度上弥补由于贸易逆差导致的国际收支失衡，但若本国不具备大量利用外资的条件及外汇还款能力，则又会导致国际收支失衡。(3)当国内经济衰退与对外收支逆差同时并存时，中央银行则处于一种两难的困境，即为了改善对外收支状况，采取提高利率的方法，虽然有利于吸引国外资本流入，但利率的提高却进一步抑制了投资，使本已衰退的经济雪上加霜;反之,为了促进经济增长,采取降低利率的办法,虽然有利于刺激投资,但利率的降低却会引起国内资本的流出,使国际收支逆差更为严重。所以,经济增长与国际收支平衡也难以同时实现。

(四)充分就业与经济增长之间的关系

一般而言,要实现充分就业,必然要采取刺激需求的政策措施,由此会带动经济增长,因此充分就业与经济增长之间存在着正相关关系。但是在某些情况下两者也会出现不一致的情况。例如,以内涵型扩大再生产所实现的高经济增长,不可能实现高就业。再如,片面强调高就业,硬性分配劳动力到企业单位就业,造成人浮于事、效益下降、产出减少,导致经济增长速度放慢等。因此,充分就业与经济增长之间也有一定的矛盾。

由此可见,货币政策的四大目标之间是相互联系而又彼此矛盾的,很难同时实现。因此,协调货币政策之间的矛盾,平衡其关系,求得四大目标之间的最佳组合,成为中央银行的首要任务。

第二节　货币政策工具

所谓货币政策工具,就是中央银行为实现货币政策目标,对金融进行调节和控制所运用的各种策略手段。中央银行的货币政策工具主要有三类:一般性货币政策工具、选择性货币政策工具和其他政策工具(也称为补充性政策工具)。

一、一般性货币政策工具

一般性货币政策工具,又称经常性、常规性货币政策工具,即传统的三大货币政策工具,包括存款准备金政策、再贴现政策和公开市场业务,俗称“三大法宝”。一般性货币政策工具的特点在于,它是对总量进行调节,实施对象普遍、全面,影响广泛、深入,使用频繁、效果显著。

(一)存款准备金政策

存款准备金政策是指中央银行对商业银行等存款货币机构的存款规定存款准备金率,强制性地要求商业银行等货币存款机构按规定比例上缴存款准备金;中央银行通过调整法定存款准备金以增加或减少商业银行的超额准备,从而控制商业银行信用创造能力,间接地影响货币供应量的一种政策措施。

存款准备金政策的内容:一是规定存款准备金比率,即法定存款准备金率。二是规定可充当存款准备金的资产内容,一般规定,只有商业银行的库存现金及其在中央银行的存款才能充当准备金。三是规定存款准备金计提的基础。

存款准备金政策的政策效果表现在以下几个方面:

第一,保证商业银行等存款货币机构资金的流动性。商业银行等存款货币银行为保持自己资金的流动性,一般都会自觉地保留一定的现金准备,以备客户提取。在没有法定准备金制度的情况下,商业银行可能受较好贷款条件的诱惑而将资金大量贷出,从而影响银行资金的流动性和清偿能力。法定准备金制度的建立,强制银行将准备金存入中央银行,可从制度上避免这种情况发生,以保证银行资金的流动性。

第二，集中一部分信贷资金。存款准备金缴存于中央银行，使中央银行可以集中一部分信贷资金，用于履行其中央银行的职能，办理银行同业间的清算，向金融机构提供信用贷款和再贴现贷款，以调剂不同地区和不同银行间短期资金的余缺。

第三，使货币乘数发生变化，从而调节货币供应总量。由派生存款原理可知，在其他情况一定时，存款创造的倍数(即货币乘数)将取决于法定存款准备金率，且二者呈负相关关系。中央银行提高或降低法定存款准备金比率，直接减少或增加商业银行持有的超额准备金，这样，商业银行吸收的存款中用于发放贷款和进行投资的数量就会减少或增加，进而使新派生的存款数量减少或增加，这种变化就是存款货币创造能力的变化，就是货币乘数的变化，结果使货币供应量大大改变。正因为是货币乘数发生了改变，因此体现出调整法定存款准备率这一政策工具作用的猛烈性：法定存款准备率的一点点轻微的变动往往就会引起货币供应量的巨大波动。

存款准备金政策的优点在于：它对所有存款货币银行的影响是平等的，对货币供给量具有极强的影响力，力度大，速度快，效果明显，操作简便。中央银行若变动存款准备金率，往往能迅速达到预定的中介目标，甚至能迅速达到预期的最终目标。

但是，它也有一定的局限性。主要表现在：其一，存款准备金政策缺乏弹性。由于整个银行存款规模巨大，法定存款准备金率的轻微变动都会引起超额存款准备金的巨大变动，并通过货币乘数的作用，将对货币供给总量产生巨大的影响，甚至可能带来经济的强烈震荡。因此，法定存款准备金率不宜随时调整，缺乏弹性。美国联邦储备银行曾经估计，存款准备金率调整一个百分点，就相当于增加或减少 30 亿美元的超额准备金，也就相当于增加或减少 200 亿～300 亿美元的货币供应量。可见，存款准备金率变动的影响程度相当猛烈，影响范围也相当广泛，所以，这一工具不能轻易频繁使用。其二，法定存款准备金率的提高，可能会使商业银行资金严重周转不良。中央银行提高存款准备金率，一些商业银行难以迅速调整、适应新的准备金率，往往在改变支付准备金的同时，逼迫抛售有价证券或其他资产，资金周转发生困难。其三，调整法定存款准备金率对货币供应量和信贷量的影响要通过存款货币银行的辗转存、贷，逐级递推而实现，成效较慢、时滞较长。因此，法定存款准备金政策往往只作为货币政策的一种自动稳定机制，而不将其当作适时调整的经常性政策工具来使用。

许多国家商业银行存入中央银行的存款准备金是无息的。这种无息的准备金存款相当于对商业银行征收一种赋税。因而，当法定准备金率过高时，将削弱这些金融机构的竞争力。因此，国外有人建议中央银行应该对金融机构的存款准备金支付利息。我国商业银行存入中央银行的存款准备金是有息的。

(二)再贴现政策

由于中央银行是银行的银行，因此当商业银行遇到资金困难时，就可凭其从贴现业务中取得的未到期的票据向中央银行再贴现，再贴现率由中央银行根据当时的经济形势和货币政策的最终目标决定。

再贴现政策就是中央银行通过提高或降低再贴现率来影响商业银行的信贷规模和市场利率，以实现货币政策目标的一种手段。从时间上来看，再贴现政策是中央银行最早拥有的政策工具。再贴现政策一般包括两个方面的内容：一是再贴现率的调整，二是规定向中央银行申请再贴现的资格。前者主要是影响商业银行的准备金及社会的资金供求，后者则主要是影响商业银行及全社会的资金结构。

再贴现政策的传导机制是：通过提高或降低再贴现率，影响商业银行等存款货币机构的准备金和资金成本，从而影响它们的贷款量和货币供给量。具体地，当中央银行提高再贴现率，使之高于市场利率时，商业银行向中央银行借款或贴现的资金成本上升，就会减少向中央银行借款或贴现，这使得商业银行准备金数量的增加受到限制。如果准备金不足，商业银行只能收缩对客户的贷款或投资规模，从而也就减少了市场上货币的供应量。由于市场上货币供应量萎缩，市场利率相应上升，社会对货币的需求也相应减少。与之相反，当中央银行降低再贴现率时，商业银行向中央银行借款或贴现的资金成本降低，借款较容易，就会增加向中央银行的借款或贴现，商业银行的准备金相应增加，放款有利可图，会扩大对客户的贷款或投资规模，从而导致市场上货币供应量增加，市场利率相应降低，社会对货币的需求也会相应增加。

再贴现政策的政策效果表现在：第一，再贴现率的调整可以影响全社会的信贷规模和货币供应量。第二，再贴现政策对调整信贷结构有一定的效果。中央银行通过再贴现政策不仅能够影响货币供给总量的增减，而且还可以调整信贷结构，使之与产业政策相适应。具体方法有两种：一是中央银行可以规定再贴现票据的种类，决定何种票据具有再贴现资格，从而影响商业银行的资金投向。二是对再贴现的票据实行差别再贴现率，这样可以使货币供给的结构与中央银行的政策意图相符合。三是产生告示效应，改变商业银行和社会公众的心理预期。第四，防止金融恐慌。当某些金融机构发生清偿力危机时，履行中央银行作为最后贷款人的职责。

再贴现政策的优点是：中央银行可利用它来履行最后贷款人的职责，并在一定程度上体现中央银行的政策意图，既可以调节货币总量，又可以调节信贷结构，对一国经济的影响是比较缓和的，有利于一国经济的相对稳定。

但再贴现政策也有一定的局限性，表现在：中央银行在再贴现活动中处于被动地位，再贴现与否取决于商业银行，商业银行是否愿意到中央银行申请再贴现，以及再贴现的数量，都取决于商业银行的行为，如商业银行通过其他途径筹措资金而不依赖于再贴现，则中央银行就不能有效地控制货币供应量；再贴现率的高低有限度，比如在经济高速增长时期，无论提高再贴现率到多高，也难以遏制商业银行向中央银行再贴现或借款；虽然说相对于法定准备金率来说，再贴现率容易调整，但如果经常调整也会引起市场利率的经常波动等。

(三)公开市场业务

所谓公开市场业务(Open Market Operation，也称公开市场操作)，是指中央银行在金融市场上公开买卖有价证券，以改变商业银行等存款货币机构的准备金，进而影响货币供应量和利率，实现货币政策目标的一种货币政策手段。在一般性货币政策工具中，公开市场业务是西方发达国家采用最多的一种货币政策工具。弗里德曼甚至主张把公开市场业务作为唯一的货币政策工具。在他看来，其他货币政策工具所能做到的，公开市场业务都能做到。

公开市场业务的内容，主要是中央银行根据货币政策目标的需要及经济情况，选择最佳时机、最适当的规模买进或卖出国库券、政府公债等，增加或减少社会的货币供应量。当金融市场上资金缺乏时，中央银行买进有价证券，向社会投放基础货币，增加社会的货币供应量；反之亦然。

公开市场业务的作用主要有两个方面：第一，调控存款货币银行准备金和货币供给量。中央银行通过在金融市场买进或卖出有价证券，可直接增加或减少商业银行等存款货币机构的超额储备水平，从而影响存款货币银行的贷款规模和货币供给量。第二，影响利率水平和利率结构。中央银行通过在公开市场买卖有价证券可从两个渠道影响利率下降。当中央银行买进有价证券时,一方面,证券需求增加,在证券供给一定的情况下,将使证券价格上升,由于有价证券的价格一般与市场利率呈反方向的变动关系,因此市场利率会下降;另一方面,商业银行储备增加、货币供给增加,在货币需求一定的情况下,会使利率下降。当中央银行卖出有价证券时,利率的变化方向相反。此外,中央银行在公开市场上买卖不同期限的证券,可直接改变市场对不同期限证券的供求平衡状况,从而使利率结构发生变化。

公开市场业务的优越性体现在:第一,主动性强。与再贴现政策相比较,公开市场业务的主动权完全在中央银行手里,其操作规模与大小完全由中央银行控制。第二,效果和缓、震动性小。与存款准备金政策相比较,公开市场业务对经济的震动较小。由于该业务是以交易行为出现,不是强制性,而且中央银行可灵活操作,所以对经济生活和金融机构的影响不像调整法定存款准备金率那样震动性大。中央银行利用公开市场业务可以灵活精巧地用较小的规模和步骤进行操作,可以对货币供应量进行微调。第三,灵活性高。中央银行可以对其进行经常性、连续性的操作,根据经济情况,买卖有价证券量可大可小,具有较强的伸缩性。第四,可逆转性。公开市场业务具有极强的可逆转性,当中央银行在公开市场操作中发现错误时,或金融市场情况发生变化时,可立即逆向使用该工具作反方向操作。而其他货币政策工具则不能迅速地逆转。第五,可迅速操作。各国的证券市场交易系统很先进,当中央银行决定要改变商业银行储备和基础货币时,只要向公开市场交易商发出购买或出售的指令,交易便可很快执行。

但公开市场业务也不可避免地存在其局限性:第一,公开市场操作较为细微,技术性较强,政策意图的告示作用较弱。第二,要有效发挥其作用,也必须具备一定的条件。首先,中央银行必须具有强大的,足以干预和控制整个金融市场的金融势力;其次,金融市场还必须是全国性的且具有相当独立性的金融市场,金融市场上的证券种类必须齐全并达到一定的规模,否则,公开市场业务的作用就发挥不出来;最后,必须有其他政策工具的配合,如没有法定存款准备金率这一工具,就不能通过改变商业银行的超额准备金来影响货币供应量。

目前,在西方发达国家,公开市场业务被认为是中央银行所掌握的最重要、最常用的政策工具。

我国的公开市场操作包括人民币操作和外汇操作两部分。随着1994年外汇体制改革、汇率并轨的实施,中国人民银行开始进行外汇公开市场操作。以国债为交易对象的真正的人民币公开市场业务于1996年4月才正式启动,之后暂停,于1998年5月26日又恢复交易,规模逐渐扩大。为了弥补交易对象的不足,中央银行于2002年开始对金融机构发行中央银行票据。目前,公开市场操作已成为中国人民银行货币政策日常操作的重要工具,对于调控货币供应量、调节商业银行流动性水平、引导货币市场利率走势发挥了积极的作用。

中国人民银行从1998年开始建立公开市场业务一级交易商制度,选择了一批能够承担大额债券交易的商业银行作为公开市场业务的交易对象,当时我国具有国债一级交易商资格的金融机构仅有29家。2015年2月28日,中国人民银行公布2015年公开市场业务一级交易商共46家,其中包括商业银行42家、证券公司3家、金融公司1家。这些交易商可以运用国债、政策性金融债券等作为金融工具与中国人民银行开展公开市场业务。从交易品种看,中国人民银行公开市场业务债券交易主要包括回购交易、现券交易和发行中央银行票据。其中回购交易分为正回购和逆回购两种。正回购为中国人民银行向一级交易商卖出有价证券,并约定在未来特定日期买回有价证券的交易行为,属于央行从市场上收回流动性的操作,正回购到期则为央行向市场投放流动性的操作;逆回购为中国人民银行向一级交易商购买有价证券,并约定在未来特定日期将有价证券卖给一级交易商的交易行为，属于央行向市场上投放流动性的操作，逆回购到期则为央行从市场收回流动性的操作。现券交易分为现券买断和现券卖断两种。前者为央行直接从二级市场买入债券，一次性地投放基础货币；后者为央行直接卖出持有债券，一次性地回笼基础货币。中央银行票据即中国人民银行发行的短期债券，央行通过发行央行票据可以回笼基础货币，央行票据到期则体现为投放基础货币。

二、选择性货币政策工具

选择性货币政策工具是指中央银行针对个别部门、个别企业或某些特定用途的信贷而采用的信用调节工具。一般性货币政策工具侧重于从总量上对货币供应量和信贷规模进行控制，属于量的控制。而选择性货币政策工具是在不影响货币供应总量的条件下，调控商业银行的资金投向和不同贷款的利率。属于这类货币政策的工具主要有：

（一）证券保证金比率

为了控制证券市场的信用投资规模，防止市场出现过度投机，中央银行实行对证券购买者在买进证券时必须支付现金的比率加以规定并可随时调节的制度。由于全部交易是借助于贷款完成的，购买证券时支付现金的部分，实际上就是交易者为获得贷款支持而必须拥有的保证金，因此这一比率习惯上称为证券保证金比率。保证金比率越高，信用规模越小。在中央银行认为证券投机过度、证券价格过高时，提高保证金比率就可以抑制市场需求，使价格回落。反之，在证券市场低迷时，则降低保证金比率。

中央银行通过提高保证金比率来控制信用有其优点：一方面可以控制证券市场信贷资金的需求，稳定证券市场价格；另一方面可以调节信贷结构，限制大量的资金流入证券市场，使较多的资金用于生产和流通领域。

（二）不动产信用控制

不动产信用控制是指中央银行通过规定和调整商业银行等金融机构向客户提供不动产抵押贷款的限制条件，控制不动产贷款的信用量，从而影响不动产市场的政策措施。内容主要包括规定商业银行或其他金融机构房地产贷款的最高限额、最长期限以及首次付款和分期还款的最低金额。不动产信用控制的目的在于防止房地产行业或其他不动产交易因贷款规模的扩大而发生膨胀，防止产生投机性交易。我国在 20 世纪 90 年代初期也出现了房地产过热的情况。为了限制房地产投机，国家采取了一系列措施限制信贷资金向房地产业的过度流入，对抑制房地产泡沫发挥了一定的作用。而在 20 世纪 90 年代后期，为了有效地扩大内需、刺激经济增长、抵消亚洲金融危机和世界经济衰退的不利影响，国家采取了一系列措施放开房地产信贷限制，特别是放开了住房信贷限制，这既配合了住房分配货币化改革的需要，又推动了住房消费和房地产业的发展。

（三）消费者信用控制

消费者信用控制就是中央银行对消费者分期购买耐用消费品的信用活动实施管理。内容主要包括：(1)规定以分期付款形式购买耐用消费品时的第一次付现的比率；(2)规定用消费信贷购买商品的最长期限；(3)规定用消费信贷购买耐用消费品的种类。中央银行可以根据消费品市场的供求状况及物价情况，灵活地运用这些管理措施。如在需求过度、物价上升时，就要求提高首次付现的比率，缩短消费信贷的期限；反之，在需求不足、经济萧条时，则降低比率和延长期限。

适当的消费者信用管制有助于引导社会消费，改进资源配置效率，特别是在消费信用膨胀和通货膨胀时期，中央银行采取消费信用控制能起到抑制消费需求和物价上涨的作用。消费者信用管制最早始于美国，以后逐渐为许多国家所采用。

（四）优惠利率

优惠利率是指中央银行对国家重点发展的经济部门或产业规定较低的贷款利率，目的在于刺激这些部门和行业的生产，调动它们的积极性，以实现产业结构和产品结构的调整和优化。

中央银行实行优惠利率有两种方式：其一，中央银行对需要重点发展的部门、行业和产品制定较低的贷款利率，由商业银行具体执行；其二，中央银行对这些行业和企业票据规定较低的再贴现率，以引导商业银行的资金投向和规模。优惠利率不仅被发展中国家采用，也被发达国家普遍采用。

（五）预缴进口保证金

在进口过度增长、国际收支出现逆差时，为抑制进口，中央银行要求进口商按照进口商品总值的一定比例，预缴进口商品保证金，存入中央银行，以增加进口商的资金占用，增加进口成本。对于预缴保证金占进口商品总值的比例，中央银行可视国际收支状况的变化灵活调整。

三、其他政策工具

（一）直接信用控制

直接信用控制是指中央银行从质和量两个方面以行政命令或其他方式对金融机构尤其是商业银行的信用活动进行直接控制。其手段包括利率最高限额、信用配给、流动性资产比率、信贷规模控制等。

1. 利率最高限额

利率最高限额又称利率管制，是指以法律的形式规定中央银行和其他金融机构存贷款利率的最高水平。利率最高限额是最常用的直接信用控制工具。利率管制的目的在于防止金融机构用提高利率的办法在吸收存款方面进行过度竞争，以及为牟取高利进行风险存贷活动。美国在 1980 年以前曾长期实行的 Q 条例可以说是这项管理工具的典型。该条例规定，商业银行对活期存款不准支付利息，对定期存款及储蓄存款不得超过规定的最高利率水平。20 世纪 60 年代，一些发展中国家不顾本国国情，盲目效仿西方国家的廉价货币政策，通过设定利率上限来人为地压低利率水平，导致了金融抑制。

2. 信用配给

信用配给是指中央银行根据金融市场的资金供求状况及客观经济形势的需要，权衡轻重缓急，对商业银行系统的信贷资金加以合理的分配和必要的限制。在限制信用方面，主要是对商业银行向中央银行提出的贷款申请，以各种理由拒绝，或者给予贷款但规定不得用于某些领域。

信用分配最早始于18世纪的英格兰银行，目前在许多发展中国家，由于资金供给相对不足，这种方法也被广泛采用。

信用配给也是我国计划经济时期和计划经济向市场经济转型初期主要的信用控制手段。随着金融市场的逐步发展，金融工具逐步增多，信用配给控制的作用已大大降低。

3. 流动性资产比率

流动性资产比率是指商业银行持有的流动性资产在其全部资产中所占的比重。中央银行对这一比例加以规定，并要求商业银行保持这一规定的比率。一般来说，资产的流动性越高，其收益率越低。因此，商业银行为了保持流动性比率，必须经常注意压缩长期贷款的比重和扩大短期贷款的比重，还必须持有一部分很容易变现的、流动性较高的资产和现金。这样，商业银行的风险贷款受到了限制，经营的安全性提高了。

4. 信贷规模控制

信贷规模控制就是规定贷款量的最高限额。这种管制方法一般较少采用，中央银行只有在战争、严重的经济危机等情况下，才使用这种行政控制手段。其控制对象是商业银行的贷款额。控制方式有两种：一种是控制贷款总量的最高额度；另一种是对贷款进行边际控制，即控制贷款增长的最高比率或幅度。

（二）间接信用控制

间接信用控制是指中央银行通过道义劝告和窗口指导的方式对信用变动方向和重点实施间接指导。

1. 道义劝告

道义劝告是指中央银行利用其在金融体系中的特殊地位向各家银行说明政策、阐明立场，从道义上说服商业银行执行中央银行所要求的信贷政策和投资方向等。

道义劝告工具的优点是较为灵活方便，无需增加行政开支。但作为一项信用控制的手段，道义劝告应具备三个条件：一是中央银行在该国的金融体系中有较高的威望和地位；二是该国的道德水平较高，遵纪守法的意识较强；三是中央银行拥有控制信用的足够的司法权限和法律手段。在上述条件下，运用道义劝告的方式，有助于中央银行与商业银行及其他金融机构保持密切的合作关系，以实现其货币政策目标。

2. 金融宣传

金融宣传是指中央银行通过定期公布资产负债表，发表年报，公布金融机构状况、金融市场状况和信贷活动状况，公布对财政、贸易、物价、经济发展趋势的统计分析结果等，向社会各界，尤其是向金融界说明货币政策的重要性及其内容，以求得到各方面的理解和支持；也包括利用新闻媒体，利用各种公共场合广泛宣传货币金融政策。

现阶段，我国的货币政策工具主要有公开市场操作、存款准备金、再贷款与再贴现、利率政策、汇率政策和窗口指导等。2013年11月6日，央行网站新增“常备借贷便利”(SLF)栏目，并正式发布当年常备借贷便利开展情况，这标志着这一新的货币政策工具的正式使用。

四、货币政策工具的运用

（一）紧缩性货币政策

在经济膨胀阶段，宏观经济调控的重点在抑制物价上涨率方面，而对物价水平产生直接作用的就是货币政策。

1. 提高法定存款准备金率

中央银行对商业银行提高法定存款准备金率，可以降低商业银行可运用的信贷资金总额、缩小派生存款、减少投资，达到控制货币供应量的目的，从而控制社会各界的需求。实施这种手段应该慎之又慎。

2. 提高再贴现率

中央银行对商业银行提高再贴现率，可以促使商业银行对企业提高贴现率，导致企业利息负担加重、利润减少，从而抑制企业对信贷资金的需求、减少投资、减少货币供应量。同时，提高储蓄存款利率，鼓励居民增加储蓄，把更多的消费资金转化为生产资金，减少直接需求，减轻通货膨胀的压力。提高利率是控制货币供应量比较有效的手段，但也有一定的副作用，主要表现是：会直接降低企业的投资，导致经济衰退；直接增加企业贷款成本，容易使企业提高产品成本，出现成本推动，加剧通货膨胀；会诱使大量境外资金涌入，掌握甚至控制本国经济；等等。

3. 加强公开市场业务

中央银行在金融市场上向商业银行、企业及其他社会公众出售手中持有的有价证券，主要是政府公债、国库券、中央银行金融债券等，吸引社会各界资金，回笼至中央银行，减少商业银行、企业及其他社会公众手中的现金或存款，减少需求，从而达到减少市场货币供应量的目的。

（二）扩张性货币政策

在经济衰退、萧条阶段或通货紧缩时期，一般政府会采取强有力的扩张政策，以增加消费、刺激投资，以期把经济带出困境。

1. 降低法定存款准备金率

中央银行对商业银行降低法定存款准备金率，可以提高商业银行可运用的信贷资金总额、扩大派生存款、增加投资，达到扩大货币供应量的目的。

2. 降低再贴现率

中央银行对商业银行降低再贴现率，就意味着中央银行鼓励商业银行通过再贴现来扩张信贷规模，可以促使商业银行降低对企业的贴现率，使得企业利息负担减轻、利润增加，从而刺激企业对信贷资金的需求，扩大投资，扩大货币供应量。同时，降低储蓄存款利率，可以刺激居民增加消费和投资，扩大民间投资，以促进全社会投资的增长，从而带动整个社会经济的增长。

3. 公开市场操作

中央银行在公开市场上从商业银行或社会公众手中买进有价证券是一种扩张性的货币政策。通过买进证券，中央银行不仅可投放一定量的基础货币，从而使货币供给量成倍增加，而且还将使市场利率下降。但是，在经济萧条时期，宏观经济政策重在增加就业和刺激经济增长，实行扩张性的货币政策虽在一定程度上可促进经济增长，但其作用有限。

（三）中国货币政策的工具体系

1. 中央银行再贷款

由中央银行根据有关规定和具体情况以再贷款的形式向商业银行提供所需资金是各国中央银行的通行做法。1984 年中国人民银行专门行使中央银行职能后，实行了“统一计划、划分资金、实贷实存、相互融通”的信贷资金管理体制，由此奠定了中央银行通过再贷款调控基础货币的基础。在此后的十年间（1984～1993 年），再贷款成为中央银行吞吐基础货币最重要的渠道，占基础货币供应总量的70%～90%。1998年，中国人民银行取消了对商业银行贷款规模的指令性计划，标志着金融宏观调控方式由直接向间接转变，再贷款开始成为真正的间接调控工具。

2. 再贴现

1984年，人民银行发布了《商业汇票承兑、贴现暂行办法》，先在部分城市而后在全国范围内开展商业汇票承兑和贴现业务。1988年，人民银行首次公布再贴现利率，比同期金融机构贷款利率低5～10个百分点。1999年以来，中国人民银行扩大了再贴现业务的对象和范围，简化和改进了再贴现业务的操作方式，进一步完善了再贴现业务的操作体系。2000年，中国人民银行办理再贴现的余额达1 258亿元，比上年同期多增加589亿元。

3. 存款准备金

中国的存款准备金制度始于1984年，最初的动机是集中资金，作为中央银行平衡信贷收支的手段，而不是将其作为货币政策工具来加以运用。

最突出的表现是：(1)准备金账户的存款不能用于支付和清算，商业银行必须另开备付金账户并保留大量清算资金，使商业银行的运营成本大大增加。(2)与通常存款准备金不付利息的惯例相反，中央银行对存款准备金支付较高利息。(3)存款准备金率过高，1989年后我国的存款准备金长期保持在13%的水平，加上5%～7%以上的备付金率，准备金率实际在20%以上。

1998年3月21日起，法定准备金率由13%下调至8%，同时调低准备金账户的存款利率。2001年，准备金利率再次下调至5%，以增加资金供给、刺激经济增长。存款准备金制度已成为我国中央银行间接调控下的一项重要政策工具。在上一轮和本轮宏观调控中，我国中央银行从2007～2011年6月共31次上调准备金率，法定准备金率为21.5%，调整频率历史罕见。中国人民银行决定，自2012年7月6日起下调金融机构人民币存贷款基准利率。金融机构一年期存款基准利率下调0.25个百分点，一年期贷款基准利率下调0.31个百分点；其他各档次存贷款基准利率及个人住房公积金存贷款利率相应调整。此次为央行年内第二次降息。中国人民银行决定，自2015年2月5日起下调金融机构人民币存款准备金率0.5个百分点。

4. 公开市场业务

1996年4月，人民银行又正式启动人民币公开市场业务，以买卖国债方式吞吐基础货币，调控同业拆借利率。

另外，在中国改革以来货币政策工具的变化和发展中，最为突出的是不再将贷款限额作为法定的货币政策工具，至多只能作为"国务院确定的其他货币政策工具"，在某些特定时期被使用。1998年1月1日，在现实操作中已经正式停止了下达指令性贷款限额的做法，改为指导性计划，这是中国货币政策工具从以直接调控为主向间接调控为主转变的一个实质性的步骤。

5. 常备借贷便利(SLF)

2013年11月6日，我国央行网站新增"常备借贷便利"(SLF)栏目，标志着这一新的货币政策工具的正式使用。央行于2013年初创设这一工具。常备借贷便利(Standing Lending Facility，SLF)，在各国名称各异，如美联储的贴现窗口(Discount Window)、欧央行的边际贷款便利(Marginal Lending Facility)、英格兰银行的操作性常备便利(Operational Standing Facility)、日本银行的补充贷款便利(Complementary Lending Facility)、加拿大央行的常备流动性便利(Standing Liquidity Facility)等。

所谓常备借贷便利，就是商业银行或金融机构根据自身的流动性需求，通过资产抵押的方式向中央银行申请授信额度的一种更加直接的融资方式。由于常备借贷便利提供的是中央银行与商业银行“一对一”的模式，因此，这种货币操作方式更像是定制化融资和结构化融资。

常备借贷便利的主要特点有：(1)由金融机构主动发起，金融机构可根据自身流动性需求申请常备借贷便利；(2)常备借贷便利是中央银行与金融机构“一对一”交易，针对性强。(3)其交易对手覆盖面广，通常覆盖存款金融机构。

第三节　货币政策的传导机制与效果

一、货币政策的传导机制

货币政策的传导机制是指中央银行确定货币政策目标以后，通过各种货币政策工具的运用，引起中介指标的变动，从而影响整个社会经济活动以实现既定货币政策目标的过程。具体地说，“传导”揭示的是一国货币政策工具对货币政策最终目标发生的影响。“传导机制”揭示的是发生影响的渠道、方式、手段及其内在机理。货币政策传导过程如图 9－1 所示。

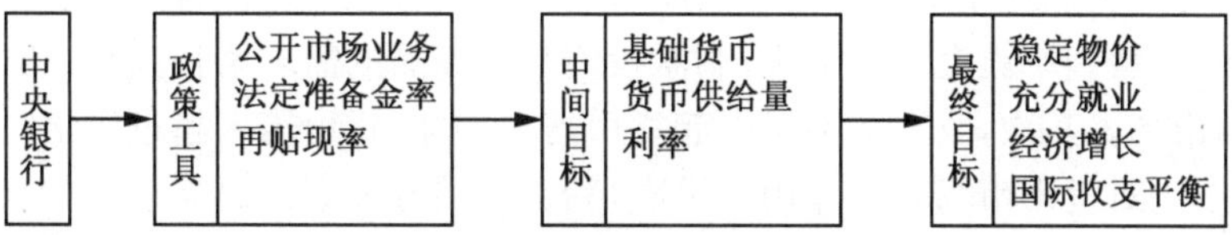

图 9－1　货币政策传导过程

货币政策传导机制理论是分析和说明货币政策措施实施之后，货币供应量的变动如何诱发和影响微观经济主体的消费和投资行为，从而导致宏观经济总量发生变化的一整套有关机制的理论，主要有以下几种：

(一)古典货币数量论者的货币政策传导机制理论

古典货币数量论主要包括以费雪为代表的现金交易数量论和以剑桥学派的马歇尔、庇古等人为代表的现金余额数量论。前者着眼于一定时期内用作交易的货币数量，而后者则着眼于某一时点上停滞的货币数量。两者虽然采用的分析方法不同，但都着眼于认为货币数量变动只影响物价水平而不影响实际经济活动。

(二)凯恩斯学派的货币政策传导机制理论

凯恩斯学派的货币政策传导机制理论主要来源于凯恩斯出版于 1936 年的《就业、利息和货币通论》一书。根据凯恩斯的分析，货币供应量 M 的增加或减少将引起利率 r 的下降或上升。在资本边际效率一定的条件下，利率的下降将引起投资 I 的增加，利率的上升将引起投资的减少。投资的增加或减少，又将通过乘数作用引起社会总支出 E 和社会总收入 Y 的同方向变动。基本传导过程是：

$$R \to M \to r \to I \to E \to Y$$

即准备金→货币供应量→利率→投资→总支出→总收入。

上述过程说明，中央银行货币政策的实施，首先引起中央银行的存款准备金数量发生增减变动，然后引起货币供应量发生增减变动，随之又引起利率、投资、总支出、总收入等变量的一系列变动。货币政策首先改变货币市场的均衡，然后改变利率，又通过利率的变动改变资产领域的均衡。货币政策作用的大小主要取决于三个因素：一是货币需求的利率弹性，即一定量的货币供应变动能使利率发生变动的程度；二是投资支出的利率弹性，即一定的利率变动对投资的影响程度；三是货币乘数的大小。

在货币政策的传递过程中，利率是整个传导机制的核心。货币供应量的调整首先影响利率的升降，然后才能使投资乃至总支出发生变化。如果货币供应量增加，对利率不能产生影响，说明存在流动性陷阱，则货币政策无效。如果投资的利率弹性非常低，利率的下降就不会对投资量有显著的刺激作用，货币政策的传导机制也就会中断。

所以，在这个传导机制发挥作用的过程中，关键环节是利率。货币供应量的变化必须首先影响利率的升降，然后才能通过利率的升降使投资、总支出、总收入发生变化。

上述的传导过程及其分析，凯恩斯学派称之为局部均衡分析。它是在假定其他部门保持不变的基础上，再分别研究货币领域的均衡和商品领域的均衡。这种分析只显示了货币市场对商品市场的初始影响，而没有能够反映它们之间循环往复的作用。因此后凯恩斯学派对局部均衡理论的传导模式做了进一步的补充和发展，称之为一般均衡分析，即 *IS-LM* 模型。

一般均衡分析更加注重货币市场与商品市场之间的相互作用。首先，假定货币供给增加，如果产出水平不变，利率就会相应下降；刺激投资与对商品的需求增长，收入相应增加，货币市场作用于商品市场。其次，收入增加又引起货币需求增加，货币需求超过供给时会使下降的利率回升，商品市场对货币市场有反作用。再次，利率的回升又会使总需求减少、产量下降、收入减少。同时，收入减少，货币需求又会下降，利率又会回落，新一轮的变动又重新开始，这是循环不断的过程。最终会逼近一个供求均衡点，这个点同时满足了货币市场供求和商品市场供求两方面的均衡要求。在这个点上，利率一般情况下会较原来的均衡水平低，而社会产出量则较原来的均衡水平高。

（三）货币学派的货币政策传导机制理论

现代货币学派的主要代表人物是芝加哥大学的米尔顿 · 弗里德曼，与凯恩斯学派以利率为中心的货币政策传导机制不同，货币学派认为，利率在货币政策传导过程中不起重要作用，而且货币政策传导过程比较直接和迅速，货币供应量在货币政策传导机制中起决定性的作用。货币供应量的变动将直接影响名义国民收入的变动。具体传导过程如下：

$$M \to E \to I \to Y$$

其中，$M \to E$ 是指货币供应量的变化直接影响支出。这是因为：第一，货币需求有其内在稳定性。第二，货币需求函数中不包含任何货币供给的因素，因而货币供给的变动不会直接引起货币需求的变化。第三，当作为外生变量的货币供给改变，比如增大时，由于货币需求并不改变，公众手持货币量会超过他们所愿意持有的货币量，从而必然增加支出。

$E \to I$ 是指变化了的支出用于投资的过程，货币主义者认为这将是资产结构的调整过程。第一，超过意愿持有的货币，或用于购买金融资产，或用于购买非金融资产，直至人力资本的投资。第二，不同取向的投资会相应引起不同资产相对收益率的变动，如投资于金融资产偏多，金融资产市值上涨，收益相对下降，从而会刺激非金融资产的投资。第三，也会引起资产结构的调整，而在这一调整过程中，不同资产收益率的比又会趋于相对稳定的状态。

最后是名义收入 Y,Y 是价格和实际产出的乘积。由于 M 作用于支出,导致资产结构调整,并最终引起 Y 的变动。这一变动究竟在多大程度上反映实际产量的变化?又有多大比例反映在价格水平上?货币主义者认为,货币供给的变化短期内对两方面均可发生影响;就长期而言,则只会影响物价水平。

(四)凯恩斯学派与货币学派关于货币政策传导的主要理论分歧

1. 关于利率与货币供应量

凯恩斯学派非常重视利率指标,认为除非扩大货币供应量以后能够降低利率,否则,货币政策无效。货币学派则认为,利率并不重要,在增加货币供应量的初期,利率会随之降低,但很快就会因货币收入的增加和物价的上涨,名义利率上升,而实际利率则可能回到并稳定在原来的水平上;货币政策的影响与传递主要不是通过利率,而是因为货币供应量超过人们的需要量,从而直接地影响了社会的支出和收入。因此,货币学派认为,中央银行在制定货币政策时,应忘掉利率,把注意力集中到货币供应量上。

2. 关于对国民收入的影响

凯恩斯学派认为,只有投资才能对国民收入产生直接影响,而货币对国民收入的影响是间接的;货币供应量增加以后,可以降低利率,提高资本的边际效率,增加投资,通过投资乘数的作用,引起国民收入的增加。而货币学派则认为,货币供应量的变动与名义国民收入的变动有直接的联系,货币供给量的增加直接引起名义国民收入增加。

3. 关于传递机制

凯恩斯学派认为,传递机制首先是在金融资产方面进行调整,主要在货币市场进行调整,然后引起资本市场的变化,投资增加,消费和国民收入增加,最后影响商品市场。而货币学派则认为上述传递机制过于狭隘,事实上,传递机制可以同时发生在不同市场上,受影响的不仅是金融资产,也包括耐用消费品、房屋等真实商品资产。

二、货币政策中介目标

货币政策的中介目标,也称货币政策的中介指标或中间目标,是相对于货币政策的最终目标而言的。能被中央银行所直接控制和观测的指标,就是通常所说的货币政策的中介目标或中间目标。

(一)货币政策中介目标的选择标准

1. 可测性

可测性要求所选择的指标必须能够数量化,其有关资料和信息能够迅速被收集,且获取这些资料和信息不需要花费大量的时间、精力和成本,短期内能够经常汇集,便于中央银行及时掌握和分析。

2. 可控性

可控性含有两层意思:一是货币当局能够通过某些政策工具对其施加较大的影响;二是即使该变量有偏离货币当局预定目标的趋势,货币当局也能够通过一定的努力使这一趋势扭转过来。

3. 相关性

作为中介目标的金融指标必须与最终目标密切相关。一方面,通过指标的变化数值能测知货币政策的实施状况;另一方面,通过对指标的调节和控制,能够保证货币政策方向的合理和正确。

4. 抗干扰性

货币政策在实施过程中常会受到许多外来因素或非政策因素的干扰,只有选择那些受干扰程度较低的中介目标才能通过货币政策工具的操作达到最终目标。

5. 相容性

相容性大体有三方面的要求:第一,中介目标的选择必须适合于当前的经济体制和金融体制;第二,货币政策工具必须能较强地影响中介目标,也就是说,这一中介目标须有适当的政策工具相配合,这些政策工具必须是有效力的,在目前情况下是可行的;第三,中介目标内部,战略目标和战术目标、短期目标和长期目标,必须相互衔接、相互沟通。

(二)中介目标的选择

根据以上的标准所确定的中介目标一般有利率、货币供应量、超额准备金和基础货币。然而,几乎没有一个中介目标能够完全符合五个标准的要求,各国都根据自己的经济环境、市场经济的发展水平,尤其是货币金融领域的特点不同,选择和不断调整中介目标。

根据这些指标对货币政策工具反应的先后和作用于最终目标的过程,又可以分为两类:一类是近期中介目标,另一类是远期中介目标。

1. 货币政策的近期中介目标

(1)超额准备金。以超额准备金作为中介指标,就是通过政策工具来调节、监控商业银行及其他各类金融机构的超额准备金水平。

准备金(特别是超额准备金)的规模直接决定着商业银行等金融机构的流动性状况和放贷能力,中央银行通过对准备金的调节,可以影响中介目标变量。法定存款准备金率的调整将直接导致准备金的超额部分的变化,这会进一步引起银行贷款的规模和货币供给量及利率等中介目标的变动,再贴现率的变动也会影响市场利率和货币供给量等中介目标,中央银行可以通过公开市场业务来改变总准备金和超额准备金的规模,进而影响中介目标变量。

超额准备金的高低,反映了商业银行等金融机构的资金紧缺程度。该指标过高,说明金融机构资金宽松,从而证明已提供的货币供应量偏多,中央银行便采取紧缩措施;反之,该指标过低,证明金融机构资金偏紧,市场货币需求不能满足,货币供给量偏小,中央银行便采取放松措施。中央银行通过调节,使金融机构的超额准备金保持在理想的水平上。该项指标对商业银行等金融机构的资产业务规模有直接决定作用,对中央银行来说也极易判断,但超额准备金的高低取决于商业银行等金融机构的意愿和财务状况,中央银行不易直接控制。

(2)基础货币。基础货币是流通中的现金和银行存款准备金的总和,是中央银行可直接控制的金融变量,也是银行体系的存款扩张和货币创造的基础。在现代信用货币流通的条件下,中央银行增加纸币发行和向商业银行的放款,是增加基础货币的最主要途径。这是增加社会货币供应量最有决定意义的一部分。因为,其他条件不变,中央银行如果不增加基础货币的投放,整个社会的货币供应量是很难有什么变化的;相反,即使基础货币发生微小的变化,也会通过存款的派生引起社会货币供应量多倍的变动。因此,中央银行以基础货币作为货币政策的中介指标,具有十分重要的意义。

2. 各国中央银行经常采用的远期中介目标

(1)利率。利率是影响货币供应量和银行信贷规模、实现货币政策的重要指标。利率随中央银行直接控制的再贴现率的升降而升降。在任何时候,中央银行都可以观察和掌握到市场利率水平及其结构方面的资料,并根据货币政策的需要,通过调整再贴现率或公开市场操作,调节市场利率,影响消费和投资,进而调节总供求,达到宏观调控的目的。

但是,利率作为中间目标也有一定的不足,因为利率同时也是经济内生变量。当经济繁荣时,利率会因为资金需求增加而上升;如果货币当局为了抑制过热的需求,采用紧缩政策,结果利率的确上升了,但这种上升究竟是经济过程本身推动的还是外部政策造成的,则难以区分。此时,中央银行就不易判断政策操作是否达到了预期的目的。

(2)货币供应量。以货币供应量作为中介指标,就是通过政策工具来调节、监控货币供给量水平,以使货币供给量增长与经济增长要求相适应。具体操作是根据经济金融环境和商品市场供需状况提出货币供应量的期望值,并通过货币政策工具的调节实现所期望的水平。如市场货币供应量大于期望值,可能出现商品市场上社会总需求大于总供给,商品价格上涨,通货膨胀。这时,中央银行就要采取缩减货币供给量的措施,以达到期望值,实现商品市场均衡;否则反之。

货币供应量作为货币政策中介目标是比较合适的。货币供应量按流动性标准可划分为M0、M1、M2 和 M3 等若干层次。只要中央银行控制住这几个货币供应量指标,就能控制住社会的货币供应总量,达到货币政策的最终目标。

三、货币政策效应

(一)货币政策效应的含义及其影响因素

货币政策效应是指货币管理当局推行一定的货币政策之后,社会经济运行所作出的现实反应。它是货币政策的实施对社会经济生活产生的影响,是货币政策传导于经济过程之后的必然结果。货币政策的实施过程受多种因素的影响,主要表现为内在和外部两个方面。

1. 内在影响因素

影响货币政策效应的因素,首先是货币政策自身的构成要素。一是货币政策目标。货币政策目标一经确定,中央银行就会采取相应的措施去组织实施。在一般的情况下,货币政策目标能否实现、现实经济效果与货币政策目标的偏差程度等都反映货币政策的优劣。二是货币政策工具。不同的货币政策工具有不同的特点、不同的适用条件、不同的政策效果,因此中央银行必须根据经济、金融的现实情况,选择最适合的货币政策工具以利于实现货币政策目标。三是推行货币政策的时机。同样的货币政策或货币政策工具,在不同的经济环境中使用,其所收到的效果会大不一样,因此应把握时机适时推出货币政策。

2. 外部影响因素

(1)货币政策时滞。货币政策时滞是指货币政策从制定到获得主要的或全部的效果所必须经历的一段时间。时滞是影响货币政策效应的重要因素。如果收效太迟或难以确定何时收效,则政策本身能否成立也就成了问题。货币政策时滞可分为内部时滞和外部时滞。

内部时滞是指作为货币政策操作主体的中央银行从制定政策到采取行动所需要的时间。当经济形势发生变化时,从中央银行认识到应当调整政策到着手制定政策再到实施政策,每一步都需要耗费一定的时间。内部时滞又可分为认识时滞和行动时滞两个阶段。认识时滞是指从客观经济形势发生变化需要货币当局采取行动，到货币当局认识到这种需要所经历的时间距离。行动时滞是指从货币当局认识到需要行动，到实际采取行动这段时间距离。货币当局一旦认识到客观经济过程需要实行某种政策，就要着手拟订政策实施方案，并按规定程序报批，然后才能公布、贯彻。

内部时滞的长短取决于货币当局对各种信息资料的占有程度和对经济、金融形势的分析判断能力、预见能力及行动的决心，体现着货币当局决策水平的高低和对金融调控能力的强弱。

外部时滞又称影响时滞，指从货币当局采取行动开始直到对政策目标产生影响为止的这段过程。这一过程也是作为货币政策调控对象的金融部门及企业部门对中央银行实施货币政策的反应过程。外部时滞又可分为操作时滞和市场时滞两个阶段。操作时滞是指从调整货币政策工具到其对中介指标发生作用所耗费的时间。中央银行一旦调整政策工具的操作方向或力度，需通过操作变量的反应传导到中介变量。市场时滞是指从中介变量发生反应到其对目标变量产生作用所需耗费的时间。货币政策要通过利息率的变动，经由投资的利率弹性产生效应；或者通过货币供应量的变动，经由消费的收入弹性产生效应。不仅企业部门对利率的变动、私人部门对货币收入的变动作出反应有一个时间滞后过程，而且投资或消费的实现也有一个滞后的过程。各种政策工具对中介变量的作用力度大小不等，社会经济过程对中央银行的宏观金融调控措施的反应也是有弹性的。因此，中介变量的变动是否能够对目标变量发生作用，还取决于调控对象的反应程度。

外部时滞主要由客观的经济和金融条件决定。不论是货币供应量还是利率，它们的变动都不会立即影响政策目标。外部时滞较为客观，不像内部时滞那样可由中央银行掌握，是一个由社会经济结构与产业结构、金融部门和企业部门的行为等多种因素综合决定的复杂变量。因此，中央银行对此很难进行实质性的控制。

(2)货币流通速度。货币流通速度也是影响货币政策效应的一个重要因素。对于货币流通速度一个相当小的变动，如果政策制定者未能预料到或在估算其变动幅度时出现小的误差，都可能使货币政策的效果受到严重影响，甚至可能使本来正确的政策走向反面。但是，在现实经济中，影响货币流通速度的因素很多，如决定获得收入与支出之间时间差距的制度因素、利率水平、收入水平、通货膨胀预期等，因此很难准确估算货币流通速度，这无疑限制了货币政策效应的提高。

(3)微观主体的预期。理性预期学派认为，当一项新的货币政策提出时，各种微观经济主体立即会收集所有可能获得的信息，在有效利用这些信息的基础上形成理性预期，并很快作出对策，从而抵消货币政策的作用。但是，从现实的实际情况来看，由于存在信息不对称，且经济主体并不具备完全的预测能力，他们的预期经常是不准确的，即使预期是非常准确的，实施对策的步伐也很快，但其效应的发挥也要有个过程，因此货币政策仍可奏效，只是货币政策的效应大打折扣。

(二)货币政策效应的衡量

货币政策效应的衡量主要有两个方面：一是效应发挥的快慢，即货币政策从制定到获得主要的或全部的效果所经历的时间，也就是上述时滞的长短；二是发挥效力的大小，这是政策效应衡量的主要方面。

以紧缩性货币政策为例，如果通货膨胀是由社会总需求大于社会总供给造成的，而货币政策正是以纠正供求失衡为目标，那么这项紧缩性货币政策是否有效可以从以下几个方面考察：

(1)如果通过货币政策的实施紧缩了货币供给,从而平抑了价格水平的上涨,或者促使价格水平回落,同时又不影响产出或供给的增长率,那么可以说,这项紧缩性货币政策的有效性最大。(2)如果通过货币供给量的紧缩,在平抑价格水平上涨或促使价格水平回落的同时,也抑制了产出数量的增长,那么货币紧缩政策有效性的大小,则要视价格水平变动与产出的对比而定。(3)如果货币紧缩政策无力平抑价格水平的上涨或促使价格水平回落,却抑制了产出的增长,甚至使产出的增长为负,则可判定这项紧缩性货币政策无效。

第四节　货币政策与财政政策的配合

一、配合的必要性

(一)功能的差异要求二者协调配合

货币政策对经济总量的调控作用突出,而对调控经济结构有较大的局限性。货币政策是中央银行运用各种政策工具来增加或减少货币供应量,从而达到调节社会总需求的一种宏观经济调节手段,对社会总供求矛盾的缓解作用比较迅速、明显。但在经济结构的调整方面,受信贷资金运动规律的制约,中央银行不可能将大量的贷款直接投入经济发展滞后产业,因此,货币政策在调控经济结构方面的作用相对有限。

财政政策对经济结构调控的作用突出,而对调控经济总量有较大的局限性。财政政策对经济结构调控主要表现在:扩大或减少对某部门的财政支出,以鼓励或限制该部门的发展。即使在支出总量不变的条件下,政府也可以通过差别税率和收入政策直接对某部门进行支持或限制,从而达到优化资源配置和调节经济结构的目的。

正是由于货币政策与财政政策在功能上存在差异,财政政策的强项是对经济结构的调节,弱项是对经济总量的调节;货币政策的强项是对经济总量的调节,弱项是对经济结构的调节。因此,二者需要取长补短、协调配合,才能全面完成宏观调控的任务。

(二)作用领域的差异要求二者协调配合

货币政策与财政政策都是以调节社会总需求为基点来实现社会总供求平衡的,但二者的作用领域却存在差异。具体表现为:货币政策对社会总需求的影响主要是通过影响流通领域中的货币量来实现的,调节行为主要发生在流通领域。财政政策对社会总需求的影响则主要通过税收、国债、调整支出等手段来实现,主要在分配领域实施调节。从这个意义上讲,货币政策侧重于调节货币在社会各领域效率的发挥,注重解决经济的效率问题;财政政策侧重于调整社会各方面的经济利益关系,注重解决社会的公平问题。而公平和效率的协调是社会稳定发展的必要条件,因此货币政策与财政政策作用领域的差异也提出了配合的必要性。

(三)两者在膨胀和紧缩需求方面的作用差异要求二者协调配合

在经济生活中,有时会出现需求不足、供给过剩,有时又会出现需求过旺、供给短缺。这种供给和需求失衡的原因很复杂,但从宏观经济看,主要是由财政与信贷政策引起的,而财政与信贷在膨胀和紧缩需求方面的作用又是有别的。财政赤字可以扩张需求,财政盈余可以紧缩需求，但财政本身并不具有直接创造需求即“创造”货币的能力，唯一能创造需求、创造货币的是银行信贷。因此，财政的扩张和紧缩效应一定要通过信贷机制的传导才能发生。

如果货币政策与财政政策各行其是，就必然会产生碰撞与摩擦，从而减弱宏观调控的效应和力度，也难以实现预期的目标，因此要求货币政策与财政政策必须配合运用。

二、配合的模式

(一)松的货币政策和松的财政政策的配合，即“双松”政策

松的货币政策是指通过降低法定存款准备金率和降低利率来扩大信贷支出的规模和增加货币供应量；松的财政政策，是指政府通过减税(降低税率)和增加财政支出规模等财政分配活动来增加和刺激社会总需求。在社会总需求严重不足、生产资源大量闲置、解决失业和刺激经济增长成为宏观调控的首要目标时，宜采用“双松”的政策组合。这样的政策组合在扩大社会总需求、扩大就业的同时，带来的通货膨胀风险很大。因此，政府推行“双松”政策必须注意时机的选择和力度的控制，以防引起经济过热和通货膨胀。

(二)紧的货币政策和紧的财政政策的配合，即“双紧”政策

紧的货币政策是指通过提高法定存款准备金率和提高利率来减少信贷支出的规模和减少货币供应量，抑制投资和消费；紧的财政政策是指通过财政分配活动来减少和抑制总需求。其手段主要是增税(提高税率)和减少财政支出。在社会总需求极度膨胀、社会总供给严重不足、物价大幅度攀升、政府面临强大的通货膨胀压力时，宜采用这种政策组合。但是，这种政策组合虽然可以有效抑制需求膨胀与通货膨胀，却易矫枉过正，带来经济停滞的后果。因此，政府推行“双紧”政策也必须注意时机的选择和力度的控制，以防生产的急剧滑坡和经济萎缩。

(三)紧的货币政策和松的财政政策

紧的货币政策可以避免较高的通货膨胀。减税和增加政府支出等松的财政政策对于刺激需求、克服经济萧条、调整经济结构比较有效。当社会运行表现为通货膨胀与经济停滞并存以及经济结构失衡，治理“滞胀”、刺激经济增长成为政府调控经济的首要目标时，宜采用这种政策组合。这种政策组合能够在保持经济适度增长的同时尽可能避免通货膨胀，但长期使用会增大财政赤字、积累大量国家债务。

(四)松的货币政策和紧的财政政策

当经济基本稳定、政府开支庞大、经济结构合理，但是企业投资并不十分旺盛、经济也非过度繁荣、促使经济较快增长成为经济运行的首要目标时，宜采用这种政策组合。松的货币政策可以保持经济的适度增长；紧的财政政策可以减少政府开支、抑制需求过旺。由于行之有效的松的货币政策不易把握，这种财政货币政策组合难以防止通货膨胀的出现。

在现实生活中，“双松”政策和“双紧”政策都是同向操作，实施起来对经济的震动很大，通常会导致经济的大起大落，不利于社会经济的稳定运行。而且这种同向操作有一个具体问题，就是力度较难把握。因此，在一般情况下，应采取松紧搭配的方式，同时政府要不断根据具体情况来调整财政政策和货币政策，使其协调配合，最终实现宏观调控目标。

本章小结

货币政策是中央银行为实现宏观经济调控目标而采用各种方式调节货币供应量，进而影响宏观经济的各种方针和措施的总称。货币政策是现代市场经济国家最重要的宏观经济调控手段之一。货币政策通常包括货币政策目标、货币政策工具、货币政策效应及传导机制等环节。

货币政策的目标是指中央银行制定和实施某项货币政策所要达到的特定的经济目的。目前，西方发达国家的货币政策一般有四大目标：稳定物价、充分就业、经济增长和国际收支平衡。货币政策的四大目标，都是国民经济政策的战略目标的组成部分，但它们之间既有统一性，又有矛盾性。

货币政策工具是中央银行为实现货币政策目标，对金融进行调节和控制所运用的各种策略手段。货币政策工具是中央银行可以直接控制的，其合理运用有利于中央银行货币政策目标的实现。中央银行的货币政策工具主要有三类：一般性货币政策工具、选择性货币政策工具和其他政策工具。一般性货币政策工具包括：存款准备金政策、再贴现政策和公开市场业务，俗称“三大法宝”。

货币政策的传导机制是指中央银行确定货币政策目标以后，通过各种货币政策工具的运用，引起中介指标的变动，从而影响整个社会经济活动以实现既定货币政策目标的过程。由于对各项变量的重视程度不同，逐渐形成了互有争议的众多学派。其中具有代表性的主要有两大主流学派：凯恩斯学派的货币政策传导机制理论和货币主义学派的货币政策传导机制理论。

货币政策效应是指货币管理当局推行一定的货币政策之后，社会经济运行所作出的现实反应。它是货币政策的实施对社会经济生活产生的影响，是货币政策传导于经济过程之后的必然结果。影响货币政策效应有内在因素（货币政策目标、货币政策工具、推行货币政策的时机）和外部因素（时滞、货币流通速度、微观主体的预期）。

货币政策效应的衡量主要有两个方面：一是发挥效应的快慢，二是发挥效力的大小。

货币政策与财政政策是政府最主要的两项宏观经济政策，两者既紧密联系又存在着功能上的差异，这就需要两者配合运用才能达到宏观调控的目的。货币政策与财政政策的配合有“双松”政策、“双紧”政策、紧的货币政策和松的财政政策、松的货币政策和紧的财政政策四种模式。

基本概念

货币政策　　货币政策效应　　货币政策目标　　货币政策工具
存款准备金政策　　再贴现政策　　公开市场业务　　货币政策传导机制

课后习题

1. 西方国家货币政策的最终目标有哪几个？中央银行在同一时间实行同一种货币政策能否同时达到这

些最终目标？为什么？

2. 请比较中央银行三大基本政策工具各自的优缺点及适用条件。

3. 论述凯恩斯学派和货币学派关于货币政策传导机制的理论分歧。

4. 在通货紧缩的情况下，如何运用一般性货币政策解决这一问题？

5. 为了实现当前的货币政策目标，应如何改革和完善我国的货币政策工具？

6. 试论货币政策与财政政策的配合。

案例讨论

案例一　美国公开市场业务运作

一、公开市场业务运作由美国联邦公开市场委员会负责

美国联邦公开市场委员会(FOMC)由联邦储备体系理事会的7位成员、纽约联邦储备银行行长和另外4位联邦储备银行行长组成。尽管只有5家联邦储备银行的行长在该委员会中拥有表决权，但另外7位地区储备银行行长也列席会议并参加讨论，所以他们对委员会的决定也有些影响。由于公开市场操作是联邦储备体系用以控制货币供应量的最重要的政策工具，联邦公开市场委员会必然成为联邦储备体系内决策的焦点。联邦公开市场委员会不直接从事证券买卖，它只是向纽约联邦储备银行交易部发出指令，在那里，负责国内公开操作的经理指挥人数众多的下属人员，实际操作政府或机构证券的买卖活动。该经理每天向联邦公开市场委员会成员及其参谋人员通报交易部活动的情况。

公开市场操作可以分为两类：能动性的公开市场操作和保卫性的公开市场操作。前者旨在改变准备金水平和基础货币，后者旨在抵消影响货币基数的其他因素的变动(如在联邦的财政部存款和在途资金的变动)。美联储公开市场操作的对象是美国财政部和政府机构证券，特别是美国国库券。

二、纽约联邦储备银行交易部工作流程

国内业务操作经理监督交易员进行证券买卖。我们假如称这位经理为吉姆，他的工作日从阅读一份估计昨天晚上银行系统准备金总量的报告开始，这份关于准备金的报告，有助于他确定需要多大规模的准备金变动才能达到令人满意的货币供应量水平。他也检查当时的联邦基金利率——它可以提供有关银行系统准备金数量的信息：如果银行体系拥有可贷放给其他银行的超额准备金，联邦基金利率便可能下降；如果银行准备金水平低，几乎没有银行拥有超额准备金可以贷放，联邦基金利率便可能上升。

上午9:00，吉姆同几位政府证券交易商(他们为私人公司或商业银行工作)进行讨论，以便对当天交易过程中这些证券价格的走势有所感觉。同这些交易商见面之后，大约在上午10点，他收到研究人员提交的报告，附有关于可能影响基础货币的一些短期因素的详细预测。例如，如果预测结算在途资金将因全国范围内的天气晴好使支票交付加快而减少，吉姆便知道，他必须运用保卫性的公开市场操作(购买证券)来抵消因在途资金减少而预期带来的基础货币减少。然而，如果预测在联邦的财政部存款或外国存款会减少，便有必要运用保卫性的公开市场出售来抵消预期的基础货币扩大。这份报告也对公众持有的通货情况作出预测，如果预期通货持有量上升，那么运用公开市场购买以增加货币基数，从而防止货币供应量下降，便是必须做的事情了。

上午10:15，吉姆或其手下的一名工作人员打电话给财政部，了解财政部对财政部存款这些项目的预测。与财政部的通话，也能获得其他方面的有用信息，如将来财政部出售债券的时间安排可以提供有关债券市场走势的线索。

在取得了所有这些信息以后，吉姆查看他从联邦公开市场委员会收到的指令。这个指令告诉他，联邦公开市场委员会欲实现的几种货币总量指标的增长率(用幅度表示，比如说年率4%～6%)和联邦基金利率的幅度(比如说10%～14%)是多少。然后，他规划好为实现联邦公开市场指令所需进行的能动性的公开市场操作。把必要的保卫性的公开市场操作同所需进行的能动性的公开市场操作合在一起，该经理便作出了当天

公开市场操作的“行动计划”。

整个过程到上午 10:15 完成，这时，吉姆同联邦公开市场委员会的几位成员举行每天例行的电话会议，扼要报告他的战略。计划得到同意以后，通常在上午 11:30 分稍后一些，他让交易部的交易员打电话给政府证券一级交易商(私人债券交易商，人数在 40 人左右)，询问出售报价(如果拟做公开市场购买)。举例来说，如果吉姆为增加基础货币而打算购买 2.5 亿美元的国库券，交易员便将交易商在不同报价水平上所愿出售的国库券数额写在一块大黑板上，报价从低价到高价依次排列。由于美联储欲得到尽可能有利的价格，它便由低到高依次购买国库券，直到打算购买的 2.5 亿美元都已买到为止。

收集报价和着手交易大约在 12:15 分完成。交易部随即平静下来，但是交易员仍要继续监视货币市场和银行准备金的动向，在极少数情况下，吉姆还可能决定有必要继续进行交易。

有时，公开市场操作是以直截了当买或卖证券的方式进行的。不过，交易部市场采取另外两种交易方式。在回购协议方式(常称作回购)下，美联储与出售者订立协议，规定出售者要在短时期内(一般不超过一星期)再将这些证券购回。一份回购协议，实际上就是一次暂时的公开市场购买。当美联储打算实施暂时性的公开市场出售时，它可以进行一售一购配对交易(有时称作反回购)。在这种方式下，美联储出售证券，但买主同意在不久的将来再把这笔证券卖回给美联储。

(资料来源：www.s888.cn/nhic/hbyhx/hbyh/yhjl/aluf9/1/7.doc)

☞ **讨论题：**

我国公开市场操作是如何进行的？

案例二　2015：货币政策松紧适度适应新常态

2014 年的最后一天，央行货币政策委员会 2014 年四季度例会发布了会议公告，其中对货币政策的表述较以往有了细微变化。会议提出，要继续实施稳健的货币政策，更加注重松紧适度，灵活运用多种货币政策工具，保持适度流动性，实现货币信贷及社会融资规模合理增长。“更加注重松紧适度”首次出现在货币政策委员会例会的公告中。

这一表述与 2014 年 12 月 9 日至 11 日召开的中央经济工作会议部署 2015 年工作任务时提出的“继续实施积极的财政政策和稳健的货币政策。积极的财政政策要有力度，货币政策要更加注重松紧适度”一脉相承。

“创新”成为 2014 年宏观调控关键词

“强调货币政策操作要更加注重松紧适度，实际强调的是要继续增强灵活性。”有关专家就此表示，“货币政策的这一新表述，实际上与中央经济工作会议提出的‘主动适应经济发展新常态，保持经济运行在合理区间，把转方式调结构放到更加重要位置’的要求是相匹配的”。

“更加注重松紧适度”的提法虽然面世不久，但细心的人不难发现，在 2014 年全年货币政策操作上，这一提法的精神和思路已得到充分体现。

2014 年经济运行刚一开局，央行就着眼于流动性管理。为提前应对年初流动性可能出现的波动，1 月 17 日，央行发布《关于开展常备借贷便利操作试点的通知》，在北京、江苏、山东、广东、河北、山西、浙江、吉林、河南、深圳等分支机构开展常备借贷便利操作试点，主要解决符合宏观审慎要求的中小金融机构流动性需求，完善中央银行对中小金融机构提供正常流动性供给渠道，促进货币市场平稳运行。

此后，央行继续发挥公开市场操作的预调微调功能，结合各阶段流动性供求变化，合理把握公开市场正回购操作的力度和频率。同时，根据短期流动性供求复杂多变的特点，适时调整公开市场正回购操作期限，进一步提高流动性管理的有效性。

央行还结合市场利率走势变化，适时增强公开市场操作利率弹性。如三季度公开市场 14 天期正回购操作利率先后两次分别下行 10 个基点和 20 个基点，既实现了对市场预期的有效引导，也有助于促进货币市场的平稳运行。

2014 年，银行体系流动性管理在面临来自资本流动变化、财政支出变化及资本市场 IPO 等多方面扰动的情况下，承担了完善价格型调控框架、引导市场利率水平等多方面的任务。为保持银行体系流动性总体平稳适度，支持货币信贷合理增长，进一步提高调控的灵活性、针对性和有效性，9月份，央行创设了中期借贷便利(MLF)。

从2014年全年看，从正逆回购，到SLO、SLF；从定向降准、支小再贷款，到PSL，再到不对称降息……央行不断在创设和丰富货币政策工具组合，其“灵活创新”的操作特征给人们留下了深刻印象。

稳增长调结构精准发力

为贯彻落实国务院常务会议精神，进一步鼓励金融机构提高配置到“三农”和小微企业等需要支持领域的贷款比例，增强金融服务实体经济的能力，央行于2014年4月和6月两次实施定向降准。两次定向降准的实施范围基本上包括了除农信社和村镇银行以外的全部金融机构。从政策实施的效果看，两次定向降准很好地发挥了信号和结构引导作用，通过建立促进信贷结构优化的正向激励来加大对“三农”和小微企业的支持力度。

8月，为贯彻落实国务院常务会议关于“加大支农、支小再贷款和再贴现力度”的要求，提高金融服务“三农”等国民经济薄弱环节的能力，央行对部分分支行增加支农再贷款额度200亿元，引导农村金融机构扩大涉农信贷投放，促进降低“三农”融资成本。

同样在8月，央行在保持流动性总体适度的前提下，加大支农再贷款力度，运用MLF为符合宏观审慎要求的商业银行提供资金支持，通过抵押补充贷款工具(PSL)为开发性金融支持棚户区改造提供长期稳定、成本适当的资金额度，进一步改进宏观审慎管理指标。

货币政策亦在操作中体现着改革精神。3月中旬，央行宣布自2014年3月17日起，银行间即期外汇市场人民币兑美元交易价浮动幅度由1%扩大至2%，这是1994年以来央行第4次调整人民币汇率的波幅。1994年人民币汇率浮动幅度是0.3%，2007年扩至0.5%，2012年扩至1%。此次“扩幅”释放出的信息是，人民币汇率已经处于相对合理均衡的状态。

11月21日，央行决定自11月22日起下调金融机构人民币贷款和存款基准利率，同时结合推进利率市场化改革，将金融机构存款利率浮动区间的上限由存款基准利率的1.1倍调整为1.2倍；其他各档次贷款和存款基准利率相应调整，并对基准利率期限档次作适当简并。

2014年的经济发展可以用“艰难前行”来概括。但我们也欣喜地看到，随着一系列政策操作工具的不断丰富和完善，全年稳增长、调结构取得了令人瞩目的成绩。这一切，显然得益于宏观调控的精准、适时发力。

新常态需要灵活应对

2015年经济发展已全面开局，我国经济运行正式步入新常态。新常态意味着发展阶段的变化，意味着发展思路的调整，更意味着宏观调控的适时而变。

有专家认为，2015年中国经济同时存在上行动力和下行压力，宏观政策需要根据经济、金融状况进行微调。即使经济增长略有减速，就业形势也不会出现大问题，因此不需要采取一些强刺激。2015年需要保持稳健的货币政策。在这种基调下，“松紧适度”实际强调的是政策的灵活性和针对性。

交通银行首席经济学家连平在接受记者采访时表示，我国未来的货币政策需要与新常态相适应，为新常态的平稳运行创造良好的货币环境，“稳健、灵活和变革”仍将是关键词。正如中央经济工作会议对2015年货币政策的定调——继续实施积极的财政政策和稳健的货币政策，货币政策要更加注重松紧适度。与此同时，货币政策工具创新未完待续，货币政策运行环境的调整乃至传导机制的变革将在2015年继续深化。

2015年，货币政策将以“松紧适度”应对经济发展新常态。对于货币政策如何做到松紧适度，接受采访的专家认为，衡量松紧适度的标准就是看政策与经济运行的适合度。从2014年开始，我国货币政策一直在适时适度预调微调，宏观调控取得了预期成效。可以预期，在经济运行新常态背景下，货币政策将紧密配合稳增长、调结构、转方式、惠民生的大政方针，适时适度开展预调微调，宏观调控将继续取得预期的良好效果。

(资料来源：http://www.financialnews.com.cn/yw/jryw/201501/t20150108_68833.html)

☞**讨论题：**

如何理解我国目前货币政策“更加注重松紧适度”？

第十章
金融危机

引言

自布雷顿森林体系解体以来，尤其20世纪最后十年和21世纪初，金融危机频繁爆发，众多国家陷入金融危机的苦海中。金融危机的全球特征引起了社会各界的高度关注，经济学家们从危机产生原因、特征、分类到金融危机的防范进行了大量的研究，提出了各种理论阐述金融危机的原因，形成了第一代金融危机理论、第二代金融危机理论、第三代金融危机理论、资产负债表衰退理论，并提出了相应的防范、治理措施。本章主要介绍金融危机的定义、特征、分类、三代金融危机理论以及金融危机的防范与治理问题。

第一节　金融危机概述

一、金融危机的定义

关于金融危机有种种表述。经济学家雷蒙德·戈登史密斯定义：金融危机是“所有或绝大部分金融指标的一次急剧的、短暂的、超周期的恶化，这些指标包括短期利率、资产（股票、房地产）价格、厂商的偿债能力以及金融机构的破产等”。经济学家米切尔·鲍度则以预期的改变、担心金融机构丧失偿债能力、企图将真实资产或非流动性资产转换成货币等10项关键要素来定义金融危机。米什金认为金融危机的结果是金融市场不能有效提供资金向最佳投资机会转移的渠道，从而对整个经济造成严重破坏。

《新帕尔格雷夫经济学大辞典》中的定义是：“全部或大部分金融指标如短期利率、资产（证券、房地产、土地）价格、商业破产数和金融机构倒闭数的急剧、短暂和超周期的恶化。”说明了金融危机所具有的三层含义：一是金融危机是金融状况的恶化；二是金融危机时的金融恶化涵盖了全部或大部分金融领域；三是金融危机时的金融恶化具有突发的性质，它是急剧、短暂和超周期的。判断金融危机的标准，是这种恶化的严重性在金融领域的表现程度，以及对物价体系、信用关系、资本市场、国际收支，乃至整个国民经济所造成的影响。

词典还对金融危机做了一个补充性的描述："……外国资产持有者大量抛出资产——通常是货币和债券——以逃避用某种货币为计价单位的资产而出现的国际金融危机……由于没有国际上的最终贷款者出来，或者它的力量不够强大，结果债务紧缩越来越严重，终于导致长期的衰退。"从这一定义可以看出，当前的金融危机，是指在金融市场上，由于金融秩序不完善、市场机制不健全、交易风险管理水平差、国际游资的冲击等原因而引起各种程度不同的金融混乱现象。其表现是银根收紧、银行发生挤兑或停兑、金融机构倒闭、固定汇率制度崩溃、外汇储备耗尽等。

二、金融危机的分类

(一)国际货币基金组织的分类

1. 货币危机(Currency Crises)

货币危机是指投机冲击导致一国货币大幅度贬值，抑或迫使该国金融当局为保卫本币而动用大量国际储备或急剧提高利率。如1992～1993年欧洲货币体系危机就是典型的货币危机。

2. 银行业危机(Banking Crises)

银行业危机是指银行不能如期偿付债务，迫使政府提供大规模援助，以避免违约现象的发生。表现为真实的或潜在的银行破产致使银行纷纷终止国内债务的清偿，一家银行的危机发展到一定程度，可能波及其他银行，引起整个银行系统的危机，迫使政府提供大规模援助以阻止事态的发展，避免扩散到整个金融体系。20世纪90年代日本和东南亚金融危机中，各国就曾发生大批金融机构破产倒闭。

3. 系统金融危机(Systemic Financial Crises)

系统金融危机也称为全面金融危机，是指主要的银行、货币等领域都出现危机，货币危机、银行业危机、外债危机的同时或相继发生，整个金融市场出现严重的混乱局面。它削弱了市场的有效性原则，会对实体经济产生极大的负面效应，一次系统金融危机可能包括货币危机，但一次货币危机却不一定使国内支付体系陷入严重混乱，也就不一定导致系统金融危机的爆发。

4. 外债危机(Foreign Debt Crises)

外债危机是指一国处于不能支付其外债利息的情形，无论这些债权是属于外国政府还是非居民个人。实际上，债务危机本质仍然是货币危机，如20世纪80年代和90年代，拉丁美洲部分国家的金融危机就是起源于债务引发的货币危机。

(二)根据金融危机的影响地域分类

1. 国内金融危机

这一类危机往往起因于某些国家的国内经济、金融因素，其影响面仅局限于一国国内，一般通过整顿所在国的经济金融秩序、加强法治，或者由金融当局出面采取某种形式给予适当救助，即可化解与解决。如1988～1989年的美国储贷协会危机、1992年的印度迈赫塔股票诈骗案和1997年的阿尔巴尼亚集资风波等。

2. 区域金融危机

这一类危机往往最先爆发于某一经济贸易一体化组织中的一个成员国，而后迅速传导到其他成员国，对于集团外国家或者世界经济金融一般没有或较少有直接的影响，危机的化解与解决也主要依靠集团内部有关国家经济金融当局在政策协调方面的共同努力，尽管有时来自于外部或者国际社会的财政援助是十分必要的。货币冲击或货币危机常常构成区域金融危机的标志性特征，如1992～1993年的欧洲汇率机制危机、1992～1994年的卢布危机和1997年7～8月的东南亚金融危机。

3. 全球金融危机

这一类危机区别于上述两种危机，无论它首先在发达国家爆发，还是在发展中国家爆发，其后必然通过某种途径传导到欧美主要发达国家，进而波及全球金融市场，并且在一定条件下极有可能引发世界经济危机或全球经济衰退。而世界各国特别是主要发达国家的政策协调，有关国际金融机构的资金援助，甚至相关国家的经济金融体制以及国际金融体制的改革，都是能否顺利化解全球金融危机的重要制约条件。如1929～1933年首发于美国的"大危机"和首发于美国2007年次债危机进而肆虐全球的金融风暴，就是这类危机的典型例证。

(三)根据金融危机的性质、内容分类

1. 货币市场危机

这类危机是指在实行固定汇率制或带有固定汇率制色彩的钉住汇率安排的国家，由于其国内经济变化没有配合相应的汇率调整，导致其货币内外价值脱节，反映为本币汇率的高估，而由此引发的投机冲击加大了外汇市场上本币的抛压，其结果要么是外汇市场上本币大幅度贬值，要么是该国金融当局为捍卫本币币值而动用大量国际储备干预市场或大幅度提高国内利率。如1997年东南亚金融危机中的泰国危机和1998年俄罗斯金融危机。

2. 资本市场危机

这类危机是指某些国家的资本市场(主要是股票市场)由于国内或国外的原因，导致价格在短期内大幅度下降，如1987年的"黑色星期一"。资本市场危机与货币市场危机具有联动作用，资本市场危机可以导致货币市场危机，而货币市场危机同样也可以引发资本市场危机，1997～1998年的东南亚金融危机就是证明。

3. 金融机构危机

这类危机是指某些商业银行或者非银行金融机构由于内部或外部原因，出现大量不良债权或巨额亏损，导致破产倒闭或支付困难，其影响极易扩散，引发全社会对各类金融机构的挤兑风潮，从而严重威胁整个金融体系的稳定。如1961～1965年的香港银行倒闭风潮和1996年的日本"住专丑闻"。

4. 综合金融危机

这类危机往往表现为上述几种危机的混合体，现实中常常是一种危机的爆发带动其他危机的爆发，比如东南亚金融危机就是货币市场危机首先爆发，资本市场危机、金融机构危机的接踵而至，危机迅速波及有关国家的整个金融市场和金融体系，形成综合金融危机。综合金融危机一方面严重损害了相关国家的经济金融利益，且极易升级为经济危机或政治危机，另一方面也一定程度上暴露了危机国所存在的深层次结构问题。

(四)根据金融危机的影响程度分类

1. 系统性金融危机

这一类危机源于系统性金融风险，其影响深远且带有明显的全局性特征，如果应付不当，

将危及一国金融体系乃至世界金融的安全与稳定，前面提到的综合金融危机就是典型的系统性金融危机。

2. 非系统性金融危机

这一类危机源于非系统性金融风险，其影响往往局限于某一特定金融机构、金融市场或金融领域，一般不会对一国的金融体系形成直接威胁，如 1992 年的印度迈赫塔股票诈骗案和 1995 年的英国巴林银行倒闭，但是也并不排除非系统性金融危机由于处理不当在一定条件下转化为系统性金融危机的可能性。

三、金融危机史简介

金融危机自资本主义出现以来从未停息，经常以各种形式侵袭全球不同的国家和地区。金德尔伯格的统计结果表明，1618～1998 年，世界上不同国家或地区共计发生金融危机 38 次，一些是在一个国家或者地区发生，一些在几个国家和地区共同发生(如 1637 年欧洲的郁金香狂热、1929 年大萧条)。20 世纪五六十年代、70 年代中期以及 70 年代末到 80 年代初，共发生了三次世界性的金融危机。90 年代主要是 1990 年日本的金融危机、1994～1995 年的墨西哥金融危机以及 1997～1998 年的亚洲金融危机。

金德尔伯格的统计尚未记录 1998 年的俄罗斯金融危机、2000 年的美国纳斯达克泡沫以及肇始于 2007 年年初由美国次贷引发的金融危机。由此，自 1618 年开始的近 390 年里，发生 42 次大小不等的危机，这意味着每 10 年左右的时间就会在某个局部或者全局范围出现一次危机，由此对金融危机的频发性可窥一斑。从近 10 多年的金融危机历史演进发现，经济全球化越发达的时代，危机反而越频发，1990 年以来就出现了 5 次较大规模的金融危机。

国际货币基金组织 2008 年的一篇最新研究报告提供了比金德尔伯格更为详细的金融危机数据，指出 1970～2007 年共计发生系统性银行危机 125 起，平均每 10 年 34 起，远超过金德尔伯格的金融危机数据。这一个报告还提供了这 125 起系统性银行危机的发生时间、危机期间最高不良贷款率、政府财政救助成本在 GDP 的比重、危机期间国内产出的损失以及危机期间最低的 GDP 增长率等详细数据，为进一步研究金融危机历史提供了很好的基础。

四、金融危机的演变过程

一般来讲，金融危机演变过程大致分为四个阶段：危机的潜伏阶段、危机的爆发阶段、危机的扩散阶段和经济的复苏阶段。

(一)危机的潜伏阶段

危机的潜伏阶段在金融危机爆发之前，这一阶段往往表现为国内经济一片大好，GDP 增速明显，房地产欣欣向荣，股价涨势喜人，整个社会呈现出一种普遍乐观的心理，而政府扩张性政策或监管的放松助长了这一乐观情绪。基本特征为：经济持续增长，外部资金大量涌入，信贷投放快速增长，投资规模极度膨胀，资产价格迅速飙升。上述各种经济数据一片向好催生了投资者的乐观情绪，市场开始出现投资狂热，非理性投资行为占据了主导位置。

这种乐观的情绪具有传染性，或称“羊群效应”。查尔斯·麦基在其《非同寻常的大众幻想与全民疯狂》一书提到南海泡沫中投资者乐观传染的一个例子：银行家马丁在 1792 年 8 月的第三次南海股票认购时说，当世界上其他人都发疯时，我们必须以某种方式效仿他们。某些事件的发生增强了市场信心，导致市场盲目乐观，确信未来经济会繁荣，因此人们进一步认为有必要加大投资。结果，金融机构接受了在理性环境下一般不会接受的流动性较低的负债结构，经济开始扩张，不断繁荣，直至产生经济过热。伴随着投资过热，人们的贪婪欲望随之增大，市场上的欺诈行为应运而生。一旦欺诈行为被曝光，市场就可能出现混乱，并往往引起突发性崩溃和恐慌。历史上著名的南海泡沫、日本“失去的十年”以及本轮次贷危机，都出现了各种各样的欺诈行为。

(二)危机的爆发阶段

泡沫总归是泡沫，虽然美丽但最终难以逃脱破灭的宿命。任何一次金融危机都遵循这样一个逻辑：经济政策放松、信贷扩张——经济繁荣、资产价格泡沫形成——经济政策反转、预期改变——资产泡沫破裂、金融危机爆发——金融机构破产、信贷(流动性)紧缩——危机向实体经济扩散(导致经济下滑或衰退)。在危机爆发阶段，市场一般表现两大特征：一是预期变化往往是引发危机的直接原因，二是房市、股市及外汇市场是危机爆发主要导火索。继投资过热、经济繁荣之后，由于外部冲击或其他某种因素改变了市场参与者的预期，资产泡沫破裂，金融危机爆发。历次金融危机的实际表明，房地产、股票及外汇市场是引发金融危机爆发的主要导火索。银行业危机中，房地产、股市泡沫的破裂无疑是引发金融危机的源头；而货币危机或债务危机中，危机爆发国的货币往往成为国际投机者的狙击对象，进而可能引致银行危机。以日本金融危机为例。从 1989 年 5 月至 1990 年 8 月，日本银行五次上调中央银行贴现率，达到 6%。由此，日本经济就像一只膨胀的气球被猛扎数针，地价、股价迅速暴跌，金融危机全面爆发。而东南亚金融危机的爆发则始于汇率贬值。1997 年 7 月 2 日，泰国中央银行放弃泰铢与美元挂钩的联系汇率制，代之以浮动汇率制，从而导致泰铢大幅贬值，汇市、股市、房地产市场泡沫破裂，并引发金融危机，成为亚洲金融危机的导火索。

(三)危机的扩散阶段

随着世界经济全球的发展，各国在经济、金融方面的联系越发密切，金融危机扩散日渐成为一种普遍现象。危机一旦爆发，将不仅限于危机国家内部，而且迅速扩散到其他国家和地区，演变成区域性乃至全球性金融危机。无论是 1992 年爆发的欧洲金融危机、1994 年爆发的墨西哥金融危机、1997 年爆发的亚洲金融危机，还是 2007 年爆发的美国次贷危机，都是从发源地迅速向周边国家扩散、传导，给周边国家甚至世界经济发展带来了极为严重的负面影响。

(四)经济的复苏阶段

金融危机严重的国家，在不断修复之后逐步进入危机发展的第四阶段，即实体经济修复阶段。此时面对的关键问题是，如何消除金融危机的影响，提高金融体系的效率和稳定，促进和保证受到打击的世界经济能够恢复发展。从历史的经验看，金融危机爆发一段时期后，都会引起危机国实体经济的下滑或衰退，经过政府的救市以及经济的自我调节，经济开始逐步恢复稳定，市场利率降低，市场上升态势开始显现，危机的负面影响即将结束。随后，市场参与主体的信心逐步恢复，对未来的经济形势不再过度悲观，投资者的投资热情开始被市场调动，消费者的消费潜力也逐步被市场挖掘，整个市场逐渐恢复。

五、典型的金融危机

(一)郁金香泡沫

16世纪中期,郁金香从土耳其被引入西欧,不久,人们开始对这种植物产生了狂热,到17世纪30年代初期,这一时尚导致了一场经典的投机狂热。荷兰人喜欢郁金香,因此郁金香的需求迅速增加,但是郁金香供给的增长却很慢。供需的差距拉大,使商人们认为有机可乘,便囤积居奇,一时花价飞涨。1635年,一种叫Childer的郁金香品种单株卖到了1 615弗罗林(florins,荷兰货币单位)。而17世纪早期的荷兰,买4头公牛,只要花480弗罗林,1 000磅(约454千克)的奶酪也只需120弗罗林。可是,郁金香的价格还在继续上涨。1636年,一株稀有品种的郁金香(当时的荷兰全境只有两株)竟以4 600弗罗林的价格售出,购买者还需要额外支付一辆崭新的马车、两匹灰马和一套完整的马具。甚至有传闻乌德勒支(荷兰的一个城市)的一个酿酒师愿意为3个郁金香球茎而卖掉他的酒厂。但是,当人们意识到这种投机并不创造财富,而只是转移财富时,总会有人清醒过来。1637年2月,人们对郁金香市场的预期突然变坏。一天,在北荷兰省会哈勒姆市的一次普通的郁金香拍卖会上,居然没人站出来抬价、付钱,拍卖会冷冷收场。这一消息几天内就传遍了全荷兰,市场上的郁金香合同价格狂泻不已。荷兰政府一度曾想"托市",可规模太大,实在托不起。结果,郁金香的价格暴跌,最后剩下的价格不到原价格的1%,不少人借钱来炒卖郁金香,此时被逼得倾家荡产,泡沫最终破灭。

(二)南海股票泡沫

18世纪初,英国处于经济发展的兴盛时期。长期的经济繁荣使得私人资本不断集聚,社会储蓄不断膨胀,投机机会却相应不足,大量暂时闲置的资金有待寻找出路,而当时股票的发行量极少,拥有股票还是一种特权。在这种背景下,1711年南海公司成立。成立之后的南海公司,在政府的默许下,编造了一个个美妙的故事,人们不知道公司做什么,只知道公司赚大钱,是很好的投资对象。公司的股票从最初每股129英镑跳升到160英镑,又涨到每股390英镑。投资者趋之若鹜,就连国王也经不住诱惑,认购了10万英镑的股票。由于购买踊跃,股票供不应求,价格狂飙,最后每股竟高至1 000英镑以上,半年涨幅达700%。然而公司的真实业绩与人们期待的投资回报相去甚远,公司泡沫随时都可能破灭。1720年6月,为了制止各类"泡沫公司"的膨胀,英国国会通过了《泡沫法案》,即《取缔投机行为和诈骗团体法》。自此,许多公司被解散,公众开始清醒,对一些公司的怀疑逐渐扩展到南海公司。从1720年7月起,南海股价一落千丈,12月更跌至每股124英镑,南海泡沫由此破灭。

(三)美国20世纪20年代末投机泡沫

20世纪20年代,美国股市预期的财富增长速度大大超出了实体经济能支持的速度,社会又没有及时的纠错机制来制止虚拟经济与实体经济的进一步分离,泡沫的不断膨胀就不可避免。社会中涌动的暗流,诸如银行不良资产增加、社会财富分配不公、社会信用受到破坏、上市公司行为扭曲,都被节节攀升的股市和对未来经济增长的预期冲得无影无踪。从1921年开始,美国股市进入大牛市,股价一路上扬。到了1929年9月,股价达到了最高点,长达10年的大牛市使得道·琼斯股票指数上升了468%。证券交易总资金额从1925年的270亿美元飙升到了1929年的870亿美元，增加了3倍多。股市的投机气氛越来越浓，投机性泡沫越来越大，直至1929年经济大萧条导致泡沫破裂。实际上，从1929年9月起，事情开始起了变化，一些知名的经济学家们与银行家们开始讨论股市的走向问题。有些经济学家预言美国股市是在走向崩溃。从9月份的辩论开始，股市就有几次下跌，到了10月份，股市突然崩溃，股票价格下跌了25%以上。从1929年的10月29日到11月13日，纽约股票交易所300亿美元的账面资产烟消云散。银行受到了挤兑风潮的袭击，大批倒闭，紧接着全球经济都陷入了大萧条。

（四）日本20世纪80年代泡沫

20世纪80年代，第二次世界大战后经济的飞速发展使日本成为仅次于美国的第二大经济强国，高速的经济增长和近乎为零的通货膨胀率使得乐观主义在社会上流行。受到所谓"土地不会贬值"神话的影响，日本兴起了转卖土地的投机热潮。当时乐观的观点认为，只要对土地需求高涨，那么经济就不会衰退，而且市场也鼓励人们不断购买股票，声称股票不会贬值。随着日本政府对土地进行调控，最终泡沫崩溃。

（五）美国网络经济泡沫

20世纪90年代，信息科技公司、网络公司的表现卓越，美国经济高度繁荣，年经济增速保持4%，通货膨胀率保持2%左右的低水平，失业率也降到近30年来的最低点。人们对美国经济增长充满信心，纷纷欢呼一个"新经济"时代的来临，"网络经济将从根本上改变这个世界"的口号不断涌现在美国的街头巷尾。投资者对网络股的投机热情不断升温，持续达5年之久，把某些值得怀疑的公司的股票价格推到不可思议的高度。最后，在经济学家乃至投资银行分析师不断质疑声中，网络经济泡沫走向破灭。

（六）美国2000～2008年的房地产泡沫

进入21世纪，在遭遇互联网泡沫破裂以及"9·11"事件的重创后，美国将房地产市场作为经济引擎。美联储以连续降息的手段刺激经济增长，为房地产市场的非理性繁荣提供了"温床"。出于对未来房价持续上升的乐观预期，银行千方百计向信用度极低的借款者推销住房贷款。所有的人都把希望寄托在了房价只涨不跌的预期上。房价及房屋产权交易的热度不断上升，市场一派欣欣向荣的景象，投资房地产似乎成了所有人保障财务安全，甚至是追逐财富的最有效途径。由于经济周期性下滑，货币政策出现调整，利率提升，房价暴跌，违约率大幅上升，整个链条便出现断裂，房地产泡沫走向破灭。从2004年年中开始，美国连续加息17次，2006年起房地产价格止升回落，一年内全国平均房价下跌3.5%，为"大萧条"以来的首次。部分地区的房价下降超过了20%，房价下挫为"大萧条"以来最大跌幅。这导致次级和优级浮动利率按揭贷款的拖欠率明显上升，无力还贷的房贷人越来越多。新房销售量也大幅下滑，住宅市场持续低迷，住宅在经济增长中的作用急剧萎缩，相关产业受到较大冲击。资金链断裂，危机迅速蔓延到国外。以全球股市为例，2008年全球股市的市值缩水30万亿美元。其中，冰岛OMXI15指数以全年94.49%的跌幅荣登全球股市跌幅榜首位；俄罗斯股市全年最大跌幅为76%；越南2008年最深幅度下跌达74.29%；"金砖四国"中的印度和巴西，股市全年跌幅都超过40%以上；金融风暴漩涡中心的美国股指也遭遇1931年大萧条时期以来最大跌幅，2008年美国标准普尔500指数跌了39.35%；英、法、德三大股市2008年的跌幅都在40%左右；香港股市也结束了过去5年的牛市，2008年全年累积下跌48%，是1974年石油危机以来指数跌幅最惨的一年，港股市值在2008年跌去了10万亿港元，蒸发接近一半。中国上证指数全年跌幅为65%以上，深证成指全年下跌63.36%，中小板指数全年下跌54.16%，中国股市的市值缩水近20多万亿元。从2007年至今由美国次贷危机引发的全球金融危机仍在持续。

不同危机演进过程基本大致相同，但是投资对象却有所差异。郁金香事件中破裂的泡沫是郁金香球茎，南海公司事件中破裂的是南海公司股票，1929年经济大萧条中破裂的是美国的股市，“日本失去的十年”危机中破裂的是日本的股市和房市，美国网络经济泡沫破裂的是纳斯达克股市，而美国次贷危机中破裂的泡沫则有两种：一种是房地产，另一种是次级按揭贷款支持的金融衍生产品MBS和CDO。

六、金融危机的特征

(一)金融危机具有广泛的传染性

随着金融国际化的日益深化，全球经济、贸易关系日益紧密，资本在各国的自由流动有利于全球经济的发展和福利水平的提高，但是同时也使各国经济更易于受到国际经济环境变化的冲击。而国际游资流动频繁，加速了金融危机从一国蔓延到另一国的进程。另外，金融交易与实物交易的严重脱节也增加了金融市场的风险，一个环节出现问题，很容易引起连锁反应。一个国家的金融危机往往可能波及周边国家或国际资本市场，引起地区性的或全球性的金融危机，产生“多米诺骨牌效应”。全球金融市场动荡的主要传导机制是投资者过度敏感的金融恐慌心理，加上国际间资金调拨的电子化程度以及快速的信息传递，便形成所谓的“金融市场传染”问题。

(二)金融危机的生成具有潜伏性

当代金融危机爆发之前都表现出一定的潜伏性，金融危机爆发之前的积累过程往往伴随着危机发生国家和地区的经济金融改革的日益深化。金融危机爆发得很突然，但实际上，金融危机爆发是长期潜伏的综合性经济危机的总爆发。在此之前，尽管各国政府对危机的严重性已经逐步有所认识，也曾试图采取措施加以避免，但由于长期积累的问题使政府的政策活动空间十分有限，政府的政策也很可能出现矛盾和混乱。

(三)金融危机爆发具有内源性

对外开放使一国加入到世界经济的大环境中，与其他国家一起分享开放经济所带来的利益。与此同时，也使一国经济不可避免地受到国际各经济主体行为的冲击和制约。当代金融危机爆发地点都是进行市场化改革起步较早的国家，经济保持较高的增长速度，但在经济快速发展的同时，各国政府的宏观政策都存在一定的问题，正是由于不当的宏观经济政策导致了金融危机的爆发。

(四)金融危机爆发的频繁性

20世纪20年代末在美国爆发了金融危机之后，近半个世纪世界经济保持相对稳定。但是在90年代之后接连爆发了日本银行赤字风暴、墨西哥金融危机、日本银行坏账危机和亚洲金融危机，危机的间隔时间越来越短，金融危机爆发的频率明显增高。克鲁格曼在1998年曾指出,1990年以来全球发生三大货币危机:1992～1993年的欧洲货币危机、1994～1995年的拉美货币危机和1997年的亚洲金融风暴,平均每19个月发生一次。

(五)金融危机后果的严重性

当代金融危机爆发后,都对国内和世界经济产生了严重的影响。以亚洲金融危机为例,危机的爆发使各国经济发展蒙上一层阴影。一是外汇管理制度遭到致命的打击,各国外汇管理市场、管理体制一度陷入瘫痪,对危机的发展丧失控制能力;二是货币的贬值,从而促使通货膨胀率上升;三是利率的高估,若持续长久,将因投资不足使经济发展发生停滞甚至衰退的后果;四是对投资的不信任;五是危机后果扩大的潜在性。亚洲金融危机造成投资者对亚洲市场产生不信任情绪,导致外国投资者纷纷从泰国和东南亚撤出资金。这种情绪的继续蔓延,使亚洲金融危机波及范围加大,危机的严重性进一步加重,而这一后果又促使投资者继续持不信任的态度,从而使危机陷入恶性循环,越演越烈。1998年9月1日,香港交易所行情下调,危机波及稳定的香港,使人们认识到危机还没有结束。在短期内,受这场危机影响最大的是日本。日本向亚洲的出口占日本总出口的40%,在该地区直接投资达60亿美元,因此在短期内受到的影响更大。

七、金融危机的危害

金融危机对经济的冲击涉及方方面面,社会总会为之付出高昂的代价。不论是发展中国家还是发达国家都屡受其害。拉美债务危机使拉美国家失去了"发展的十年";亚洲金融危机则使一向欣欣向荣的亚洲经济倒退五六年,"东亚奇迹"黯然失色;美国的储贷协会危机让纳税人直接付出了1 800多亿美元的拯救代价,加深了美国在20世纪80年代末90年代初的衰退;欧洲货币体系危机曾迫使西欧若干主要国家退出欧洲货币体系;美国次贷危机仍在全球拯救中;如此等等。

金融危机的诸多不利影响最终将打击经济增长。墨西哥金融危机爆发后,其国内生产总值增长率由1994年的4.4%下降到1995年的-6.2%。亚洲金融危机爆发后的1998年,印度尼西亚的经济增长率跌至-13.7%,马来西亚跌至-6.7%,韩国跌至-5.8%,泰国跌至-9.4%。金融危机危害极大却又往往避免不了,这就促使人们寻求治理它的对策。早期的金融危机主要是银行危机,与实体经济的状况存在比较直接的联系。那时,主要依靠最后贷款人——中央银行——提供流动性支持银行,使银行度过挤兑困境,并使厂商获得喘息之机。金融全球化时代的危机与实体经济之间的联系日益曲折迂回,金融危机成因与表现形式复杂了许多,治理危机的对策也将趋于多元化。

第二节　金融危机理论的演进与发展

一、第一代金融危机理论

(一)理论背景

早在1961年,约翰·穆斯发表了理性预期的文章,之后卢卡斯相继发表了非常有影响的论文，经济学中出现了理性预期革命。在国际货币危机的理论研究方面，以投资者心理和经济理论为基础的研究明显增强。1979 年，克鲁格曼完成了题为《一种国际收支危机的模型》的开创性文章，奠定了现代金融危机理论模型的基础，弗拉德和加尔伯于 1984 年对其模型加以扩展并给予简化，形成了第一代金融危机理论，也称第一代货币危机理论。由于该理论的实践主要源于墨西哥和阿根廷等国家 20 世纪 80 年代末发生的货币危机，因此，这一理论特别强调外汇市场上的投机攻击与国内宏观经济基础变量之间的联系。

（二）假设条件

（1）货币能够自由兑换；

（2）资本能够自由流动；

（3）实行固定汇率制度；

（4）内部均衡是政府宏观经济政策的核心，货币当局为解决赤字而求助于铸币收益；

（5）固定汇率体制下，政府通过出售外汇储备来满足国内信贷的扩张；

（6）投机者能够获取充分有效的信息，从而能够理性地选择攻击（把本币换成外币）的时机。

（三）主要观点及结论

以克鲁格曼理论为核心的第一代金融危机理论揭示了货币危机的根源和本质，即危机的根源在于宏观经济基础变量的不断恶化（如过度扩张的货币政策与财政政策等）或宏观经济政策与稳定汇率政策（固定汇率制）间的不协调。实行固定汇率制度的国家面临以扩张性的货币政策为代表的宏观经济政策与固定汇率的矛盾，二者分别代表经济的内部均衡与外部均衡，二者冲突的结果是丧失外部均衡，而外部失衡的累积将持续消耗政府外汇储备，从而导致固定汇率制度的崩溃。在货币危机的发生过程中，一国经济的基本面决定了货币对外价值稳定与否，也决定了货币危机是否会爆发及何时爆发。对经济基本因素最大的威胁是为弥补政府不断扩大的财政赤字而过度扩张的国内信贷。公共部门的赤字持续"货币化"，超过公众实际需要的货币会转化为对政府外汇储备的购买，利息平价条件支持资本流出，导致本国外汇储备不断减少。在储备减少到某一个临界点，投资者出于规避资本损失（或是获得资本收益）的考虑，会向该国货币发起投机冲击。由于一国的外汇储备是可耗尽的，政府所剩余的外汇储备在极短的一段时间内将被投机者全部购入，政府被迫放弃固定汇率制，货币危机由此爆发。事实上，由于投机者的冲击，政府被迫放弃固定汇率制度的时间将早于政府主动放弃的时间。投机冲击和汇率崩溃是微观投资者在经济基本面和汇率制度间存在矛盾下的理性选择的结果，并非所谓的不道德行为。其政策建议是，要想避免这种危机，就必须放弃依靠货币创造融资解决政府财政赤字的宏观经济政策，实行稳健的财政政策。二者不可兼得，只能取其一。对政策制定者的建议是，必须不断强化宏观经济基础变量，保证政策间的一致性。该理论较好地解释了 20 世纪七八十年代的货币危机（即所谓的"拉美型"货币危机，如墨西哥 1973 年、1982 年危机，阿根廷 1978～1981 年危机）和俄罗斯 1998 年货币危机。

（四）理论的发展

由于强调投资者的完全理性与事实不符，于是弗卢德和加尔伯（1984）放弃了克鲁格曼（1979）中的完全预见能力假设，认为国内信贷过程是随机游走的，投机攻击的时间是不确定的，并在此基础上通过简化的线性模型概括了克鲁格曼的思想。康诺利和泰勒(1984)则强调汇率崩溃前贸易商品的相对价格行为，指出汇率崩溃前存在实际汇率升值和经常项目的恶化。克鲁格曼和罗坦伯格(1991)将1979年的模型拓展到投机者冲击的目标区域问题。弗卢德、加尔伯和卡拉迈(1996)、拉赫里和维赫(1997)等则考虑了中和干预政策和利率政策对货币危机的影响。

(五)理论的局限性

第一代金融危机理论最大缺陷在于假设当局坚持以一种机械的方式制定政策(而不是对市场及时作出反映)，即坚持以扩张的货币政策支持预算赤字，固执地通过出售外汇来保证利率平价，并直到储备耗尽。因此，对现实的解释力较弱。

第一代金融危机理论认为一国经济的基本面决定了该国的货币币值是否稳定，同时也决定了该国货币是否会受到攻击而爆发货币危机。并认为对经济基本面危害最大的因素是政府将财政赤字货币化，即通过国内信贷的扩张来消除巨额财政赤字。这样必然会造成国内货币供给大于货币需求，过多的货币供给会转化为对外汇(政府的外汇储备)的需求。或者政府为追求高速经济增长，采用过于宽松的货币政策，加快国内信贷扩张，也会形成对外汇储备的需求。一国货币供给大于货币需求，会导致利率下降，并因此引起资本外流，由此而形成对外汇储备的规避风险的需求，一国的外汇储备终究是有限度的，而广大投资者在认识到这一点时，会快速而集中地购买外汇储备，从而形成对本国货币的冲击，此时如果国际游资推波助澜，政府的外汇储备会在极短的时间内耗尽，政府被迫放弃固定汇率制度，本币急剧贬值，货币危机爆发。

第一代金融危机理论对于上述不一致性的描述可以说明，货币突然在极短时间内的巨额损失不一定表明投资者的不理性或市场操纵行为的存在，它可能只是局部逻辑性发展演变的结果。但是规范模型对许多危机都缺乏足够的解释能力，并且有些假设与现实情况不相吻合。

二、第二代金融危机理论

(一)理论背景

由于第一代理论无法对20世纪90年代发生的几次危机(如1992～1993年爆发的欧洲货币体系危机，当危机发生时，这些国家拥有大量外汇储备，且宏观经济政策并没有表现出与稳定汇率政策间的不协调)作出合理解释，而且该理论自身也存在诸多缺陷，经济学家们开始寻找其他理论解释。1994年，奥伯斯费尔德在第一代金融危机理论基础上引入公众的预期行为变量，构成了第二代金融危机理论。这一理论强调危机发生时政府与投机者预期之间博弈过程，认为即使宏观经济基础面没有恶化迹象，但由于人们普遍形成贬值预期，最终可能引发金融危机。

(二)假定条件

(1) 政府面临多个且相互矛盾的优化目标(如减少失业和降低通货膨胀率)；
(2)内部均衡是国内宏观经济政策的目标；
(3)外汇储备并不构成约束，国家较容易在国际资本市场上借到支撑汇率所需要的外汇；

(4)国内实行的是固定汇率制度;

(5)市场信息充分对称;

(6)是否坚持固定汇率制度要取决于其成本收益比较。

(三)主要观点及结论

在解释金融危机发生的机制时,该理论主要从三个方面分析:一是存在促使政府捍卫固定汇率的动机;二是存在促使政府放弃固定汇率的动机;三是市场对贬值的预期最终导致政府放弃固定汇率。政府是否维持固定汇率取决于对前两个因素的权衡,当市场预期本币贬值时,捍卫固定汇率的成本将大大增加,最终促使政府放弃固定汇率机制。

该理论认为维护汇率的收益体现在三个方面:一是有助于促进贸易和投资;二是该国可能有严重的通货膨胀历史,因而把固定汇率看作是控制国内信用的一个手段;三是汇率的稳定也可能被看成是维护该国荣誉的象征或者是存在着国际经济合作的承诺。而政府放弃固定汇率的原因在于维护固定汇率代价十分高昂:一种可能是政府存在严重的财政赤字,希望通过通货膨胀税来减轻这一负担;另一种可能是国内存在严重的需求不足,经济萧条要求政府采取扩张性政策,而扩张性政策和固定汇率制度相抵触。政府是否捍卫固定汇率取决于政府对维护汇率所产生的成本收益的权衡,当市场预期汇率贬值时,捍卫固定汇率的成本将大大增加,最终将促使政府放弃固定汇率制度。

(四)理论的局限性

第二代金融危机理论认为,国内选择货币贬值,并不是单一地因为外汇储备的枯竭,政府会根据维持固定汇率的成本收益比较相机选择货币是否贬值,维持固定汇率的成本与公众预期相关。货币危机的发生是由实际经济基础引起的,同样的实际经济基础也可能存在着多种情况,具有多重均衡的性质,因而货币危机的发生不再是可以预测的。另外,由于只有一小部分人有贬值预期时不会发生贬值,但如果引发数量足够多的人也同样预期,那么危机就有可能发生。可以说,该理论在揭示货币危机发生原因方面又有新的进展,它指出了公众对货币的贬值预期也是货币危机发生的原因之一。不但考虑了投资者的反应,同时还考虑政府对市场变化作出的反应。政府对市场变化的反应是基于对成本—收益分析的机理作出的。在权衡过程中,外汇储备并非唯一需要考虑的因素,高利率、失业率等因素也制约着政府的决策。如果存在让货币贬值的动机,但政府相信坚持固定汇率制可以带来更大的利益,那么将促使政府继续坚持固定汇率制。

第二代金融危机理论具有危机的自促成性质,投资者的预期和信念最终可能导致政府捍卫或放弃固定汇率。当政府内外政策不协调时,投机者预期汇率最终会贬值,就会提前抢购外汇,结果是国内的经济状况提前恶化,政府维护汇率的成本增加,货币危机提前到来,因而预期的作用使货币危机具有自促成的性质。

三、第三代金融危机理论

(一)理论背景

由于第一代和第二代金融危机理论不能很好地解释以 1997 年亚洲金融危机为代表的许

多金融危机，如亚洲金融危机及本轮由美国次贷引发的全球金融危机均表明，金融自由化、大规模的外资流入与波动、金融中介信用过度扩张、过度风险投资与资产泡沫化、金融创新产品的滥用以及缺乏审慎监管等，是与金融危机相伴发生的经济现象，金融中介尤其是银行中介在金融危机的形成过程中起着重要作用。许多学者开始跳出汇率机制、货币政策、财政政策宏观经济分析范围，着眼于金融中介、资产价格等微观因素分析，提出一系列基于金融中介的金融危机理论，形成了第三代金融危机理论。

第三代金融危机理论是在第一代、第二代理论基础上，重点研究资本流动和货币危机、资本市场发生危机的微观机制、危机爆发的时间和强度、危机的预警体系以及防范等方面的许多模型的统称。该理论目前尚没有一个统一的分析范式，但共同的特点是从不同侧面分析银行业信用的过度扩张——由此导致过度风险投资、资产特别是股票和房地产的泡沫化——而导致银行业危机并诱发货币危机，而这两种危机的强化作用进一步导致严重的金融危机。

（二）几种主要理论模型

东南亚货币危机所具有的许多新特点引起了众多专家学者的研究兴趣，他们也给出了多种解释。目前，比较流行的主流解释理论主要有资产泡沫化理论、道德风险理论、外资诱导型理论、金融恐慌理论和羊群效应理论等。

1. 资产泡沫化理论

该理论分析了资产泡沫化(Asset Bubbles)是导致银行业危机的机制。在泡沫形成时，预期的经济增长导致缺乏审慎监管的金融中介信用过度扩张、风险投资加大(尤其是贷款支持房地产与股票等投机性投资)，资产出现泡沫化，而资产价格的上涨使金融中介报表状况更加良好，这又导致进一步的过度风险投资。而泡沫崩溃过程来临时，资产价格的暴跌使过度暴露于资产市场的金融中介状况恶化，面临流动性危机而不得不收缩信用、抛售资产，结果使资产价格进一步下跌，非流动性演变成非清偿性使金融危机爆发。由资产泡沫导致的危机典型案例有 1929 年美国股票市场崩溃，20 世纪 90 年代的日本经济危机以及 2007 年美国次贷危机引发的全球金融危机等。

2. 道德风险理论

道德风险(Moral Hazard)是指由于借款人从事不道德行为(如过度风险投资)而导致贷款损失的风险。该理论强调了金融中介的道德风险在导致银行过度风险投资、形成资产泡沫化中的核心作用。他们认为，资本充足率较低且缺乏审慎监管的国内银行由于政府的隐性或显性担保而投资于高风险领域(主要是资本市场和房地产市场)，导致资产泡沫化。当泡沫破灭后，国内银行经营陷入困境，不良贷款急剧增加。由于银行和政府之间的密切关系，或是“大而不倒”的原因，政府会对陷入困境的国内银行进行救助而导致巨大财政开支，从而诱发货币危机。克鲁格曼(1998 年)利用一个简单的模型分析了道德危机导致过度风险投资的原因，并用这一模型揭示亚洲金融危机。

3. 外资诱导型理论

一些学者通过对 1994 年墨西哥比索危机及 1997 年亚洲金融危机的研究发现，大规模外资流入、波动与逆转是导致货币危机的重要原因，提出了一系列由外资导致的货币危机模型，强调了金融自由化与外资的流入在导致金融中介信用扩张、资产泡沫化及产生和放大商业周期中的关键作用，分析了大规模外资流入对本国宏观经济状况、银行业的影响，指出外资流入使得宏观经济稳定性变弱(经济过热、实际汇率升值、经常项目恶化、资产泡沫化等)，导致银行业过度贷款，风险投资比例、不良贷款比例增加，银行业脆弱，并且这是一个恶性循环过程。在外部冲击（国际利率上升、贸易冲击）和内部震荡（经济、政治不稳定）时，投机者冲击，外资逆转，货币危机发生。外资诱导型（Capital Flow-induced）理论主要强调外资通过银行业信用过度扩张的传导机制使本国的宏观经济和金融业脆弱性增强。

4. 金融恐慌理论

金融恐慌（Financial Panic）理论最初是由戴蒙德和迪布维格（Diamond & Dybvig，1983）在分析银行挤提现象时提出的，因此称为D-D模型。该理论认为金融中介的重要经济功能就是短贷长用、期限转换——将存款人的存款投资于经济中的长期项目，实现这一功能的重要前提是所有的存款人不会在同一时间同时提款，而在正常情况下的确如此，这正是概率论中的大数定理。此时银行的贷款可以支持长期经济投资，经济正常运转，存款人得到合理的存款利息——实现了经济中好的平衡点。然而还存在另一个坏的平衡点：当相当多的存款人从银行提款时，由于银行的流动资金有限，银行将不得不迫使其贷款支持的长期投资项目中途下马，这将导致银行贷款的损失，因而这种情况下银行不可能全额支付所有存款人的本金和利息。这样率先提款的存款人损失很小，而最后提款的存款人损失最大。因而，由于某种原因（经济状况的恶化或各种传闻），如果确信他人将会提款，则每一个存款人的理性选择是立刻从银行提款，结果导致所有的人都受到较大损失（和都不提款相比）——实现了经济中坏的平衡点。这种现象就是通常称的“金融恐慌”。金融恐慌发生的必要条件是：短期债务超过短期资产，不存在一个能够满足所有短期债务的私人贷款人，不存在最后贷款人。

该理论对金融危机的解释是，国际投资者由于对新兴市场缺乏充分信息，在一定条件下（国际经济、贸易冲击、国内经济薄弱等），投资者的信心突然改变，当看到或预期到其他债权人将要撤离资金，自己的最优理性选择应该是抢在其他投资者之前立刻撤资——结果导致迅速撤离的集体行动（尽管集体撤离最终导致最坏结果，亚洲的情况就是如此）。国际投资者的这种集体行动使新兴市场产生流动性危机，并最终导致非清偿性危机。在这种意义上，金融恐慌又是自促成的——预期到金融市场将出现危机同时行动（撤资），而投资者的集体行动最终使预期结果果真实现。

5. 羊群效应理论

羊群效应是指投资者在交易过程中存在学习与模仿现象，从而导致他们在某段时期内做出相同的投资行为。克鲁格曼（1997）认为金融市场上易发生羊群效应是因为大部分的投资是由资本代理人来完成的。投资于新兴市场的基金管理人在明知实际经济形势并没有投资者预期得那样乐观的情况下，也倾向于跟进投资。因为如果其他基金管理人从中获利而自己没有投资的话，就会被投资者指责判断失误，错过了好的投资机会；反之，如果投资失败，那么众多的投资者都遭受损失，不会显得自己无能。同时，基金管理人的投资也会吸引更多的投资者进行盲目的追风投资。羊群效应的另一方面是如果因为某个传言或是某项突发事件，引起一些基金管理人抽走资金，就有可能产生恐慌性的羊群行为，而发生银行挤兑，股市、汇市狂跌，从而爆发货币危机。

另外还有一些其他金融危机模型，如孪生危机（Twin Crisis）模型（分析了银行业危机与货币危机的关系及二者之间的自强化机制）、金融系统不稳定性模型（认为银行存款者间“协调失败”引起的银行挤兑是金融危机爆发的根本原因）、市场操纵者模型（研究大的投机商如索罗斯与一国央行的博弈问题）和不适当清算模型等，这里不再介绍。

四、三代金融危机理论的比较

三代国际金融危机理论分析角度各异，第一代金融危机理论强调宏观基本因素的恶化是导致货币危机的重要因素，第二代金融危机理论认为预期引致是关键因素，而第三代金融危机理论强调金融机制的作用。前两代金融危机理论都没有考虑到银行和货币危机之间的相互影响。但从内外因的角度来看，金融危机理论大致可以划分为两类：一类是以克鲁格曼为代表的第一代金融危机理论和以阿克尔洛夫（Akerlof）、罗默（Romer）和克鲁格曼的道德风险模型为代表的内因论，认为危机的起因主要在于国内经济基本状况恶化；另一类是以奥伯斯特菲尔德（Obstfeld）第二代金融危机模型为代表的外因论，该理论突出强调危机的发生在于外部经济条件的变化对国内经济的冲击，特别是国内外利率差的扩大引起资本的套利，导致资本大量外流，最终使固定汇率制瓦解。基本区别在于：外因论突出强调国际经济政策的不协调，尤其是货币政策不协调是危机产生的主要原因，而并不一定意味着危机发生时本国经济状况恶化。

随着世界经济的发展、国际经济一体化趋势的日益加强，国际金融危机产生的原因和机理更为复杂。经济学家的解释大多是“事后”行为，当一次金融危机爆发后会出现一些理论予以解释，这些理论对解释特定的国际金融危机有一定的说服力，但当新的金融危机爆发，这些理论又可能会显得无能为力。目前还没有一个理论能概括多种导致国际金融危机的因素，从而成为具有一般适用性的模型，这有待经济学家的进一步努力。

五、金融危机理论的可能径向：资产负债表衰退危机理论[①]

20 世纪 90 年代发生在新兴市场和亚洲国家的一系列金融危机，以及日本经济在过去 20 年内所经历的萧条和衰退，用传统的危机理论较难给予一个合理、准确的解释。当前随着全球经济一体化的快速推进，各种危机频发，从而导致危机研究理论不断地发展和成熟。在诸多理论中，辜朝明（Richard C. Koo）提出的资产负债表衰退危机理论除了对传统危机理论产生了重大的冲击，更多的是从另一个层面对传统理论进行了有效的补充，尤其是针对经典的长期增长理论对短期微观经济行为解释的缺憾，该理论从微观的经济行为理论层面给予了有效的解释。

资产负债表衰退学说将经济周期分为两个阶段，即经济发展周期的“常态”和“非常态”，辜朝明将两种经济周期定义为“阳态”和“阴态”。“阳态”经济和“阴态”经济最主要的区别在于企业部门的财务状况。

当经济周期处于“常态”（“阳态”）时，企业资产负债表健全，以利润最大化为目标。此时企业的资金需求旺盛，对利率变动反应灵敏。因此，货币政策是减少经济波动的主要工具，而财政政策由于对私人投资有挤出效应，会导致通货膨胀、利率上涨等现象发生，并且还会妨碍资源的最优分配，所以应尽量避免。

当经济周期进入“非常态”（“阴态”）阶段时，企业面临资产价格暴跌带来的资产负债表问题，所以不得不依靠缩减债务来维持财务状况。众多企业同时在追求负债最小化，将会导致

① 颜博、雷牧君，“论金融危机理论的发展历史及其可能径向”，《求索》，2013 年第 3 期；颜博，“经济危机理论新解读”，《经济问题探索》，2013 年第 5 期。

资金需求急剧下降，总需求减少，以至于引发合成谬误，将经济推入恶性循环通货紧缩的状态，并造成流动性陷阱。此时，由于私营部门的资金需求小，导致货币政策失灵。政府无法命令企业停止修复自己的资产负债表，因此只能反其道行之，所以，政府必须借入并花费私营部门的储蓄，只有这样才能使个人储蓄和企业偿债资金重新进入收入循环之中，因此财政政策成为主要调节工具。在“非常态”阶段，财政政策对私人投资不会产生挤出效应，所以，政府支出规模越大，对经济活动的介入就越积极，效果越理想。

资产负债表衰退理论可以解释各国“资产负债表衰退特征”，如德国 2000～2005 年经济衰退、日本 20 世纪 90 年代经济衰退、美国 2008 年次贷危机等。其中关于美国 2008 年次贷危机，该学说认为：

2008 年次贷危机之前，美国的“阳态”经济发展到了极端，随后泡沫破裂，美国金融业资产负债表迅速恶化。美联储启动了两轮量化宽松政策，贷款利率保持在极低的水平，仍无法有效刺激经济复苏。欧盟情况也类似，银行不愿放贷，企业和个人不愿借贷。金融机构迅速地收缩、合并重组以修复资产负债表。这些现象都说明欧美同时进入了资产负债表衰退阶段，现在正处于修复期。显然，欧美需要推出财政刺激政策，以维持正常的经济运转，避免陷入经济衰退的死循环。

上述大量的研究成果说明，现代经济体系具有复杂性、多样性和发展性的特征，这些特征有可能导致金融危机的形成、积累和爆发，当代的研究者大多将视角集中在金融系统本身。现在金融危机理论发展面临的一个新方向是：如何在研究金融危机当中，将其发生的微观经济条件予以融合，从而使金融危机的研究能够更加强调其与经济基础变量关系、更加强调经济基础变量与投资者预期的相互作用关系。

第三节　金融危机的预警与防范

一、金融危机的预警

由于金融危机的危害大，社会付出的代价高，必须要加强早期预警。金融危机的早期预警可以使人们在金融危机爆发前，对于危机的发生和传导有一个客观理性的分析判断，使有关国家的决策当局采取相应对策，改变相关的某些制度性安排，从而影响金融危机的国际传导进程。

（一）建立预警系统

1. 预警系统的研究方法

由于金融危机的发生越来越频繁，影响范围越来越广，破坏程度也越来越大，国外一些经济学家和国际货币基金组织都积极寻找能够作为金融危机早期预警信号的经济变量，提出了一些早期预警系统。其中比较有代表性的是国际货币基金组织的脆弱性预警指标体系和凯明斯基、利佐恩多和里恩哈持（Kaminsky，Lizondo and Reinhart）建立的预警方法——信号法（Signals Approach）；东亚货币危机发生后，由于斯坦福大学的刘遵义教授在 1995 年预测出东亚地区将发生金融危机，他所使用的综合模糊评价法也开始引起关注。他们采用的研究方法大致分为三类：第一类是就导致金融危机发生的因素及其变化进行定性讨论，强调投机性冲击发生前一个或几个指标的变化，这类研究没有对预警指标预测金融危机的有效性进行正式检验；第二类是将金融危机发生前的典型变量反应与“对照组”进行比较，并对变量在投机性冲击发生前的表现与“对照组”是否存在系统性差异进行参数检验和非参数检验，从而确定哪些变量有助于估测金融危机发生的概率；第三类是在多变量模型中估测在未来一期或未来几期发生金融危机的概率。

2. 预警系统的设计方法

任何一种预警系统（即使是比较有效的预警系统）都只是提供了一个较及时地估价危机发生可能性的工具，而这种预警系统一旦为市场所掌握并据以调整各自行为，预警管理也就很难奏效，并且随着金融危机不断呈现出新特点，相应的预警系统也应该不断调整和改进。对金融危机预警系统的设计可以采取三种基本方法：一种方法是构造预警模型，然后将各种指标数值同时代入模型来计算投机性冲击发生的概率。这种方法虽然具有结论明确的优点，但不能说明导致金融危机的宏观经济问题所在、这些问题的严重程度如何，因而不利于对金融危机的监控与预防。另一种方法是建立一套政策含义明确、实用性强的有效的预警指标体系，为当局提供明确的监测范围和警戒区间，这种方法有利于各国政府和国际社会进行监控、协调并采取相应的防范措施。再一种方法是 IMF 提出的选择一些经济变量即金融危机的脆弱性指标，这些变量在金融危机到来前的表现与正常或平稳时期存在系统性差异，通过观察这些变量就可以发现与过去金融危机出现前相似的行为模式，从而作出决策。较成功的预警系统，除具有有效性外，还要具有广泛的实用性和较强的可操作性。

（二）预警系统的指标体系

1. 金融危机的基本经济基础预警指标

(1)反映外部不均衡的指标。

一是实际汇率指标。历史的考察发现，多数国家（尤其是发展中国家和新兴市场国家）的本币实际汇率在投机性冲击发生前三年内有持续上升的趋势，这可能表明本币高估和国际价格竞争力的丧失。因此，实际汇率（本币汇率）升值幅度是金融危机的非常有效的预警指标。

二是债务及偿债能力指标。如果外债规模相对于 GDP 和出口总额过大，短期外债比重过高，国际储备相对于短期外债的比重过低，外债投向中的证券投资相对于直接投资比重过高，则一方面说明该国偿还外债的能力相当脆弱或还债压力很大，另一方面也说明外资的流动性强，随时有外逃的可能，引进的外资不稳定。

三是经常项目状况指标。经常项目逆差的规模和构成对于金融危机的发生有重要影响。经验表明，发生金融危机的大多数国家的经常项目赤字占 GDP 的比重持续过大，经常项目逆差中贸易逆差的比重过高，则可能说明该国存在结构竞争力不足或出口部门生产力下降等影响投资者信心的问题。

(2)反映内部经济基础脆弱性的指标。

一是宏观经济总体态势指标。反映一国宏观经济总体态势的指标主要是经济增长率、失业率和通货膨胀率。但实证结果表明，失业率在金融危机发生之前没有明显的预警作用，经济增长外债总额占 GDP 之比和经常项目逆差占 GDP 之比的结论一致，只有相对通货膨胀率指标（用该国 GDP 平减指数减去美国 GDP 平减指数求得）在金融危机发生前发出较明显的预警信号。相对通货膨胀率的持续过高，可能意味着该国在世界经济和国际金融中地位的下降，本币贬值压力将增大。

二是财政、金融状况指标。实证表明:财政赤字占GDP的比重在金融危机发生前的变化不大,不具预警能力;国内信贷增长量占GDP的比例是金融危机较好的预警指标,因为国内信贷的过度扩张不仅是投机性冲击压力增大的指标(例如,早在1979年,克鲁格曼就指出国内信贷膨胀超过实际货币需求的增长将导致渐进而持久的国际储备流失,最终诱发对货币的投机性冲击),也易引发借贷泡沫,弱化金融体系;国际国内利率差(一国利率与国际同期利率——通常选取美国的同期利率或汇率钉住国的同期利率之差)的预警效果较好,如果国内利率持续高于国际利率水平,这种利率差可能诱使逐利的国际投机性资本流入该国,当该国的经济或金融前景对他们不利或出现市场恐慌时,这些资本迅速外逃。

三是金融体系脆弱性指标。已有的预警文献中,金融体系的脆弱性问题没有得到重视。20世纪80年代以来的金融危机发生前,金融体系弱质的例子超过2/3,但没有发生金融危机的国家存在金融体系弱质问题的也不在少数。因此,金融机构的资本充足率和不良资产比重指标尽管不宜相对独立地作为金融危机的预警指标,确是金融危机预警指标体系中不应缺少的支持性指标。

2. 溢出和传染的金融危机预警指标

源头国发生的投机性冲击会通过贸易和金融溢出效应或传染效应扩散到有关国家,即使这些国家的基本经济因素没有发生明显的变化,因此,设计这种金融危机的预警指标是十分困难的。一方面,在有些情形下,很难找到经济变量与投机性冲击之间有什么紧密联系;另一方面,对于纯粹源于传染效应的金融危机,由于投机性冲击来自本身不可预测的市场反应,早期预警信号几乎是不可得的。这时,源头国发生投机性冲击或存在投机性冲击的强烈预警可能就是易受溢出或传染影响的波及国爆发危机的最好预警。

实证研究结果也有一些不同的结论。第一,大多数波及国的经济基础也存在与源头国类似的问题,溢出和传染效应在基本经济基础恶化的国家最为严重,因此,上述预警指标仍是有效的。第二,尽管传染效应多通过市场预期和情绪的变化来扩散投机性冲击,但这种变化的主要原因是:当源头国发生投机性冲击后,市场对波及国重新进行了评价,且重新评估一国经济基础的标准会提高。因此,上述预警指标中少数指标恶化就会引发投机性冲击,同时,预警指标的临界值发生了变化,指标恶化的标准降低了。第三,金融体系的脆弱性在“源头国”的金融危机的金融溢出中的作用加强了,从而原有的金融体系脆弱性指标在整个预警指标体系中的地位也有所提高。

总之,较为有效的金融危机预警指标体系包括:实际汇率升值幅度,外债总额/GDP,短期外债/外债总额,外债总额/国际储备,外债总额/出口总额,国际证券投资/国际直接投资,经常项目逆差/GDP,贸易逆差/经常项目逆差,相对通货膨胀率,国内信贷增长量/GDP,国际国内利率差,资本充足率,不良资产比重,M2/外汇储备等。

二、金融危机的防范

综观自20世纪90年代中期以来发生的金融危机,可以得出一点,金融全球化增加了危机在新兴市场国家不断爆发的可能性。鉴于货币危机的巨大破坏力,各国都在加紧研究和制定防范危机的政策措施,以尽量避免本国经济遭受大规模投机冲击的威胁。

(一)国内宏观政策的搭配

从一国本身的角度看,在墨西哥危机和亚洲金融危机发生前,货币政策以及财政政策均以稳定为目标。松弛的财政政策造成经常项目逆差,宽松的货币政策经常造成高通货膨胀,这些都被当成了导致危机的罪魁祸首。因此,按照 IMF 的标准做法,是把资金支持和以财政紧缩和银根紧缩两个支柱为基础的近乎严苛的条件结合在一起。一般认为,稳健的货币政策和财政政策一同实施是避免危机的最好办法。然而这一观点在墨西哥危机爆发之后受到了质疑。危机爆发之前的墨西哥几乎完美地符合上述的苛刻条件,仍然爆发了严重的金融危机。而到了 1997 年的亚洲金融危机,对这种观点的质疑也更加强烈了。危机爆发之前,以亚洲国家保守的传统,整个东亚国家都努力实施着稳健的监管经济政策,国内储蓄维持在很高的比例(这一点与当时的墨西哥不同),经常项目逆差适度,而且亚洲当时保持着令人惊讶的高经济增长率。这说明一味坚持谨慎的宏观政策是防范危机最重要的机制这一观点已经不再完全正确,或者至少失去了原有的魅力。我们应该清楚,仅仅以观察消费价格指数增长率为基础来判断宽松的货币政策是否会引发金融危机是错误的。无论是受到危机侵袭的墨西哥还是许多亚洲国家,危机前银行信贷都有着飞速的增长并在一定程度上表现为房地产和股市的泡沫。当然,财政政策也是如此,也不能由单纯凭借单一方式定义的财政平衡进行评价。因此,稳定的汇率需要货币政策和财政政策的高度协调。只有在一国协商一致的宏观经济政策组合随之发生变化后,汇市干预才会给市场参与者明确的信号,稳定投资者的信心。

(二)国际间政策的协调

从国际的角度看,危机的防范首先要加强市场纪律。这是防止金融失衡的第一道防线。透明的市场能够防止逆向选择和道德风险,减少投机冲击的因素。其次是发挥国际监督的功能。一些重要的国际组织都可以充当这一职能,如 IMF、G7、G20 和 APEC 财政部长会议等,可以通过政治的手段对经济发挥作用。最后可以对危机国提供更多的无条件的紧急援助,降低投资者自我实现的预期。从目前来看,国际社会可能只是在监督、协调和提供一定的援助,更多的要靠一国自身增强防范和抵御冲击的能力。

(三)防范金融危机的制度选择

加强对金融体系的监管是防范危机的一项核心建议。主要做法有:满足最低资本充足率的要求;建立并遵循一系列政策、规则和程序,以评估资产质量、贷款损失准备以及储备的充足性;建立具有能够识别贷款集中程度及其风险的管理信息系统;建立具有有效的金融机构内控系统;对跨国银行实行全球性监管,建立国际间的信息交流机制;等等。为了适应金融全球化发展的趋势,一些国家的金融监管也要有新的举措:金融监管从传统的干预型向市场导向型转变(如巴塞尔委员会建议以"风险价值"作为银行风险度量的标准),采用统一金融监管标准,加强区域性金融机构监管的合作等。

(四)管理资本的自由流动

历次金融危机的教训表明,短期资本流动冲击是从流入开始的,只因有先前的流入才有后来的流出。为此,加强对外汇流入的控制和引导是非常必要的。资本的自由化需要满足一定的前提条件:货币当局应能部分消除资本流动产生的货币创造作用,国家的宏观经济局面应处于良好的控制之下等。许多欧洲国家在 20 世纪 90 年代早期，即在经常项目交易实现自由化后的 20 到 30 年间，资本项目才实现了完全的自由化。对于新兴市场国家来说，由于存在着经常项目交易、长期资本流动以及国外直接投资，一个新兴市场国家与全球市场的一体化程度越高，对短期资本流入或流出控制机制的效率会越低。但是不管控制的效果如何，它仍能有效地推迟短期资本完全自由化流入这一时刻的到来。

(五)汇率制度的选择

在大部分情况下，钉住汇率制是危机产生和加剧的实质性原因。为此，许多经济学家主张完全放弃钉住汇率制，取而代之以清晰的货币局制度或让其货币完全自由浮动。浮动汇率制有其明显的优点，不仅在一定程度上能够避免国际收支危机爆发，而且能更好地促进国内经济管理。20 世纪 90 年代早期，瑞典提供了一个很好的例证，近来新西兰、澳大利亚及墨西哥在某种程度上的情况也是如此。我们不能否认自由浮动汇率制成功的一面，但成功的特例并不能被视为惯例。自由浮动制有很多无法根除的缺点，汇率浮动就会经常产生实际汇率持续大幅度的偏差。大国和相对封闭的国家或许能够承受这种偏差，但对于小国或者非常开放的国家，代价可能会更大。这些国家货币持续的升值可能造成非常大的经常项目逆差，最终将有可能形成无法承受的净外债。一旦失去控制，资本就会开始外流，货币贬值和投机攻击将无法避免。

以上是从典型金融危机的实践出发，较为抽象地罗列了防范金融危机的主要政策制度建议，具体的防范对策仍需要根据特定时间内全球的经济背景以及各国的国情等实际情况来制定并实施。

三、金融危机的治理

金融危机治理是在金融危机爆发后针对金融危机的扩散蔓延和危害的防范手段。它是在危机预防失效后产生的，重在应急，要求对症下药，一方面使其危害和辐射程度达到最低；另一方面，采取从外部截流的方法，防止其扩散。同时，由于金融危机的爆发和传导依赖于公众信心危机，所以还必须以维护公众信心为基本手段。因此，金融危机的治理内容主要包括如何获得大量资金的援助用以止损及如何恢复公众的信心。

(一)国内应付危机的措施

1. 紧急措施与宏观经济稳定计划

政府具有稳定本国金融秩序、促进金融业稳健经营的重任，直接负责对金融机构的市场准入、市场运作、市场退出的管理，因此在危机治理中处于核心和领导地位。一项令人信服的宏观经济稳定计划对恢复存款人和债权人的信心是至关重要的。金融部门的稳定主要是通过由中央银行提供流动性支持和对存款人及多数债权人提供全面担保而实现的。在初期的冲击即在外汇资金的抽离和汇率贬值导致资本的进一步流出以后，所有国家都开始实施宏观经济稳定计划。

2. 调整经济结构

结构性改革是宏观经济政策改善危机国家的国内外信心的持久性手段。结构性改革包括金融部门的重组和改革制度框架。不实行结构性改革和延迟对损失的确认会使低效率和不稳健的银行和公司继续经营，从而造成扭曲的增加，妨碍新的私人投资和对经济增长构成巨大的负担。后果将是重组的财政负担更大，而且还引起对中期可持续性的担忧。此外，如果不解决危机的主要根源，就会大大降低任何计划成功的可能性。所有这些情况表明，如果延迟结构性改革或改革的力度太小，如继续对无法持续经营的机构进行融资，就会使人们对任何宏观经济调整计划的可持续性产生重大的疑问。设计一项良好、全面和值得信赖的金融部门重组战略，对宏观经济的持续稳定和高速增长的恢复是必不可少的。重组的措施包括：对差的银行和资不抵债的金融机构进行干预，即合并差的机构和关闭资不抵债的机构；使用公共资金购买不良资产；使用公共资金增加机构的资本金；取消或稀释资不抵债银行现有股东的权利；增加新的外国直接投资等。

3. 改革制度框架

危机时期，危机国都在努力提高他们的监管能力和增加监管权利，用制度框架约束度过危机。如在亚洲金融危机期间，通过立法来增强监管机构（韩国）和中央银行（印度尼西亚）的操作独立性，完善会计核算、信息披露和审计的标准（韩国、菲律宾和泰国），发布更严格的有关关系人贷款、流动性管理、外币敞口和大额敞口的法规（印度尼西亚和韩国），引入新的破产法（印度尼西亚和泰国）等。

（二）国际社会援助

国际最后贷款人是与金融危机相伴而生的一项历史悠久的国际间制度安排，其目的在于打断或干扰金融危机的国际传导，国际最后贷款人的体制的存在使得人类在金融危机爆发后可以向其施加最大限度的主观能动性。

1. 国际货币基金组织的援助

对发生了金融危机或者发生了严重宏观经济困难的国家，IMF 处理银行体系问题所提供的技术援助包括：调查分析并作出判断，制定补救措施，在调查的初始阶段以及在较长时期内把补救措施付诸实施。IMF 进行技术援助时，向要求技术援助的成员国提出由 IMF 的工作人员和外部专家组成的技术工作援助工作组，有时还同世界银行以及各地区性开发银行提供的技术援助结合起来进行。尽管 IMF 介入程度会因成员国经济的特点不同而不同，但是这些活动都在一定程度上反映了 IMF 的整体观点和目标，以及通过与国际机构协调来帮助各国确立适当的商业银行行为规则的原则。

2. 其他的国际支持与合作

当一国遭受金融危机的侵袭时，为了对其进行有效的治理，并防止金融危机向其他国家蔓延，借助其他各国中央银行的支持与合作是十分必要的。金融危机发生时除了需要其他各国中央银行的支持与合作之外，各国中央银行之间平时针对银行业监管的协调和合作对于抵抗金融危机的侵袭也是非常重要的。

本章小结

金融危机是指所有或绝大部分金融指标的一次急剧的、短暂的、超周期的恶化，主要包括货币危机、银行业危机、外债危机以及系统性金融危机。这一定义采用金融指标对金融领域的描述，说明了金融危机所具有的三层含义：(1)金融危机是金融状况的恶化；(2)金融危机时的金融恶化涵盖了全部或大部分金融领域；(3)金融危机时的金融恶化具有突发的性质，它是急剧、短暂和超周期的。

金融危机自资本主义的出现以来从未停息，经常以各种形式侵袭全球不同的国家和地区，如1637年欧洲的郁金香狂热、1929年大萧条、1990年日本的金融危机、1994～1995年的墨西哥金融危机、1997～1998年的亚洲金融危机、1998年的俄罗斯金融危机、2000年的美国纳斯达克泡沫以及由2007年美国次贷引发的全球金融风暴。

金融危机以其影响地域划分有国内金融危机、区域金融危机和世界金融危机，以金融危机的性质、内容划分有货币市场金融危机、资本市场金融危机、金融机构金融危机和综合金融危机，以其影响程度划分有系统性金融危机和非系统性金融危机。

金融危机演变过程大致分为四个阶段：危机的潜伏阶段、危机的爆发阶段、危机的扩散阶段以及危机平息后经济复苏阶段，而在每一阶段表现出一些有规律性的特征。随着世界经济全球化的发展，各国在经济、金融方面的联系越发密切，金融危机扩散日渐成为一种普遍现象：危机一旦爆发，将不仅限于危机国家内部，而且迅速扩散到其他国家和地区，演变成区域性乃至全球性金融危机。

金融危机引起了经济理论界的关注，形成了比较有影响的当代金融危机理论。主要有：克鲁格曼等人的第一代金融危机理论，这一理论特别强调外汇市场上的投机攻击与国内宏观经济基础变量之间的联系；奥伯斯费尔德在第一代金融危机理论的基础上引入公众的预期行为变量，构成了第二代金融危机理论，这一理论强调危机发生时政府与投机者预期之间博弈过程，认为即使宏观经济基础面没有恶化迹象，但由于人们普遍形成贬值预期，最终可能引发金融危机；第三代金融危机理论是在第一代、第二代理论的基础上，重点研究资本流动和货币危机、资本市场发生危机的微观机制、危机爆发的时间和强度、危机的预警体系以及防范等方面的许多模型的统称，目前，比较流行的主流解释理论主要有资产泡沫化理论、道德风险理论、外资诱导型理论、金融恐慌理论和羊群行为理论等。

当前随着全球经济一体化的快速推进，各种危机频发，从而导致危机研究理论不断地发展和成熟。在诸多理论中，辜朝明提出的资产负债表衰退型危机理论除了对传统危机理论产生了重大冲击，更多的是从另一个层面对传统理论进行了有效的补充，尤其是针对经典的长期增长理论对短期微观经济行为解释的缺憾，该理论从微观的经济行为理论层面给予了有效的解释。

由于金融危机的发生越来越频繁、影响范围越来越广、破坏程度也越来越大，国外一些经济学家和国际货币基金组织都积极寻找能够作为金融危机早期预警信号的经济变量，提出了一些早期预警系统，如金融危机的基本经济基础预警指标和反映内部经济基础脆弱性的指标。比较常用的防范金融危机的措施有国内宏观政策的搭配、国际间政策的协调、防范金融危机的制度选择、管理资本的自由流动、汇率制度选择等几种。金融危机的治理内容主要包括如何获得大量资金的援助用以止损及如何恢复公众的信心。

基本概念

金融危机　货币危机　银行业危机　系统性金融危机　外债危机　羊群行为

道德风险

课后习题

1. 金融危机的概念、分类、特征和演变过程是什么？并结合一个具体案例进行分析。
2. 比较三个金融危机理论，说明它们的异同。
3. 金融危机能预防吗？如何预防与治理？

案例讨论

案例一　巴西货币危机(1999 年)

一、巴西货币危机发生的背景

拉丁美洲各国在 20 世纪 90 年代果断地推行了经济自由化政策，但对外经济开放导致了国际收支的急剧恶化。出口贸易额与进口贸易额均急剧增长，但进口贸易额的增长率却高于出口贸易额的增长率，整个拉丁美洲地区的贸易收支逆差额从 1994 年的 250 亿美元左右增加到 1998 年的 900 多亿美元，国际经常收支也出现同样的动向。贸易自由化的效果表现在进口贸易额的扩大是很快出现的，但如果未能伴随国际竞争能力的提高，那么出口贸易的扩大就肯定要有时间的滞后。毋庸置疑，这种贸易收支与国际收支的失衡就得靠引进海外资金来加以填补。1991 年拉丁美洲的净资金流入额为 300 亿美元，其后便急剧增加，1997 年达到峰值 1 100亿美元以上。以墨西哥为例，在 1991 年货币危机以前，证券投资急剧增加，1994 年以后民间部门到海外借款和补资直接资本投资便不断增加。用这种巨额的资金流入来弥补对外收支的失衡和维持高经济增长当然是不可能持久的。

二、巴西货币危机

继 1997 年的亚洲货币危机、1998 年的俄罗斯危机之后，采取与美元挂钩的巴西货币也难免要受到冲击。1999 年 1 月，巴西不得不放弃以往采取的挂钩汇率制度，转而采取浮动汇率制度。巴西在俄罗斯危机发生后不久，便受到了货币危机的冲击，从 1998 年 8 月到 9 月短短期间便约有 250 亿美元的净资金流出，货币危机的爆发已经引起人们的担心。进入 10 月以后，巴西政府公布了大规模的财政稳定计划，11 月取得了以国际货币基金组织为中心的国际金融机构的 415 亿美元紧急贷款。而巴西则被要求实行财政紧缩政策，但由于汇率稳定有抑制通货膨胀的机能，从而巴西被要求维持汇率挂钩制度，并以此作为提供紧急贷款的条件。

但是，国际货币基金组织原订的巴西经济调整政策的框架并不是要同时降低汇率并采取财政紧缩政策，而是单靠财政紧缩政策来进行经济调整，从而无法改善国内经济不平衡和对外收支不平衡的状况，成为一种跛足的经济调整政策。不能降低汇率就必须实施更加严厉的经济紧缩政策，这导致 1999 年巴西陷入更加严重的经济衰退之中。

预计到经济会更加严重衰退，反对财政稳定计划的政治压力加强了。国会否决了财政计划中的若干项目，国会审议过程出现了激烈的争论。1999 年 1 月 6 日，米纳斯州以财源短缺为理由，要求延缓向联邦政府偿还 150 亿美元左右的债务，导致市场对巴西政府财政紧缩政策不信任感的增强。接着 1 月 12 日，拥护挂钩汇率的中央银行总裁被撤职，市场发生了激烈的动荡，资金急剧外流。巴西政府虽然在 13 日设定了新的挂钩汇率，仍不能制止资金外流。15 日巴西中央银行决定放弃对汇率的干预，转而采取了浮动汇率制度。结果，据推算从 1999 年 1 月 6 日到 23 日共有约 50 亿美元的净资金流出额。采取浮动汇率以后，巴西雷亚尔不断贬值，1 月 29 日巴西货币汇率突破了 1 美元＝2 雷亚尔。为了对付这种形势，巴西政府和国际货币基金组织达成了协议，采取新的稳定汇率政策，并于 2 月 4 日宣布实施，其后汇率保持了 1 美元＝1.9 雷亚尔的水平。

这次雷亚尔贬值在某种意义上说，乃是汇率与美元挂钩的政策所带来的雷亚尔币值过高评价受到市场压力而出现的贬值，这是合理的调整，但是汇率下跌却出现了各种问题。

首先，可能出现物价上涨。雷亚尔贬值已经使巴西货币失去了抑制物价上涨的稳定物价的机能，进口商品价格上涨可能引发物价上涨。

其次，转向采取浮动汇率制度以后，金融政策的支柱就落到利率政策身上，但是为了进行经济紧缩、抑制物价、促进外资引进，都必须有高利率政策。但高利率政策却同时会加重国债付息的负担，扩大财政赤字。由于实施高利率政策，1998 年巴西的国债利息支付增大到相当于国内生产总值的 8%。虽然国际货币基金组织也要求巴西实施高利率政策，但国债利息支付的增大和经济衰退导致税收收入的减少，成为了财政赤字扩大的主要原因；另一方面尽管推行财政紧缩政策，但财政赤字却未能缩小，投资商的投资信心也未能恢复。为了规避财政赤字扩大问题，巴西政府迅速实施健全财政收支平衡的政策，同时在浮动汇率制度下制定了新金融政策的原则，以尽快结束财政收支失衡的局面。

（资料来源：http://wenku.baidu.com/link? url=HJKEjFE7fvdMD6g4b－KK2aInJlmP-eUMFDj3kDNakmF92dMstmPzoPQCTIsgnIaeQu65tt0vmmyUNtB3DeYM2Jx3mPogTpwWrqVmd9NjJmq）

☞ **讨论题：**

巴西货币危机有哪些影响？

案例二 （国际储备）外汇储备与金融危机——以泰国为例

保持充足的国际储备特别是外汇储备，对于维护一个国家和地区的货币汇率、稳定外汇与货币市场具有十分重要的作用。1997 年始于泰国，以后波及马来西亚、菲律宾、印度尼西亚和新加坡等国的东南亚金融危机便是一例。1997 年 7 月 2 日，在历经数月的泰铢汇率波动之后，泰国中央银行终于放弃了实行 13 年之久的泰铢与"一揽子"货币挂钩的汇率制度，改为管理式的浮动汇率制。消息公布后，泰铢兑美元的汇价应声而下，最多时曾跌去近 30%，酝酿已久的泰国金融危机终于爆发。紧随其后，菲律宾中央银行也因无法抵挡投机力量的打击，于 7 月 11 日宣布菲律宾比索兑美元的汇价将在一个不确定的"更大范围内"浮动，比索兑美元的汇率随即大幅度贬值。受此影响，马来西亚、印度尼西亚和新加坡等国的货币汇率亦产生"多米诺骨牌效应"，货币汇率纷纷应势而下。东南亚金融危机由此爆发。

东南亚金融危机之所以爆发，原因虽然是多方面的，但有关国家的国际储备尤其是外汇储备的相对不足，是其中的主要原因之一。以泰国为例，爆发金融危机的原因除了政府有关的经济政策尤其是货币政策失当、金融机构对房地产投资过度、银行呆账严重、外债高筑、国际收支经常项目逆差过大、经济结构不合理和外汇投机者的疯狂炒作外，还有一个重要的原因就是外汇储备相当有限以及危机爆发后储备政策运用的失误。从 1990 年起，泰国的贸易逆差逐年递增，外汇储备每年只减不增。到了 1996 年的 2 月，泰国的外汇储备只有 387 亿美元，而且这些外汇储备还是泰国通过采取高利率政策吸引外资流入形成的。事实上，自 1994 年以来，东南亚国家的经常项目赤字状况一直在恶化，已无法再用流入这个地区的长期资本来弥补。由于外汇储备普遍不足，当倾向危机来临、本币受到外汇投机力量的打击时，政府当局就没有足够的能力来捍卫本国的货币。再加上货币危机发生后，面对投机攻势，泰国中央银行又不顾实力，不当地动用了外汇储备来干预外汇市场，结果是由于外汇储备的不足导致干预无效，不仅没有达到维护倾向汇率稳定的目的，反而使储备资产遭受严重的损失。

亚洲金融危机告诉我们：任何国家，无论大小、强弱，都必须拥有一定数量的、适度的外汇储备。虽然一个国家所拥有的外汇储备并非越多越好（因为持有外汇储备是要付出代价的），但一个国家绝不能没有适量的外汇储备。特别是对于一些经济基础比较薄弱、市场化程度较低而又正在不断加大对外开放力度的国家，更需要持有相对较多的外汇储备，以确保经济发展对外汇的需求。

（资料来源：http://wenku.baidu.com/link? url=dJdoCgYpbkO5qj6XoEtM3yQKEVKM2GeV34B0W728ZITMFC－FeHj0bNhRbMnzYqINh_rU4c1MAEqaCs_fkrtaoFrXyKuzAZfl9mrGJHoEY2m）

☞ **讨论题：**

亚洲金融危机对我国有哪些启示和借鉴？

参考文献

1. 陈东．中国金融实物指南．北京:中华工商联合出版社,2001.
2. 周小川．转轨中的风险应对．广州:广东经济出版社,2001.
3. 曹凤歧、贾春新．金融市场与金融机构．北京:北京大学出版社,2002.
4. 殷乃平．中国金融体制简论．北京:社会科学文献出版社,2000.
5. 陈方正．现代商业银行经营管理．上海:同济大学出版社,2000.
6. 吴小平．保险原理与实务．北京:中国金融出版社,2002.
7. 陆世敏、戴国强．2002 年中国金融发展报告．上海:上海财经大学出版社,2002.
8. 王中华．国际金融．北京:首都经济贸易出版社,2000.
9. 崔满明．现代西方经济学．西安:陕西人民出版社,1998.
10. 王兆星等．金融市场学．北京:中国金融出版社,2004.
11. 伍柏麟、尹伯成．经济学基础教程．上海:复旦大学出版社,2003.
12. 梁小民．西方经济学教程．北京:中国统计出版社,2001.
13. 胡乃红．货币银行习题集．上海:上海财经大学出版社,2003.
14. 唐旭等．金融理论前沿课题．北京:中国金融出版社,2001.
15. 黄达．金融学．北京:中国人民大学出版社,2009.
16. 戴国强．货币银行学．北京:高等教育出版社,2006.
17. 陈学彬．金融学．北京:高等教育出版社,2007.
18. 胡庆康．现代货币银行学教程．上海:复旦大学出版社,2008.
19. 殷德生．金融学导论．上海:华东师范大学出版社,2004.
20. 朱耀明．金融概论．上海:立信会计出版社,2001.
21. 范从来．货币银行学．南京:南京大学出版社,2003.
22. 朱海洋．财政与金融．上海:上海交通大学出版社,2000.
23. 张志谦、方士华．金融学概论．上海:立信会计出版社,2000.
24. 何乐年．货币银行学．上海:上海财经大学出版社,2001.
25. 孙桂芳．金融学概论．北京:中国金融出版社,2003.
26. 中国工商银行城市金融研究所次贷风波研究课题组．次贷危机正在改变世界．北京:中国金融出版社,2009.
27. 郭景平．亚洲金融危机治理研究．吉林大学博士学位论文,2006 年 11 月．
28. 罗娟．资本账户开放与金融危机．湖南大学博士学位论文,2008 年 5 月．
29. 李小牧．九十年代金融危机的国际传导机制．辽宁大学博士学位论文,2000 年 5 月．
30. 邵佳．现代金融危机理论与实践．上海外国语大学硕士学位论文,2004 年 12 月．
31. 李孔辉．从金融危机到经济衰退．国际金融研究,2009 年第 1 期．
32. 张斌．百年来国外主要经济金融危机分析．中国金融,2007 年第 19 期．

33. 李向阳．国际金融危机与全球经济展望．求是，2009 年第 2 期．
34. 曹龙骐主编．金融学案例与分析．北京：高等教育出版社，2005.
35. 曾康霖主编．金融学教程．北京：中国金融出版社，2006.
36. 刘玉平．金融学．上海：复旦大学出版社，2007.
37. 王周伟等．金融学．上海：上海财经大学出版社，2007.
38. 祁敬宇．金融监管学．西安：西安交通大学出版社，2007.
39. 张强、乔海曙．金融学．北京：高等教育出版社，2007.
40. S. 米什金．货币金融学．北京：中国人民大学出版社 1998.
41. 李大燕、彭永贵．现代金融．北京：经济科学出版社，2007.
42. 谢太峰、郑文堂．金融学．北京：机械工业出版社，2006.